Das Buch

Marcel Granet, einer der großen Wegbereiter der wissenschaftlichen Forschung der chinesischen Geschichte und Kultur, zeigt in diesem Buch vor allem, wie sich im Ritus und in den Mythologien die Sozial- und Herrschaftsstrukturen einer Gesellschaft widerspiegeln. Auf der Grundlage der historischen Fakten geht es ihm darum, die Atmosphäre im alten China lebendig werden zu lassen, denn nur so ist eine uns fremde und nun sich ebenfalls stark verändernde Zivilisation, deren Wesen so verschieden ist von der abendländischen, zu verstehen. Granet untersuchte die überlieferten Texte als Soziologe und gelangte so zu neuen Erkenntnissen über das kollektive Leben und Denken der Chinesen.
»Granets Buch ist ein sinologisches Meisterwerk, das während eines halben Jahrhunderts nichts von seiner ursprünglichen Kraft und Gültigkeit eingebüßt hat. Es ist ein großes Buch, das seinen großen Titel zu Recht trägt.«

Prof. Wolfgang Bauer, München

Der Autor

Marcel Granet, geb 1884, studierte zunächst Geschichte und Soziologie, letzteres bei Émile Durkheim, sodann chinesische Sprache und Geschichte in Paris und Peking. Bis zu seinem Tode im Jahre 1940 lehrte er, vor allem an der Pariser Sorbonne, Geschichte, Sprachen und Religionsgeschichte des Fernen Ostens. Er war einer der bedeutendsten Sinologen Europas.
Gleichzeitig erscheint von Granet *Das chinesische Denken* (dtv 4362).

Marcel Granet:
Die chinesische Zivilisation
Familie · Gesellschaft · Herrschaft
Von den Anfängen bis zur Kaiserzeit

Eingeleitet von Claudius C. Müller
Mit einem Vorwort von Wolfgang Bauer

Deutscher
Taschenbuch
Verlag

Die Originalausgabe erschien erstmals 1929 unter dem Titel *La civilisation chinoise* in der Reihe *L'évolution de l'humanité* bei La Renaissance du Livre, Paris; seit 1968 im Verlag Albin Michel, Paris.

Aus dem Französischen übersetzt von Claudius C. Müller

September 1980
Deutscher Taschenbuch Verlag GmbH & Co. KG,
München

Umschlaggestaltung: Celestino Piatti
Satz: Clausen & Bosse, Leck
Druck und Bindung: C. H. Beck'sche Buchdruckerei,
Nördlingen
Printed in Germany · ISBN 3-423-04361-X

Inhalt

Vorwort von Wolfgang Bauer .. 5

Einführung von Claudius C. Müller .. 11

Erstes Buch: Die Menschen auf dem Lande .. 17

Erstes Kapitel Die bäuerlichen Sitten .. 19
1 Die Familien und die bäuerlichen Gemeinschaften .. 19
2 Die jahreszeitlichen Wettkämpfe .. 26
3 Die Erntefeste und die tote Zeit im Jahr .. 31
4 Die Heiligen Orte .. 36

Zweites Buch: Die Gründung der Fürstentümer .. 41

Erstes Kapitel Heilige Orte und Städte .. 43
Zweites Kapitel Undifferenzierte Mächte und individuelle Autorität 47
Drittes Kapitel Götter und Herrscher .. 51
Viertes Kapitel Rivalitäten unter den Bruderschaften .. 60
Fünftes Kapitel Die agnatischen Dynastien .. 70
Sechstes Kapitel Die Steigerung des Prestiges .. 82
Siebtes Kapitel Die Belehnungsprinzipien .. 89

Drittes Buch: Die fürstliche Stadt .. 97

Erstes Kapitel Die Stadt .. 102
Zweites Kapitel Der Fürst .. 111
Drittes Kapitel Das öffentliche Leben .. 125
1 Die Vornehmen in der Armee .. 125
2 Die Vornehmen am Hof .. 147
Viertes Kapitel Das Leben in der Familie .. 172
1 Die adeligen Familien .. 173
a) Die Organisation der Familie .. 174
b) Die väterliche Autorität .. 181
2 Das Leben zu Hause und die Rolle der Frauen .. 202

a) Das Leben zu Hause .. 202
b) Die Familienmutter .. 214

Viertes Buch: Die Gesellschaft zu Beginn der Kaiserzeit .. 231

Erstes Kapitel Der Kaiser .. 234
1 Der oberste Lehnsherr und Sohn des Himmels .. 235
2 Der Alleinherrscher .. 245
3 Die Staatsdoktrin .. 252

Zweites Kapitel Die Veränderungen der Gesellschaft .. 259
1 Der Hof und die kaiserliche Aristokratie .. 260
2 Die Reform der Sitten .. 269

Schlußfolgerungen .. 277

Anmerkungen zum Text .. 280

Bibliographie .. 302

Sach- und Namenregister .. 308

Vorwort

Es ist ein kühner Titel, den dieses Buch trägt: ebenso allgemein umfassend wie der Titel des anderen großen synoptischen Werkes von Marcel Granet, »Das chinesische Denken«, mit dem es sich zu einer einzigartigen Gesamtschau zusammenfügt. Denn mit der Bezeichnung »La civilisation chinoise«, die der hier wörtlich übernommene französische Originaltitel (1929) verwendet, ist die gesamte gesellschaftliche Grundstruktur Chinas mit allen ihren kulturellen Implikationen angesprochen. Die ungewöhnlichen Dimensionen des Themas entsprechen aber dem Format des Autors. Man hat Marcel Granet verschiedentlich – obwohl er die Grenzen der überkommenen Sinologie am entschiedensten überschritt – den größten Sinologen genannt, den Europa je hervorgebracht hat. Sicherlich war er einer ihrer genialsten, und zwar gerade wegen der von ihm vollzogenen Durchbrechung der Grenzen zwischen Sinologie und Sozialwissenschaften, aus der beide Seiten schließlich den größten Gewinn zogen. Und doch: Ist es nicht zumindest irreführend, ein Buch, das »Familie, Gesellschaft und Herrschaft Chinas von den Anfängen bis zur Kaiserzeit« behandelt (wie der – im französischen Original zeitlich allerdings noch nicht eingeschränkte – Untertitel ausweist), mit dem Anspruch zu verbinden, »Die chinesische Zivilisation« schlechthin zu schildern? Für nicht wenige Leser wird selbst dieser Untertitel noch verwirrend sein. Denn das Kaisertum ist mit China in der üblichen Vorstellung so eng verbunden, daß man sich eher von seinem Ende im Jahre 1912 als von seinem Beginn im dritten vorchristlichen Jahrhundert einen klareren Begriff machen kann. Zu alledem kommt, daß sich China seit Gründung der Volksrepublik 1949 öffentlich wiederholt von seiner Vergangenheit losgesagt hat, am lautesten während der »Kulturrevolution«. Anders als das traditionelle China, dem, wenigstens in Theorie und Argumentation, das Altertum zweieinhalb Jahrtausende lang alles bedeutet hatte, hat sich das heutige China vorgenommen, einen neuen, eigenen Weg zu gehen, ohne nach alten Vorbildern zu schielen. Ist es da nicht widersinnig, versunkene Zeiten wieder heraufzuholen und von ihnen ein besseres Verständnis der »chinesischen Zivilisation« zu erwarten?

Die Relationen, die die chinesische Geschichte zur Gegenwart besitzt, sind jedoch vielschichtiger, als es auf den ersten Blick erscheinen mag. Vieles, um nicht zu sagen das meiste, was den westlichen Beobachter an China ungewöhnlich anmutet, hat direkt oder indirekt mit dem Verhältnis des Landes zu seiner Geschichte zu tun. China besitzt (um etwas Bekanntes, hier aber doch Wichtiges zu wiederholen) zwar nicht die am frühesten entstandene, jedoch die am längsten am Leben gebliebene Kultur, deren »Leben« durch eine ununterbrochene historische Tradition, und damit ein nichtabreißendes »Bewußtsein«, erhalten wurde. Verschiedene Phänomene, die sich großenteils gegenseitig bedingten, wie vor allem die Eigentümlichkeit der chinesischen Sprache und Schrift, die Existenz einer ziemlich homogenen Gelehrtenschicht und die Rückwärtsgewandtheit der konfuzianischen Ideale bewirkten, daß selbst lange zurückliegende Ereignisse viel weniger als »vergangen« empfunden wurden, als uns das vorstellbar ist. Die Geschichte hatte etwas Gegenwärtiges, oder, besser vielleicht, sie besaß, gerade weil sie stets als paradigmatisch angesehen wurde, paradoxerweise einen weitgehend zeitlosen Charakter. Das galt nicht nur für die Gelehrtenschaft, sondern in vieler Hinsicht auch für das Volk, dem in moralischen Ermahnungen, Geschichten und Theaterstücken die Vergangenheit immer und überall lebendig entgegentrat. Bis zu einem gewissen Grade hemmte die als so gegenwärtig empfundene Erinnerung des Vergangenen allmählich sicherlich auch den Durchbruch zu wirklich neuen Entwicklungen; die vielzitierte »Erstarrung« der chinesischen Geschichte während fast des ganzen letzten Jahrtausends ist ja tatsächlich keine Erfindung, sondern höchstens eine Übertreibung. Wie bei einem Aquarell, das auch nach vielen Farbaufträgen noch die ersten Tönungen hindurchschimmern läßt, bildete so die chinesische Zivilisation ein vielschichtiges Gebilde, in dem das Vergangene vom Gegenwärtigen nicht verdeckt wurde, sondern, in gewisser Weise ebenso gegenwärtig, mit ihm zu einer Einheit verschmolz. Niemand wird freilich leugnen, daß die Umrisse der Vergangenheit im Bewußtsein des neuen China inzwischen sehr viel blasser geworden sind und daß vor allem während der »Kulturrevolution«, aber auch noch danach das bezeichnende Wort Mao Tse-tungs von 1958 gefeiert wurde, das »chinesische Volk sei einem blanken, weißen Papier vergleichbar, auf das die neuesten und schönsten Bilder gemalt werden könnten«. Trotzdem bildet die oft genannte »fünftausendjährige Geschichte« nicht zu Unrecht auch heute noch den Stolz Chinas. Er äußerte sich überraschend deutlich in den letzten Jahren nicht nur in der Wertschätzung archäologischer Funde, sondern auch in politischen Bewegungen wie beispielsweise in der »Anti-Konfuzius-Kampagne« 1974, die die Vergangenheit auch auf dem Feld der Literatur wieder in Erinnerung rief.

Die archäologischen Schätze, die in den vergangenen zwei Jahrzehnten zutage gefördert wurden, haben auf kunsthistorischem Gebiet unser Bild von den Anfängen der chinesischen Kultur entscheidend verändert. Nicht zuletzt hat sich gezeigt, daß sie schon in sehr früher Zeit ein wesentlich größeres Gebiet des heutigen China bedeckte, als ehemals angenommen worden war. Die Abfolge der historischen Perioden hat sich dagegen kaum verändert: die chinesischen Textquellen erwiesen sich in dieser Hinsicht als erstaunlich zuverlässig. Das gilt auch für den Zeitraum, den Marcel Granet bei seiner Darstellung der chinesischen Zivilisation zugrunde gelegt hat. Die traditionelle chinesische Chronologie läßt die Geschichte mit der Periode der »Fünf Gott-Kaiser« beginnen, die von 2852 bis 2204 v. Chr. regiert haben sollen, schon früh aber als legendär empfunden wurden. Die erste Dynastie, die der Hsia, war dann angeblich von 2205 bis 1765 an der Macht. Man bezeichnet sie heute gern als »halblegendär«, weil sie bisher historisch zwar noch nicht nachgewiesen werden konnte, vermutlich aber zumindest einen historischen Kern besitzt. Von der auf sie folgenden Shang- (oder Yin-) Dynastie, die der Tradition nach von 1766 bis 1121 regierte, galt noch Anfang unseres Jahrhunderts das gleiche, bis archäologische Funde (»Orakelknochen«) ihre Historizität bewiesen. Die daran anschließende Chou-Dynastie, die durch Konfuzius zum Goldenen Zeitalter erhoben wurde, herrschte nach traditioneller Rechnung von 1122 bis 255, seit 770 allerdings nur noch dem Namen nach. Sie steht bereits im hellen Licht der Geschichte, selbst wenn die überlieferte Chronologie für ihre Anfangszeit (was für die Shang-Dynastie in ihrer Gesamtheit und in noch höherem Maße gilt) etwas zusammengeschoben werden mußte. Die »Kaiserzeit«, die erst in unserem Jahrhundert zu Ende ging, begann mit der Ch'in-Dynastie, die von 221 bis 209 v. Chr. regierte. Rein äußerlich leitet sich der Name »Kaiserzeit« davon her, daß der erste Herrscher dieser Dynastie statt des alten, dem Reichsherrscher zustehenden Titels »König« (*wang*) den Titel »Kaiser« (*huang-ti*) annahm, der vorher nur den erwähnten »Fünf Gott-Kaisern« zugestanden hatte und demnach nichts anderes als »göttlich« bedeutete. Gleichzeitig mit dieser Titelveränderung vollzog sich jedoch ein völliger Umbruch im gesamten Sozial- und Herrschaftssystem Chinas, wie er grundsätzlicher nicht gedacht werden kann: An die Stelle des »feudalistisch«, d. h. weitgehend dezentralisiert regierten, aus einer Reihe von Staaten bestehenden Reiches trat der nach Provinzen aufgeteilte Einheitsstaat, der, trotz aller Kritik an Ch'in, auch von der nachfolgenden Han-Dynastie (206 v. Chr. – 220 n. Chr.) übernommen wurde und im Prinzip bis heute erhalten geblieben ist. Es hat überall im Westen und Osten, seit den späten zwanziger Jahren unter marxistischem Einfluß vor allem auch in China selbst, unzählige Versuche gegeben, die chinesische Geschichte zu »periodisieren«, und die dabei erarbeiteten Modelle fielen meist sehr unterschiedlich aus. In der Einschätzung der Ch'in-Dynastie als des größten Wendepunktes der chinesischen Geschichte vor der Berührung mit dem Westen bestand jedoch stets volle Übereinstimmung.

Marcel Granets Buch über die chinesische Zivilisation, das mit den noch in historischen Halbschatten getauchten Perioden beginnt und mit der Han-Zeit endet, erfaßt also tatsächlich in gewisser Weise ein Gesamtbild Chinas und trägt damit seinen Titel zurecht. Von den beiden Quellenarten, auf denen sich eine solche Schilderung stützen kann, den archäologischen und den schriftlich niedergelegten, bedient es sich hauptsächlich der letztgenannten, die durch neuere Funde, so wichtig sie sonst sind, keine wesentlichen Veränderungen erfahren haben. Im Gegenteil: Aus Gräbern zutage geförderte Texte bewiesen, von minimalen Abweichungen abgesehen, die Zuverlässigkeit der Überlieferung. Die in gewisser Hinsicht unangreifbare Gültigkeit der Beobachtungen Marcel Granets beruht aber noch auf etwas anderem: in der eigentümlichen Verflechtung von historischer und ahistorischer Darstellungsweise, die der schon genannten »Transparenz« der chinesischen Geschichte in besonderem Maße entspricht. Die vier Teile, aus denen sich das Buch aufbaut, zeigen an sich eine historische Abfolge: die allmähliche Herausbildung der chinesischen Zivilisation, gebunden an eine immer stärkere Zentrierung und Konzentrierung. Am Anfang stehen die gleichmäßig über das Land verstreuten Bauern, die nach und nach durch die Gründung der Fürstentümer im Netzwerk fürstlicher Städte eingebunden werden, bis mit dem Beginn der Kaiserzeit das Reich in der Metropole des Kaisers seinen alleinigen Bezugspunkt erhält. Gleichzeitig wird aber deutlich, daß nicht eine Periode die andere »ablöst«, sondern daß sie sich im Gegenteil miteinander zu einem nur um so komplizierteren Gebilde verbinden. Marcel Granet hat das selbst in einer Notiz zu diesem seinem Buch ausgesprochen: »Es ist klar«, so meinte er, »daß die Entwicklung, wie wir sie hier festlegen können, einen Hauch von Zeitlosigkeit besitzt (denn nichts beginnt oder endet in einem festen Augenblick) und zugleich auch etwas Statisches (denn Einzelheiten lassen sich nirgends angeben, und nichts erklärt, warum manches schneller vor sich ging und manches langsamer.« Diese Betrachtungsweise steht dem Soziologen sicherlich näher als dem Historiker. Sie entspricht aber zugleich dem Ziel des Buches, das gerade nicht die Entstehung der chinesischen Staatsidee beschreiben will, sondern die der »chinesischen Zivilisation«, bei der unter dem Mantel der Einheit die ursprüngliche Vielgestaltigkeit erhalten geblieben ist und unstreitig auch heute noch fortwirkt.

Chinesische Philosophen und Gelehrte haben sich erstaunlicherweise schon immer sehr viel mehr Gedanken über die Entstehung von Staat und Gesellschaft gemacht als über die Entstehung der Welt, von der auch in

Legenden nur wenig und auch das erst relativ spät die Rede ist. Diese, wenn man so will, zweite Schöpfung, die mit der Schaffung der Gesellschaft den Menschen erst in seiner eigentlichen Qualität als zoon politikon, als gesellschaftliches Lebewesen, hervorbrachte, interessierte sie ungleich mehr. Ihr Wissen und ihre Gedanken darüber haben sie jedoch in Texten hinterlassen, die ihrer Natur nach die Wirklichkeit nur in einer doppelt gebrochenen Weise widerspiegeln. Es sind nicht, wie bei den meisten anderen Völkern, reine Mythen, von denen in China kaum irgendwelche übriggeblieben sind, sondern »euhemerisierte« Mythen, also Texte, in denen Mythen zu Berichten umgestaltet sind, die sich als rein historisch ausgeben. Die Trennung von historischen Tatsachen, die einst zu Mythen geronnen sind, und von nichthistorischen Elementen, die bloß der Erklärung der Natur ihre Entstehung verdanken, ist dadurch nur um so schwieriger. Dem Zug zum Nüchternen, der an sich bereits in dieser frühen Umgestaltung der Mythen steckt, fiel aber gewiß auch viel an lebendiger Anschauungskraft zum Opfer, die in den meist wohl mündlichen Vorformen der heutigen Quellen vielleicht noch vorhanden gewesen ist. Das Porträt, das die überlieferten Texte von der ältesten Vergangenheit zeichnen, ist daher nicht nur äußerst fragmentarisch, sondern meist auch distanziert und wenig phantasievoll. Gerade an diesem Punkt kann jedoch Marcel Granet eine faszinierende Begabung einsetzen, in der bei ihm über den Gelehrten hinaus der Künstler sichtbar wird. Obwohl er einmal über dieses Buch schrieb, daß er darin »in geradezu schamloser Weise Lücken gelassen« habe, entrollt sich vor unseren Augen ein Bild der chinesischen Zivilisation, das durch die umfassenden ethnologischen und soziologischen Kenntnisse, über die Marcel Granet verfügte, zu einem absolut harmonischen Ganzen vereinigt ist, da eben jedes Detail seinen ihm angemessenen Platz gefunden hat. Zu dieser von solidestem Wissen kontrollierten Imagination kommt eine einzigartige, fast leidenschaftlich zu nennende Sprachbeherrschung, die alle Werke Marcel Granets (am meisten seine als unübersetzbar geltenden *Danses et légendes de la Chine ancienne*) auszeichnet und die auch in der hier vorliegenden vorzüglichen deutschen Übersetzung noch allenthalben durchschimmert. Marcel Granet vermag es nicht nur, seinen Leser zu belehren und zu informieren, sondern er bezaubert, verzaubert ihn auch und versetzt ihn selbst mitten in das geschilderte Milieu, so daß er die chinesische Zivilisation zuweilen nicht mehr nur von fern, von außen betrachtet, sondern sie tatsächlich von innen her wahrzunehmen meint.

Es gibt nicht wenige wissenschaftliche Schriften, die aus Zufall oder wegen ihrer sprachlichen Originalität erst spät ihren Weg in eine andere Sprache fanden. Oft sind sie indirekt, nämlich auf dem Umweg über Fachwissenschaftler, die sie in der fremden Sprache lasen und von ihnen beeinflußt wurden, sie jedoch nicht im einzelnen übersetzten, schon lange in anderen Sprachbereichen wirksam gewesen, ohne daß man sich dessen voll bewußt war. Das gilt etwa von den Werken Max Webers, die erstaunlich spät in englischer Übersetzung herauskamen, sicherlich nicht zuletzt wegen ihres sehr schwierigen literarischen Stils. Es gilt aber auch für die Werke Marcel Granets, und gewiß auch aus ähnlichen Gründen. Wenn es nun fast genau ein halbes Jahrhundert gedauert hat, bis *La civilisation chinoise* in einer deutschen Übersetzung erscheinen konnte, so beweist das nur, wie schwer es gerade ganz überragende Werke in den Geisteswissenschaften haben, Sprachbarrieren zu überwinden, eben weil bei ihnen Form und Inhalt mehr als bei Werken niedrigeren Ranges eine unlösbare Verbindung eingegangen sind. Marcel Granets *Die chinesische Zivilisation* ist ein sinologisches Meisterwerk, das während eines halben Jahrhunderts nichts von seiner ursprünglichen Kraft und Gültigkeit eingebüßt hat. Es ist ein großes Buch, das seinen großen Titel zurecht trägt.

Wolfgang Bauer

Einführung

Marcel Granet wurde 1884 im Departement Drôme in den französischen Alpen geboren[1]. Zunächst in Aix-en-Provence und später in Paris besuchte er das Lycée und wurde 1904 in den erwählten Kreis der Studenten an der École Normale Supérieure aufgenommen. Dort hatte er Gelegenheit bei Émile Durkheim, dem unbestrittenen, führenden Soziologen jener Epoche, Vorlesungen zu hören. 1907 beendete er seine Studien als agrégé d'histoire und wurde wegen seines Interesses an Fragen des Feudalismus an Chavannes verwiesen, einem der Wegbereiter der modernen Sinologie, der in Paris chinesische Geschichte lehrte. Unter seiner Leitung schloß Granet ein dreijähriges Studium der chinesischen Sprache an, das ihm von 1911 bis 1913 einen zweijährigen Studienaufenthalt in Peking ermöglichte. Bei Kriegsausbruch wieder in Frankreich war Granet drei Jahre Soldat an der Front, wurde mehrfach verwundet und ausgezeichnet und anschließend – wohl wegen seines bereits etablierten Rufs als Orientalist – einem französischen Expeditionskorps in Sibirien zugeteilt, das im Auftrag der Alliierten gegen die Rote Armee kämpfen sollte. Vor seiner Rückkehr nach Europa besuchte er ein zweites (und letztes Mal) für einige Monate China.

Granet durchlief eine außergewöhnliche und glanzvolle akademische Karriere: Bereits 1913 trat er die Nachfolge seines Lehrers Chavannes an der École Pratique des Hautes Études an und hielt Vorlesungen über die Religionen Ostasiens. 1920 erwarb er den Grad eines Docteur ès Lettres und begann seine Unterrichtstätigkeit an der Sorbonne mit Kursen über die chinesische Zivilisation. Zum Professor für Geographie, Geschichte und Institutionen des Fernen Ostens an der École Nationale des Langues orientales vivantes wurde er 1926 ernannt und im gleichen Jahr zum Leiter des von ihm mitbegründeten Institut des Hautes Études chinoises bestellt. Abgesehen von einigen wenigen kurzen Reisen (nach England, Frankfurt und Oslo) war Granet durch seine umfangreiche Lehrtätigkeit fast ausschließlich an Paris gebunden, wo er auch im November 1940 starb.

Granets Lebenswerk ist in ungewöhnlichem Maße einheitlich. Dies zeigt sich auch darin, daß er mit seltener Folgerichtigkeit immer wieder dieselben, vordergründig kaum variierten Themen behandelt hat[2]. Dieser dominierende »esprit de suite«[3] erklärt sich in Granets Fall nicht als Spezialistentum, sondern als Konsequenz der Überzeugung, daß die verschiedenen, scheinbar unkoordiniert aneinandergereihten Analysen desselben Tatbestandes nicht nur Aspekte des jeweils untersuchten Objekts darstellen, sondern darüber hinaus auch die im Objekt sich offenbarende Totalität der chinesischen Kultur erkennen lassen. Diese Sichtweise entspricht den Anschauungen der Durkheim-Schule, und Granet selbst zeigt sowohl in seinen theoretischen Äußerungen[4] als auch in den persönlichen Widmungen seiner Werke[5] ganz klar, wie stark er mit dieser Schule verbunden war. Seine Bücher wurden sogar als »direkte Emanation der Durkheim-Schule« bezeichnet[6].

Die mit dem Namen Durkheim und seinem Nachfolger Mauss sowie mit dem Arbeitskreis der Zeitschrift *Année sociologique*[7] gekennzeichnete soziologische Forschungstradition, die im Strukturalismus von Lévi-Strauss ihre kontinuierliche Fortsetzung gefunden hat, beeinflußte in zweierlei Hinsicht Granets Arbeitsweise. Erstens verstanden die führenden Vertreter dieser Schule unter »sociologie« eine Wissenschaft, die nicht nur grundsätzlich, sondern auch praktisch alle Gesellschaften umfaßt, die der Urbewohner Australiens ebenso wie die des klassischen Altertums. Granet hat also nicht in einem kleinen Kreis hochspezialisierter Sinologen gelebt und gearbeitet, sondern war in ständigem Ideenaustausch mit ebenso aufgeschlossenen Forschern anderer Kulturen; er war dabei nicht nur Empfänger von Impulsen, sondern auch ein wichtiger Mitgestalter weiterführender Ansätze[8]. Noch wesentlicher ist – zweitens – der Einfluß, den Durkheims »kollektivistische« Betrachtungsweise auf Granet ausgeübt hat: Ausgangspunkt bildet die Annahme, daß jede Gesellschaft bestimmte Kollektivvorstellungen entwickelt, die für die grundlegenden Kategorien der sozialen Ordnung ebenso bestimmend sind wie etwa für die Klassifikation ethischer oder moralischer Ideen, Rechtsprinzipien usw.

Wie Durkheim, Mauss und andere typische Vertreter dieser Richtung ist auch Granet weniger an der Erklärung gesellschaftlicher Phänomene oder an der Rekonstruktion historisch-kausaler Abläufe[9] interessiert als vielmehr an der Feststellung charakteristischer Entsprechungen (»correspondances«) zwischen sozialen und ideologischen Tatsachen (»faits«). Granets Absicht war also die Ausarbeitung bestimmter inhärenter Strukturen, um dadurch gleichsam den Schlüssel zur kulturellen Ganzheit zu finden. In seiner Einleitung zu *La civilisation chinoise* nennt er das Buch einen Gesamtentwurf (»exposé d'ensemble«) und sieht seine Aufgabe darin, »die Gesamtheit der Haltungen zu definieren, die das soziale System des Altertums charakterisieren« (S. 11 f. der franz. Ausgabe 1968). Dieses Programm, dessen geistige Verwandtschaft mit der romantischen Idee vom »Volksgeist« nicht zu übersehen ist[10], gipfelt in dem Bestreben, die untersuchte Gesellschaft und Kultur »von innen her« zu beschreiben und verständlich zu machen. Aus dieser Konzeption ergibt sich die für Granet so charakteristische Darstellungsweise: die Texte selbst sprechen zu lassen, d. h. den Sachverhalt in Form langer Originalbelege, im ursprünglichen Kontext zu präsentieren und die Schlußfolgerungen in kurzen Zusammenfassungen zu formulieren. Im Leser entsteht der Eindruck, daß der Text selbst die wesentliche Aussage enthält und Granet nur mehr als Vermittler fungiert, ein Eindruck, der vollkommen dem wissenschaftlichen Selbstverständnis von Granet entspricht. In Wirklichkeit ist die Rolle des Interpreten Granet durchaus mitbestimmend[11]. Z. B. ist in den der Zahlenspekulation gewidmeten Teilen von *Das chinesische Denken* an manchen Stellen keineswegs klar, ob man die Übersetzung eines chinesischen Textes oder Granets Erklärung vor sich hat. Diese wiederholt vorkommende Verflechtung von Darstellung und Erklärung ist von Philologen gelegentlich kritisiert worden – nicht zu Unrecht, aber sicherlich mit übertriebener Strenge[12]. Granets Schüler betonen dagegen gerade die besondere Sorgfalt seiner Übersetzungspraxis[13]. Zu beanstanden ist höchstens seine unbekümmerte Art, textkritische Schlußfolgerungen ohne ausdrücklichen Hinweis in die Übersetzung miteinfließen zu lassen. Sicherlich hat Granet nicht die philologische Arbeit zu seinem Ziel gemacht (oder der Philologie – wie andere Sinologen seiner Zeit, etwa Pelliot, Maspero und Karlgren – einen wichtigen Platz in seinen Forschungen beigemessen), aber er war im Umgehen mit den Texten keineswegs leichtsinnig und hat seine Feststellungen immer durch nachprüfbare Quellenbelege untermauert[14].

Nun sind uns jedoch die überlieferten schriftlichen Zeugnisse der Chou-Zeit größtenteils nur in Bruchstücken, Brocken von Legenden und Mythen erhalten, die noch dazu von späteren chinesischen Gelehrtengenerationen wiederholt umgearbeitet worden sind. Handelt es sich bei den Herrschern, die miteinander um die Macht kämpfen, um geschichtlich reale Persönlichkeiten oder mythische Personifikationen? Enthalten die emblematischen Bezeichnungen Hinweise auf konkrete Gestalten oder sind sie nur Symbole? Sind etwa die Fasanenvögel, die im Frühling tanzen und sich vereinigen, tatsächlich Vögel, oder sind sie Menschen, die – als Vögel verkleidet oder sich als Vögel fühlend, im Einklang mit der Natur den Ritus der Heiligen Hochzeit vollziehen? Die Frage nach dem »historischen Kern« solcher mythischen oder mythisch gefärbten Traditionen ist grundsätzlich nicht unberechtigt, aber die Umgrenzung des im Sinne der Faktizität Glaubwürdigen bleibt in den meisten Fällen sehr vage. In Granets

Sicht erschienen solche Versuche als müßig, und der erste Satz in *Danses et légendes*... kündigt auf fast provozierende Art an: »Ich werde nicht den Fehler begehen, eine einzige der chinesischen Legenden wiederherzustellen [d. h. die angebliche ›ursprüngliche‹ Form rekonstruieren – der Übers.] zu wollen.« Jene Sinologen, die gerade zu Granets Zeiten bemüht waren, mit großer Erudition und mit viel Scharfsinn den »tatsächlichen«, aber letzten Endes doch völlig hypothetisch bleibenden Ablauf der chinesischen Frühgeschichte aus den widersprüchlichen Quellen herauszuschälen, bezichtigten Granet des Ahistorismus – zweifellos zu Unrecht. Auch Granet suchte die geschichtliche Wahrheit, doch blieb er Konjekturen gegenüber skeptisch; er nahm lieber die Lücken und den vielfach entstellten Zustand der Quellen als Tatsache hin[15], entdeckte aber dafür den Wert gerade jener typischen Erzählmotive (Topoi), die viele andere Forscher als unglaubwürdige literarische Zutaten abtun wollten. Denn in Granets Historismus geht es nicht um die Realität einzelner Tatsachen, sondern um die Realität bestimmter sozialer Verhaltensmuster[16].

Ein sehr anschauliches Beispiel für die Art, wie Granet die alten Berichte verwendet hat, ist die Darstellung des berühmten Fürstentreffens in Chia-ku (*Danses et légendes*..., S. 171–216, vgl. auch: *Die chinesische Zivilisation*, S. 158–160). Sein Schüler Jabłoński, 1939, S. 249 f., gibt folgende Zusammenfassung: »Nach historischer Überlieferung trafen sich Fürst Ting von Lu und Fürst Ching von Ch'i 499 v. Chr. in Chia-ku. Konfuzius' Geschicklichkeit machte diese Zusammenkunft zu einem diplomatischen Triumph für Lu. Dieses Ereignis wurde achtmal berichtet: im *Tso chuan*, *Kung Yang chuan*, *Ku Liang chuan*, *Chia yü*, *Hsin yü* und an drei Stellen im *Shih chi*, nämlich in der Geschichte des Staates Ch'i, des Staates Lu und in der Biographie des Konfuzius. Die acht Darstellungen unterscheiden sich nur in Details und können in zwei Gruppen geteilt werden. Granet ist überhaupt nicht daran interessiert zu rekonstruieren, was wirklich passierte, sondern beweist nur, daß Konfuzius nicht an diesem Treffen hat teilnehmen können. Es ist lediglich ein Detail, das ihm auffällt: Der Fürst von Ch'i ermutigte die Barbaren von Lai, während der Unterredung als Tänzer verkleidet den Fürsten von Lu zu ermorden. Konfuzius entdeckte die Verschwörung und ließ – zur großen Beschämung des Fürsten von Ch'i – die Tänzer zur Strafe für ihren Bruch der Etikette vierteilen. Granet verliert kein Wort über die Grausamkeit dieser Handlung, sondern erklärt, wie die Zeremonie der Vierteilung von Menschen mit der Errichtung einer neuen Ordnung zusammenhing: Um zu zeigen, daß die Ungerechtigkeit vertrieben und die Welt in Ordnung gebracht wurde, mußten die vier Gliedmaßen eines Staatsverbrechers in die vier Himmelsrichtungen verstreut werden. In diesem Fall traten die Tänzer an die Stelle des Fürsten. Granet fragt nicht danach, ob dieses problematische Ereignis sich wirklich zugetragen hat: für ihn ist wichtig, daß sich die Autoren den diplomatischen Triumph und den Beginn einer neuen Ordnung (den Frieden zwischen Lu und Ch'i) nicht ohne diese grausame Tat vorstellen konnten.

Da Granet zu seiner Zufriedenheit beweist, daß Konfuzius zur Zeit dieser Unterredung nicht anwesend war, braucht er eine Hypothese für die Erfindung dieser und anderer Elemente in der Geschichte. Dazu läßt er vor unseren Augen eine mögliche Szene in einer konfuzianischen Schule in Lu erstehen. Die Schüler lesen im *Ch'un ch'iu* gerade die Geschichte des Chia-ku-Treffens: ›Im Frühling, im dritten Jahr des königlichen Kalenders, schlossen Lu und Ch'i Frieden. Im Sommer hatte der Fürst von Lu eine Zusammenkunft mit dem Markgrafen von Ch'i in Chia-ku. Ein Beamter von Ch'i kam, um die Domänen von Yün, Huan und Kuei-yin abzutreten.‹ Das ist alles, keine Erwähnung von Tänzern, Konfuzius oder anderen Aspekten, wie sie in der sehr detaillierten Geschichte in den acht zuvor zitierten Quellen berichtet wurden. Allerdings wissen wir aus der Überlieferung, daß der Fürst von Ch'i Tänzer liebte, und ebenfalls, daß ihm das Gebiet der Lai-Barbaren gehörte. Konfuzius mußte bei dieser Zusammenkunft gewesen sein, denn ohne ihn wäre Lus Erfolg unmöglich gewesen. Das kleine Lu konnte das große Ch'i nur dann in einer diplomatischen Unterredung (d. h. in einem rituellen Wettstreit) besiegt haben, wenn Ch'i einen Fehler begangen hatte und sich Lu die Gelegenheit zunutze machte. Welche Art von Vergehen hätte es sein können? Da Mäßigung (*jang*) ein Grundsatz der Diplomatie ist, muß Ch'i versucht haben, Gewalt anzuwenden. Wer hätte in der Lage sein können, Gewalt anzuwenden, wenn zwei Fürsten auf einer erhöhten Plattform vor den Augen aller ihrer Gefolgsleute miteinander sprechen? Allein die Tänzer, die sich als Außenstehende ohne Verdacht zu erregen nähern konnten. Wer hätte sie als erster bemerken und ihre heimtükkische Verschwörung aufdecken können? Nur der nahe an der Plattform stehende, weise Konfuzius. Wie hätte er diesen Bruch der Etikette ausgenutzt? Indem er die Tänzer nicht nur mit dem Tode, sondern mit der Vierteilung bestraft, ein Vorgehen, das das Gesicht des Verschwörers wahren und zugleich das Prestige seines eigenen Herrn steigern würde. Was konnte der Fürst tun, gedemütigt wie er war durch die stolze Großzügigkeit von Lu? Nichts anderes, als einen Teil seines Territoriums abzutreten.

Das ist nach Granet die Art, in der chinesische Geschichte geschrieben wurde. Durch diese Methode wurden nüchterne chronologische Daten und rituelle Überlieferung zu einer äußerst moralisierenden Erzählung verbunden, und es ist Aufgabe des Historikers, der sich soziologischer Verfahren bedient, herauszufinden, welche die traditionellen Pattern und Leitvorstellungen waren, die die chinesischen Geschichtsschreiber beeinflußten. Für Granet ist das genaue Datum oder der genaue Ort eines Ereignisses oder das, was tatsächlich geschah, nebensächlich.«

Innerhalb der Sinologie wirkt Granet – zum Teil über seine Schüler – vornehmlich in Frankreich weiter (so in den Arbeiten von R. Stein, M. Kaltenmark und J. Gernet), ohne daß man jedoch von einer Granet-Schule sprechen könnte. Es ist bezeichnend, daß sein Einfluß gerade im größeren Bereich der Sozialwissenschaften erkennbar ist: bei Georges Dumézil (vergleichende Religionsgeschichte) und André Leroi-Gourhan (Vor- und Frühgeschichte), die zu seinen Schülern zählten (vgl. Freedman, 1975, S. 17), und im angelsächsischen Sprachraum bei C. Wright Mills, Meyer Fortes und Freedman, die sich mehrfach mit Granets Arbeiten auseinandersetzten[17]. Einen besonderen Platz nimmt Granet in Lévi-Strauss' *Les structures élémentaires de la parenté* (1947, 1967²) ein, das in einigen wesentlichen Teilen Ergebnisse von Granets Untersuchungen der Heiratskategorien im alten China aufnimmt[18]. Das Interesse an Granet ist nie ganz zum Erliegen gekommen: seine Werke wurden mehrfach übersetzt (Freedman

1975, Bibliographie), und es gab immer wieder Ansätze, seine Untersuchungen und Anregungen aufzunehmen und weiterzuentwickeln[19]. Die jüngste zusammenfassende Darstellung über Granet und sein Werk (Freedman, 1975) ist sicher auch als Beginn einer verstärkten Beschäftigung mit Granet zu deuten.

Die vorliegende deutsche Fassung basiert auf den Seiten 175–505 der Neuauflage von *La civilisation chinoise* aus dem Jahre 1968. Nicht übersetzt wurden: das Vorwort von Paul Chalus (S. 7 f.), Granets »Introduction« (S. 9–15), das Erste Buch und der Beginn des Zweiten Buches (S. 19–173). Diese beiden Abschnitte beinhalten im wesentlichen einen Abriß der Geschichte Chinas bis zur Zeit um Christi Geburt, der zum einen durch Ergebnisse neuerer Forschungen zu ergänzen gewesen wäre, dessen Kenntnis zum anderen keinesfalls Voraussetzung ist für das Verständnis der eigentlichen, spezifisch Granetschen Darstellung der chinesischen Zivilisation. Das ursprüngliche Literaturverzeichnis wurde vollständig übernommen, nicht jedoch die bibliographischen Zusätze von Paul Demiéville (S. 479 f.) aus dem Jahre 1947 und von Jeanne-Marie Boch-Puyraimond (S. 481–489) für die französische Neuauflage. Angaben im Literaturverzeichnis wurden – wenn möglich – vervollständigt und ebenso wie die Anmerkungen vereinheitlicht. Zusätzliche Anmerkungen des Übersetzers sind als solche gekennzeichnet.

Für die wertvolle und persönliche Hilfe bei der Anfertigung der Übersetzung und bei der Abfassung der Einführung möchte ich im besonderen Herrn Prof. Dr. Laszlo Vajda, Herrn Wolfgang Hermann sowie Frau Danielle Laudan, Herrn Prof. Dr. Wolfgang Bauer und den Mitarbeitern im Wissenschaftlichen Lektorat des Piper Verlags danken.

Claudius C. Müller

Erstes Buch

Die Menschen auf dem Lande

Erstes Kapitel

Die bäuerlichen Sitten

Tagaus tagein führten die chinesischen Bauern ein hartes und eintöniges Leben, das nur zu bestimmten Zeiten von großen Festen, die ihre Lebensfreude wieder weckten, unterbrochen wurde. Diese Feste allerdings hatten eher den Charakter von Orgien, und sie wurden deshalb auch von den Philosophen – seit es sie gab – immer wieder verdammt. Nur Konfuzius anerkannte ihren heilsamen Wert, er hätte nicht eingewilligt, daß der Fürst »dem Volk nicht einen Tag der Freude zugestehe, nachdem er ihm hundert Tage der Erschöpfung aufgebürdet hatte«, denn weder darf man »den Bogen immer spannen, ohne ihn jemals zu entspannen ..., (noch darf er) immer entspannt sein, ohne ihn jemals zu spannen«[1]. Konfuzius nahm also an, daß die Weisheit der Fürsten diese Volksfeste geschaffen hätte. In Wahrheit jedoch stammen sie aus undenklicher Vergangenheit, und es genügt, die allgemeinen Lebensbedingungen auf dem Lande zu kennen, um sie zu erklären.

1 Die Familien und die bäuerlichen Gemeinschaften

Zu allen Zeiten hat das Prinzip der Geschlechtertrennung die chinesische Gesellschaft geprägt, ein Prinzip, das immer auf das strengste beobachtet wurde: Nicht nur Jungen und Mädchen wurden durch scharfe Vorschriften voneinander getrennt, selbst nach ihrer Heirat mußten Mann und Frau getrennt leben und in all ihren Beziehungen außerordentliche Vorsicht walten lassen. Bei den Bauern war die Trennung der Geschlechter durch die Arbeitsteilung bestimmt: Die Männer, die die Felder bestellten, und die Frauen am Webstuhl standen einander wie zwei rivalisierende Verbände gegenüber, zwischen denen sowohl sexuelle wie technische Schranken gesetzt waren.

Eine mythische Begebenheit, die aus der ältesten Vergangenheit Chinas stammt und unverändert über die Zeiten hinweg überliefert wurde, handelt von den beiden Sterngottheiten Weberin und Ochsenhirt. Zwischen ihnen erstreckt sich als eine sakrale Barriere die Milchstraße, der Himmlische Strom, der nur einmal im Jahr überschritten werden kann: Weberin und Ochsenhirt feiern dann ihre nächtliche Hochzeit[2]. Unter der ständigen Bedrohung, die geheimen Mächte des Bodens zu erschrecken, kam den Männern die gefährliche Aufgabe zu, die Erde zu öffnen; die Frauen hingegen verstanden es, die Kraft zu bewahren, die die Saat zum Keimen bringt. Das rituelle Pflügen jedoch, durch das die Erde für die fruchtbringende Arbeit aufgebrochen wurde, scheint in alter Zeit die gemeinsame Anstrengung von Mann und Frau erfordert zu haben[3]. Das gemeinsame Arbeiten der Geschlechter war um so wirksamer, als es sich auf sakrale Gelegenheiten beschränkte und zu normalen Zeiten als Sakrileg angesehen wurde.

Es gibt ein chinesisches Sprichwort, demzufolge die Geschlechtertrennung Grundlage der Exogamie ist. Zu allen Zeiten konnten junge Leute in China nur dann heiraten, wenn sie verschiedenen Familien angehörten[4]. Eine Ehe diente dazu – über die Gründung des Haushalts hinaus –, zwei Familien einander näherzubringen. Diese Annäherung erfolgte mit Hilfe diplomatischer Riten, die einem eigens dazu bestellten Herold aufgetragen wurden. Das emblematische Zeichen dieses Vermittlers, der die Vereinbarungen zwischen zwei Verwandtschaftsverbänden in die Wege leitete, scheint das Beil gewesen zu sein: Es wird zum Säubern des Stammes von Zweigen wie auch zum Bündeln der Zweige verwendet. Dieses Motiv der zusammengefügten Bündel taucht häufig in Hochzeitsliedern auf, wo es beispielsweise heißt: »Wie baut man Hanf an? – Man legt Längs- und Querfurchen! – Wie erlangt man eine Frau? – Man muß die Eltern verständigen! – Wie schneidet man Reisig? – Ohne Beil wird es nicht gelingen! – Wie erlangt man eine Frau? – Ohne Heiratsvermittler geht es nicht!«[5] Das Kreuzen der Furchen und die Heiratsbeziehungen zwischen den Familien sichern die Fruchtbarkeit der Hausgemeinschaften und der Felder. Männer und Frauen mußten gemeinsam die Feldarbeit rituell beginnen. Um ihre volle Wirkung entfalten zu können, sollten nicht nur Männer und Frauen, sondern auch verschiedene Familien zusammenarbeiten. Durch die Exogamiepraxis wurde die Wirkung der Geschlechtertrennung noch verstärkt, und die gemeinsam vollzogenen Handlungen bekamen ein besonderes Gewicht.

Das Exogamiegebot hatte neben seiner Bedeutung für die Familien auch territoriale Tragweite, da es die Heirat zwischen jungen Leuten, die im selben Weiler geboren wurden, untersagte. Mit der Heirat mußte einer der Partner seine Familie verlassen, um in einem fremden Dorf zu leben: »Der Regenbogen im Osten! – Niemand wagt, auf ihn zu zeigen ... – Wenn ein Mädchen heiraten will, – Läßt es Brüder und Eltern in weiter Ferne ...« »Die Ch'üan-Quelle zur Linken, – Zur Rechten der Ch'i-Fluß ...

– Wenn ein Mädchen heiraten will – Läßt es Brüder und Eltern in weiter Ferne ...«[6] In den Klagen der jungen Frauen hören wir den Schmerz über das jähe Zerreißen der Familienbande, und wir spüren die Bedrükkung, das Heimatdorf verlassen zu müssen, um den mühseligen Alltag in unbekannter und feindseliger Umwelt auf sich zu nehmen: »Seit drei Jahren bin ich als Schwiegertochter in deinem Haus, – Unermüdlich in den Arbeiten des Hauses, – Früh auf den Beinen, spät zu Bett – Und niemals konnte ich mich am Morgenschlaf erfreuen ...«[7] Den Versen des *Shih ching* nach zu schließen, mußten immer die Frauen ihre Familie verlassen, und tatsächlich dürfte es so etwa ab der Feudalzeit allgemein üblich gewesen sein. Andrerseits hören wir immer wieder von Schwiegersöhnen, die in die Familien ihrer Frauen eingegliedert wurden, und von administrativen Maßnahmen[8] gegen diesen hartnäckig geübten Brauch. Dies läßt vermuten, daß die Nachbardörfer ursprünglich nicht die jungen Mädchen, sondern die jungen Männer ausgetauscht hatten. Das bäuerliche Haus war Angelegenheit der Frau und ist dies in der Hauptsache bis heute geblieben: Der Hausrat stammte aus ihrer Mitgift, und der Mann betrat das Haus nur selten. In frühester Zeit gehörte sogar das Dorf den Frauen: Seine Schutzgottheit wurde ›Weilermutter‹ genannt, und auch die Bodengeister wurden erst in relativ später Zeit in männlichen Erscheinungsformen gedacht. Wählten die Männer einen Führer aus ihrer Mitte, so verliehen sie ihm den Titel ›Vater‹ des jeweiligen Dorfes[9]. Die Siedlung und die in ihr wohnende Familie trugen den gleichen Namen: territoriale Klane bildeten die kleinste Bevölkerungsgruppierung[10]. Wenn auch zuerst den Frauen und erst später den Männern die Vorherrschaft innerhalb des Dorfes zukam, so teilten sich jedoch zu allen Zeiten seine Bewohner in zwei durch das Geschlecht bestimmte Gruppen, wobei jeweils die Gruppe der eingegliederten Ehepartner auf eine untergeordnete Rolle beschränkt war.

Die andere Gruppe setzte sich aus den im Dorf Heimischen zusammen, die – vereint durch die Namensidentität – einen Verwandtschaftsverband bildeten. (Eine alte Tradition will, daß zwischen Haus und Familienname eine Art Gleichklang herrschen muß[11].) Da sich die Verwandtschaftsbeziehung aus der Zugehörigkeit an ein gemeinsames Territorium wie auch aus dem gemeinsamen Namen herleitete, ging sie ihrem Wesen nach tiefer, als wenn sie einfach auf Blutsbande begründet gewesen wäre: Blut teilt und verliert sich, und nur in den Adern zweier leiblicher Brüder kann dasselbe Blut fließen. Die Mitglieder eines Territorialklans hingegen sind mit dem Emblem des Namens versehen, der allen Mitgliedern gemeinsam ist, und sie identifizieren sich in gleicher Weise mit ihrem ererbten Land, das in ihnen unablässig die Prinzipien des gemeinschaftlichen Lebens erneuert, das heißt, sie alle repräsentieren eine ungeteilte, außerordentlich homogene Gruppe, die nur nach Alter und Generation strukturiert ist. Innerhalb derselben Generation unterscheidet man Ältere und Erstgeborene, das bejahrteste Mitglied der ältesten Generation trägt den Titel eines Ältesten. Dieser Älteste hat zwar eine Art Vorrangstellung inne, doch seine vage Autorität kommt ihm nur in seiner Eigenschaft als Delegierter der Gruppe zu: stirbt er, wird er durch einen Jüngeren ersetzt, ohne daß man im eigentlichen Sinne von Nachfolge sprechen könnte[12]. Zwischen Verwandten ein und derselben Generation ist die Übereinstimmung vollkommen: gemeinsam bilden sie eine kollektive Persönlichkeit, während sie als einzelne keinerlei juristische Existenz besitzen. Die Verwandtschaftsnomenklatur richtet sich nicht nach Individuen und deren natürlicher Bindung, sondern sie ist *klassifikatorisch*, das heißt, sie bezeichnet nur Kategorien von Verwandtschaftsbeziehungen[13]. Das Wort *Mutter* zum Beispiel ist auf eine ausgedehnte Gruppe von Personen anwendbar: in seiner individuellen Bedeutung gebraucht, benennt es nicht die Frau, die einen geboren hat, sondern die ehrwürdigste Frau aus der Müttergeneration. Ebenso unterscheidet sich der *Vater* nicht von den *Onkeln väterlicherseits* und gilt sogar für einen weit über die eigentlichen Brüder des Vaters hinausreichenden Personenkreis. Aus den gleichen Gründen gehen die Kategorien von *Söhnen* und *Neffen* ineinander über und werden alle *Vettern*, so entfernt sie auch miteinander verwandt sein mögen, als *Brüder* bezeichnet. Grundlage dieser allumfassenden Organisation ist eine totale Gemeinschaft, die weder persönliche Bindungen noch Hierarchien anerkennt.

Je homogener die Familie ist, desto geschlossener ist sie: Es ist unmöglich, daß sie fremde Elemente integriert, denn Verwandtschaft kann ihrem Wesen nach weder gegeben, verloren, noch erworben werden. Verwandtschaftliche Zusammengehörigkeit zeigt sich in den friedlichen Gefühlen des alltäglichen familiären Lebens. Heftige Ausbrüche, Maßlosigkeit in den Emotionen und Verbindungen nach außen sind in ihrem Rahmen untersagt. Sogar die Ahnen würden (soweit überhaupt ein Ahnenkult vorhanden ist) Opfermahlzeiten, die auf einem anderen als ihrem Klanherd zubereitet wurden, niemals annehmen[14]. Sollte jemand adoptiert werden, so mußte ihm zuerst der neue Familienname übertragen werden[15]. Und jemand, der ein Stück Land kaufte (seitdem der Staat den Handel mit Grund und Boden erlaubt hatte), konnte sich nie im Glauben wiegen, jemals den ursprünglichen Besitzer des Boden vollkommen verdrängt zu haben[16]. Herkömmlicher Überzeugung zufolge war es unvorstellbar, daß jemals die Verbindungen zwischen Verwandten untereinander und zwischen den Familien und ihrem Boden zerrissen werden könnten. Der Verwandtschaftsverband war seit undenklichen Zeiten im strengdefinierten

Sinne unauflösbar und durch ein starkes Prinzip des Sich-Abschließens gekennzeichnet.

Dieser exklusive Charakter der Territorialklane entsprach vollkommen dem zurückgezogenen Leben, das die Familie Tag für Tag auf dem von den Ahnen urbar gemachten Land führten. Dieser auf Gefühlen beruhende Zusammenhalt der Familie war jedoch nicht die einzige bestimmende Kraft innerhalb der bäuerlichen Gesellschaft: ein weiteres Beziehungssystem schloß noch umfassendere, reichere und komplexere Gefühle mit ein. Diese Beziehungen waren eng mit der traditionellen Heiratsordnung der chinesischen Bauern verflochten, die neben der *Klanexogamie* eine beschränkte *Endogamie* forderten: Eine Heirat war sowohl unter Verwandten wie auch unter vollkommen Fremden unmöglich. Eheliche Verbindungen galten jahrhundertelang nur dann als potentiell glücklich, wenn sie zwischen Mitgliedern von Familien geschlossen wurden, die seit fernster Vergangenheit regelmäßige Heiratsbeziehungen unterhalten hatten[17]. Dieser Brauch verlangte von den Söhnen, daß sie sich Frauen aus der Familie ihrer Mutter suchten, und nur wer gewichtige Gründe geltend machen konnte, durfte sich diesem Gebot entziehen: »Shu-hsiangs Mutter wollte ihren Sohn mit einem Mädchen aus ihrer eigenen Familie verheiraten. Shu-hsiang sagte zu ihr: ›Ich habe zahlreiche Mütter (Klassifikationssystem!), doch habe ich nur wenige Brüder. Ich hüte mich vor den Töchtern meiner Onkel mütterlicherseits.‹«[18] Damit drückt er seine Sorge aus, daß diese Frauen ihm keine Nachkommen geben würden. Als Shu-hsiang dies sagte (513 v. Chr.), wurde innerhalb der Aristokratie nur die Verwandtschaftsbeziehung in männlicher Linie als legal anerkannt, das heißt, daß Eheschließungen zwischen agnatischen Verwandten als illegale Verbindungen verboten waren und für unfruchtbar gehalten wurden. Mit seiner Unterstellung, die Ehe mit einer Tochter seines Onkels mütterlicherseits würde kinderlos bleiben, stellte Shu-hsiang diese Verbindung auf die Stufe solcher illegalen Beziehungen. (In Wirklichkeit handelte es sich um einen von persönlicher Leidenschaft bestimmten Vorwand, um nach eigener Zuneigung heiraten zu können: die Ehe sollte sich jedoch als unglücklich erweisen.) Aber eine solche Kusine konnte niemals eine Verwandte sein, denn ob sich nun die Deszendenz nach agnatischen oder uterinen Gesetzen regelte – die Kinder von Bruder und Schwester (Kreuzvettern, -kusinen) gehören notwendig zwei verschiedenen Familiengruppen an. Eine solche Heirat war in keinem Falle verboten oder wurde etwa mißbilligt, sondern blieb gang und gäbe.

Wie aus der Nomenklatur hervorgeht, war diese Art von Heirat zunächst sogar verpflichtend: So war die Bezeichnung für *Onkel mütterlicherseits* gleichbedeutend für *Schwiegervater*, die Bezeichnung für *Tante väterli-*

cherseits gleichbedeutend für *Schwiegermutter*[19]. Dieses Benennungssystem setzt voraus, daß das Exogamieprinzip des Klans durch ein Endogamieprinzip ergänzt wird. Eine solche Organisation erfordert, daß zwei exogame Familiengruppen, deren Verwandtschaftsbeziehung, genauer: deren Name, sich nur in einer Linie überträgt, traditionell durch die Generationen hindurch die Hälfte ihrer Kinder, Jungen oder Mädchen, austauschen. Wahrscheinlich stammt diese Nomenklatur aus einer Epoche, da die Jungen ausgetauscht wurden und die Deszendenz in weiblicher Linie vorherrschend war, denn sowohl in der Aussprache wie in der Schreibweise besteht nur ein unbedeutender Unterschied zwischen dem Begriff, mit dem ein Mann (Onkel mütterlicherseits = Schwiegervater) den Sohn seiner Schwester (wie auch den Ehemann seiner Tochter) bezeichnet, und dem gemeinsamen Begriff für Familie und Familienname[20]. Aber auch in späterer Zeit, als der Vorrang in der Deszendenz auf die männliche Linie überging, blieb die Kreuzkusinenheirat erlaubt und wurde auch vollzogen. Da sich der Name immer nur in einer einzigen Linie übertrug, wurde solchen Verbindungen kein Hindernis entgegengesetzt. Diese außerordentlich bemerkenswerte Tatsache, daß ein Brauch weiterbestehen bleibt, obwohl sich das Verwandtschaftssystem ändert, belegt die besondere Dauerhaftigkeit einer Gemeinschaftsorganisation, die aus zwei Familiengruppen, die herkömmlich durch Heiratsbeziehungen verbunden waren (*connubium*) gebildet wurde. Spuren dieser Gesellschaftsordnung, die sich in der Folge noch komplizierter gestaltete, waren so tief, daß auch das eng mit ihr verflochtene grundlegende Brauchtum bestehen blieb. Dieses Brauchtum muß also aus einer Zeit, in der eine dualistische Teilung die Gesamtorganisation bestimmte, erklärt werden.

Während die Pflicht, Trauer zu tragen, und das Recht, an den auf demselben Herd zubereiteten Mahlzeiten teilzunehmen, Zeichen der verwandtschaftlichen Beziehungen sind, ist das *connubium* Ausdruck einer höheren Ordnung von Beziehungen, die die charakteristischen Abschließungstendenzen zwischen den lokalen Gruppen verringern sollen. Familienorientierte Gefühle haben etwas Ausschließendes und Unantastbares an sich, während Eheverbindungen in jede lokale Gruppe altruistische Motive bringen und eine Gesinnung fruchtbaren Wettstreits, von Rivalität und Vertrauen nach sich ziehen. Für den uterin oder agnatisch geregelten Verband sind die in die Familie aufgenommenen Schwiegersöhne und Schwiegertöchter wie ein sich immer wieder erneuerndes Pfand eines vor Zeiten geschlossenen Paktes. Die Heirat ist immer eines der Embleme für politisches Einverständnis geblieben: Zur Feudalzeit bezeichnete dasselbe Wort den Ritus, mit dem ein Botschafter ausgesandt wurde, und den Ritus, mit dem eine Ehe geschlossen wurde[21]; ebenso waren Verträge häufig mit dem Austausch von Frauen gekoppelt. Von Anfang an dienten Heiratsbeziehungen als ein Friedensprinzip zur Aufrechterhaltung der unauflösbaren Einheit zwischen zwei Familiengruppen, welche die Grundlage der alten bäuerlichen Gesellschaft darstellten.

Aber auch Ehepaare mußten für immer verbunden bleiben: Instabilität in der Ehe und Instabilität in den politischen Verhältnissen bedingten einander. Der Ehevertrag galt als Beginn einer auf Dauer geschlossenen Beziehung: »In Tod, Leben und Sorgen – Bin ich dir zugehörig! – Ich nehme dich bei der Hand, – Mit dir will ich alt werden!«[22] Wir hören aus diesem Schwur eine Art heroischer Willensäußerung heraus: und in der Tat leisteten die Soldaten im Felde, während sie sich die Handflächen reichten, denselben Eid wie die Eheleute. Das Vokabular unterscheidet nicht zwischen ehelicher Treue und Waffenbrüderschaft, denn beide leiten sich vom selben Freundschaftskontrakt ab.

Die Gefühle zwischen Eheleuten heben sich von den einfachen und schlichten Gefühlen ab, welche die verwandtschaftlichen Beziehungen in der Familie erfüllen. Eine Ehe wird zwischen Vettern und Kusinen geschlossen, aber solchen, die verschiedene Namen tragen, das heißt, daß sie keine Verwandte sind, obwohl sie von Geschwistern abstammen: Der Grad der verwandtschaftlichen Nähe zwischen ihnen ist gerade so eng, wie er werden kann, ohne in eine tatsächliche Identität überzugehen. Die besondere Beziehung zwischen einem Paar beruht auf komplementären und nicht, wie bei einer Gruppe, auf gemeinsamen Eigenschaften: Sie gründet auf Gefühlen, in die zu gleichen Teilen Solidarität und Rivalität eingehen. So kann das Wort für Ehegatte auch Rivale und sogar Feind bedeuten. Eine Frau, die während der Feudalzeit in eine agnatische Familie aufgenommen wird, ist zunächst eine Verbündete, kann sich jedoch schnell in einen Feind verwandeln, wenn sie, um Interessen der eigenen Verwandtschaftsgruppe zu wahren, mit ihrem Ehegatten in Streit gerät. Die in eine ungeteilte Familie eingegliederten Ehepartner stellen eine bestimmte Anzahl von Geiseln dar, repräsentieren aber auch – als Abordnung von Delegierten – eine gegnerische Gruppierung.

Innerhalb einer ländlichen Gemeinschaft lebten also zwei Gruppen, die miteinander rivalisierten und durch wechselseitige Verpflichtungen verbunden waren. Jede dieser Gruppen hatte ihr eigenes Territorium, auf dem jedoch auch die Vertreter der anderen Hälfte des Gruppenpaares lebten, die durch die Heirat in die Fremde geschickt worden waren. Und auch dort trafen zwei rivalisierende und miteinander solidarische Gruppierungen aufeinander. Auch wenn die Gesamtorganisation nicht mehr auf der einfachen Zweiteilung beruht, so ist sie doch im Bereich der einzelnen Familiengruppe noch erkennbar. Heirat ist nicht nur die Verbindung zweier

Eheleute: Sie ist ihrem Wesen nach ein Kollektivvertrag und verliert niemals ihre Bedeutung für die gesamten Gruppen.

Braut und Bräutigam müssen Diener und Gefolge haben: »Die Elster hat ein Nest gebaut, – Das Nest ist voll von Ringeltauben! – Das Mädchen, das heiratet, – Umgebt es mit hundert Ehrenwagen!«[23] Die Zahl Hundert ist ein Emblem für die Totalität, und so verweisen die von Dienern und Dienerinnen begleiteten hundert Wagen symbolhaft darauf, daß sich die durch einen Ehevertrag verbundenen Gruppen einander vollkommen verpflichten. In sehr alter Zeit umfaßte der Austausch nicht nur symbolhaft, sondern in Wirklichkeit alle Jungen und Mädchen. Haushalte wurden als Folge von kollektiven Vereinigungen gegründet, die alle Vertreter einer Generation verbanden. Das Wort *Mutter* gilt nicht nur für die eigene Mutter und alle ihre Schwestern, sondern genauso für alle von den Brüdern des Vaters geheirateten Frauen[24]. Tanten mütterlicherseits und die Frauen von Onkeln väterlicherseits unterscheiden sich nicht, da sie eine gleiche Gruppe von Schwestern und eine gleiche Gruppe von Ehefrauen bilden.

So stehen auf jedem Territorium zwei gleichermaßen homogene Gruppierungen einander gegenüber, die die Gegensätze des Geschlechts, des Namens, des Wesens und der Lebensweise verkörpern und die alte Rivalität von Familienpaaren und Geschlechtsverbänden fortsetzen. Das Prinzip des Gegensatzes der Geschlechter, das in seiner Form als Exogamie- und Endogamieregel die bäuerliche Gemeinschaft bestimmt hat, bewahrt darin seine ursprüngliche Stärke und bekräftigt sich im alltäglichen Leben immer aufs neue. Die Gefühle, die die Zusammenarbeit zwischen Männern und Frauen so schwierig gestalten und dennoch so fruchtbar erscheinen lassen, bleiben ungebrochen und lebendig bewahrt.

2 *Die jahreszeitlichen Wettkämpfe*

Wenn sich Verbotsvorschriften nach den klimatischen Bedingungen und der Lage der Behausung richten, so zielen sie zumeist daraufhin ab, Orte und Zeiten festzulegen, wo die Männer und Frauen ohne Angst vor Verunreinigungen arbeiten können. Diese Organisation wird vom Rhythmus der Jahreszeiten bestimmt, wobei Männer und Frauen sich bei der Arbeit ablösen und zugleich ihre Lebensweise ändern.

Diese Veränderung der Lebensweise tritt jeweils zu Beginn und am Ende eines landwirtschaftlichen Jahres ein, zu jenen Zeitpunkten, die in den Tiefebenen des alten China als zwei sehr deutliche Einschnitte markiert sind. Das kontinentale Klima läßt den Umschlag der Jahreszeiten unmittelbar zur Wirkung kommen; zwischen der harten, trockenen Winterkälte und der feuchten Sommerhitze sind Frühling und Herbst nur von kurzer Dauer. Doch sind sie mit ihren milden Regenfällen und dem veränderlichen Himmel wie zwei wunderbare Augenblicke, die mit einem Schlag das Leben in der Natur beginnen und enden lassen: Plötzlich erblüht die Natur, und rasch wieder fallen die Blätter, die Zugvögel treffen in Schwärmen ein und fliegen wieder ab, jäh fallen die Insekten ein, und unvermittelt verschwinden sie – ein Ereignis ums andere verkündet in den Feldern das erhabene Erwachen des Lebens und sein unheilvolles Ende, und sie alle spannen eine Art dramatischen Rahmen für die Veränderungen in der Lebensweise, die sich die chinesischen Bauern nach dem Vorbild des Himmels selbst auferlegen. Und wenn auch sie mit einem Schlag ihr gewohntes Leben ablegen, so vergessen sie in der Verwirrung des Augenblicks ihre alltäglichen Verbotsvorschriften und haben das Bedürfnis, die Natur zu unterstützen und einander zu helfen.

Für die chinesischen Philosophen bestand eine Theorie der Liebe darin, daß die Mädchen im Frühling unter der Anziehungskraft der Jungen und im Herbst die Jungen unter der Anziehungskraft der Mädchen stehen, gleichsam als empfänden abwechselnd beide ihre unvollständige Natur und würden von dem unwiderstehlichen Drang erfaßt, sie zu vervollkommnen[25]. Im Frühling, der Zeit der Verlöbnisse, ergriffen in alten Zeiten die Mädchen die Initiative; im Herbst, wenn die Haushalte gegründet wurden, war es die Frau, die unverzüglich in das Haus ihres Mannes ziehen mußte[26]. Während die Bauern im Herbst die reiche Getreideernte einbrachten, um sie für den Winter zu horten, waren die Frauen im Frühling reicher durch ihren Besitz an Stoffen, die sie den Winter über im Überfluß gewebt hatten. Zunächst waren es die Weberinnen, die sich die Bewunderung der Männer verschafften, und dann wiederum konnten jene das Gefallen der Frauen erwecken: So vermittelten alle wechselweise ihre Anziehungskraft und verwirklichten ihre Wünsche.

Zu Frühlingsbeginn und bei Herbstende gingen sich Männer und Frauen nicht wie gewöhnlich aus dem Weg, sondern suchten die Gemeinschaft: »Schluß mit dem Spinnen Deines Hanfes! – Auf, zum Marktplatz! Auf, zum Tanz!« »Verwelkte Blätter! Verwelkte Blätter! – Der Wind hat Euch verweht! – Auf, Ihr Herren! Auf, Ihr Herren! – Singt, und wir stimmen mit ein!«[27] Wenn im Frühling und im Herbst die Arbeit am Webstuhl und auf den Feldern zu Ende war, dann wurden im Freien große Versammlungen abgehalten, zu denen sich die Jungen und Mädchen aus den Nachbarweilern einfanden. Der Winter würde jede Familie wieder in ihrem einsamen Dorf einschließen, der Sommer andererseits Männer und Frauen erneut zwingen, getrennt voneinander zu leben. Und so begannen die Frühlings- und Herbstversammlungen damit, die Gefühle der notwendigen Zusammengehörigkeit zu bestärken und in der Vollziehung der kollektiven Hochzeitsfeiern noch engere Verbindungen zwischen geschlossenen Gruppen und rivalisierenden Verbänden zu knüpfen.

Diese Feste bestanden im allgemeinen aus Gemeinschaftsfeiern, Freß- und Saufgelagen und Spielen. Nach so vielen Tagen, die man in Zurückgezogenheit verbracht hatte, die man mit konzentrierter Arbeit und kleinlichem Denken vergeudet hatte, bemächtigte sich der versammelten Menge ein Gefühl großmütigen Wetteiferns. Alles schien gut und genug, die plötzlich unter ihnen ausbrechende Lust am Spiel zu erfüllen, um alles konnte ein fröhlicher Wettkampf und ein ritterlicher Streit entbrennen[28].

Wenn zur Tagundnachtgleiche große Vogelschwärme über den Himmel zogen, so kämpfte man um das Vorrecht, die Eier aus den Nestern zu holen, um mit ihnen verschiedene Arten von Wettkämpfen auszuführen. Im Schillern ihrer Schalen erkannte man voll Bewunderung die fünf Farben des Regenbogens wieder, der als Zeichen am Himmel den befruchtenden Regen verkündete. Das Mädchen, das ein Schwalbenei erobert und verzehrt, fühlt sich von großer Hoffnung durchdrungen und singt voll Freude ein Lied. (Nach der Überlieferung war dies der Ursprung der ›Lieder aus dem Norden‹.) Die Jungen und Mädchen schritten über den fruchtbaren Boden, dessen volles Grün und vielfältiges Blühen reiche Ernte versprach, und bildeten Reihen, die einander gegenüberstanden: Im Streit um die Blumen vollzogen sie Tänze und rangen miteinander, um Büschel von Wegerich zu pflücken. Während sie ihre am Gürtel geknoteten Röcke schürzten, waren ihre Lieder von Freude erfüllt, in ihrem Schoß die tausendsamige Pflanze zu sammeln. Sie sangen, während sie an den Abhängen kräftig duftenden Beifuß oder Farn mit seinen fruchtbaren Sporen pflückten, während sie am Ufer der Flüsse nach Wasserlinsen fischten, die ihnen von Flußbewohnern, Männchen und Weibchen, die sich paarweise sammelten, streitig gemacht wurden, und sie sangen auch, während sie nach großen, im Wasser treibenden Pflanzen haschten, deren kreisrunde und lanzettförmige Blätter am selben Stengel wachsen. Und wenn sie aus Freude über den Sieg Beeren verzehrten, so schienen diese nicht weniger wunderbar als die Eier: »Der König von Ch'u überquert den Chiang und findet – Eine Beere des Wasserpfeilkrauts! – So groß wie eine Faust – Und rot wie die Sonne! – Er schneidet sie entzwei und ißt sie: – Sie ist süß wie Honig!«[29]

Im Drang des alle erfassenden Wetteiferns erfreuten sich ihre Herzen an den bescheidensten Entdeckungen. Plötzlich konnten sie unmittelbar in ihren Bewegungen und Stimmen den Überschwang ihrer Gefühle zum Ausdruck bringen und ihre Spiele einem Rhythmus unterordnen, der durch die Gemeinschaft der Gefühle gegeben war. Das Pflücken der Gräser, die Versammlungen und die Verfolgungsjagden waren immer wieder Anlaß zum Um-die-Wette-Singen oder -Tanzen. All das ist auch heute noch bei den Naturvölkern Südchinas üblich, wenn sich bei den höchsten Festen Jungen und Mädchen aus Nachbardörfern »einander zugewandt in Reihen aufstellen und zu improvisierten Liedern Farnkräuter schneiden«[30], um mit diesen Wettspielen den Wohlstand eines Jahres und das Glück der Dörfler sicherzustellen[31]. In gleicher Weise glaubten die jungen Leute, die sich während der traditionellen Feste Chinas zu Wettspielen versammelten, einem Auftrag der Natur zu gehorchen und mit ihr zusammenzuarbeiten: Ihren Tänzen und Liedern entsprachen die Rufe der Vögel, die einen Gefährten suchten, und die Flüge der Insekten, die sich summend verfolgten. »Die Wiesenheuschrecke zirpt, – Die Bergheuschrecke springt! – Solange ich meinen Herrn nicht gesehen habe, – Wie schlägt da mein unruhiges Herz! – Doch sobald ich ihn sehe, – Sobald ich mit ihm vereint bin, – Dann wird mein Herz ruhig sein!«[32] Die Heuschrecken, die einander von Wiesen zu Hängen zurufen, sind für die Chinesen bis heute Embleme für fruchtbare Vereinigung und Exogamie geblieben. Sie erinnerten die jungen Leute an den für alle verbindlichen kaiserlichen Befehl zur Vereinigung. Doch zu allererst fühlten sich die Jungen und Mädchen als Rivalen: Als Vertreter ihres Geschlechts und ihres Klans, im vollen Bewußtsein ihres heimatlichen Bodens, durchdrungen von Familienstolz und sexuellem Egoismus, eröffneten sie den ritterlichen Streit, der sie zusammenbringen sollte, im Ton prahlerischer Herausforderung.

Die Mädchen, mit Gesichtern weiß wie Wolken, stolz herausgeputzt in geblümten Gewändern und krapproten Hauben, machten den Anfang im spielerischen Streit. Sie gaben sich vornehm und luden in spöttischem Tonfall ihre Freier ein, nur um dann wieder den Anschein zu erwecken, als wollten sie sich davonmachen: »Da fallen die Pflaumen! – Füllt eure Körbe! – Fordert uns auf, junge Männer! – Jetzt ist die Zeit gekommen! Sprecht!« »Im Süden stehen hohe Bäume, unter ihnen kann man nicht ruhen ... – Mädchen schlendern längs des Han-Flusses: – Aber man kann sie nicht auffordern ...« »Wenn du liebevoll an mich denkst, – Dann schürze ich den Rock und überquere den Wei-Fluß! – Doch wenn du nicht an mich denkst, – Dann gibt es ja noch andere Jungen – Ja, den Verrücktesten der jungen Verrückten, fürwahr!« »Chen und Wei – Treten über ihre Ufer! – Die Jungen und Mädchen – Kommen zu den Orchideen! – Die Mädchen laden sie ein: ›Laßt uns dahin gehen!‹ – Worauf die Jungen antworten: ›Wir sind schon unterwegs‹ – ›Doch was dann, wenn wir dahin gehen? – Denn jenseits des Wei-Flusses erstreckt sich ein schöner Rasen‹ – Dann treiben Jungen und Mädchen – Gemeinsam ihr Spiel –

Und die Mädchen erhalten eine Blume als Pfand.«[33] Wenn die Mädchen erst einmal ihre Herausforderung ausgesprochen hatten, war die Beziehung geknüpft, und es lag nun an den Jungen, ihnen den Hof zu machen. Bei den Miao-tze und den Tho[34] wird dieses Werben noch heute in Form eines Ballspiels ausgetragen, das von Liedern begleitet wird: Solange das Mädchen den Ball zurückwirft, ist noch alles offen, und der Freier muß aufs neue sein Lied beginnen. Im alten chinesischen Brauchtum war der Streit um die Blumen einer der Hauptaspekte der Auseinandersetzung unter den Liebhabern: Wenn das Mädchen eine duftende Blume oder eine Handvoll Beeren annahm, war die Wahl getroffen. – »In meinen Augen bist du die Malve!« – »Gib mir diese Beeren!«[35]

Auf diese Weise verbanden sich die Herzen der Jungen und Mädchen und wurden die Verlöbnisse geschlossen. Im Rhythmus des Tanzes und monoton wie das gleichförmige Stampfen der Füße improvisierten die jungen Männer nach traditionellen Regeln Liedstrophen, von denen sie ganze Folgen in ehrwürdigen Analogien aneinanderreihten. Vers für Vers beschworen sie den rituellen Schauplatz des Festes, der als eine feierliche Wiederholung der gesamten Natur gesehen wurde. In feststehenden Bildern wurden die Einzelheiten dieser Ordnung geschildert und die Erinnerung an die zwischen dem Rhythmus der Jahreszeiten und den Handlungen der Menschen herrschenden Beziehungen wachgehalten. Wenn sich chinesische Brautleute nach klassischer Ritualvorschrift bei Tagesanbruch eine Wildgans schickten, so war dieser Ritus nur eine konkretisierte Metapher: In alter Zeit pflegte man das folgende Lied zu singen: »Der Ruf der Wildgänse wird laut, – Bei Tagesanbruch, in der Morgendämmerung – Der Mann bricht auf, seine Frau zu holen, – Solange das Eis noch nicht geschmolzen ist!«[36] Das Erscheinen der Wildgänse zeigt den Mädchen an, daß das Eis unter der Frühlingsbrise zu schmelzen beginnt und die Verlobung nicht länger verzögert werden darf. Die Wechselgesänge zwischen den Liebenden setzen sich aus Kalendersprüchen zusammen, denen eine Art zwingender Kraft innewohnt. Unter der Wirkung dieser langen Beschwörung legen sie ihre innere, herausfordernde Schüchternheit ab und überwinden nach und nach ihre sexuelle Scham und ihre von Familienehre geprägte Abwehr, bis sie sich schließlich der Pflicht fügen und sich vereinen: In einem heiligen Augenblick können die gegnerischen Verbände und die geschlossenen Gruppen, die einander durch die poetische Auseinandersetzung nahegebracht wurden, die Erneuerung ihrer tiefen Verbundenheit spüren.

3 Die Erntefeste und die tote Zeit im Jahr

Die Turniere der Liebeslieder wurden auf dem freien Lande abgehalten. Sie stellten den zentralen Ritus in den Bündnisfesten dar, in dem die Bauern ihre Eintracht untereinander wieder bekräftigten. Während dieser Zusammenkünfte in den Feldern vergaßen alle Gruppierungen – ob sie nun nach geschlechtlichen oder territorialen Kategorien bestimmt waren – ihre partikularistische Gesinnung und bestärkten ihr Gefühl der Zusammengehörigkeit in egalitären Gemeinschaftsfeiern. Die Wirkung der sexuellen Vereinigung wurde durch gemeinsame Schlemmereien und Trinkgelage ergänzt. Diese Feste erweckten aber auch den Eindruck von Jahrmärkten, wenn die Menschen zum Austausch von Geschenken zusammenkamen: Das Um-die-Wette-Singen wurde durch ein Wetteifern im Schenken überboten. »Wer mir Quitten gibt, – Dem vergelt' ich es mit einem Stein von meinem Gürtel! – Doch wird es nicht nur Vergelten sein: – Für immer werde ich ihn lieben!«[37] Auch die Liedverse werden wie Geschenke ausgetauscht, doch bringt das Formelhafte der Liebeslieder den Rhythmus einer eintönigen Klage hervor, die die aggressive Stimmung einschläfert. Hingegen überstürzt sich der Rhythmus, der den Austausch der materiellen Geschenke regelt: Um den Partner zu noch größerer Gegengabe zu verpflichten, muß man immer mehr geben, als man erhalten hat. Der Wert der Geschenke erhöht sich und mit ihm die Erregung derer, die sie anbieten, bis sie sich schließlich zu einem allgemeinen Gefühlsausbruch steigern kann und alles gemeinschaftliches Eigentum wird oder in einer gemeinsamen Orgie konsumiert wird: »Warum meinst du, du hättest keinc Kleider? – Zu deinen lege ich meine.«[38] Diese Formel, die nicht nur von Eheleuten, sondern auch unter Soldaten gebraucht wird, soll jene vollkommene Einheit zum Ausdruck bringen, die auch das Ziel der jahreszeitlichen Feste ist. Allerdings wohnt diesem Wettstreit gegenseitigen Beschenkens nicht selten ein Moment von Raffgier inne, die dann weniger das traditionelle Gleichgewicht aufrechterhält, als vielmehr zur Durchsetzung partikularistischer Tendenzen beiträgt.

Die Dorffeste setzten den Schlußpunkt für die Arbeit auf den Feldern: Es waren Erntefeste, bei denen die Bauern miteinander den reichen Ertrag ihres Bodens feierten. Ein wesentliches Element dieser Freudenkundgebungen war das gegenseitige Um-die-Wette-Beschenken. Zeitlich fallen die Dorffeste mit der Rückkehr der Männer in ihre Weiler zusammen, und da es sich um Männerfeste handelt, stammt ihre Bedeutung sicher aus einer Epoche, als die Ehemänner nicht mehr nur Schwiegersöhne waren und die Frauen bei ihrer Verheiratung in die Familie des Mannes eingegliedert wurden. Dies ist ein Zeichen dafür, daß die Weberinnen ihre

Vorrangstellung über die auf den Feldern arbeitenden Männer verloren hatten. Offensichtlich fällt diese Revolution mit der gesteigerten Bedeutung zusammen, die dem Getreideanbau innerhalb der Gesamtwirtschaft zukam, jedoch ist es auch möglich, daß diese Entwicklung an den Fortschritt der Rodungstechniken geknüpft ist, die mit einer höheren Bevölkerungsdichte die Herausbildung mächtigerer Siedlungen und eine stärkere Komplexität der territorialen Gruppierungen nach sich zog. In diesem neuen Milieu, das dem Konkurrenzdenken noch förderlicher war, entstanden die agnatischen Institutionen.

Nach eingebrachter Ernte zogen die Bauern in ihre Dörfer, um dort gemeinsam die tote Zeit im Jahr zu verbringen. Zwar waren die Häuser im Dorf weiterhin Frauensache, auch wenn diese nun Schwiegertöchter wurden, doch besaßen die Männer ein Gemeinschaftshaus. In den rituellen Vorschriften ist noch die Erinnerung an die Zeit bewahrt, als die Männer sich für die Dauer der Niederkunft ihrer Frauen hierher zurückziehen mußten. Sogar noch in klassischer Zeit waren die alten Sexualgebote für drei Monate vor und nach der Entbindung voll gültig[39]. In der Institution des Gemeinschaftshauses kam die traditionelle Dorforganisation in all ihren alten Rechten wieder zum Tragen. Die Bedeutung dieses winterlichen Refugiums für die Männer wird in verschiedenen noch lange fortlebenden Bräuchen und in Spuren mythologischer Erzählungen bezeugt. In diesen Gemeinschaftshäusern faßten die Männer wieder Vertrauen in ihre Kraft, und dieses Vertrauen gipfelte schließlich in der Bestätigung ihrer männlichen Privilegien.

Während der langen Tage der Untätigkeit feierten die Bauern gemeinsam Feste, von denen sich die klassischen Zeremonien des Großen No-Ritus und der Pa-cha-Riten herleiten. Die eine eröffnete, die andere beschloß die tote Jahreszeit, und sie bestimmten somit die Grenzperiode zwischen zwei landwirtschaftlichen Jahren. Im Laufe ihrer historischen Entwicklung näherte sich der Zeitpunkt dieser Feiern immer mehr der Sonnenwende, und indem sie auf ein Schema reduziert und an astronomische Daten gebunden wurden, verloren sie ihren ursprünglichen Sinn und ihren Zusammenhalt. In ihren Anfängen hatte es sich um zwei miteinander verbundene Feste gehandelt, die mit dem ersten Frost und der Schneeschmelze die beiden herausragenden Zeitpunkte der winterlichen Liturgie markierten: »Nun ist der zweite Monat angebrochen: Brich das Eis! Stoße! Stoße! – Und dann der dritte Monat: Gib es in die schattige Eishöhle! – Vierter Monat: Früh aufgestanden! – Tötet das Lamm! Bringt Porree als Opfer dar! – Neunter Monat: Rauhreif und kalte Luft! – Zehnter Monat: Eine saubere und harte Dreschfläche! – Und zwei Krüge, in denen der Wein wohl schmeckt! – Singt: Tötet die Lämmer, die Schafe! – Auf, zum Gemeinschaftshaus! – Und hebt die Hornbecher, – ›Ein Leben ohne Ende! und zehntausend Jahre!‹«[40]

Wenn in den weiten Ebenen des klassischen China der trockene Winterfrost die Erde hart gemacht hatte, war der Arbeit der Menschen ein vorläufiges Ende gesetzt. Diesen Zustand des Sich-Verschließens der Erde betrachteten die chinesischen Bauern als geheiligt, und wie sie sich nun selbst zur Ruhe begaben, so gewährten sie auch ›allen Wesen‹ Ruhe. Zur Einweihung der Periode universeller Abgeschiedenheit singen sie in ihren Liedern davon: »Erde! Kehre an Deinen Platz zurück! – Wasser! Fließe in deine Tiefen hinab! – Tiere des Sommers! Bewegt euch nicht mehr! – Bäume! Pflanzen! Kehrt in euren Morast zurück!«[41] Das unmittelbare Bild dieser Beschwörung ist aus der Sicht der schwer arbeitenden Bauern zu verstehen, die alljährlich immer aufs neue gezwungen waren, ihre Felder gegen eine wuchernde, feindliche Natur zu behaupten. Für die Bauern war diese Wiederinbesitznahme eine Art Ausbreitung und Rückzug. Alle Wesen kehrten – entsprechend ihren Arten – in ihre winterliche Bleibe zurück: »Das Wasser bedeckt sich mit Eis, die Erde beginnt zu frieren... Der Regenbogen verbirgt sich und erscheint nicht mehr... Himmel und Erde verkehren nicht mehr miteinander. Der Winter hat begonnen... Bewacht die Brücken und Hecken! Sperrt Wege und Pfade!... Legt nicht bloß, was bedeckt ist! Öffnet nicht Häuser noch Gebäude! Alles sei versperrt und verschlossen!... Die Emanationen der Erde könnten entweichen und sich verflüchtigen!... Die überwinternden Tiere könnten sterben!«[42] Wenn sich die Tiere zum Winterschlaf in ihren Zufluchtsstätten verbergen, ziehen sich auch die Menschen zurück, um die allgemeine Abgeschiedenheit zu unterstützen. »Wenn ein Bauer seine Ernte noch nicht eingebracht und verschlossen hat, wenn ein Pferd, ein Rind oder ein Haustier frei herumläuft, so kann sich jeder rechtmäßig dieser Güter bemächtigen.«[43] Das Eigentumsrecht verliert in der Entfernung vom Heimatdorf seine Gültigkeit, oder, anders ausgedrückt: Sobald der Winter eine trennende Schranke zwischen die menschliche Arbeit und den Boden setzt, befindet sich jede Art außerhalb der Reichweite aller anderen. Dann ist jeglicher Kontakt nach außen verboten, alle Wesen sind in einen umfassenden Bann geschlagen, erstarrt an ihren verstreuten Zufluchtsstätten, von allen Beziehungen zueinander abgeschnitten. Zwischen Wesen gleicher Natur, die in Kontakt bleiben dürfen, entwickelt sich gerade dann eine verstärkte Annäherung. Menschen und Dinge, die mit ihrer jeweiligen Art in gemeinsamer Abgeschiedenheit leben müssen, versuchen in dieser Zeit ihre spezifischen Anlagen zu regenerieren. In der Gemeinschaft mit den Ihren erstarken sie wieder und sammeln Kräfte, die ihnen im Frühling, wenn der sakrale Bann wieder genommen wird, die Wiederaufnahme aller Beziehungen erlauben. Dann werden Porree, Lämmer und ein schwarzes Rind geopfert, um den Dämon der Kälte zu entlassen, und indem man das Eis bricht, werden die »Schranken beseitigt, die der Herrschaft der Wärme widerstehen« und Hagel und Blitz hervorrufen; dann kann man die Trockenheitsdämonen verjagen und, nachdem die erste rituelle Furche gezogen wurde, die durch die Ruhe verjüngte Erde aufs neue öffnen[44].

Die Winterfeste selbst nahmen einen dramatischen, von außerordentlicher Erregung geprägten Verlauf. Sogar noch zu Konfuzius' Zeiten benahmen sich ihre Teilnehmer, den Worten eines Augenzeugen zufolge, wie »Verrückte«, wobei wir diese Bezeichnung eher in dem Sinne zu verstehen haben, daß sie sich von göttlichem Geist belebt fühlten. Den Exorzisten, die ausdrücklich ›die Verrückten‹ genannt wurden, kam dabei eine wesentliche Rolle zu. Die Tänze zum Klang der Tontrommeln riefen ekstatische Zustände hervor, die durch die Trunkenheit noch erhöht wurden. Die Exorzisten bedeckten sich mit Tierhäuten und vollzogen Tiertänze[45], die Bauern verkleideten sich als Katzen und Leoparden und statteten so diesen Feinden der Waldmäuse und Wildschweine ihren Dank ab, in der Hoffnung, sie sich auch für das nächste Jahr freundlich zu stimmen. In ihren Liedern besangen sie die Arbeit und das alltägliche Leben des verflossenen Jahres; sie beglückwünschten sich, daß ihre Tätigkeiten in beständiger Übereinstimmung mit dem bäuerlichen Kalender standen, wollten diesen fruchtbaren Einklang zwischen Jahreszeit und menschlicher Arbeit erneuern und hofften, sich die Natur zu weiterer Hilfe zu verpflichten. Dabei verpraßten sie geradezu in Sauf- und Freßgelagen ihre Ernte, denn der künftige Ertrag würde sicherlich wieder genauso reich ausfallen. Sie wetteiferten darin, wer von ihnen mit größter Dreistigkeit seine Güter auszugeben verstünde. Sie setzten auf die Zukunft: Wer am meisten verwettete, erhoffte durch seinen größeren Einsatz einen noch höheren Gewinn vom Geschick, einen noch reicheren Ertrag der künftigen Arbeit[46]. Der Wettstreit in der Verschwendungssucht war von der Auseinandersetzung begleitet, wer denn nun der großmäuligste Prahler sei[47]. An diesen ruinösen Wettkämpfen hat auch die Kritik der Gelehrten in den Städten niemals etwas ändern können. Sie haben sich durch Jahrhunderte gehalten und blieben in deren Augen ebenso skandalös wie die Zustände der Verrücktheit, die sie begleiteten. Vielleicht verdienten es die Bauern, streng verurteilt zu werden, wenn sie jemals gelernt hätten, von einem Jahr aufs andere vorzusorgen, oder wenn es Getreidespeicher, Vorratslager und eine vorausschauende Wirtschaft gegeben hätte. Andrerseits waren diese Ausgaben doch wieder höchst lohnend, als sich nämlich die Bauern gegenseitig ermunterten, Vertrauen in ihre Fertigkeiten zu haben und unerschrocken, voll männlicher Kraft die Düsternis der unwirtlichen Wintertage zu überstehen.

In ihrem Gemeinschaftshaus versammelt, verstanden sich die Bauern als ein machtvolles Gegengewicht zu den Kräften der Dispersion, die die Welt im Winter bestürmten. Philosophen haben zu allen Zeiten diesen Kräften eine weibliche Natur (*yin*) zugeschrieben. Die Arbeit der Männer legte den alternierenden Rhythmus der Jahreszeiten fest, und wenn sie dies auch nur durch ihre körperliche Anstrengung bewirkten, so doch erst vermittelt durch die Wettkämpfe. Auch ohne Frauen, die von solchen Zusammenkünften augeschlossen waren, waren alle orgiastischen Feiern unter Männern von einem antithetischen Prinzip bestimmt. Die Wirksamkeit der Zeremonien schien sich vom Gegenüberstehen der Teilnehmer und von den wechselseitig ausgeführten Handlungen herzuleiten. Hier mußte die Gruppe der Gastgeber, ihr gegenüber die Gruppe der Gäste sitzen; wurden die einen für Vertreter der Sonne, der Wärme, des Sommers und des *Yang*-Prinzips gehalten, so galten die anderen als Mond, Kälte, Winter und *Yin*-Prinzip. Zu den eigentlichen Gemeinschaftsfeiern stellten sich die Teilnehmer entsprechend den alternierenden Jahreszeiten einander gegenüber auf, damit diese, ebenfalls im Wechsel, allen Wohlstand bringen. Nun waren zwar alle Akteure männlichen Geschlechts, doch, wie wir aus einem konkreten Fall wissen, setzten sich die einander gegenüberstehenden Tanzgruppen auf der einen Seite aus Jünglingen, auf der anderen aus Erwachsenen zusammen. Bei diesen Wettkämpfen traten also nicht die beiden Geschlechter, sondern die Vertreter verschiedenrangiger Altersklassen als Widerparte auf. Die Ränge bei den Gelagen und Zechereien wurden entsprechend dem Alter verliehen, wörtlich: nach den Zähnen, also offensichtlich nach dem Zeitpunkt der ersten Teilnahme an solchen Festen, wobei die Ältesten den Vorsitz innehatten[48].

Die Winterfeste stellten im Grunde ein fortwährendes Überbieten im Ausgeben und Verbrauchen von Gütern dar. Sie förderten die Konstituierung einer Hierarchie der Männer und bestätigten in ihrer rituellen Abwicklung die Bedeutung der Ältesten. Ihnen blieb insbesondere die Hauptrolle im dörflichen Pa-cha-Fest vorbehalten, das die winterliche Liturgie eröffnete, und es gehörte zu ihren Pflichten, Natur und Menschen zur Abgeschiedenheit aufzufordern, die die Erneuerung vorbereitet. Die alten Männer geben den ›altgewordenen Dingen‹ das Zeichen zur Ruhe; in Trauerkleidern und auf Stöcke gestützt, geleiten sie das Jahr zu seinem Ende: Ein Fest des Alters setzt den Beginn für die tote Zeit im Jahr.

4 Die Heiligen Orte

Die alten Männer erlangten ziemlich bald das Vorrecht, allein für das Dorf die Trauerriten des ausgehenden Jahres durchzuführen. Zur Einweihung der neuen Jahreszeit wurden bei den Zusammenkünften in den Feldern jahrhundertelang Initiationen und Verlöbnisse zu gleicher Zeit gefeiert. Noch in den gelehrten Ritualvorschriften ist die Rede von den Frühlingsfesten, wo »sich Jungen und Mädchen in Massen vergnügen«, und ein Kommentator weiß hinzuzufügen, daß »dann den Jungen die Großjährigkeit verliehen wird und sie dann die Mädchen heiraten«.[49] Nur durch die vereinte Kraft beider Geschlechter konnte das Leben wieder erweckt werden, nur ein Fest der Jugend konnte den Frühling herbeibringen.

Initiationen und Verlöbnisse fanden unter der Aufsicht der gesamten Gemeinschaft statt: An Orten, die dem häuslichen Bereich und profanen Tätigkeiten entzogen waren, in der weiten und ungebundenen Landschaft traten die Jungen und Mädchen, gelöst von den üblichen Zwängen, mit der Natur in Kontakt. Wenn das freie Land sie zu den ersten Treffen willkommen hieß, strahlte es in frischem Glanz und entfaltete auf Schritt und Tritt seine generative Kraft. Das Eis der Bäche war geschmolzen, und das Wasser floß frei dahin, die Brunnen, die der Winter bisher verschlossen hatte, erwachten wieder zum Leben, die Quellen sprudelten erneut, und der auftauende Grund öffnete sich, um das Gras sprießen zulassen. Alle Tiere waren wieder aus ihren Rückzugsstätten aufgetaucht und tummelten sich in der freien Natur. Das Leben in Abgeschiedenheit war zu Ende, und die Zeiten eines allumfassenden gemeinsamen Durchdringens waren angebrochen. Himmel und Erde konnten wieder miteinander ›kommunizieren‹, und der Regenbogen, der Künder ihrer Vereinigung, zeigte sich wieder am Horizont; die hermetisch abgeschlossenen Gruppen konnten wieder Kontakt aufnehmen, Männer und Frauen trafen sich wieder. Und wenn sich die jungen Leute in dieser ehrwürdigen, neugeborenen Landschaft vereinigten, in der ihre Ahnen seit undenklichen Zeiten zugleich in das sexuelle und soziale Leben initiiert worden waren, brach inmitten der verjüngten, entsakralisierten, befruchteten Natur ein tiefes Gefühl von Solidarität, hervor, berstend von wiedergefundener Jugend. In den Vereinigungen in den Feldern kamen Emotionen zum Tragen, die in höchstem Grade ansteckend wirkten: der Beischlaf, der in der Berührung mit dem Boden vollzogen wurde, bekam gleichsam den Charakter eines Beischlafs mit dem dadurch geheiligten Boden selbst. Diese erhabene Bedeutung der traditionellen Feststätte ließ diese in den Augen aller als Heiligen Ort des Landes erscheinen[50].

Die jungen Leute versuchten in allen ihren Handlungen möglichst engen

Kontakt mit dem Heiligen Ort ihres Stammes aufzunehmen: noch im letzten Winkel der Landschaft trachteten sie danach, seine befruchtende Kraft zu fassen. Aus diesen Gefühlen entstand ein Komplex an Glaubensvorstellungen, die lange Zeit wirksam sein sollten.

Zu den wichtigsten Handlungen der Frühlingsfeste gehörte es, daß Männer und Frauen halb bekleidet durch die Flüsse wateten, um sich in den Feldern auf der anderen Seite zu vereinigen. Unter der Berührung des lebendig strömenden Wassers erschauderten die Frauen und fühlten sich gleichsam durchdrungen von den Seelen, die sie darin mittreiben sahen. Die so lange versiegten Brunnen erwachten aufs neue, als ob der beginnende Frühling ihre Wasser, die während der toten Jahreszeit eingeschlossen waren, aus einem unterirdischen Gefängnis befreit hätte. Von diesen unmittelbaren Bildern rührt der Gedanke her, daß sich die Seelen der Verstorbenen während dieser Zeit des Wiedererwachens auf die Suche nach einem neuen Leben begaben und sich im Fluß der Frühlingsgewässer aus der verborgenen Zurückgezogenheit, in die sie der Tod eingeschlossen hatte, davonmachten. Die Menschen hatten also ein Totenreich ersonnen, das ihrer Erde benachbart war und das mit ihr in heiligen Augenblicken kommunizierte. Und nur in diesen Gelben Quellen, wie die unterirdische Behausung genannt wurde, konnte das winterliche Refugium des Wassers sein. Wenn die Menschen im Durchqueren des Flusses seine Befreiung feierten, dann lenkten sie die fruchtbaren Regenfälle auf ihr Land und zogen auf sich selbst seine befruchtende Wirkkraft[51].

Zu allen Zeiten haben die Chinesen Geburten, die die Familien bereicherten, und Regen, der das Getreide keimen ließ, gemeinsam und mit den gleichen Riten erfleht. Zunächst hatte man die Vorstellung, daß das Fallen des Regens und die Geburt der Kinder allein durch die Wettspiele unter Männern und Frauen bewirkt würden, doch schließlich faßte man das Wasser als von Natur aus weiblich auf und hielt nur mehr die Frauen für fähig, den Regen herbeizurufen[52]. Zu dieser Zeit war man weiters überzeugt, daß Jungfrauen unmittelbar durch den Kontakt mit heiligen Flüssen zu Müttern werden konnten[53] und daß, da sich die Fortpflanzung allein durch die Frauen zu vollziehen schien, nur die Ahnen mütterlicherseits wiedergeboren wurden. Die Frauen, die den Titel ›Mutter‹ trugen, übten die Herrschaft aus und waren auch im Besitz der Häuser und Dörfer. Während sie als Hüterinnen des Saatguts die Samen im dunklen Winkel aufbewahrten, wo sie ihre Matte zum Schlafen ausbreiteten, waren die Männer wie Fremde im Haus, die sich beinahe verstohlen dem Ehebett näherten. Wie an den Heiligen Orten übertrugen sich auch im Haus die Wirkungen der gemeinschaftlichen Gefühle auf die Umwelt, und die Vereinigungen auf dem Boden waren ebenfalls Vereinigungen mit dem

Erdboden selbst. Dieser Boden war die Erde der Frauen: In ihrem eigenen Geburtshaus, in der Berührung mit den Getreidekörnern, die das Leben in sich zu tragen schienen, wurden sie schwanger; die Mütter der Familie, das eingebrachte Getreide und der häusliche Boden bildeten eine Einheit mit gemeinsamen Merkmalen. Eine unbestimmte Zahl an Ahnenseelen schien sich im mütterlichen Boden, beim Saatgut und bei der Lagerstatt aufzuhalten und die Zeit der Wiedergeburt zu erwarten: Die Erde war die Mutter, die den Frauen Nachkommenschaft schenkte und zugleich von ihnen Fruchtbarkeit erhielt[54]. Zu dieser Zeit, in der die bewohnte und in Besitz genommene Erde nur mit weiblichen Eigenschaften versehen gedacht wurde, war die gesellschaftliche Ordnung fast vollständig matriarchalisch geprägt. Erst später, als die Bauern agnatische Institutionen schufen und Herren des Feldanbaus wurden, erschienen auch Erdgeister, die mit männlichen Zügen versehen waren. Doch blieben zu allen Zeiten die Heiligen Orte Gegenstand umfassender Verehrung, die kaum nach unterschiedlichen Merkmalen des einen oder anderen Geschlechts zu charakterisieren wäre.

Jeder Teil der rituellen Festlandschaft verkörperte etwas Heiliges. Die Feudalstaaten verehrten die weiten Wälder, die ausgedehnten Sümpfe, die Berge und Flüsse, die jedoch nicht nur als einfache Naturgottheiten empfunden, sondern als Kräfte gesehen wurden, die zwar Regen und Dürre, aber auch Überfluß und Elend, Gesundheit und Krankheit bewirkten. Für die Menschen der damaligen Zeit hatten diese Gottheiten eine absolute Macht inne, vergleichbar jener der Feudalherren. Berge und Flüsse schuldeten ihre Heiligkeit nicht einer stattlichen Erscheinung, die die Vorstellungskraft verblüfft hätte, sondern den Turnierspielen der Jungen und Mädchen, die sie beim gegenseitigen Verfolgen und beim Blumenpflücken an die Ufer der Flüsse und die Hänge der Höhen führten. Berge und Flüsse sind als Hüter der natürlichen und menschlichen Ordnung verehrt worden, weil die bäuerlichen Gemeinschaften bei ihren ländlichen Festen zugleich ihren sozialen Pakt erneuert und ihr Bündnis mit der Natur besiegelt hatten. Die Gefühle der Verehrung, die die Teilnehmer an den jahreszeitlichen Zusammenkünften erfüllten, erstreckten sich ohne Unterschied auf Wasser und Felsen, auf Blumen und Tiere, auf die stattlichsten Bäume und auf die armseligsten Pflanzen: In allen Dingen war eine gemeinsame Kraft. Beim Pflücken einer Beere war man nicht weniger hoffnungsfroh als beim Durchwaten eines Flusses; alle Blumen konnten Schwangerschaften gewähren, bösartige Einflüsse fernhalten, Herzen vereinen und Schwüre binden, keine, deren Entdeckung nicht als Wunder empfunden wurde. Doch keine Blume hätte eine, nur ihr eigene Kraft gehabt: All ihre Wirksamkeit rührte daher, daß sie zum Zeitpunkt des Festes erblühte, gepflückt, verschenkt und im Wettkampf erobert wurde. Jede Blume hatte teil an der alles umfassenden Macht des Heiligen Ortes. Während des Festes waren Blumen und Tiere, Felsen und Pflanzen, Erde und Wasser, Dinge und Menschen im selben Maße heilig. Der Heilige Ort manifestierte sich in allem und jedem, jeder einzelne, jedes Ding war zugleich der Heilige Ort, der wie ein gemeinschaftliches Band das Gesamte vereinte[55].

Der Heilige Ort war als sakraler Zeuge der Bündnisfeste, wo sich zu wiederkehrenden Zeitpunkten der Pakt zwischen den sozialen Gruppen untereinander und all diesen mit der Natur erneuerte, eine Schutzmacht mit unbegrenzten Kräften. In einer Periode, in der die chinesische Erde nur auf inselgleichen Flecken besiedelt ist, in der Männer und Frauen geschlossene Gruppierungen bilden und nur Ansätze von Hierarchien bestehen, erscheint er als Garant der wichtigsten gesellschaftlichen Verpflichtungen und spielt die sakrale Rolle des Oberhauptes. Alljährlich, wenn der Heilige Ort sein Prestige und seine Autorität kraft einer prachtvollen Hierogamie erneuert, wird er in den kollektiven Hochzeitsfeiern zur Gottheit, die den Rhythmus der Jahreszeiten und des menschlichen Lebens bestimmt.

Zweites Buch

Die Gründung der Fürstentümer

Erstes Kapitel

Heilige Orte und Städte

Seit der fernsten Vergangenheit, die wir uns an Hand von schriftlichen Quellen ausmalen können, haben die Bewohner des alten China in relativ mächtigen Siedlungen gruppenweise zusammengelebt. Aller Wahrscheinlichkeit nach hat die Bevölkerungsdichte in dem Maße zugenommen, wie mit der Abholzung, Rodung und Entwässerung die Erschließung des Bodens vorangetrieben wurde. Und wenn da und dort lokale Katastrophen wie Überschwemmungen und Nomadeneinfälle diese Entwicklung gehemmt haben mögen, so haben wir keine Möglichkeit, den Verlauf im einzelnen nachzuzeichnen. In der Tat ist der Nachweis, daß sich die ländlichen Gemeinschaften einfach aus zwei paarweise miteinander verbundenen Territorialgruppen zusammensetzten, nur mit Hilfe der Verwandtschaftsnomenklatur und den Spuren möglich, die der Dualismus im rechtlichen und religiösen Brauchtum hinterlassen hat. Es ist zu vermuten, daß bereits zu Beginn der historisch faßbaren Zeit die territorialen Gruppierungen eine ziemlich komplexe Struktur aufwiesen, da sie sich aus mehr als nur zwei exogamen, gegenseitig verpflichteten Gruppen zusammensetzten: Schon damals mußte es – wie heute – in den Dörfern teils Menschen gegeben haben, die den gleichen Namen trugen oder zumindest untereinander nicht heirateten, teils solche, die überhaupt verschiedenen Familien angehörten. In jedem Fall jedoch stellen die Dokumente das Nebeneinander eines China der Städte und eines China der Dörfer heraus. Städter und Dörfler sind aufs klarste voneinander getrennt: Sind die einen *ungehobelt*, so sind die anderen *vornehm*. Während sich die einen rühmen, »gemäß den Riten, die nicht bis zum gemeinen Volk hinabreichen«[56], zu leben, wehren sich zum anderen die Landleute, in die öffentlichen Angelegenheiten hineingezogen zu werden: darüber sollen, wie sie sagen, »die *Fleischesser* diskutieren«[57]. Städter und Bauern haben also weder gemeinsame Interessen noch gleiche Nahrung, sie sind sogar so weit voneinander entfernt, daß sie entgegengesetzten Orientierungssystemen den Vorzug geben: Für die Vornehmen ist es die linke Seite, für die Bauern die rechte[58]. Hat das Dorf allerhöchstens einen Ältesten, so sind die Vornehmen Vasallen ihres Fürsten, des Herrn der Stadt, an dessen Seite sie ein vollständig von Hofzeremoniell ausgefülltes Leben führen. Um ihren Herrn geschart singen sie Lieder, die von Verachtung für »das Landvolk, diesen ungehobelten Pöbel«, tönen: »Sie leben nur, um zu essen und zu trinken. – Ihr Vornehmen aber, all Ihr Vasallen, – Versammelt Euch und verkörpert die Kraft des Fürsten!«[59]

Allgemein gelten die Bauern als Pächter. Heißt das zugleich, daß die Städter die Eroberer sind? Es gibt keinen Fürsten ohne Stadt, und von jeder Stadt wird berichtet, daß sie von einem Fürsten gegründet wurde. Ist dieser nun der Abkömmling eines siegreichen Geschlechts, das mit einem Schlag Feudalordnung und städtische Organisation in China eingeführt hat? Mit historischen Argumenten ist diese Hypothese weder zu bestätigen noch zu verwerfen, doch bleibt, wenn auch die Geschichte keinen Beleg zugunsten einer Invasion zu liefern vermag, die Frage, ob China in seiner unbekannten Frühgeschichte weniger Invasionen von außen erlebt haben sollte als in historischer Zeit. Umgekehrt ist zwar der Gegensatz zwischen Vornehmen und Bauern ein Faktum, doch mit welcher Berechtigung können wir dann behaupten, daß die supponierten Eroberer Träger einer feudalen Gesellschaftsordnung waren? Es kann sehr wohl sein, daß sich ursprünglich gemeinsame Sitten in verschiedenen Milieus unterschiedlich entwickeln und daß dieser Gegensatz Resultat einer solchen Entwicklung ist. Möglicherweise sind Invasoren in China eingedrungen, doch kann die Existenz von Fürstentümern[60] sehr wohl erklärt werden, ohne daß man auf eine im eigentlichen Sinne historische Hypothese rekurrieren müßte. Die Herrschaft der Fürsten scheint auf Glaubensvorstellungen zu gründen, die sich ursprünglich im bäuerlichen Milieu entwickelt haben.

Die Macht, die der Fürst innehat, stimmt mit jener überein, die die bäuerlichen Gemeinschaften ihren Heiligen Orten zusprechen, nur daß sie in einer Stadt ausgeübt wird, die als Ahnenzentrum betrachtet wird. An den Heiligen Orten wurden die großen Feste, denen auch jahrmarkthafte Züge eigen waren, abgehalten, dort nahm man sakrale Verbindung zum heimatlichen Boden auf, dort beschwor man die Ahnen, sich zu reinkarnieren. – Die Stadt ist ebenfalls heilig: In ihren Mauern birgt sie Marktplatz, Erdaltar und Ahnentempel. Die Stadt des Gründers einer Herrscherdynastie trägt den Titel *Tsung*, eine Bezeichnung, die auch auf eine Gruppe von Personen angewendet wird, die durch den Kult an einen gemeinsamen Ahnen verbunden sind. Ein Ausdruck wie Chou-*tsung* kann nur als *Ahnenzentrum* der Chou interpretiert werden, doch wenn sich dasselbe Wort in Ho-*tsung* wiederfindet, ist es mehrdeutig. Zunächst wird damit der Huang-ho (Ho – der Fluß par excellence, der Gelbe Fluß) und seine Gottheit bezeichnet. Weiter dient das Wort zur Benennung der Familie, die für den Kult des Gottes des Gelben Flusses verantwortlich ist, und darüber hinaus als Name des Siedlungsplatzes dieser Familie. Diese Wohnstätte, die zugleich als Stadt und Ahnenzentrum betrachtet wird, ist nicht vom Heiligen Ort, an dem sich die göttliche Macht des Flusses manifestiert, zu unterscheiden[61].

Die Wesenszüge des Heiligen Ortes sind auf die Stadt des Fürsten übergegangen: Der Herrscher ist das *Doppel* einer heiligen, ursprünglich unpersönlichen Kraft, der die Verehrung einer Gemeinschaft entgegengebracht wurde. Sie stellte sich im Laufe der Zeit im Erscheinungsbild eines Ahnen dar und wurde so zum Kultobjekt einer hierarchisch gegliederten Gemeinde. Auch der sakrale Charakter der bäuerlichen Kultstätten hat sich vollständig auf den Herrscher und seine Stadt übertragen. Er findet sich sowohl in der Person des Fürsten wie auch im Ahnentempel, im Erdaltar, in den Stadtmauern und -toren verkörpert. Im Text des Mo Ti steht eine bezeichnende Passage[62], in der der Philosoph voll Beredsamkeit dezidierte Beweise für die rächende Macht von Gottheiten aufzählt. Die Strafe der Götter ereilt den Schuldigen überall: auf einem Erdaltar, in einem Ahnentempel, in einem Sumpf und schließlich auch an einem nicht näher angegebenen Ort namens Tsu. Und um seinen Lesern eine Vorstellung davon zu geben, fährt er fort: »Also, Tsu ist für das Land Yen das gleiche wie der Erd- und Erntealtar für Ch'i, wie *Sang-lin* (das Maulbeerwäldchen) für Sung, und wie (der Sumpf von)Yün-meng für Ch'u: *denn an all diesen Orten kommen Jungen und Mädchen zusammen, um an den Festen teilzunehmen!*« An dieser Bemerkung wird die enge Beziehung zwischen den städtischen Kulten und den bäuerlichen Festen besonders deutlich und am augenfälligsten wohl im Falle von *Sang-lin:* In Mo Ti's Rede wird von *Sang-lin* als dem Ahnentempel der Fürsten von Sung gesprochen; an anderer Stelle erscheint *Sang-lin* als Gott des Bodens, aber auch als Name eines der Stadttore von Sung[63]. Darüber hinaus ist *Sang-lin* noch die Bezeichnung eines Demiurgen und eines Heiligen Ortes, dessen lokale Gottheit Macht über Regen, Dürre und Krankheit ausübt[64]: der Gründer der Yin-Dynastie bot sich an diesem Heiligen Ort selbst als Opfer dar und erwarb sich durch dieses Verdienst die Herrscherwürde[65]. Als Nachkommen dieser Dynastie blieb nur den Fürsten von Sung das Privileg, den Kult von *Sang-lin* zu vollziehen, als dessen Hauptbestandteil der sogenannte Tanz von *Sang-lin* getanzt wurde[66]. Nun ist aber *Sang-lin,* wie wir von Mo Ti wissen, der Ort, an dem sich die Jungen und Mädchen von Sung zu ihren festlichen Zusammenkünften treffen: Es läßt sich also eine kontinuierliche Linie von den Festen der bäuerlichen Gemeinschaften zu den Kulten der Feudalfürsten aufzeigen.

Die Kulte in den Städten entstanden aus der Zergliederung eines ländlichen Kultes, der sich an undifferenzierte heilige Kräfte richtete. Diese besondere Kraft des Heiligen Ortes wurde, manchmal gemeinsam mit seinem Namen, wie wir eben gesehen haben, auf Altäre übertragen, an denen man verschiedene Gottheiten verehrte. So wurde selbst der Heilige Ort häufig von einer solchen Differenzierungsentwicklung betroffen, wenn beispielsweise der Fürst außerhalb seiner Stadt Kulthandlungen zu Ehren dieses Berges oder jenes Flusses vollzog. Denn in Bergen und Flüssen bewahrte sich ungeschwächt die Wirkkraft jener Orte, die schon den bäuerlichen Versammlungen heilig waren. Sie wurden gleichsam zu Lenkern der natürlichen und menschlichen Ordnung. Genau wie sie ist auch der Fürst ein Lenker, der über Natur und Untertanen herrscht: Gemeinschaftlich mit den Heiligen Orten seines Landes ist er Träger derselben Kräfte, die er in der Natur als Grundlagen seiner eigenen Macht offenbarwerden sieht. Seine Macht bleibt ohne Wirkung, wenn sich der Berg oder der Fluß machtlos erweisen; Berge und Flüsse sind machtlos, wenn sich die spezifische Tugend des Herrschergeschlechts erschöpft hat: »Ein Fürstentum muß sich auf seine Berge und Flüsse stützen. Es ist ein Vorzeichen des Untergangs, wenn die Berge einbrechen und die Flüsse versiegen.«[67]

Die Macht des Herrschers und die Macht des Heiligen Ortes sind von gleicher Dauer und erstrecken sich auf dasselbe Gebiet. Beide haben die gleichen Wesensmerkmale und sind so untrennbar miteinander verbunden, daß der Feudale Heros und sein Heiliger Ort jeweils das Doppel voneinander sind: Erst die Wirkkraft eines Gründerheros wie Yüs des Großen läßt die Erhabenen Flüsse fließen und die Ehrfurchtgebietenden Berge in den Himmel ragen. Und wenn andrerseits Shen-nung und Huang-ti jeweils an einem Fluß ihre besondere Regierungsfähigkeit erlangen konnten, so »sandten die Heiligen Berge jene Wirkkräfte herab, die (die Herrscher von) Fu und Shen hervorbrachten«[68].

Zwischen Heiligem Ort und Herrscher besteht eine Interdependenzbeziehung, die als eine Entwicklungsfolge betrachtet werden kann: So gesehen erscheint der Heilige Ort einer bäuerlichen Gemeinschaft erneut als das Ahnenzentrum der feudalzeitlichen Herrscherfamilie.

Zweites Kapitel

Undifferenzierte Mächte und individuelle Autorität

Jedes Herrschergeschlecht führt seine Ahnenreihe auf einen Gründerheros zurück, dessen Geburt im allgemeinen von wundersamen Umständen begleitet war. Die Inhaber von *Sang-lin*, dem *Maulbeer*wäldchen, die als einzige befähigt und berechtigt waren, den Kult und den Tanz dieses Heiligen Ortes zu zelebrieren, führten ihre Linie auf eine Ahnin zurück, die bei einem Wettstreit zur Frühlingstagundnachtgleiche ein Schwalbenei (*Tzu*) erobert und verschluckt hatte und dadurch schwanger geworden war[69]. Nach einer anderen Tradition soll sie empfangen haben, nachdem sie an einem Ort namens *Maulbeer*ebene gesungen hatte[70]. Nun, der Held, den sie gebar, bekam als Familienname *Tzu* (Ei), und *Maulbeerbäume*, die auf wunderbare Weise gewachsen waren, sollten seinen Nachkommen Aufstieg und Verfall der Macht ihres Hauses verkünden[71]. So verweisen der emblematische Name und das tatsächliche Emblem gemeinsam auf einen analogen Mythos von der Schwängerung einer Ahnin am Heiligen Ort während des Frühlingsfestes.

Im ländlichen Milieu bauten alle Glaubenskonzeptionen und Kulte auf emblematischen Vorstellungen auf, die von starken, doch unbestimmten Emotionen genährt wurden. Die Bilder, die man während der Feste in den Landschaften zu sehen glaubte, wurden für Manifestationen, Zeichen oder Embleme gehalten, die sich im Heiligen Ort verkörperten. Nun beruht die Verwandtschaft, die vom Exogamiegebot gekennzeichnet ist, einzig und allein auf dem emblematischen Band des Namens und der Teilhabe an einer gemeinsamen Essenz. Diese nahm man bei den gemeinsamen Mahlzeiten in der Nahrung zu sich, die vom Territorium der Familie stammte. Zwischen dem Boden einer Familie und ihrem Namen mußte, wie uns die Quellen versichern, eine Art Gleichklang herrschen. Aus all diesen Fakten läßt sich schließen, daß die bäuerliche Organisationsform auf einem Prinzip basierte, das analog dem totemistischen war, wobei die Totems, oder besser gesagt: die Embleme, aller Wahrscheinlichkeit nach unter den Tieren und Pflanzen ausgewählt wurden, die während der Festzeiten an den Heiligen Orten erschienen. Manche Motive der alten Lieder werden erst dann sinnvoll, wenn man in ihnen Beschwörungsformeln sieht, die eine den Menschen zugesellte Spezies vermehren helfen sollen: »Flugheuschrecken, – Wie seid Ihr zahlreich! – Mögen Eure Nachkommen – Von großer Tugend sein!«[72] In den Wettkämpfen, Tänzen und Liedern versuchte man für jede Gruppe und für die Spezies, deren Emblem sie trug, Wohlstand zu erlangen. Häufig mußten es bescheidene Tiere oder Pflanzen gewesen sein, deren Eier oder Körner man verzehrte, um sich ihre Essenz anzueignen und mit ihnen als Verwandte zu kommunizieren: So entstand der Große Yü, der legendäre erste Herrscher Chinas, aus dem Samen einer Wegerichpflanze.

Traditionelle Geschichte ist die Geschichte großer Familien, und so beschränkt sich unsere Kenntnis fast ausschließlich auf die Embleme fürstlicher Geschlechter, die im allgemeinen von mythischen und nicht von gewöhnlichen Tieren stammen. Schon die Art ihrer Zusammensetzung verrät die Bemühung der aufgewendeten Vorstellungskraft, die auf die Wappenkunst verweist und als deren Ausgangspunkt der Tanz gelten darf. Unter den uns überlieferten heraldischen Tieren erscheint auch das Einhorn, das in Liedern, ähnlich dem an die »Heuschrecken«, besungen wird[73]. Doch das berühmteste unter den emblematischen Tieren ist der Drache. Bevor er zum allgemeinen Symbol souveräner Herrschaftsmacht wurde, war er das Emblem der ersten Dynastie der Hsia-Könige, oder präziser: eines der Embleme, die spätere Traditionen den Hsia zuordneten[74]. Zu den bekanntesten legendären Metamorphosen zählt die Verwandlung eines Hsia-Ahnen an einem Heiligen Ort in einen Drachen, bezeichnenderweise nachdem der Held – als Opfer – zerstückelt worden war. Drachen pflegten auch dann zu erscheinen, wenn sich die Tugendkraft der Hsia, die Legitimationsbasis ihrer Herrschaft, erneuerte oder wenn sie in Verfall geriet. Ein Zweig der Familie besaß das Privileg der Drachenzucht und verstand sich auf die Kunst, diese zum Gedeihen zu bringen; ein Hsia-König nährte sich von Drachenfleisch, um seine Regierungszeit prosperieren zu lassen, und schließlich sorgten zwei Drachenahnen einst dafür, daß den Abkömmlingen der Hsia ein Sohn geboren wurde. An dieser letzten Geschichte ist bemerkenswert, daß die beiden Drachen miteinander kämpften, bevor sie verschwanden, und von ihnen nur befruchtender Schaum zurückblieb[75]. Die Auseinandersetzungen zwischen männlichem und weiblichem Drachen waren ein Zeichen für Regen und fanden im Überschwemmungsgebiet zweier Flüsse statt[76]. In einem solchen Fall hieß es auch, daß die Flüsse miteinander einen Wettstreit austrugen, den wir ohne Zweifel als einen sexuellen zu verstehen haben, da die Gottheiten zweier ineinander fließender Wasserläufe für verschiedengeschlechtig gehalten wurden[77]. Im übrigen sind zwei sich vereinigende Flüsse Symbol der Exogamie, und gerade das Mündungsgebiet war der heilige

Schauplatz der Liebesspiele zwischen Jungen und Mädchen. Wenn die Flüsse im Frühjahr anschwollen und die Jungen und Mädchen sie durchquerten, so wollten sie damit den Seelen bei ihrer Wiedergeburt helfen und fruchtbringenden Regen herbeirufen[78]. Gruppenweise, miteinander tanzend, zogen sie durch das Wasser und ahmten, wie sie glaubten, den Kampf zwischen männlichem und weiblichem Drachen nach, um diese zur Vereinigung aufzufordern, die den fruchtbaren Regen bringen soll[79]. Daraus wird deutlich, daß der Drache, bevor er sich zum fürstlichen Emblem entwickelte, Motiv eines Volkstanzes war und daß er ursprünglich in die mythische Welt der Riten und Spiele zu den jahreszeitlichen Festen gleichsam hineinprojiziert wurde! Doch sobald man in den Drachen Schutzwesen eines einzigen Herrschergeschlechts zu sehen beginnt, dessen Mitglieder das Vorrecht haben, sich von ihnen zu nähren und für ihr Gedeihen zu sorgen, nehmen diese anfänglich simplen Emanationen von Heiligen Orten die Gestalt von Ahnen an. Auf die Vorfahren ist die gesamte Wirkkraft des Heiligen Ortes und seiner Kultfeste übergegangen, die, wenn auch geschmälert, in den Nachfahren des Heldengeschlechts erhalten blieb. In ihrer ungeteilten Stärke verkörperte sich diese Kraft jedoch nur im Großen Ahnenpaar, das die Reinkarnationen künftiger Generationen sichert und das, als einziges, vollständig sowohl Drachen- als auch Menschenpaar ist.

Da sich das Emblem seinem Wesen nach aus verschiedenen Komponenten zusammensetzt, kann es sich noch weiter individualisieren: Im Land Cheng vereinigten sich die jungen Männer und Frauen während des Frühlingsfestes an einem Ort, an dem stark duftende Orchideen blühten. Die Festteilnehmer pflückten die Blumen, schwenkten sie über dem Wasser und forderten laut rufend die Seelen der Vorfahren zur Wiederkehr und Reinkarnation auf. Ihre Rufe galten, wie sie glaubten, der Atemseele (*hun*), die mit dem *persönlichen Namen* identisch war. Waren die Wettspiele zu Ende, erhielt das Mädchen vom Jungen, dem sie ihre Gunst schenkte, eine Blume als Pfand. Die Orchidee des Heiligen Orts sollte also allen Bewohnern von Cheng Nachkommenschaft gewähren. Später jedoch wurde die Orchidee zum individuellen, fürstlichen Emblem: »Herzog Wen von Cheng hatte eine Konkubine zweiten Ranges mit Namen Yen Chi. Ihr träumte, daß ein Himmelsbote ihr eine Orchidee (*lan*) mit den Worten übergab: ›Ich bin Po-yu, dein Ahne. Mache daraus einen Sohn. Die Orchidee hat den Duft von Fürsten (oder: *Die Orchidee hat den Duft des Landes*), man wird ihn als Fürst (von Cheng) anerkennen und lieben.‹ *Daraufhin* kam Herzog Wen, sie zu besuchen. Er gab ihr eine Blume und verbrachte die Nacht mit ihr. Seine Verzeihung erflehend sagte sie: ›Eure Dienerin ist ohne Talent (= Prestige). Wenn ich, durch Eure

Gunst, einen Sohn gebären sollte, wird man meinen Worten keinen Glauben schenken: Darf ich diese Orchidee als Beweis behalten?‹ Der Herzog gewährte es. Sie gebar (einen Knaben, den späteren) Herzog Mu, dessen *persönlicher Name Lan* (Orchidee) war ... Als Herzog Mu erkrankte, sagte er: ›Wenn die Orchidee stirbt, werde ich mit ihr sterben. Durch sie lebe ich (oder: *Durch sie bin ich geboren worden*).‹ Nachdem man die Orchidee abgeschnitten hatte, verschied der Herzog.« (686 v. Chr.) Aus dieser Anekdote geht implizit hervor, daß persönlicher Name, äußere Seele oder Lebensunterpfand, Bezeugung der Vaterschaft, Hochzeitsgabe, Prinzip der Mutterschaft, Thronanspruch, Ahnenschutzgeist und *Emblem* untrennbare Äquivalente sind[80]. In diesem Fall ist die emblematische Spezies nur einer Einzelperson zugeordnet, erscheint also im persönlichen, nicht im Familiennamen. Die göttliche Kraft eines Heiligen Ortes, die sich in einer seiner charakteristischen Pflanzen verkörpert, ist Besitz des wiedergeborenen Ahnen und beseelt nur den, der würdig ist, Herrscher zu werden. Erst dann, wenn in der allgemeinen Vorstellung der Heilige Ort, an dem man die Pflanze pflückt, zum Ahnen wird, der die Pflanze übergibt, ist das Emblem nicht mehr Merkmal einer Gruppe, sondern Eigentum des Fürsten, der allein zum Träger der Kraft des Heiligen Ortes wird und diesen als sein Ahnenzentrum betrachtet.

Bei all diesen Entwicklungen darf nicht aus dem Auge verloren werden, daß der Ahne, der an die Stelle des Heiligen Ortes tritt, der *mütterlichen* Linie entstammt: Unter dem Titel ›Mutter‹ waren es ursprünglich die Frauen, die auf dem Lande Autorität ausübten. Damals, als die Vorstellung von der Mutter Erde Gestalt annahm, schien die Kategorie der Blutsverwandtschaft wichtiger zu sein als die Beziehung durch Verschwägerung, von der sie sich bewußt abhob. Man verstand Verwandtschaft als Beziehung zwischen dem Kind und seinen Vorfahren mütterlicherseits, die sich nach der uterinen Herkunft bestimmte und nur eine Seite des individuellen Bezugssystems miteinbegriff. Ohne Zweifel wurde auch gerade damals das Gefühl der umfassenden Zusammengehörigkeit, das eine ganze Gemeinschaft unterschiedslos an den heiligen Festort bindet, im gleichen Sinne verstanden wie die Beziehung, die den Herrscher, auf den alle Autorität übergegangen war, mit seinen Ahnen mütterlicherseits, dem Träger der gesamten Macht des Heiligen Ortes, verbindet.

Drittes Kapitel

Götter und Herrscher

Die Anfänge individueller Herrschaft und hierarchischer Gesellschaftsstrukturen gehen auf eine Epoche zurück, in der eine Zeitlang das matriarchalische Recht bestimmend war. Das Motiv der Großen Vorfahrin, der Mutterkönigin, nimmt in der chinesischen Mythologie breiten Raum ein: Mögen es auch die Heroen sein, von denen die Herrschergeschlechter ihre Herkunft ableiten, so wird doch immer der Mutter des Helden die höchste Verehrung zuteil. Ihr Tempel ist der heiligste Ort in der Stadt der Feudalzeit, ihr zu Ehren werden die prächtigsten dynastischen Hymnen angestimmt[81].

Dennoch ist die wesentliche Grundlage der feudalzeitlichen Organisation die Anerkennung der männlichen Vorherrschaft. Zunächst scheint es, als hätten die Fürsten allein den Lauf der Jahreszeiten bestimmt und nur sie das Richteramt innegehabt, um die Eintracht zwischen den Menschen aufrechtzuerhalten. Doch lassen verschiedene Mythen und Spuren von Rechtsgewohnheiten erkennen, daß in früher Zeit die Frau des Fürsten keine geringere Rolle spielte, sondern die Attribute der fürstlichen Autorität ursprünglich dem Fürsten*paar* galten und erst Jahrhunderte später auf den Fürsten allein übergingen.

Von seiner Hauptstadt aus bestimmte der Fürst als Herr des Kalenders durch monatliche Verordnungen das Zusammenwirken zwischen Menschen und Natur, das ehedem an den Heiligen Orten durch die Heilige Hochzeit während der Tagundnachtgleiche verwirklicht wurde. So sollte es zumindest der Theorie nach sein. Doch bestätigen dieselben Ritenklassiker, daß die bedeutendste Angelegenheit im Staate, von der die Aufrechterhaltung der natürlichen und gesellschaftlichen Ordnung abhängt, die Hochzeit des Fürsten ist[82]. Wenn die Vereinigung zwischen König und Königin nicht vollkommen ist, dann ist die Ordnung des Universums gestört. Übertritt einer von ihnen seine Rechte, dann treten Mond- und Sonnenfinsternis auf. »Der Sohn des Himmels lenkt die Bewegung des männlichen Prinzips (*Yang*), seine Frau lenkt die Bewegung des weiblichen Prinzips (*Yin*).«[83] Ihr gutes Einverständnis ist unentbehrlich, ein König ist nichts ohne seine Königin, ein Fürst nichts ohne seine Fürstin, nur beide gemeinsam können wirksame und gültige Opfer vollziehen. Neben dem Prinzip, daß Mann und Frau im Gegensatz zueinander stehen müssen, haben wir jenes, das die Zusammenarbeit beider fordert[84]. Ein Herr, und das gilt nicht nur für den Staat, sondern auch für die Familie, darf nicht ohne Frau bleiben, denn seine sexuelle Beziehung ist in der Tat von größter Bedeutung für die Ordnung des Universums und muß minuziös geregelt sein. Wenn der Mond voll ist und der Sonne genau gegenübersteht, müssen sich König und Königin vereinigen[85]. Nach chinesischem rituellem Denken entspricht dem Vollmond die Tagundnachtgleiche. In der feudalzeitlichen Vorstellung ist die Vereinigung des Herrschers mit seiner Frau von nicht geringerer Wirkung, als es die kollektiven Hochzeiten waren, die – in anderer Umgebung – an den Tagundnachtgleichen von Frühling und Herbst gefeiert wurden. Der Fürst hat seine Macht an Stelle jener des Heiligen Ortes gesetzt und erfüllt die ihm daraus erwachsene Verpflichtung, indem er zu den festgelegten Zeiten die befruchtenden Hierogamien vollzieht. Er erscheint als der alleinige Herr, und er ist es auch. Denn wenn auch das damalige Rechtsdenken seiner Frau eine gewisse Macht zugesteht, so ist ihr diese doch nicht zu eigen: Die Königin besitzt nur, wie es heißt, den Widerschein der ehelichen Autorität, so wie der Mond sein Licht von der Sonne erhält. Eine stehende Redewendung läßt allerdings klar erkennen, daß die Macht zunächst in den Händen des Fürstenpaares war: Der Herrscher spricht von sich nicht als dem Vater des Volkes, sondern bezeichnet sich als »Vater und Mutter des Volkes«. Damit konzentriert er die ursprünglich ungeteilte Autorität der beiden Ehepartner auf seine eigene Person.

In seiner Stadt war der Fürst auch alleiniger Träger der Richtermacht und Schlichter von Konflikten. Die rechtlichen Auseinandersetzungen, die er zu entscheiden hatte, wurden in der Art von wechselseitigen Verwünschungstiraden ausgetragen, hatten also etwas von den bekannten Wettkämpfen an sich. Gewöhnlich fanden die Rechtsstreite auf dem Erdaltar innerhalb der Stadtmauern statt, doch wurde gerade über die schwersten Fälle (zumindest im Staate Lu) am Ufer jenes Flusses geurteilt, an dem man auch in Wechseltänzen die Frühlingsfeste feierte[86]. Außerdem bezeichnete ein und dasselbe Wort die bei Gericht vorgebrachten Klagen und die Lieder, die von Jungen und Mädchen bei den Turnieren gesungen werden[87].

Ein Gründerheros, der Ahnherr der Fürsten von Yen, ist berühmt als Verfechter der Gerechtigkeit: In den von ihm geleiteten Verhandlungen standen sich Jungen und Mädchen in der Auseinandersetzung gegenüber und brachten ihre Anliegen in Form von Liedern und Gegenliedern vor. Er verkündete seinen Urteilsspruch nicht auf dem Erdaltar in der Stadt, sondern am Fuße eines Baumes, dem noch Jahrhunderte später – ebenso wie dem Richter – Verehrung gezollt wurde. Offenkundig handelte es sich um einen Baum, der innerhalb des Heiligen Ortes in besonderer Weise ausgezeichnet war und in dessen Schatten der Große Vorfahre von Yen die Feste der geschlechtlichen Vereinigung anleitete, aus denen Frieden und Ordnung hervorgingen. Bezeichnenderweise trug dieser Heros den Titel eines Großen Heiratsvermittlers[88]. Derselbe Titel ging in der Feudalzeit auf einen Beamten über, zu dessen Pflichten die Beaufsichtigung der »Vereinigung in den Feldern« gehörte, die – wie man sagt – durch fürstliche Gnade im zweiten Frühlingsmonat (Tagundnachtgleiche) stattfinden durften. Weiter waren seinem Aufgabenbereich gewisse Reinigungsriten vor den Hochzeiten unterstellt. Auch der Heros Kao-hsin, einer der ersten legendären Herrscher Chinas, erhielt diesen Ehrentitel. Genau zur Frühlingstagundnachtgleiche pflegten Männer und Frauen ihm zu Ehren ein Fest auf dem freien Land zu veranstalten. Doch war dies der Tradition zufolge kein Fest des Volkes: man beschränkte sich darauf, um Nachkommenschaft für das herrschende Haus zu beten. Kao-hsin verdiente das in ihn gesetzte Vertrauen, denn zwei seiner Frauen hatten vor Zeiten Gründer königlicher Dynastien geboren: Die eine hatte empfangen, nachdem sie in die Spur eines Riesen getreten war, die andere war schwanger geworden, als sie nach einem Bad und Wettspielen ein Ei verschluckt hatte. Beide hatten sich auf dem freien Land befunden. Zwar deuteten spätere Berichte die Ereignisse um und sprachen dem Himmel die tatsächliche Vaterschaft für diese Himmelssöhne zu, dennoch wurden für Kao-hsin wie auch für die Mütter dieser Geschlechter ein Tempel errichtet, der ihm als ›Erhabenstem Heiratsvermittler‹ geweiht war[89]. Wenn wir diese Gegebenheiten miteinander in Beziehung bringen, so zeigt sich, daß der Fürst, genau wie der Heilige Ort, Stifter fruchtbringender Verbindungen war. Periodisch erneuert er immer wieder die Eintracht zwischen den Männern und Frauen, wenn er mit seiner Gemahlin die Heilige Hochzeit vollzieht. Auf seine Person ist die Macht des Gründerheros übergegangen, der ehedem die kollektiven Vereinigungen bei den jahreszeitlichen Festen angeleitet hatte. Dieser Vorfahre war nicht alleiniger Leiter der Zeremonien gewesen, im Gegenteil, neben seiner Frau, der Großen Ahnin, war ihm nur eine untergeordnete Funktion zugeteilt.

Die Männer rückten erst in den Vordergrund, als man begann, den Bund mit dem Heiligen Ort auf andere Weise als durch die Vereinigung zwischen den beiden Geschlechtern zu schließen. Die ursprünglichen sexuellen Wettspiele wurden von Tänzen, die ausschließlich Männern vorbehalten waren, abgelöst. In alter Zeit hat es in China den sogenannten Fasanentanz gegeben: Wie Bauern und Bäuerinnen tanzten auch Fasanenhähne und -hennen im Frühling jeden Jahres miteinander. Ziel der Tänze war es, die Nachkommenschaft der Art sicherzustellen. Sie waren also das Vorspiel zur eigentlichen geschlechtlichen Vereinigung. Der Anstoß ging von den Weibchen aus, und wie bei den ländlichen Tänzen, so lockten sie auch hier die Männchen durch ihre Rufe an. Möglicherweise war der Fasanentanz zu einer gewissen Zeit überhaupt ein Tanz der Weibchen; Frauen haben immer wieder Kopfschmuck aus Fasanenfedern getragen und manchmal sogar die Bezeichnung Fasan als Name übernommen. Schließlich ging der wesentliche Part im Tanz auf die Männer über. Doch sie sorgten sich nicht um das Gedeihen der Art, ihr Tanz sollte vielmehr die Manifestationen des Donners regulieren. Da sich der Donner den Winter über verborgen hält, muß er mit der Rückkehr des Frühlings wieder geweckt werden. Zuvor jedoch ist es notwendig, daß »die Fasane wieder ihr Lied singen und ihre Flügel wieder schlagen, als klinge ein Trommelwirbel«. Auf diese Weise schaffen sie den Donner, und deshalb sind sie auch sein Emblem: Donner ist Fasan. Während der Feudalzeit allerdings sieht man im Donner kein tanzendes Fasanenpärchen mehr, sondern nur einen Fasanenhahn. So wurde in Ch'en-ts'ang (Ch'in) ein Hahn verehrt, der nur bei Nacht zu kommen pflegte, um sich an einem heiligen Stein niederzulassen, wobei das Grollen von Donner zu vernehmen war. Der Stein, der diese Anziehungskraft auf ihn ausübte, war eine verwandelte Fasanenhenne. Ursprünglich waren sie zu gleicher Zeit als Junge und Mädchen erschienen und waren in Fasane verwandelt worden. Während der Hahn zur Gottheit wurde, wurde die Henne zu Stein, und es hieß, der würde König werden, der sich des Männchens bemächtigen könne[90].

Aus einem ähnlichen Mythos wird noch deutlicher, wie sich schließlich die Autorität des Mannes als die überlegene durchgesetzt hat. In legendärer Vorzeit, als die Welt einen Heros brauchte, der sie bewohnbar machen würde, erschien ein tanzender Fasan am Yüshan. Der Yüshan ist ein im Volk allgemein verehrter Berg, an dem man Fasanenfedern zu holen pflegte, mit denen sich die Tänzer schmückten. Auf diesem heiligen Berg hatte sich auch Kun, der Vater des Großen Yü, nachdem er als Opfer dargebracht worden war, in einen Bären verwandelt. Sobald sich der tanzende Fasan am Yü-shan gezeigt hatte, wurde Yü geboren, um das Universum zu ordnen. Er gründete das chinesische Reich und befriedete Land und Wasser. Diese Werke eines Demiurgen waren nur durch die Kraft eines rituellen Tanzes zu verwirklichen: Wie der Fasan am Yüshan war der Große Yü in der Tat ein Tänzer, der sogar einen berühmten *Schritt* erfunden hatte. Und so tanzte er, um die sintflutartigen Wassermassen zu bändigen, indem er mit den Füßen auf Steine stampfte. Diese Art des Tanzens ist uns aus der Überlieferung für einen der chinesischen Staaten ebenfalls bezeugt: Während der Frühlingsfeste überquerten die Jungen und Mädchen die von den Fluten angeschwollenen Flüsse an den Furten. Dabei stampften sie mit ihren Füßen auf Steine. Mit diesem unregelmäßigen Geschiebe und Gerolle riefen sie einen Lärm hervor, der den Regen, den Begleiter und Ankünder des Donners, anzog. Während der Feudalzeit war es bekannt, daß es genügte, den Tanz des Shang-yang zu vollziehen, um für die gewünschten Regenfälle zu sorgen: Dabei mußten die tanzenden Paare junger Männer und Mädchen ihre Schultern hin- und herbewegen, ähnlich wie die Fasane ihre Flügel schlugen, um den Klang des Donners nachzuahmen. Auch durften sie nur auf einem Bein stehen, da der Shang-yang, ein göttlicher Vogel, einbeinig ist, gleich dem Fasanentänzer am Yü-shan, der ebenfalls nur ein Bein besaß. Bei der Schrittfolge seines Tanzes sprang auch der Große Yü jeweils auf einem Bein, während er das andere hinten nachzog. Als er das große Werk der Wasserbändigung unternahm, vollführte er also einen Springtanz, zwar ohne die Federn vom Yüshan (dem heiligen Berg, der von seinem Vater, dem Bären, heimgesucht wurde), wie die anderen Tänzer, doch heißt es, daß er das Äußere eines Bären nachahmte. Wie der Donner verbergen sich auch Bären im Winter; dem Donner werden neben den Fasanen auch die Bären als Embleme zugeordnet. Um den Paß von Huan-yüan zu öffnen, tanzte Yü einen Bärentanz. Er hatte Sorge getragen, daß er gänzlich ohne Zuschauer blieb, doch hatte ihn seine Frau beim göttlichen Werk beobachtet, und nur dafür, daß sie gesehen hatte, wie er die Öffnung in die Berge brach und auf Steine stampfte, wurde sie in Stein verwandelt. Und noch als Stein mußte sie sich wieder öffnen, da Yü seinen Sohn forderte, den sie im Leibe trug. Auch wird erzählt, daß Yü seine Frau mit einem Säbelhieb entzweischlug[91].

Der Tanz bei den ländlichen Festen, an dem zunächst Männer und Frauen gemeinsam teilgenommen hatten, hat sich im Laufe der Zeit zu einem rein männlichen Tanz entwickelt. In seinem Tanz identifiziert sich der Mann mit dem Heiligen Ort, der ihm die emblematischen Insignien liefert und das Emblemtier hervorbringt. Als Träger des Ahnenzentrums ist er der Besitzer dieser sakralen Stätte, die von der Seele eines Ahnen in Tierform heimgesucht wird und an der man die Geburt eines Sohnes bewirken kann. Doch damit sich der Herrscher durch seinen Tanz mit seinem Emblem identifiziert, damit sich zwischen ihm und dem Heiligen Ort eine tiefe Beziehung entwickelt, muß erst ein Opfer, die Frau des Tänzers, den Tanz vervollständigen. Durch das Opfern seiner Frau verbündet sich der Herrscher mit der sakralen Macht und wird zu ihrem Doppel.

Um eine heilige Macht zu konstituieren, muß eine Hierogamie vollzogen werden. Diese Macht gelangt erst dann zu ihrer vollkommenen Wirksamkeit, wenn sich in ihr die beiden antagonistischen Kräfte *Yin* und *Yang* vereinen: *Yin* und *Yang* stehen einander in der Welt der Menschen und der Natur als Gegensätze gegenüber, zeitlich gesehen wechseln sie einander ab; doch sie können nur dann schöpferisch werden, wenn sie sich zu einem Paar vereinen. Wenn sich die Autorität der Herrscher nicht mehr auf den Heiligen Ort allein, einem ihrer Macht äußerlichen Prinzip, stützte, sondern noch auf Dynastietalismane, Trommeln, heilige Gefäße und Waffen, so war zur Schaffung solcher *palladia* ebenfalls eine Hierogamie erforderlich[92].

So war zum Beispiel die Herstellung von Metallgegenständen ein heiliges Werk: Diese wurden aus der Legierung verschiedener Metalle produziert, die wie alle Dinge in männliche und weibliche unterteilt waren. Durch ihre Vereinigung erlangte man zauberkräftige Dinge, deren Wirkung sich auf die Menschen und alle Wesen gleichermaßen erstreckte, denn sie trugen ein Prinzip umfassender Eintracht in sich. Daher war die Legierung und Verschmelzung von Metallen nur mit Hilfe von Hochzeitsriten möglich.

Eine gleiche Anzahl von Jungen und Mädchen, die noch keinen geschlechtlichen Verkehr gehabt hatten, fungierten als Gebläse: Sie gaben ihren Atem, das heißt ihre Seele, damit die Verschmelzung gelinge, und nach vollendetem Guß tauften sie alle gemeinsam das Metall, indem sie es mit Wasser bespritzten. Dort, wo eine Blase hervortrat, war das Metall männlich, und wo sich eine Höhlung auftat, war es weiblich. Nun wußte der Gießer, woher er die Metalle jeweils zu nehmen hatte und wie er die antagonistischen Elemente kombinieren mußte, um aus dem Verschmelzungsprozeß ein vollkommenes Werk zu erhalten. Das Prinzip der Vollkommenheit beruhte auf dem Zusammenwirken der Jungen und Mädchen, die alle ihre gesamte Lebenskraft eingesetzt hatten. Als Gebläse waren nicht weniger als dreihundert Mädchen und dreihundert Jungen erforderlich, die jeweils eine vollkommene Summe darstellten. Wie bei den bäuerlichen Festen nahmen auch hier die Geschlechtsverbände vollständig am heiligen Werk teil.

Eine andere Möglichkeit, die Verschmelzung und Legierung zu bewerkstelligen, bestand darin, daß sich der Schmiedemeister und seine Frau allein dem Werk hingaben und sich in den Schmelzofen warfen: dann war der Guß auf der Stelle vollbracht. Das Opfer eines Herrscherpaares war von nicht geringerer Macht als die kollektiven Vereinigungen.

Allerdings hat man nicht immer beide Partner geopfert: Der Schmelzmeister hatte sich darauf beschränkt, seine eigene Frau dem göttlichen Ofen, der die Legierung hervorbringen soll, zu geben. Um dieses reduzierte Opfer zu legitimieren, genügte es vollkommen, die Gottheit des Ofens als gleichgeschlechtig mit dem Schmied, als männlich zu deuten. In dieser Sicht wurde die dem männlichen Gott vorgeworfene Frau zu seiner Gemahlin und ihr Opfer zur Hochzeit mit dem Gott des Schmelzofens. Indem der Schmied seiner Schutzgottheit die eigene Frau übergab, schlossen sie in einer Art geschlechtlicher Zeremonie ein Bündnis miteinander. In diesem Vereinigungsritus war die gesamte Kraft einer Hierogamie wirksam. Das Metall, das aus diesem Guß hervorging, wurde immer als zweigeschlechtig empfunden.

In dem Maße, in dem sich die Vorherrschaft der Männer etabliert, nehmen auch die Götter ein männliches Erscheinungsbild an. Was im göttlichen Schmelzofen geschehen ist, hat sich auch am Heiligen Ort ereignet.

Um den geregelten Ablauf der Jahreszeiten zu gewährleisten, genügte es während der Han-Zeit, Nachbildungen zweier Dürredämonen, des Kengfu, des Pflügers, und der Nü-pa, zu gegebener Zeit ins Wasser zu werfen; das Opfer konnte auch durch die Figuren eines Bauernpaares ergänzt werden[93]. In früheren Zeiten mußten die Feudalfürsten persönlich sich einsetzen: Erst dann wurden sie ihrer Natur würdig erachtet, wenn sie sich mit jenen antagonistischen Kräften gleichzustellen verstanden, die Dürren und Regenfluten beenden konnten. Um in sich selbst (und in der Natur) ein vollkommenes Gleichgewicht der Kräfte zu verwirklichen, mußten sie sich aufs freie Land begeben und sich eine gewisse Zeit der Sonne und dem Tau aussetzen[94]. Natürlich zogen sie es vor, dieses Ritual durch Zauberinnen ausführen zu lassen: Gewöhnlich mußten sie bis zur Erschöpfung tanzen, doch wenn die Dürre zu hartnäckig war, konnte es notwendig werden, eine von ihnen als Opfer zu verbrennen[95].

Zauberinnen zeichnen sich durch ihre Wirkkraft aus, und ihre besondere Macht rührt daher, daß sie abgezehrt und vollkommen ausgetrocknet sind. Nun beschreibt gerade die geschichtliche Tradition die beiden Dynastiegründer, T'ang den Siegreichen und Yü den Großen, als ausgetrocknete Wesen. Beide traten ihre Herrschaft an, indem sie sich zur Rettung des Volkes selbst als Opfer anboten: der eine, um eine Dürre zu beenden, der andere, um Überschwemmungen Einhalt zu gebieten. Ihr Opfer bestand darin, daß sie sich Haare und Nägel abschnitten und der Gottheit als Pfand übergaben. Auch Schmiede brauchten sich beim Schmelzen der Metalle nicht selbst in den Ofen zu werfen, sondern konnten sich stellvertretend einfach mit ihren Haaren und Nägeln begnügen. Wenn Mann und Frau diese gemeinsam dem Feuer übergaben, dann besaß die Gottheit die Pfänder der beiden Hälften des Paares, damit aber auch das Paar und seine Doppelnatur vollständig, denn wer einen Teil gibt, gibt das Ganze.

Yü und T'ang der Siegreiche haben sich voll als Opfer dargeboten: doch der Gott nahm nur eine Hälfte von ihnen an, und so wurden sie nur zur Hälfte ausgetrocknet. Nun wird auch klar, warum Yü springen muß und beim Tanzen seines Schrittes ein Bein nachzieht: er war halbseitig gelähmt. Der *Schritt von Yü* ist nur die Hälfte eines sexuellen Tanzes, die Aufopferung von Yü nur die Hälfte eines Opfers. Sie wäre vollständig gewesen, wenn sich ein Paar geopfert hätte, wie der Schmiedemeister und seine Frau, bevor der Schmelzofen als männliche Gottheit galt. T'ang opferte sich selbst dem Maulbeerwäldchen (Sang-lin), wo sich die jungen Männer und Frauen zu ihren Wettspielen versammelten; der Große Yü opfert sich dem Yang-yü, einem Heiligen Ort, den der Graf vom Gelben Fluß zu seiner Hauptstadt erwählt hatte (Ho-tsung). Nun ist der Flußgraf verheiratet, und sogar der Name, den er trägt, P'ing-yi, war ursprünglich der seiner Frau. Wenn sich Yü allein als Opfer darbringt, so mag das ein Hinweis auf eine Zeit sein, da die Göttin dem Gott noch an Macht überlegen war. Später gewann dann der Gott die Oberhand und beraubte die Göttin sogar noch ihres Namens. Seit damals wurden dem Fluß bei den Opfern, die immer noch von der Vorstellung der Hierogamie geprägt waren, nur Frauen dargebracht[96].

Während der Feudalzeit wurde der Gelbe Fluß vor allem an zwei Orten, Lin-chin und Yeh, verehrt. Yeh, im Staate Wei gelegen, war das Zentrum eines Volkskultes, dem Zauberinnen und Beschwörer vorstanden: Alljährlich wurde ein schönes Mädchen ausgewählt, das, wie eine Braut gepflegt und geschmückt, auf ein Hochzeitslager gesetzt wurde. Dieses wurde der Strömung übergeben, bis es ein Wasserwirbel samt der Braut in die Tiefe zog. So war die Erwählte zu ihrer ›Hochzeit mit dem Flußgrafen‹ gegangen[97]. Ohne Zweifel wurde auch in Lin-chin ein Volkskult gefeiert. Doch im Jahre 417 v. Chr. eroberten die Herren von Ch'in (im heutigen Shen-hsi) das Gebiet und annektierten den Heiligen Ort. Sie hatten das größte Interesse daran, sich selber anstelle der Nachbarn in Shanhsi unter den Schutz des Flußgottes zu stellen. Dazu brauchten sie ein Bündnis mit ihm, das sie allerdings weniger um ihres Landes als ihres Geschlechts willen schlossen: Alljährlich sandten sie dem Flußgrafen eine Braut aus ihrem fürstlichen Geblüt[98].

Aus den sexuellen Tänzen und den kollektiven Vereinigungen erwuchs die erhabene Autorität des Heiligen Ortes, die sich in der Folgezeit ein Geschlecht von Herrschern erschlichen hat. Opfer des Ehepaares, Halbopfer des Dynastiegründers, Opfer der Gattin, Opfer der Jungfrauen – in allen Opfern wird ein Bündnis geschlossen, alle bestehen aus einer Vereinigung. Selbst wenn der Heilige Ort zum Ahnenzentrum wird und seine Gottheit männliche Züge annimmt, bewahrt er kraft der Hierogamien seine vielschichtige Autorität. In gleicher Weise bleibt der Herrscher, wenn sich einmal die männliche Vorherrschaft etabliert hat, Träger einer zweifachen Befehlsgewalt: Sie erstreckt sich auf die antagonistischen Kräfte, aus denen sich das Universum zusammensetzt – *Yin* und *Yang*, Himmel und Erde, Wasser und Feuer, Regen und Dürre... Aber nur auf Kosten der schrecklichsten Opfer konnte sich diese umfassende Autorität in ihm konzentrieren.

Viertes Kapitel

Rivalitäten unter den Bruderschaften

Es scheint, daß sich die ersten Ansätze männlicher Autorität während der Versammlungen der Bruderschaften – im Verlauf der Winterzeremonien – konstituiert haben. In der winterlichen Zurückgezogenheit des Gemeinschaftshauses faßten die Bauern schon allein durch die Wettkämpfe, die Vergeudungsprahlerei und die Gelage wieder Vertrauen in ihre Männlichkeit: Mit der Ausdehnung des urbar gemachten Landes stieg ihr Prestige. Der Ruhm der Gründerheroen beruhte jedoch nicht nur auf ihren zivilisatorischen Tugenden – daß sie das Land bewohnbar gemacht und das Gestrüpp mit Feuer ausgebrannt hatten –: als Töpfer und Schmiede waren sie noch auf andere Art Herren des Feuers. Sie verstehen es, durch heilige Prozesse, die zugleich Aspekte des Unheilvollen haben, göttliche Geräte herzustellen. In den magischen Dreifüßen, die der Große Yü gegossen hat, ist wie in einem Heiligen Berg oder einem Heiligen Fluß die gesamte Wirkkraft der Dynastie verkörpert. Wenn die Macht einer Dynastie schwankt und sich ihre Kraft erschöpft, dann stürzen die Berge ein, und die Flüsse versiegen. Auch die heiligen Dreifüße verlieren an Gewicht, wenn sich die Tugend ihrer Besitzer verliert, und sie suchen von sich aus einen neuen Herrn, um ihr Prestige erneut zu stärken[99].

Die beiden großen Kulturheroen Chinas, Yü, der erste König, und Huang-ti, der erste Kaiser, sind Schmiede. Huang-ti ist auch Blitzgott, Yü konnte dem Donner befehlen und brachte dadurch die Tugendkraft seines Geschlechts zur vollen Entfaltung: Als eine seiner ersten Handlungen hatte er bei einem Wettanz den Sieg über Gottheiten oder Herrscher – die Begriffe sind austauschbar – davongetragen, die *Stieren* verwandt waren und wie *Winde* brüllten[100]. Auch Huang-ti gelangte erst an die Macht, nachdem er seine Tugend in einem Wettstreit, in dem er über Shen-nung triumphierte, gekräftigt hatte. Shen-nung ist uns aus Überlieferungen als Leiter von Schmiedefesten bekannt, seine Tochter soll, wie man erzählt, verbrannt oder ertrunken sein. Doch Shen-nung ist in erster Linie der Gott der *glühenden Winde*, der Rodungsfeuer, also auch der Gott der Bauern. Huang-ti kämpfte nicht nur mit Shen-nung, sondern auch mit Ch'ih-yu. Die Berichte über diese beiden Kämpfe werden von den Geschichtsschreibern durcheinandergebracht. Und in der Tat unterscheiden sich Ch'ih-yu und Shen-nung kaum voneinander: Beide tragen den gleichen Familiennamen, beide sind Menschen mit einem *Stier*kopf. Nur ist Ch'ih-yu kein Gott der Feldarbeit, sondern, als Erfinder der Waffen, Herr des Krieges: Seine Knochen sind Verhärtungen aus Metall, sein Schädel besteht aus Kupfer, seine Stirn aus Eisen. (Die alten Schmelzmeister benutzten ein Gerät aus Kupfer mit einem Eisenaufsatz!) Als Entdecker der Metallschmelze ernährt sich Ch'ih-yu von Erzen. Er verkörpert die Schmiede, er ist ihre Vergöttlichung, und dennoch ist die Ähnlichkeit zwischen ihm und dem Gott des Feldbaus vollkommen. Diese Tatsachen legen, wenn man sie im Zusammenhang betrachtet, eine Hypothese nahe: Aus der Masse der Bauern sammeln sich Bruderschaften von spezialisierten Handwerkern, die die magischen Kenntnisse bewahren und die Geheimnisse der ursprünglichen Kräfte beherrschen[101].

Die Existenz rivalisierender Bruderschaften setzt eine Gesellschaftsorganisation voraus, die nicht mehr auf der einfachen Zweiteilung beruht. Nach den ältesten uns bekannten chinesischen Vorstellungen baut sich das Universum (das per definitionem nicht von der Gesellschaft zu trennen ist) aus verschiedenen Sektoren auf. Diesen sind gegensätzliche und alternierende Tugenden zugeordnet, die sich als *Winde* manifestieren. Die Acht Winde entsprechen nicht nur Raumabschnitten in der Menschenwelt und der Natur, sondern auch bestimmten magischen Kräften. Alle Dinge verteilen sich auf den Bereich der *Acht Winde*, doch was Musik und Tanz betrifft, so werden diese von den Winden gemeinsam kontrolliert: Die Funktion von Tanz und Musik besteht darin, zum Vorteil der Menschen die Welt zu ordnen und die Natur zu bändigen. Im Großteil der mythischen Dramen, die an die legendäre Machtbegründung erinnern sollen, erscheinen Wesen, mit Zügen von Dynastieahnen oder heraldischen Tieren versehen, die einen dieser Sektoren des Universums beherrschen und in zahlreichen Fällen als Winde auftreten.

Wir dürfen also wohl mit Recht annehmen, daß eine nach Richtungen gegliederte Organisation die zweigeteilte Gesellschaftsstruktur ersetzt oder vielmehr überlagert hat. Jede Gruppe stand einem Abschnitt des Universums vor; alle wirkten zur Aufrechterhaltung einer allgemeingültigen Ordnung zusammen, indem sie Tänze und Wettspiele vollzogen und um das größte Prestige kämpften. Aus diesen Rivalitäten und Auseinandersetzungen entstand eine neue gesellschaftliche Ordnung, die hierarchisch ausgerichtet war und auf Prestige beruhte.

Betrachten wir, wie Huang-ti die Macht erobert hat. Der wichtigste und nötigste Schritt war die Niederwerfung des großen Rebellen Ch'ih-yu. Als sie zu ihrem Wettkampf einander gegenübertraten, wurden sie von je zwei Helfern begleitet: Ch'ih-yu hatte sich den Windgrafen und den Regenherrn verpflichtet, auf seiten Huang-ti's kämpften der Dürredämon und Ying, der Regendrache. Der Drache Ying staute zunächst die Wassermassen auf, Chi'ih-yu ließ Regen und Nebel entstehen. Er verließ den Widderfluß, stieg zu den Neun Sümpfen empor und griff K'ung-sang an. K'ung-sang ist der Hohle Maulbeerbaum, aus dem die Sonne aufgeht. Dies ist auch der Ort, von dem aus Huang-ti den Kaiserthron erringen wollte: der Platz des Herrschers entspricht dem höchsten Punkt der Sonnenbahn. Ch'ih-yu hatte auf der Schläfe Haare, die in Form einer Lanze gelockt waren. Niemand wagte, sich ihm entgegenzustellen, wenn er mit seinem *gehörnten Haupt* zum Angriff schritt. Doch Huang-ti *stieß ins Horn* und ließ den Laut eines Drachen ertönen: Als Sieger verließ er die Kampfstatt. Selbst noch in klassischer Zeit hat der Wettstreit mit dem Horn Aspekte eines Gottesurteils: der Unterlegene ist dem Tode verfallen. Der Regendrache Ying schnitt dem Ch'ih-yu den Kopf ab: Während der Feudalzeit wurde das Haupt des Besiegten auf einer Fahnenstange aufgespießt. Huang-ti bemächtigte sich der Fahne seines Rivalen, die das Bild von Ch'ih-yu zeigte: Dieses Bild hatte die *Acht Regionen* in Schrecken versetzt – von nun an regierte Huang-ti in Frieden[102].

Dieser Mythos ist offenkundig nur die legendenhafte Ausgestaltung eines Dramas, das die Rivalität zweier Bruderschaften darstellt, die sich mit Hilfe religiöser Tänze und magischer Losungen bekämpften. Über den Ch'ih-yu-Tanz wissen wir wirklich Bescheid: Die Tänzer standen einander in Zweier- und Dreiergruppen gegenüber und gingen mit Rinderhörnern, die sie auf dem Kopf trugen, aufeinander los. Ch'ih-yu ist im übrigen nicht nur der Name eines Tanzes und einer Fahne, sondern auch die Bezeichnung für eine Bruderschaft: Er war nicht eine Person – er war 72 (8 mal 9) oder 81 (9 mal 9) Brüder. Ch'ih-yu war der Herr der Neun Li, die einundachtzig Brüder repräsentierten die neun mythischen Provinzen Chinas. Er hatte acht Finger, acht Zehen und versetzte die Acht Regionen in Schrecken. Acht ist auch die Zahl der Winde: Ch'ih-yu ist der Gott einer Himmelsrichtung und der Gott der Winde! Die 72 Brüder stellten nicht nur einen Sektor der Erde, sondern auch den fünften Teil der Tage im Jahr dar ($\frac{360}{5} = 72$). 72 ist schließlich die charakteristische Zahl der Bruderschaften[103].

In den Auseinandersetzungen zwischen den Bruderschaften, die dazu führten, daß sich die Gesellschaft hierarchisch organisierte, spielten jene, die die Kunst des Feuers beherrschten, die wichtigste Rolle: Ihre Embleme wurden als königliche Insignien übernommen. Der Drache war zweifellos ein Wappentier der Hsia-Dynastie: Die Dreifüße dieser Dynastie wurden von Drachen bewacht, und ihre königlichen Schwerter waren Drachenschwerter. Fallen diese in einen Fluß, so lösen sie sich auf, und es bleibt ein Leuchten wie von Blitzen zurück. Trägt man mit ihnen Kämpfe aus, so bewirken sie, daß Drachen unter fürchterlichem Donnergetöse zum Himmel emporsteigen. – Unter den Personifikationen der Schmiede gibt es eine, die Drachenfackel oder Trommel genannt wird, die aus dem Glockenberg geboren wurde und auch als Eule in Erscheinung tritt. Die Eule ist das Emblem der Yin, der zweiten königlichen Dynastie. Sie ist das Tier der Sonnenwenden, der Tage, an denen man begünstigt magische Schwerter und Zauberspiegel herstellte. Sie vereint in sich die göttliche Kraft der Schmiede und den Donnervogel; die Eule ist aber auch das symbolische Doppel von Huang-ti, dem Meisterschmelzer, Donnergott und ersten Kaiser, von dem sich letztlich alle königlichen Familien herleiten: denn Huang-ti (der *Gelbe Kaiser*) wurde von einem Blitz geboren, der auf einem Berg, der einer Eule heilig war, einschlug. Diese Eule wurde der *Gelbe Vogel* genannt und war das Insignium der Königsstandarte der Yin[104]. – Die Fahnen der dritten, der Chou-Dynastie zierte der *Rote Vogel* als Wappentier. Der Rote Vogel ist eigentlich ein Rabe, der den Chou vor einem militärischen Triumph erscheint oder die Geburt eines Heiligen in ihrem Geschlecht verkündet. Ein Zweig der Chou-Familie nannte sich die Roten Raben. Der Rote Rabe war wie die Eule ein Feuertier, doch als dreibeiniger Rabe war er eher Sonnenvogel als ein Emblem des Blitzes[105].

Die Autorität des Herrschers beruht auf dem Besitz von Talismanen und Emblemen, die von den mythischen Meisterschmieden ererbt wurden. Mit ihrer Hilfe können die Könige als Herren der Sonne und des Blitzes die Natur lenken. Alles Prestige, das den Meistern des Feuers durch die wunderbarsten magischen Künste zuteil geworden war, konzentrierte sich in der Person des Herrschers, des Himmelssohnes.

Die Konzentration der Macht war das Ergebnis von Auseinandersetzungen zwischen den Bruderschaften, die sich unter dem Banner ihrer Embleme bekämpften. Ihr Ausgangspunkt scheinen die Turniere gewesen zu sein, die während der Männerversammlungen der toten Jahreszeit stattfanden. In den langen Winternächten wird tatsächlich ein königliches Fest gefeiert, bei dem der Fürst in einer großen Prüfung beweisen muß, daß er würdig ist, dem Himmel Befehle zu erteilen[106].

Als Yao Sohn des Himmels werden wollte, mußte er, der »wie die Sonne erschienen war«, mit Pfeilen auf die Sonne schießen: Dadurch gelang es ihm, sein himmlisches Doppel zu bezwingen. Erst mit der Eroberung des Sonnenemblems war er würdig, Herrscher zu werden[107]: Das Bogenschießen ist die Antrittszeremonie, in der man seine Tugendkraft zur Entfaltung bringen kann. Der unwürdige Fürst muß allerdings erfahren, daß sich die Probe gegen ihn wendet: Seine Handlungen schlagen auf ihn selbst zurück. Die gegen den Himmel geschossenen Pfeile fallen in Form von Blitzen wieder herab und erschlagen den unfähigen Zauberer, der ohne die erforderlichen Qualifikationen versucht hat, die Kräfte des Feuers zu wecken und sie sich anzueignen. Dies war die Geschichte des tugendlosen Königs Wu-yi: Er schoß Pfeile gegen den Himmel, genauer gegen einen Lederschlauch voll Blut, den er Himmel nannte. Dieser Schlauch war aus Rinderleder und hatte die Gestalt einer Eule. Sein Glück in dieser Weise zu versuchen, war ihm erlaubt worden, nachdem er im Schachspiel den sogenannten *Eulenzug* erreicht hatte. Wu-yi stammte aus der Familie der Yin, die das Emblem der Eule besaß und in der man den Namen *Lederschlauch* trug. Doch in seiner Entartung war er nicht mehr Träger der Tugend, die ihn seines Emblems würdig erwies und ihm erlaubt hätte, Herr seines mythischen Doppels zu bleiben. Ganz anders Huang-ti: Der Gelbe Kaiser hatte die Fähigkeit, Eulen, die Gelben Vögel, zu fangen. Nur mit gekrümmten Pfeilen, die wie Blitze Feuer trugen, konnte sie der wahre Herrscher erlegen. Huang-ti ernährte sich von Eulen; er verstand es, sich vollkommen mit seinem Emblem zu identifizieren. Durch die Kraft seiner heiligen Handlungen verkörperte er die gesamte Macht der himmlischen Feuer in sich und konnte sich auch am Ende seines irdischen Lebens wie ein Gott in einem Gewitter zum Himmel erheben.

Als Huang-ti war er der Donner, unter der Bezeichnung Ti-hung wurde er mit einem himmlischen Lederschlauch gleichgesetzt. Ti-hung, der Lederschlauch, ist gleichzeitig Vogel, Ledersack und Trommel. Es gibt sogar eine Eule namens Nachttrommel, die ebenfalls als Sack vorgestellt wird, von dem Blitzschläge und Pfeile abprallen. Und schließlich wird von einer Trommel berichtet, die eine Eule ist: Mit ihrem Atem bewirkt sie das Wehen des Windes, ganz rot und mit starren Augen ist sie ein Bild des Schmelzofens und seines Blasebalgs. Der himmlische Lederschlauch ist ebenfalls rot, wie Erz in der Schmelze, und er befindet sich auf der höchsten Spitze des kupferreichen Himmelsberges. Sein Name ist Chaos (*Hun-tun*). Wenn das Chaos von Blitzen siebenmal durchbohrt wird, dann stirbt es, doch ist dieser Tod nur eine zweite Geburt, eine Initiation zu neuem Leben. Alle Menschen haben sieben Öffnungen im Gesicht, aber nur ein ehrenwerter Mann (wohlverstanden: ein Mann von Rang) hat auch im Herzen sieben Öffnungen. Als Personifikation wurde Hun-tun, das Chaos Lederschlauch, in der Gestalt eines blöden Wirrkopfes dargestellt, der keinerlei Öffnungen hatte, »weder Antlitz noch Augen«: er hatte kein *Gesicht*, kein Zeichen seiner Würde. Wir wissen, daß er in einem mythischen Drama auftritt, in dem er am Ende hingerichtet und wiedergeboren wird; daß er, als himmlischer Lederschlauch, Teilnehmer eines bestimmten Tanzes ist. Aus einem anderen Bericht erfahren wir, daß er ein Fest für die Blitze gab: Wenn seine Gäste ihn siebenmal durchbohrten, so geschah dies nicht in der Absicht, ihn zu töten, sondern um ihm für die freundliche Aufnahme zu danken.

Das Motiv des In-den-Himmel-Schießens und der Mythos vom Lederschlauch, dem die Blitze Gestalt geben, bewahren offenkundig die Erinnerung an Initiationsriten und Prüfungen, durch die man, nach der gefährlichen Handhabung des Feuers, die Meisterwürde in einer Bruderschaft von Schmieden erwarb. Die gleichen Prüfungen wurden dem König, dem Sohn des Himmels, auferlegt: Wie ein Demiurg muß er die Welt einrichten und gestalten können und insbesondere zu den gelegenen Zeiten die Feuer am Himmel in all ihrem Glanze wiederherstellen und sich zugleich ihrer Wirkkraft aufs neue versichern[108].

In der Reihe der Untergangsherrscher ist Shou-hsin sicherlich die düsterste Gestalt: Sein Schuß gegen den als Lederschlauch dargestellten Himmel zumindest erscheint in Verbindung mit einem Winterfest, dem *Saufgelage der Langen Nacht*. Die Blitze hatten sieben Öffnungen in Hun-tun, das Chaos Lederschlauch, gebohrt. Shou-hsin hat den berüchtigten Ruhm, daß er die Brust seines Onkels Pi-kan aufschlitzen ließ, um zu überprüfen, ob das Herz eines Weisen tatsächlich sieben Öffnungen hat. Bevor Shou-hsin seinen Pfeil gegen den Himmel schoß, hat er zur Übung Menschen und Haustiere »von den sechs Arten« als Zielscheiben benutzt. Die ersten sechs Tage des Jahres waren den sechs Haustieren geweiht, der siebente war dem Menschen heilig. Shou-hsins Gelage der Langen Nacht soll ohne Unterbrechung sieben Tage und sieben Nächte gedauert haben, nach den Worten eines anderen Autors sogar hundertzwanzig Tage, doch dürfte dies, wie er selbst sagt, wohl übertrieben sein. Konzidieren wir immerhin, daß die Heldentat, weil sie so außergewöhnlich war, verzehnfacht wurde. Die letzten *zwölf* Tage im Jahr bildeten eine besondere sakrale Periode, und noch in klassischer Zeit wurde das Jahr mit dem Tanz der Zwölf Tiere, den Repräsentanten der zwölf Monate, beendet. Ob nun das winterliche Gelage sieben oder zwölf Tage währte: klar ist, daß es in die Zwischenperiode zweier aufeinanderfolgender Jahre fiel. Das religiöse Jahr der Chinesen umfaßt dreihundertsechzig Tage oder zwölf Mondmonate. Wenn – wie es scheint – zunächst alle Mondumlaufzeiten mit neunundzwanzig Tagen gezählt wurden, so blieben am Ende des Jahres zwölf Tage übrig, die den zwölf Tieren geweiht werden konnten. Setzte man andrerseits lange und kurze Mondmonate alternativ mit jeweils dreißig und neunundzwanzig Tagen fest, so fehlten sechs Tage auf die volle Summe, die den sechs Haustieren geweiht werden konnten. Der siebente

Tag, der dem Menschen heilig war, eröffnete das neue Jahr: an diesem Tag fand das erhabenste Opfer statt, dessen Spuren wir in den berühmt gebliebenen kannibalischen Festen von Shou-hsin wiederfinden. Im übrigen war der Lederschlauch, der den Himmel darstellte, sicherlich mit dem Blut jenes Mannes gefüllt, der vor dem Schuß, der ihn tötete, im Schachspiel mit dem König die Position des Himmels, des Gegners des Königs, eingenommen hatte.

Das Trinkgelage von sieben (oder zwölf) Nächten Dauer, das Parallelen in der europäischen Folklore und im vedischen Brauchtum hat, knüpft an uralte Traditionen der chinesischen Bauern an: Auch sie tranken ohne Unterlaß während der langen Winternächte, auch sie versuchten ihr Glück beim Schachspiel. Es gab da noch ein Flaschenhalsspiel, das mit gekrümmten, sogenannten Schlangenpfeilen, wie sie auch der König beim Schießen auf die Sonne oder auf Eulen verwendete, gespielt wurde. Man mußte dabei versuchen, mit diesen Pfeilen in die Öffnung eines Kruges zu treffen. So stellten sich die Chinesen auch den Himmel als einen gesprungenen Krug vor, aus dessen Riß die Blitze entwischten. Die Schläuche aus Rindsleder in Form einer Eule, die, gefüllt mit Blut, den Himmel symbolisierten, dienten auch zur Aufbewahrung von Wein. Gewöhnlich füllten die Bauern große Krüge und die Vornehmen Bronzeglocken mit Wein, beide jedoch pflegten ihre Gelage mit dem Getrommele auf Krügen oder Glocken zu begleiten. Wie es heißt, ahmten sie dabei den Klang des Donners so gut nach, daß während der Nacht die Fasane sofort zu singen begannen. So wurden die Energien des Donners, des Feuers und des männlichen Prinzips, des *Yang*, geweckt. Im Winter hat der Donner keine Kraft, sich vernehmbar zu machen, die Sonne erscheint kaum noch über dem Horizont. In der Vorstellung der Chinesen war das männliche *Yang*-Prinzip während der kalten Jahreszeit von den gegnerischen *Yin*-Kräften überlistet und gefangengenommen worden. Zur selben Zeit ziehen sich die Bauern, zur Untätigkeit gezwungen, in ihr Gemeinschaftshaus zurück, das mitten im Dorf, dem Eigentum der Frauen, gelegen ist! In dieser Zurückgezogenheit sammeln sie ihre Energien, um schließlich den männlichen Kräften in der Natur zu neuem Leben zu verhelfen. So wurden ihre winterlichen Feste auch mit einer nächtlichen Orgie bei gelöschten Fackeln beendet, wo sich Männer und Frauen in Gruppen gegenüberstanden, miteinander rangen und einander die Kleider vom Leibe rissen. Auch beim königlichen Fest waren die Männer und Frauen ganz nackt: Man verfolgte sich, sang ein Lied über das Sterben der Sonne und tanzte dann im Kreise. Wie wir aus anderen Quellen wissen, wird das Ende einer Verfinsterung der Sonnenkräfte durch den Tanz eines nackten Knaben symbolisiert, der sich allein dreht. Am Schluß der Winterfestzeremonien wurden die Fackeln wieder angezündet: Nach Wettstreit und Tanz zwischen den Gruppen der Männer und Frauen trat das männliche Prinzip des Feuers verjüngt als Sieger hervor. (Die sexuelle Orgie während des königlichen Festes scheint vom Ritualmord an der Königin, die dann von allen gemeinsam verzehrt wurde, begleitet worden zu sein.) Gleich mit der ersten Ankündigung der Morgendämmerung streckte man Fackeln in die Luft und zeigte einen ganz jungen, blutroten nackten Knaben, Symbol der neugeborenen Sonne, der Gott des Himmels genannt wurde. In den Legenden der Untergangskönige ist das Erscheinen des Roten Kindes Zeichen für die Ankunft des neuen Herrschers, der den alten Herrscher, der seine abnehmende Wirkkraft nicht mehr zu erneuern weiß, in seiner Machtposition ersetzt. Die winterlichen Eß- und Trinkgelage hatten ja tatsächlich die Funktion, die Lebenskräfte der Alten wieder aufzufrischen. Die Feiern im Gemeinschaftshaus bestanden in der Hauptsache aus einer Sauforgie, bei der man vom neuen Wein trank, der im Winter vergoren und in Schläuchen, Krügen oder Glocken gelagert wurde. Dieses Trinkfest endete mit Vivatrufen und Wünschen für ein ewiges Leben, für ›Zehntausend Jahre‹. Während des Trinkens vergnügte man sich mit dem Flaschenhalsspiel und mit Prahlwettkämpfen. Lebensmittel wurden in Haufen höher als Hügel aufgefahren, und kein Fluß hätte alle herbeigeschafften Getränke fassen können. Wenn Shou-hsin das Winterfest feiert, läßt er gar einen Berg aus Speisen errichten und einen Teich graben, den er mit Wein füllt: Dieser wahre Getränkesee muß so groß gewesen sein, daß sogar Schiffe darauf wenden konnten, wie man uns sagt. Auf den Unmengen von Nahrungsmitteln können Wagenrennen veranstaltet werden. Bei diesen Orgien sind alle Teilnehmer gehalten, soviel sie nur können zu trinken und sich beim Saufen wie Rinder im Kot zu suhlen. Der König muß in verschiedenen Prüfungen seine Fähigkeit offenbaren und diese insbesondere darin beweisen, daß er sich wie ein Lederschlauch vollaufen läßt. Hierauf kleidet er sich in einen Panzer aus Rindsleder und schießt auf den ebenfalls aus Rindsleder gefertigten Schlauch. In einer wundersamen Taufe, gleichsam einer Wiedergeburt, kann er dann auf sich das Blut des Himmels regnen lassen. Wenn er den entscheidenden Schuß erfolgreich getan hat, verkünden die Vasallen seinen Ruhm: »Er hat den Himmel besiegt! Keiner kann seine Fähigkeiten überbieten!« Hochrufe und Wünsche: »Zehntausend Jahre! Zehntausend Jahre!« brechen aus der Runde hervor und kehren aus der Ferne als Echo zurück – sobald der König trinkt.

Das königliche Fest der Langen Nacht scheint sich aus den Feiern im Gemeinschaftshaus entwickelt zu haben. Es ist reich an dramatischen, um nicht zu sagen grauenvollen Riten, denn dieses Fest bestimmt den Höhepunkt einer winterlichen Liturgie, in der mit Hilfe von Wettkämpfen, rituellen Prüfungen, Opfern und heiligen Handlungen die Verdienste klassifiziert und die Hierarchie festgelegt werden. Nicht wenige von diesen rituellen Kämpfen und Proben sind bemerkenswert: Bei einer Schaukelprobe wurden die Talente gewogen, und bei einer anderen Prüfung galt es, als schnellster auf einen Mastbaum zu klettern – die Verlierer wurden auf einem Scheiterhaufen verbrannt. Der unheilvolle Herrscher Shou-hsin, der (wie Nebukadnezar!) seine Untertanen zwang, wie Rinder zu saufen, starb selbst (wie Sardanapal) auf dem Scheiterhaufen. Als erfahrener Schmied konnte er allein mit seinen mächtigen Händen Eisen dehnen und stark wie Samson den Sturzstein eines Tores anstelle der Säule stützen. Für die Schaukel- und Kletterprobe ließ er hohe Pfeiler gießen oder aus Stein hauen, und wie in Babel befahl er, einen Turm zu errichten, der bis in den Himmel reichen sollte. Auf die Spitze eines solchen Turmes wurde der blutige Lederschlauch, der den Himmel symbolisierte, gehängt, auf den dann Shou-hsin in der Art des Nimrod schoß. Wir haben schon darauf hingewiesen, daß der himmlische Lederschlauch auch als Trommel vorgestellt wurde. Nun siedelte in der Nachbarschaft der Chinesen ein Volk, das alljährlich einen Mann, den sogenannten ›Himmelsfürsten‹, als Opfer darbrachte. Bei diesen Feiern war es Brauch, an der Spitze eines auf der Erde aufgestellten Holzpfostens (*chien-mu*) eine Trommel aufzuhängen. Die Chinesen ihrerseits kannten einen göttlichen Baum, den sie *Chien-mu*, den aufgepflanzten Baum, nannten. Dieser Baum erhebt sich exakt im Mittelpunkt des Universums und bestimmt den Mittagspunkt, jenen Augenblick, an dem alles, was vollkommen gerade ist, keinen Schatten wirft. Hier fungiert der Baum Chien-mu als Gnomon, er ist aber auch Kletterbaum, dem entlang sich der Herrscher, das heißt die Sonne, in den Himmel erhebt. Deswegen ist er gerade wie eine Säule, nur am Fuß und in der Krone hat er neun Wurzeln und neun Äste: Das soll, vermute ich, bedeuten, daß er in der Höhe den Neunten Himmel und in der Tiefe die Neunten Quellen erreicht. Die Neunten Quellen sind die unterirdischen Wasser, die Gelben Quellen, wohin die Toten zurückkehren, aber auch der Große Abgrund, in den man geworfen wird, wenn man sich bei einem Gelage der Langen Nacht bewußtlos gesoffen hat. (Dieses Trinkgelage fand ja in einem unterirdischen Palast statt.) Erst nachdem die Sonne den Großen Abgrund verlassen hat, steigt sie in den Himmel empor. Auch das Yang-Prinzip, das während des Winters vom Yin-Prinzip gefangengehalten wird, zieht sich zu den Neunten Quellen zurück. Bevor der Herrscher in der Frühe des neuen Jahres wie eine siegreiche, aufgehende Sonne erscheint, muß auch er sich der rituellen Abgeschiedenheit unterwerfen: In einem unterirdischen Raum, der so tief in der Erde liegt wie die Neunten Quellen, wird er gefangengehalten. Danach kann er sich in einem triumphalen Aufstieg zum Neunten Himmel erheben. Shou-hsin's hoher Turm oder seine aus Stein gehauene Säule, die für die Kletterproben bestimmt sind, legen den Platz fest, von dem aus der Herrscher zu seiner Apotheose schreitet, sie sind Teil der Hauptstadt, die sich im Zentrum des Universums sieht.

Aus den Kämpfen der Bruderschaften und den Festen des Männerhauses ging die Macht des Herrschers hervor. Er ist zugleich Städtegründer und Kriegsherr: Ch'ih-yu, der Schmied, der die Waffen erfand, ist Herr einer tanzenden Bruderschaft und Gottheit des Krieges; sein glücklicher Rivale Huang-ti ist ebenfalls Schmied und Gott des Heeres. Als die beiden ihren Entscheidungskampf austrugen, standen sie sich in Dreiergruppen gegenüber. Die Zahl Drei ist die Grundeinheit in der Organisation des Militärs und der Stadt, die sich ja kaum von einem Militärlager unterscheidet. Im Zentrum der Stadt liegt die fürstliche Residenz, die links und rechts von den Häusern der Vasallen umgeben ist. Eine Armee besteht gewöhnlich aus drei Legionen, von denen die mittlere dem Fürsten untersteht und aus seinen Angehörigen zusammengesetzt ist; nur die königliche Armee umfaßt sechs Legionen. Die Bogenschußzeremonie, der wohl wichtigste feudalzeitliche Ritus, wird von zwei Gruppen zu je drei Schützen eingeleitet, die sich gegenseitig bekämpfen. Nach chinesischer Überlieferung bilden drei Tänzer – in späterer Zeit acht – eine Gruppe. Die Rivalitätsgesinnung, die die Bruderschaften anspornte und sie im Winter zu Tanzwettkämpfen zusammenführte, steht am Beginn des institutionellen Fortschritts von der alten, *dualistisch*-segmentären zur neuen, hierarchisch-*tributären* Gesellschaftsorganisation, durch die die Feudalstädte charakterisiert werden[109].

Fünftes Kapitel

Die agnatischen Dynastien

Wenn die dörflichen Wettspiele zwischen Männern und Frauen von den Rivalitäten zwischen Bruderschaften mit ihrem reichen technischen Geheimwissen und jungen Prestige überlagert werden, dann treten Männer als Träger der Autorität in den Vordergrund, mit denen sich eine bewegliche hierarchische Struktur anbahnt. Doch verliert das Prinzip des Wechsels, das die jahreszeitlichen Turniere beherrscht, nicht auf der Stelle seine Bedeutung, sondern bleibt mit dem Dualismus in seinen Rechten bestehen, obgleich die Sozialordnung nicht mehr auf der einfachen Zweiteilung beruht und tributäre Tendenzen aufkommen, die die Machtkonzentration begünstigen. Deshalb wird auch die Autorität, die sich die Herrscher erworben haben, nicht unmittelbar Eigentum eines Fürstengeschlechts: nur unter Schwierigkeiten kommt es so weit, daß sich das Recht, die Gesamtheit der Kräfte zu lenken, die die Welt der Menschen und Dinge konstituieren, vom Vater auf den Sohn überträgt und ihnen ganz allein ein Leben lang erhalten bleibt.

Die mythischen Helden, die uns die Geschichte als die ersten Herrscher Chinas schildert, haben kraft ihres Wissens das Volk um sich gesammelt. Shun war Bauer, Fischer und Töpfer, und »nach einem Jahr war um den Ort, an dem er sich niedergelassen hatte, ein Dorf gewachsen, nach zwei Jahren ein Markt und nach drei Jahren eine Stadt«[110]. Wie weise und berühmt Shun und sein Vorgänger Yao auch gewesen sind, keiner von beiden übergab seine Autorität an seinen Sohn. Ja, sie behielten sie noch nicht einmal bis an das Ende ihres Lebens. Für beide kam der Tag, an dem sie sich von dem wachsenden Prestige eines Weisen, dessen Anlagen sich den neuen Zeiten besser anpaßten, verdrängen lassen mußten. In den *Bambusannalen* ist die Erinnerung an einige dieser Wunder bewahrt, die den Herrscher dazu brachten, sich zurückzuziehen und *seine Macht zu übergeben* (*jang*)[111]. Hinweise im *Shu ching* deuten vage an, daß man in Palavern versuchte, seine Macht zu behalten, während man sich den Anschein gab, darauf zu verzichten (*jang*)[112]. Nach den Worten, die die Historiker den Konkurrenten in den Mund legen, galt ihr Denken einzig und allein dem Zurschaustellen des reinsten Gemeinschaftssinnes. In Wirklichkeit brachten diese Zweikämpfe in Beredsamkeit die Träger zweier gegensätzlicher, zur Ablösung bestimmter Kräfte in Konflikt. Da Kaiser Yao die Sonnen lenken konnte, mußte er gegen Kung-kung kämpfen, der die Wasser aufgewirbelt hatte und sie zum Angriff gegen K'ung-sang, den Hohlen Maulbeerbaum (den Pfeiler, an dem die Sonnen emporsteigen), führte. Er erschütterte mit einem Stoß seines Horns den Berg Pu-chou, der den Himmel stützt, so daß alle Gestirne nach Westen fliehen mußten. Doch Kung-kung's Kampf mit Yao um die Herrschaft sah ihn, als Verlierer am Grunde eines Schlundes ertränkt, verenden[113]. Wie auch immer die Kandidaten beschaffen waren, ob vom Wesen des Wassers oder des Feuers besessen, von Yin oder Yang durchdrungen, von der Kraft der Erde oder des Himmels angespornt, ob Rechts- oder Linkshänder, dick oder lang, fettbäuchig oder rückenstark, ob sie mit ihren großen Füßen fest auf der Erde stehen oder ihren runden Kopf aufrecht zum Himmel wenden – sie erlangen die Macht nur dann, wenn ihre Anlagen den wechselnden Bedürfnissen der Natur entsprechen und ihr Körper als Maß und Norm für die sich im Augenblick aufdrängende Ordnung dienen kann[114]. Wir dürfen annehmen, daß es eine Zeit gab, in der sich die Herrscher als Repräsentanten gegensätzlicher Gruppen und sich ausschließender Kräfte entsprechend den Jahreszeiten in der Macht ablösten. Allerdings zeichnen die Legenden der chinesischen Tradition nur das Bild jener Epoche, in der die Macht in den Händen eines Herrscherpaares lag; der Kaiser als der eine Partner hatte den Vorrang über den anderen, seinen Minister; er vertrat die Tugend des Himmels, der Minister die Tugend der Erde[115]. Sie arbeiteten gemeinsam, möglicherweise so, daß sie turnusmäßig in den Vordergrund rückten, je nach den Gebieten und Zeiten, die ihrer lenkenden Kraft unterstanden. Indessen rivalisierten sie auch miteinander: Wie sich in der Natur zu bestimmten Zeiten Yin und Yang in ihrer Tätigkeit ablösten, genauso wurde, wenn der Minister ein gewisses Alter erreichte, die Kraft der Erde durch die Kraft des Himmels ersetzt – vorausgesetzt, er trat als Sieger aus gewissen Prüfungen hervor, wie der Aussetzung in der Wildnis oder der Heirat mit den Töchtern des Herrschers[116]. In diesem Fall konnte er den Herrscher zwingen, ihm *die Macht abzutreten* (*jang*), und ihn dann aus seiner Stadt jagen (*jang*). Als sich die Tugend von Yao immer kraftloser erwies, betrieb sein Minister und Schwiegersohn Shun seine Verbannung[117] und feierte seine eigene Erhebung zum Kaiser mit einem Opfer an den Himmel. Yao's ältester Sohn Tan-chu nahm an diesem Einweihungsopfer im Weichbild der Hauptstadt teil – zweifelsohne als Opfergabe –, denn wie wir von anderer Stelle wissen, wurde er verbannt oder hingerichtet[118].

Nach einer anderen Tradition leitete Shun die Ära seiner Macht damit ein, daß er die vier Tore seiner quadratischen Stadt, die in der Achse der Himmelsrichtungen lagen, ganz weit öffnete. Bei dieser Gelegenheit verbannte er vier unheilvolle, bösartige Wesen, deren Tugend verfallen war, an die vier Pole am Ende der Welt. Die Monster sind in zwei Dreiergruppen aufgeteilt: zwei, da die Tributorganisation der Gesellschaft immer noch vom Dualismus beherrscht wird, und Dreiergruppen, weil diese früher die Einheit der Tanzgruppe waren. Eines der verbannten Monster trägt in der Tat den Namen Drei-Miao (San-miao). Drei-Miao war ein geflügeltes Wesen, das auf den Federnberg im Äußersten Westen verbannt wurde, wo die Vögel alljährlich ihr Gefieder erneuern. Auf den drei Gipfeln dieses Berges hausten drei Vögel oder eine Eule mit einem Kopf, aber drei Körpern. Drei-Miao ist auch identisch mit dem Gefäß Vielfraß, einem Dreifuß[119].

Im Gegensatz zu Drei-Miao, der ein einfaches und ein dreifaches Wesen verkörpert, bilden die anderen Monster ein Trio von Komplizen, unter denen Kun, der Vater des Großen Yü, herausragt. Er wurde auf den Federnberg im Äußersten Westen verbannt, wo die Fasanentänzer zu erscheinen pflegten. Dort soll er sich dann in eine Schildkröte mit drei Beinen verwandelt haben. Andere wiederum behaupten, daß er die Gestalt eines Bären angenommen habe, wie ja sein Sohn in späterer Zeit als Bärentänzer auftritt. Zur feststehenden Tradition gehört, daß Kun im Auftrag von Shun zerstückelt wurde, was ihn jedoch nicht daran hinderte, in tierischer Gestalt Dämon des Federnberges (oder auch Federnschlundes) zu werden[120]. Shun konnte also erst regieren, nachdem er Kun hingerichtet und Drei-Miao gebändigt hatte, jenes geflügelte Wesen, das sich allem Anschein nach schuldig gemacht hatte, den Kalender durcheinanderzubringen. Aber Shun vollzog, Schild und Lanze in den Händen, einen Federntanz, so daß sich die Zeit auf der Stelle wieder erneuerte[121]. An den Höfen der Feudalzeit mußte nicht der Fürst selbst tanzen, um das Jahr feierlich einzuführen: Ein Exorzist vollzog diesen Tanz, auf dem Gesicht eine Maske mit vierfachen Augen, Schild und Lanze in der Hand, in eine Bärenhaut gehüllt und von vier Gehilfen, den sogenannten »Verrückten«, begleitet. Die Zeremonie wurde mit der Vierteilung der Opfer an den vier Haupttoren der quadratischen Stadt beendet[122]. Um das Prestige eines Herrschers zu begründen und zugleich eine abgelaufene zeitliche Ordnung zu vertreiben, hielt man es in China noch zu Zeiten von Konfuzius für angemessen, einen Menschen zu opfern und alle seine Gliedmaßen an die vier Stadttore zu werfen: Das Opfer war ein Tänzer, der als Stellvertreter des Herrschers fungierte[123]. Die Riten, mit denen das alte Jahr vertrieben und das neue eingeführt wurde, hießen *jang*. *Jang* heißt: verbannen, das Wort bedeutet auch: verzichten, aber im Sinne von: verzichten, um zu haben. Es gibt wohl keinen chinesischen Herrscher, der nicht bei der Übernahme der Macht so getan hätte, als wollte er darauf verzichten. Derjenige, auf den er die Herrscherpflichten scheinbar abzuladen wünscht, eilt sofort davon und tötet sich selbst, zumeist, indem er sich in einen Abgrund stürzt, dessen lokaler Schutzgeist er wird[124]. Einführung des neuen Jahres und Inthronisation des neuen Herrschers wurden von Riten begleitet, die sich kaum geändert haben dürften, seit sich Herrscher und Minister in den Tugenden des Himmels und der Erde teilten, um die Welt und die Jahreszeiten zu leiten. Die Bezeichnung für Minister lautet: Drei-Herzöge. Die Zeremonie der Thronbesteigung bestand offenbar aus einem Tanzwettbewerb zwischen je drei Teilnehmern. Die beiden Herrschaftsanwärter trugen ihn aus, während sie von ihren je zwei Gefolgsleuten im Geviert umstanden wurden[125]. Der Anführer des sieglosen Tanzes bezahlte seine Niederlage mit dem Tode oder der Verbannung aus der Stadt, oder gar noch mit der Opferung seines ältesten Sohnes im Weichbild der Stadt (so das Los des Tan-chu).

Bevor Kun, zerstückelt und in einen Bären verwandelt, zum Schutzgeist des Federnschlundes wurde, hatte er von Shun den Auftrag erhalten, die Wasser zu ordnen. Doch in seinem irregeleiteten Ehrgeiz verstieg er sich in dem Wunsch, seinen Herrscher zu seinen Gunsten *auf die Macht verzichten* zu lassen. Er gab vor, die Wirkkraft der Erde zu besitzen, die zunächst befähigt, Minister zu werden, und dann, wenn man sich der Wirkkraft des Himmels versichert, den Rang eines Herrschers einzunehmen. Es nutzte ihm auch nichts, in einem Palaver seine Titel zu verkünden, noch wie ein Verrückter, nach Art der Exorzisten in eine Bärenhaut gekleidet, im Freien zu tanzen. Aus seiner Niederlage wird deutlich, daß er weder qualifiziert war, Minister zu werden, noch, die Nachfolge eines Herrschers anzutreten. Kun war der Vater, aber – wie Tan-chu – auch der älteste Sohn eines Herrschers[126]: Er gehörte einer Generation an, die von der Macht ausgeschlossen war und geopfert werden mußte. Erst seinem Sohn, dem Großen Yü, kam das Recht zu, Minister und Nachfolger von Shun zu werden. Es ist von grundlegender Bedeutung, daß die chinesischen Legenden die Erinnerung an eine Zeit bewahren, in der sich die Macht vom Großvater auf den Enkel übertrug, unter Überspringen einer Generation *in agnatischer Linie*.

Ein solches System ist charakteristisch für die Nachfolgeregelung in einer Übergangsperiode, in der die weibliche Filiation der männlichen weicht. In einer Gesellschaft mit klassifikatorischem Verwandtschaftssystem, in der Ehen zwei exogame Familienpaare verbinden, zwischen Vettern und Kusinen, die von Bruder und Schwester abstammen (Kreuzvettern und -kusinen), geschlossen werden müssen, tragen der agnatische

Großvater und sein Enkel *auch dann noch* denselben Namen, *wenn er in uteriner Linie weitergegeben wird.* So ist der agnatische Großvater zugleich ein Großonkel mütterlicherseits[127], und sein Enkel beerbt ihn als uteriner Großneffe. Wenn nun der agnatische Großvater und sein Enkel bereits einer gleichen Gruppe angehören, so werden Vater und Sohn zu entgegengesetzten Gruppen gezählt. Diesen auffallenden Gegensatz zwischen Vätern und Söhnen bestätigen uns die chinesischen Überlieferungen immer wieder. Sie sind Träger antithetischer Wesenszüge: wenn der eine ein Heiliger ist, würdig, das Reich zu lenken, so ist der andere ein Monster, das verbannt werden muß. Aber wer wird, nachdem der Sohn verbannt wurde und bevor der Enkel, in dem die Wirkkräfte des Großvaters wiederaufleben sollen, sein Erbe antritt, dieses verwalten? Im uterinen Deszendenzsystem geht die Nachfolge vom Onkel mütterlicherseits auf den uterinen Neffen über. Da nun die Ehen zwischen Vettern und Kusinen, die von Brüdern und Schwestern abstammen, geschlossen werden, muß der Vater der Frau zugleich der Bruder der Mutter sein, und jeder Mann hat den Sohn seiner Schwester zum Schwiegersohn. [So bezeichnet dasselbe Wort den Onkel mütterlicherseits und den Schwiegervater (*chiu);* umgekehrt benennt auch ein Mann seinen uterinen Neffen und seinen Schwiegersohn mit demselben Ausdruck (*sheng*)[128].] Im uterinen Recht hat also jeder Mann den Sohn seiner Schwester als Nachfolger, doch wenn das Erbe vom Onkel mütterlicherseits auf den uterinen Neffen übergeht, *so wird alles so gehandhabt*, als würde die Nachfolge vom Schwiegervater auf den Schwiegersohn übertragen. Das heißt, solange die Filiation in der weiblichen Linie erfolgt, kann der Sohn nicht Nachfolger seines Vaters werden, da beide entgegengesetzten Gruppen angehören. Die Rolle des Nachfolgers fällt dem Schwiegersohn zu, weil er ein Neffe, der Sohn der Schwester, ist.

Im System, das auf männlicher Deszendenz beruht, in dem aber weiterhin Ehen zwischen Vettern und Kusinen geschlossen werden, ist der Schwiegersohn zwar auch ein uteriner Neffe, doch gehört er einer anderen Gruppe als sein Schwiegervater an (dessen Nachfolger er im anderen System, unter Ausschluß des Sohnes, war). Solange man aus Gefühlen heraus, die noch von der Zeit des uterinen Systems her überlebten, im Sohn weiterhin Wesenszüge sieht, die denen des Vaters entgegengesetzt sind, und man sich noch nicht entschieden hat, in ihm einen möglichen Nachfolger zu sehen, sondern ihn auszuschalten beansprucht, solange auch wird das Erbe seinem Schwager, dem Schwiegersohn, der bereits voll als Nachfolger qualifiziert ist, übertragen: denn als uteriner Neffe des Herrschers, dessen Nachfolge frei wird, ist der Schwiegersohn zugleich der Onkel mütterlicherseits jenes agnatischen Enkels, der sie schließlich antreten soll[129]. Kurz: Wenn der Sohn verbannt wird, muß der Schwiegersohn Nachfolger werden. Und so sehen wir auch in der einzigen chinesischen Nachfolge aus antiker Zeit, die im Detail überliefert ist, daß Yao's ältester Sohn Tan-chu verbannt wurde, während sein Schwiegersohn Shun die Nachfolge übernimmt.

Als Schwiegersohn von Yao war Shun nicht nur befähigt, seine Nachfolge anzutreten, sondern zunächst auch sein Minister zu sein. Während im uterinen System Schwiegervater und Schwiegersohn (Onkel mütterlicherseits und Sohn der Schwester) derselben Gruppe angehören, werden sie, sobald sich der Name in der männlichen Linie überträgt, entgegengesetzten Gruppen zugerechnet. Herrscher und Minister (Tugend des Himmels und Tugend der Erde) müssen Träger von gegensätzlichen Kräften sein: Sie bilden ein Paar rivalisierender und einander verpflichteter Kräfte, genauso wie die Familien, die durch traditionelle Heiratsallianzen verbunden sind, miteinander rivalisieren und sich gegenseitig verpflichtet sind. Der Dualismus in der politischen Organisation ist nah verwandt mit dem Dualismus in der häuslichen Organisation. In beiden Bereichen jedoch tendiert er dazu, sich aufzulösen: Der Herrscher vereinigt in sich nach und nach jene Macht, die ursprünglich dem Minister eigen war, und dem Sohn, der zunächst einem uterinen Verwandten geopfert wurde, gelingt es, diesen zu verdrängen.

Die chinesischen Überlieferungen zeigen, daß die Konzentration der Macht in den Händen des Herrschers das Ergebnis eines gleichzeitigen Fortschritts in der Entwicklung des agnatischen Rechts ist.

Zur Zeit von Yao und Shun, den beiden Herrschern, von denen das *Shu ching* berichtet, übernimmt jeweils der Minister die Nachfolge und vertreibt den Sohn. Da der Minister zugleich der Schwiegersohn ist, läuft dies ab, als ob sich zwei agnatische Gruppen, die in jeder Generation durch Heiratsbeziehungen verbündet sind, in der Macht ablösten. Doch in der Geschichte der Begründer der Königsdynastien zeigt sich, daß der Sohn die Nachfolge antritt, während der Minister geopfert wird. So hat dann eine agnatische Linie ständig die Macht inne und bildet eine Dynastie. Diese Linie besitzt zwar die höchste, aber nicht die gesamte Autorität, denn der König kann nur unter Mithilfe seines Ministers regieren. Dieser Minister stammt zunächst noch nicht aus der agnatischen Gruppe, die die königliche Linie stellt, sondern aus einer gegnerischen Gruppe: Die Familiengruppe, die dem Herrscher die Frau gibt, gibt ihm auch den Minister. Als der Gründer der zweiten Königsdynastie, T'ang der Siegreiche, aus der Hsin-Familie eine Prinzessin zur Frau nahm, wurde sie in ihrem Gefolge auch von Yi Yin, der später T'ang's Minister werden sollte, begleitet. Die Nachfolge vollzog sich in der männlichen Linie, aber die agnatischen Nachkommen von T'ang dem Siegreichen hatten die Söhne von Yi Yin, dem Minister und Schwager von T'ang, zu Ministern. Zu den anerkannten Pflichten des *San-kung* (›Drei-Herzöge‹, Minister) gehörte die Erziehung des Kronprinzen. Wem würde – unter der gegebenen gesellschaftlichen Organisation der Zeit – diese Aufgabe eher zukommen als dem Onkel mütterlicherseits? So wurde Yi Yin mit der Vormundschaft für den Nachfolger von T'ang betraut, oder allgemein: für den nach agnatischem Recht bestimmten Kronprinzen wird der Vormund aus der Familie seiner Mutter ausgewählt. Von den beiden Gruppen, die sich einst gleichberechtigt in der Macht abwechselten, nimmt die eine nur noch eine untergeordnete Position ein. Und dennoch bleibt etwas von diesem Prinzip der Alternation erhalten: Zwar ist der Minister, der sich früher – wenn seine Zeit gekommen war – auf die Übernahme der Macht vorbereitete, nicht mehr der Nachfolger, indessen bleibt er jedoch mit der Regentschaft beauftragt. Wenn diese Zeit zu Ende ist, verzichtet er wie ehedem zugunsten des Repräsentanten der agnatischen Linie auf die Macht. Nur ist es jetzt der Sohn, der die ihm überlassene (*jang*) Macht übernimmt, während der Minister – wie es das Los von Yi Yin war – verbannt (*jang*) und geopfert wird. Vom Oberhaupt der Verwandtschaft mütterlicherseits ist der Minister in den Rang eines Herolds der agnatischen Dynastie herabgesunken[130].

Als König Wu, der Gründer der dritten Königsdynastie, der Chou, starb, begann wie beim Tode von T'ang eine Regentschaftsperiode. Auch in diesem Fall mußte der Regent noch die Verbannung erleiden. Doch obgleich König Wu's ranghöchster Minister, der Kriegsminister, sein uteriner Onkel war, wurden weder er noch sein Sohn als Vormund für König Ch'eng, den Sohn und Nachfolger von König Wu, bestellt. Wie die Geschichte berichtet, wurde ein agnatischer Onkel, der Herzog von Chou – ein jüngerer Bruder von Wu –, mit der Regentschaft betraut. Da zu viele Spuren des Gegensatzes, der zunächst zwischen zwei aufeinanderfolgenden Generationen in agnatischer Linie existiert hatte, erhalten blieben, wäre es unvorstellbar gewesen, daß ein Sohn *unmittelbar* die Nachfolge seines Vaters hätte antreten können. Zum anderen wurden, in der Familie wie in der Stadt, den Ältesten die höchsten Ehren zuteil, und jede Gruppe wurde jeweils vom ältesten Mitglied der ältesten Generation repräsentiert. Sogar als das agnatische Prinzip angenommen wurde, blieb die chinesische Familie ungeteilt. Sie war einer Autorität (im stärksten Sinne des Wortes) unterworfen und begann erst dann die patriarchalische Form anzunehmen, als schließlich das Privileg der Erstgeburt anerkannt wurde. So wie der Sohn gegen die alten Vorrechte des Onkels mütterlicherseits hatte kämpfen müssen, so mußte nun der älteste Sohn die althergebrachten Rechte der jüngeren Brüder seines Vaters zunichte machen. Deshalb sehen wir, wie der jüngere Bruder des Vaters dem Onkel mütterlicherseits in der undankbaren Rolle eines Dynastieherolds nachfolgt. Der Brauch der Regentschaft – Überbleibsel aus einer Zeit, in der sich einander ergänzende Kräfte abwechseln mußten – erlaubt es, die alten Gefühle zu respektieren, die Vater und Sohn zu Rivalen und ein Interregnum erforderlich machten. Der rituelle Verzicht (*jang*), durch den die Macht einem Dritten zur Verwaltung anvertraut wird, ermöglicht so die Weitergabe der Autorität[131].

Als letzter Schritt bleibt noch die Abschaffung des Interregnums offen: Er wird vollzogen, wenn der Sohn durch das Recht der Primogenitur unmittelbar auf seinen Vater folgt, ohne daß sich der Onkel mütterlicherseits oder der jüngere Bruder des Vaters dazwischenschalten. Als im Jahre 489 v. Chr., ganz am Ende der *Ch'un-ch'iu*-Zeit, ein Fürst seinem ältesten Sohn direkt die Macht übergeben will, ruft er zunächst seine eigenen jüngeren Brüder an seinem Sterbebett zusammen. In der Reihenfolge ihrer Geburt überläßt (*jang*) er ihnen die Macht. Während sich die älteren Brüder weigern, sieht sich der Jüngste gezwungen anzunehmen. Doch wenn er das Angebot annehmen muß, so muß er auch, sobald der Fürst tot ist, den Sohn des Verstorbenen in die Macht einsetzen[132]. Das Interregnum existiert nicht mehr. Wenn die Rechte jedes der jüngeren Brüder (scheinbar) um des Vorteils des jüngsten Bruders willen unterdrückt wurden, so stellt sich diese Anerkennung der Rechte des Jüngsten doch als eine juridische Fiktion heraus, die dazu diente, das Prinzip der Brudernachfolge abzuschaffen und durch das der Nachfolge in direkter Linie zu ersetzen. Der älteste Sohn tritt unmittelbar und beinahe mit vollem Recht die Nachfolge an, dank des Kunstgriffs des Verzichts (*jang*), der den Charakter einer testamentarischen Verfügung *in extremis* hat. Nachdem der Thronverzicht ursprünglich die Bedeutung einer rituellen Handlung hatte, deren Sinn zunächst darin bestanden hatte, den tatsächlichen Wechsel der Mächte zu verwirklichen, sollte er später die Möglichkeit des Interregnums gewähren, in dem das Prinzip des Wechsels lebendig bleibt. Tritt der Verzicht jedoch im Augenblick des Todes in Kraft, dann ist er nur noch ein Verfahrenstrick, der die Kontinuität einer von Erstgeborenen gebildeten agnatischen Linie sichern soll.

In seiner ursprünglichen Bedeutung und seiner vollen Kraft setzt sich der Thronverzicht aus zwei rituellen Gesten zusammen. Wenn der Herrscher alt wird, zieht er sich zurück und *tritt* mit dem Beginn dieser Periode *seine Macht* dem Minister *ab* (*jang*), der sie übernimmt. Da der Beginn des Alters mit siebzig Jahren festgelegt ist und ein Weiser im hundertsten Lebensjahr zu sterben pflegt, erwartet den Herrscher nach seiner Abdankung theoretisch eine dreißig Jahre währende Zeit der Abgeschiedenheit, in der er sich auf den Tod vorbereitet. Nach seinem Tod müssen sich auch die Überlebenden für eine Trauerperiode von theoretisch drei Jahren zurückziehen. Im dritten Jahr überläßt der Minister die Macht dem Sohn, der sie allerdings nicht übernimmt, sondern der im Gegenteil ausgeschaltet wird. Auch wenn sich der Vorgang umkehrt und der Minister abtreten muß, so geschieht dies noch während der Trauerperiode. Yü, der Gründer der ersten Königsdynastie, hatte zugunsten seines Ministers Yi *auf die Macht verzichtet.* Als der Große Yü gestorben war und die dreijährige Trauerzeit zu Ende ging, *verzichtete* Yi, der Minister, zugunsten von Yüs Sohn Ch'i *auf die Macht.* Ch'i nahm die Macht an, und Yi mußte die Hauptstadt verlassen. (Nach einer anderen Überlieferung, die als heterodox verworfen wird, soll Yi von Ch'i getötet worden sein.) Nach dem Tode von T'ang, dem Gründer der zweiten Dynastie, bestand die erste Handlung seines Ministers Yi Yin in der *Verbannung* von T'ai-chia, der nach agnatischem Recht Nachfolger von T'ang werden sollte. (Wiederum will eine heterodoxe Tradition, daß T'ai-chia nach seiner Rückkehr aus dem Exil Yi Yin getötet habe.) Und im dritten Jahr nach dem Tode von König Wu, dem Gründer der Chou-Dynastie, wird der Reichsregent, der Herzog von Chou, *verbannt*: Regentschaft und Trauerzeit dauern gleich lange und zeitigen ein für den Minister fatales Ende. Doch der Tod des Ministers oder das Ende des Interregnums sind gewöhnlich von wunderbaren Gewittern, die alle den Charakter einer Apotheose haben, gekennzeichnet: Diese Gewitter brechen gerade dann los, wenn sich Regent und neuer König *in der Vorstadt* treffen. Wie wir gesehen haben, war der später geopferte Sohn des Yao, Tan-chu, bei einem Opfer, das der Minister und Nachfolger Shun in der Vorstadt zelebrierte, Repräsentant des Himmels. Als es dann den Söhnen gelungen war, die Minister von der Nachfolge auszuschließen, wurden diese nun ihrerseits – ganz ohne Zweifel – mit dem Ende der Trauer *in der Vorstadt geopfert*[133].

Das Opfer, das die Abgeschiedenheit der Trauerperiode (die der Vorschrift nach drei Jahre dauerte, deren erste drei Monate jedoch die schwersten waren) beendete, konnte sich nicht wesentlich von jenem Opfer unterscheiden, das den Abschluß des – dreimonatigen – winterlichen Rückzugs markierte. Beide sollten den Bann aufheben, den der Tod des Herrschers oder die tote Jahreszeit auf die Menschen gelegt hatte. Während in den Wettspielen der toten Jahreszeit gegnerische Gruppen um Prestige wetteiferten, ist die Trauerzeit von einem langen Wettstreit, in dem sich Minister und Sohn gegenüberstehen, geprägt, in dem beide um Wirkkräfte kämpfen und danach trachten, siegreich aus der Prüfung hervorzugehen. So kämpfte Shun gegen Tan-chu und Yi Yin gegen T'ai-chia, und »die

Fürsten wandten sich einstimmig« dem zu, der – ob er nun Minister oder Sohn war – es am besten verstand, die Kräfte des Verstorbenen zu erwerben.

Zu allen Zeiten wurde in China die Trauer als eine Prüfung betrachtet, die die Befähigung zur Nachfolge erteilt. Doch auch unter dem agnatischen Recht mußte der Sohn diese Prüfung nicht allein durchstehen. Während der Feudalzeit besaß jede Familie eine Art Hausminister, einen Verwalter, der das *alter ego* des Familienoberhaupts war: zwischen beiden bestand eine ebenso enge Bindung wie zwischen einem Fürsten und seiner Gemahlin. Im Verlauf der Trauerperiode waren die Verpflichtungen für den Verwalter kaum weniger bedeutend als jene des Sohnes, gegen ihr Ende jedoch wurden noch andere, sehr viel schwerere Forderungen an ihn gestellt. Häufig hören wir, daß sich Verwalter und Witwe über die Grabbegleiter des Toten verständigen: Beide nämlich versuchten sich ihrer eigenen Pflicht durch Ersatzopfer zu entledigen, da der engste Vasall und die Witwe ihrem Herrn ins Grab folgen mußten. So hatte Herzog Mu von Ch'in drei getreue Vasallen (Minister heißt: Drei-Herzöge!), die sich ihm mit Leib und Leben verpflichtet hatten. Als der Verstorbene in seiner letzten Bleibe beigesetzt wurde, brachte man sie alle drei als Begleitopfer dar[134].

Das endgültige Begräbnis bedeutete zugleich das Ende der härtesten Trauerregeln. Das dabei vollzogene Opfer sichert die Apotheose des Toten, der schließlich zum Ahnen verwandelt, begleitet von einer Schar von Getreuen, triumphierend in den Himmel steigt. Diesem endgültigen Begräbnis geht ein vorläufiges voraus, das nach den Vorschriften drei Monate dauern soll und im Hause selbst stattfindet. Der Tote löst sich inmitten seiner Verwandten von seinem Körper. Solange sich noch die Unreinheiten des Todes verflüchtigen, müssen sie sich in allem der Lage des Verstorbenen anpassen. Sie müssen ihn von seiner Verunreinigung, die auch die ihre ist, befreien. Für viele Völker, die den Brauch des zweifachen Begräbnisses kennen, besteht die erste Pflicht im Verzehren des zersetzten Fleisches des Toten. Die alten Chinesen pflegten die Aufgabe, vom Kadaver zu essen, jenem aufzuerlegen, der in der Absicht, die Nachfolge anzutreten, die Tugenden des Toten zu erwerben beanspruchte. Als der Große Schütze Yi, Fürst von Chiung, starb, »kochte man sein Fleisch und gab es seinen Söhnen zu essen. Die Söhne brachten es nicht über sich, (den Vater) zu essen. Sie wurden an den *Toren* von Chiung getötet«[135].

Wenn es hingegen T'ai-chia gelang, die Tugenden seines Vaters T'ang zu erwerben, so zweifellos deswegen, weil er mit weniger Zurückhaltung als die Söhne des Bogenschützen die Aufgabe übernahm, die Knochen des Verstorbenen von den Verunreinigungen des Todes zu befreien. Erst nachdem Yi Yin ihn für die Dauer der Trauerzeit nach Tung, genau dem Ort, wo T'ang begraben war, verbannt hatte, konnte er die väterlichen Tugenden erwerben. Indem Yi Yin an T'ai-chia die Pflicht *abtrat*, den Toten von seiner Beschmutzung zu reinigen, setzte er ihn in den Stand, die Nachfolge anzutreten. Als dann T'ai-chia seinerseits, nachdem T'ang in den Rang des Ahnen übergegangen war, den Yi Yin tötete und ihm dadurch die Ehre *überließ*, getreu seinen Herrn zu begleiten, machte er ihn zum Herold einer Dynastiegründung. Früher hätte der Minister, als guter uteriner Neffe, die Aufgabe beansprucht, die Knochen des Verstorbenen zu reinigen, und hätte, zur Beendigung der Trauer, den Sohn in der Vorstadt geopfert.

Mit dem Zeitpunkt, da der Sohn heroisch den Mut findet, die verwandtschaftliche Beziehung zu seinem Vater zu fordern, ist die königliche Linie gesichert und das agnatische Recht etabliert. Huang-ti, der auf einem Eulenberg geboren wurde, verstand es, seine emblematische Kraft zu erhalten, indem er Eulen verzehrte. Wie es heißt, ist es Eulenbrauch, die Mutter zu fressen. Wenn man sich – innerhalb der uterinen Filiation – vom Fleisch seiner Mutter nährt, so bedeutet das, daß man sich darauf beschränkt, die Wirkkräfte seines Geschlechts in einem selbst zu bestärken[136]. Der Endokannibalismus, der einer Familie erlaubt, ihre Wesensintegrität zu bewahren, ist eine ganz einfache Pflicht der familiären Pietät. Wer immer sie erfüllt, nimmt an einer reinen gemeinschaftlichen Handlung teil; er heiligt sich, ohne zu versuchen, die Ordnung der seinem ursprünglichen Emblemwesen erlaubten Heiligung zu überschreiten. Wenn es sich nicht um Endokannibalismus handelt, dann ist Kannibalismus im Gegenteil ein Akt des Glaubens und eine Handlung des Stolzes. Der Held, der fähig ist, das Fleisch eines ihm nicht verwandten zu essen, bezeugt in seiner Tugend einen Ehrgeiz, der nicht vor Anmaßungen und Überschreitungen zurückschreckt.

Das ist die eigentliche Tugend des Herrschers. Die chinesische Geschichte zeigt, daß die Söhne des Bogenschützen, ein Geschlecht von Usurpatoren, zugrunde gehen, weil sie nicht den Mut besitzen, die Brühe zu trinken, die aus dem Kadaver ihres Vaters bereitet wurde. Sie zeigt uns aber auch zwei große Weise, die mehr Mut bewiesen und zwei ruhmreiche Dynastien gründeten. Auf die Herausforderung eines Rivalen hin trank König Wen, der Gründer der Chou, die von der Leiche seines Sohnes zubereitete Brühe. Und nicht weniger Heldenhaftigkeit zeigte Kao-tsu, der Gründer der Han, als er sich (203 v. Chr.) in aller Ruhe bereitfand, die Leichenbrühe seines Vaters zu trinken[137]. Es ist bezeichnend, daß sich diese Anekdoten in den Gründungsberichten der zwei Dynastien finden. Sie lassen diese kannibalische Prüfung als eine Art Vorbereitungsritus zur

Inthronisation erscheinen: Wenn der Herrscher, von Angesicht zu Angesicht mit seinem Rivalen, getrunken hat, wissen alle, daß er dank dieser triumphalen Einverleibung die zweifache Wirkkraft des Himmels und der Erde, die einst zwischen Fürst und Minister, zwischen Vater und Sohn geteilt war, in Besitz genommen hat.

Sechstes Kapitel

Die Steigerung des Prestiges

Nur im Vollzug entsetzlicher Riten lag die Macht, Vater und Sohn, einst Mitglieder zweier verschiedener Verwandtschaftsgruppen und Träger heterogener Kräfte, einander näherzubringen. Agnatische Belehnung hat etwas von triumphaler Annektierung an sich. Doch zunächst war es nur außerhalb der Familie und außerhalb der Stadt möglich, den Sieg zu erlangen und den Kampf zu beenden: Das Kriegsrecht, das allein eine wesentliche Steigerung des Prestiges ermöglicht, hat sich in den Grenzlanden herausgebildet.

Der Herrscher ist Krieger, Tierbändiger und Kulturbringer für die Barbaren. Als Herr des Feuers, mit dessen Hilfe man den Buschwald rodet und Waffen schmiedet, kann er die Welt gestalten. Er kann die reißenden Tiere, die Dämonen und die Wilden unterwerfen, die in den unfruchtbaren Grenzgebieten jenseits der bebauten Felder hausen und die Stadt einkreisen. Er hat sich der Prüfung, im Busch ausgesetzt zu werden, gestellt: sei es bei seiner Geburt (wie Hou-chi) oder sei es, bevor er die Macht ergreift (wie Shun). Gleich dem Großen Yü versteht er es, jene Schrittfolge zu tanzen, die die Ch'ih-mei, die wilden Geister der Sümpfe und Berge, unschädlich macht, und kennt er den Tanz, der die Drei-Miao, diese geflügelten Wesen, zähmt und zwingt, von ihrem Barbarentum abzulassen und der Hauptstadt Tribut zu leisten. Er kennt die Namen der Monster, die zugleich ihre Seelen sind: Wenn er einen Namen ausspricht, dann kommt sogar das schrecklichste Tier freiwillig zu ihm gelaufen[138]. Der Herrscher sorgt für Wild, erobert Namen und jagt Embleme. Die Seele der gefangenen Tiere flattert in seinen Bannern und hallt in seinen Trommeln wider. In seinem Sumpf jagt er nach dem göttlichen Krokodil, das seinen Bauch als Trommel verwendet und in Lachen ausbricht, oder er verfolgt im Busch den K'uei, ein Mischwesen aus Rind und Drache, das den Donner erzeugt: aus ihrer Haut und ihren Knochen spannt er sich eine Trommel, die dem Blitz befiehlt[139]. Er begibt sich in die morastigen Niederungen, wo der Wei-t'o kriecht – in Violett gekleidet, wie es einem Prinzen ansteht, und sich schlängelnd wie eine flatternde Fahne: der Herrscher ergreift den Wei-t'o und verspeist ihn, denn er birgt eine fürstliche Kraft in sich und gebietet über die Dürre[140]. Der Herrscher ist ein Jäger, der mittels Musik jagt; er tanzt, schlägt die Trommel und schwingt die Tierschwänze wie ein Banner[141]. Wenn er die Tiere erbeutet hat, ißt er ihr Fleisch und trägt ihre Haut als Kleidung, um sich ihrem Wesen zu verbinden und ihre Kraft in sich aufzunehmen. Er erobert die Embleme und verteilt sie: Seinen Männern teilt er Namen von besiegten Monstern zu und läßt sie deren Häute tragen. Nur weil er im Besitz dieser Embleme ist, gehorchen ihm Menschen und Natur. Doch um sie zu erobern, muß er sich in die verlassenen Grenzlande, in die Jagd- und Kriegsgebiete begeben, dorthin, wo die Barbaren, das Jagdwild des Herrschers, hausen.

Es war in der Tat einst so, daß der Krieg unter Chinesen verboten war, ja sogar unmöglich zu sein schien, da alle Chinesen Verbündete (wörtlich: *chiu-sheng*, Schwiegerväter und Schwiegersöhne) oder Brüder (*hsiung-ti*) waren. Wenn sie verschiedene Namen trugen, dann waren sie durch Heirat und Vendetta miteinander verbunden und lebten so im Zustand eines schwankenden Gleichgewichts, der sich grundsätzlich von dem kriegerischer Auseinandersetzung unterscheidet. Heiratsverbindungen sind Vorboten für – künftige – Vendetten oder beenden diese als krönender Abschluß; sie sind einem Waffenstillstand gleichzusetzen, in dem sich die Rivalitäten vielleicht eher verschärfen, als daß sie abgebaut würden. Vendetten sind geregelte Auseinandersetzungen voll Gewalttätigkeit und Herausforderung, die ihr Ende in feierlichen, gemeinschaftlich vollzogenen Handlungen finden; das allgemeine Gefühl gegenseitiger Verpflichtung kommt den Vendetten genauso zustatten wie dem Austausch von Geiseln oder Frauen. Zum anderen ist unter Verwandten alles gemeinsamer Besitz, und Tauschbeziehungen unter ihnen sind unmöglich: Vendetta wäre genauso unmoralisch wie Heirat, Krieg vollends undenkbar. Wer sich von seinem Ehrgeiz zu einer solchen Narretei hinreißen läßt, schrickt bei der ersten Zurechtweisung zurück: »Es ist gegen die Riten, eine Herrschaft gleichen Namens zu vernichten!«[142] Und ein anderer, der über die unheilvollen Absichten eines Verwandten informiert wird, kann dem nicht Glauben schenken: »Wir tragen den gleichen Namen! Es wäre unmöglich, mich anzugreifen!«[143] Gewiß, man kämpft gegen Familien oder fürstliche Sippschaften von »Schwiegervätern und Schwiegersöhnen«, oder besser: man mißt sich nicht ohne Gewalttätigkeit, doch niemals hätte man einen endgültigen Sieg oder die Annexion des gegnerischen Territoriums im Auge. Im Jahre 583 v. Chr. beabsichtigt der Fürst von Chin, die gesamte Chao-Familie auszurotten. Für ihn sind die Chao rebellische Vasallen, doch in Wirklichkeit repräsentieren sie eine Familie von Rivalen, die ihren festen Platz innerhalb des Staatsgefüges hat. Als man den Fürsten fragt: »Ist es möglich, die Opfer der Chao-Familie zu unterbrechen?«, läßt er auf der

Stelle ihr Familienvermögen wiederherstellen[144]. Familie und Territorium sind ein unteilbares Ganzes, und nur in außerordentlicher Not kann die Familie einmal einen Teil ihrer Domäne verpfänden (*hsia*), nicht jedoch als Eigentum an andere übertragen[145]. Die Familie kann ihr Territorium nicht veräußern, noch kann sie ihrem Land entäußert werden. Wenn eine Familie verbrecherisch ist, dann mit allen ihren Mitgliedern und ihrem gesamten Territorium. Als eine göttliche Familie bestraft werden sollte, holzte man die Wälder auf ihrem Berg ab und malte ihn – wie einen Verbrecher – rot an. Aber diese Züchtigung (219 v. Chr.) war die Handlung eines Autokraten, der in gebührender Weise dafür verdammt wurde[146]. Es gab kein Strafrecht, konnte es im strengen Sinne auch gar nicht geben, bevor die Staatsgewalt nicht in den Händen einer wahrhaft souveränen Autorität lag. Um zu strafen, muß man vollkommen zerstören können – wie aber sollte man eine Familie zerstören? Wie könnte man Ländereien sich selbst überlassen oder sie konfiszieren, wenn auf ihnen weiterhin die spezifischen Kräfte der ehemaligen Besitzerfamilie wirken, die man nicht auf sich übertragen kann? Weder das Strafrecht noch das Handelsrecht oder der Staat können den geringsten Fortschritt machen, solange man zögert, das ehrwürdige Gleichgewicht aufzuheben, das das Erbe und die Familien unverletzlich macht.

Es ist eine bezeichnende Tatsache, daß die ersten Gesetze auf der Jagd, das heißt in den Grenzgebieten, wo die Barbaren leben, erlassen worden sein sollen. Wenn das Strafrecht über Familienjustiz oder den Brauch der Vendetta hinausgeht, erscheint es als Militär- oder Kriegsrecht. Die Gesetzesvorschriften wurden in Gefäße graviert, deren Metall in den Gebirgsschluchten gewonnen wurde, ebenso wie die Embleme, die die Dynastiegefäße schmückten, in den Grenzlanden erobert wurden. Auch die Staatskasse war zunächst eine Waffenkammer voll von »Federn, Haaren, Zähnen und Hörnern«[147], die dem Kriegsgerät oder dem Tanz – die beide eins sind – erst ihre Wirkung gaben. Diese Gegenstände waren die erste Art von Tributzahlungen, wie sie die Barbaren, nicht jedoch die Vasallen aufbrachten. Und schließlich waren es auch die Wälder und morastigen Niederungen der Grenzgebiete, die die ersten staatlichen Domänen bildeten: Produkte der Sümpfe und Wälder, Salz, Erze, wertvolle Steine und Exotika waren die ersten Reichtümer des Staates. Dies waren die einzigen Güter, die in eine größere Zirkulation eingingen[148]. Weder Getreide noch Stoffe waren zunächst Handelsgüter oder Tributgegenstände, sondern sie fungierten nur als gegenseitige Bündnisgeschenke, als Einsatz bei Wettkämpfen, oder konnten, unter der Bedingung der Rückgabe, verliehen werden. In keinem Fall konnten sie jedoch verkauft werden oder frei zirkulieren. Als landwirtschaftliche Produkte gehörten sie zum Boden des Familienbesitzes und waren wie dieser unveräußerlich. Familiengruppe oder Geschlechtsverband, die das Getreide anbauten und die Stoffe webten, gaben den Produkten durch ihre Arbeit etwas von ihrer Seele mit, und sie aßen oder trugen sie erst, nachdem diese von einer verbündeten Gruppe desakralisiert worden waren. Von den Produkten konnte man Teile dieser Gruppe zum Geschenk machen, doch so, wie man sich selbst hingibt (oder eher: wie man mitmacht), wenn man an einer gemeinschaftlichen Handlung teilnimmt und sich anderen nähert, ohne sich vollständig in Beschlag nehmen zu lassen. Ganz im Gegensatz zu diesen Produkten sind die Dinge und Wesen der Grenzlande Beute, Trophäen oder Gegenstände, die man sich im Triumph aneignet, und nichts verbietet, sie zu zerstören. Nur wer das Recht auf Zerstörung hat, besitzt etwas vollständig, und nur er kann sich das Recht der Veräußerung zugestehen.

Schon von Natur aus sind die Barbaren des einzigen, wahrhaften Verbrechens schuldig, daß sie nämlich außerhalb der zivilisatorischen Ordnung leben, die von der Tugend des Fürsten erhellt wird. Seit es Herrscher gibt, die das Verbrechen der Rebellion bestrafen, werden daher die Schuldigen in die unbebauten Grenzmarken verbannt. Denn indem man den Verbannten, tot oder lebendig, dem Land der Monster aussetzt, verjagt man zugleich seine Seele aus der Menschenwelt. Wer in das Land der Barbaren verbannt wird, hat sein Todesurteil gehört, denn Barbaren sind ihrem Wesen nach Tiere und nicht Menschen[149]. Wenn zwei Menschen, Chinesen also, miteinander verwandt sind, dann besitzen sie das gleiche spezifische Wesen; sind sie miteinander verbündet, dann ergänzt sich ihr Wesen. Mit den Barbaren jedoch ist weder Verwandtschaft noch geregelte Rivalität möglich. Chinesen und Barbaren unterscheiden sich in ihrer Nahrung und Kleidung, zwischen ihnen gibt es keinen Getreide- oder Stoffaustausch. Mit den Barbaren ist man weder durch Heirat noch durch Vendetta verbunden; mit ihnen verkehrt man nicht wie mit Tischgenossen; man läßt sie »mit den Füchsen und Wölfen« hausen, oder man jagt und bekriegt sie[150]. Die Barbaren stellen die Gefangenen, ihr Land liefert die Trophäen. Gefangene und Trophäen erhöhen das Prestige und bringen schließlich jenen Ruhm, der im Triumph geweiht wird.

Wenn sich seine Armee Ruhm erworben hat, vollzieht der Herrscher einen Triumphtanz. »In der linken Hand hält er die Flöte, in der rechten Hand das Beil. Er marschiert an der Spitze; in Liedern wird der Sieg gefeiert. Er bringt die Beute als Opfer dar.« Die Beute besteht aus den linken Ohren, die man den gefallenen Feinden und den bei der Parade mitgeführten Kriegsgefangenen abschneidet. Das Abschneiden des Ohres ist die erste Handlung, mit der der Kampf eröffnet wird. Die gleiche Handlung läßt nun auch den militärischen Pomp beginnen, der zur Erinnerung an die kriegerische Auseinandersetzung zelebriert wird. Wenn die mit Glöckchen behangenen Messer an die Ohren gesetzt werden und die ersten Tropfen Blut fließen, wissen die erwartungsfrohen Gottheiten, daß sie zu einem Festmahl gerufen werden[151]. Der Triumphtanz endet mit einem kannibalischen Festgelage, bei dem sich die siegreichen Götter und Menschen vollschlagen. Die Barbaren sind bloß Wild, durch dessen Verzehr man sich fremde Wirkkräfte aneignen und eine Eroberung vollenden kann.

Durch kannibalische Gelage wurden Belehnungen vollzogen und Grenzen ausgelöscht. Sobald sich das Kriegsrecht der Beziehungen zwischen Familien und zwischen Städten bemächtigten, entstanden die feudalen und agnatischen Gesellschaftsstrukturen. Wer einst als Rivale behandelt wurde, wird nun als Feind betrachtet, wo man zu einer Vendetta auszuziehen pflegte, schreitet man nun zu Eroberungen, und plötzlich sucht man den totalen Triumph, wo man nach altem Recht allenfalls den Anspruch auf Wiederherstellung des Prestiges gehabt hätte.

In den benachbarten Ländern Ch'in und Chin[152] regieren Familien, die Rivalen sind und untereinander ihr Getreide und ihre Kinder auszutauschen pflegen. Doch dann strebt der Herzog Mu von Ch'in nach der Hegemonie: In einer Schlacht (644 v. Chr.) nimmt er den Fürsten von Chin, Herzog Hui, gefangen und führt ihn zur Triumphfeier nach Ch'in. Dort läßt er ihn im Ling-Turm unterbringen, jenem Ort, an dem die zur Opferung bestimmten Gefangenen verwahrt werden, und befiehlt, die einleitenden Reinigungsriten zu vollziehen. Herzog Mus Frau jedoch, die gleichzeitig die Schwester von Hui ist, steigt in einen anderen Turm, der den verurteilten Frauen vorbehalten ist, und schließt sich mit ihren Kindern ein. Ein in Trauer gekleideter Bote bringt dem Ehemann die Nachricht vom drohenden Kollektivselbstmord. Herzog Mu sieht sich nun trotz seines Sieges gezwungen, auf den Triumph zu verzichten, den er über einen Verbündeten und nicht über einen Barbaren zu feiern gedachte. Er besinnt sich des alten Brauches und beschränkt sich darauf, in einem festlichen Mahl von Gleichberechtigten den alten Bund zwischen den rivalisierenden Ländern wiederherzustellen. Der Besiegte wird weder wie ein Barbar geopfert noch gegessen, sondern er wird eingeladen, mit dem Sieger sieben Rinder, sieben Schafe und sieben Schweine zu verzehren. Die alte Ordnung blieb gewahrt. Doch etwa um die gleiche Zeit (640 v. Chr.) strebt auch Herzog Hsiang von Sung nach der Hegemonie. Unter dem Vorwand, die östlichen Barbaren unter seiner Autorität vereinen zu wollen, beruft er in den östlichen Grenzmarken eine Versammlung ein. Nur bringt er – um sein Prestige zu steigern – nicht etwa einen Barbaren, sondern einen Fürsten, einen Verbündeten als Opfer dar und verschließt seine Ohren vor der tadelnden Bemerkung: »Wenn man einen Menschen (lies: *ei-*

nen Chinesen) opfert, wer (unter den Göttern und Menschen) wollte wohl davon essen?«[153]

Als einst der Große Yü eine Dynastie gründen und »das Prestige der Hsia zur vollen Entfaltung bringen« wollte, berief er eine Versammlung in den Grenzgebieten des Südens ein[154], wobei er auch einen der herbeigerufenen Fürsten als Opfer darbrachte. Dieses Opfer findet im Rahmen eines Tanzwettkampfes statt und soll die Krönung eines dramatischen Turniers darstellen. Sturmbrüllende Dämonen werden von Drachen besiegt, die in einem Gewitter von Regen und Donner in den Himmel steigen. Der Kampf zwischen Wind und Donner, zwischen Drachen und Stieren, der in der Apotheose des Großen Yü endet, ist ein Triumphtanz, der die Thronbesteigung feiert. Der Besiegte jedoch wird als Barbar verleumdet, und da Yü ein Heros ist, dem nichts Böses nachgesagt werden darf, verschweigt die Geschichte, daß er die Leiche des Gegners verzehrte. Hingegen wird Herzog Hsiang von Sung als ein vom Stolz geblendeter Ehrgeizling geschildert, über dessen Menschenfressergelage ohne Zögern berichtet werden kann. Aber ist dies nicht ein notwendiger Akt, den Sieg bis zum endgültigen Triumph zu verfolgen, wenn man in einer Annexion eine tatsächliche Steigerung des Prestiges zu erlangen trachtet? Die einzige Möglichkeit, eine Grenze auszulöschen, besteht darin, die wesentlichen Befähigungen, die für eine neue Autorität notwendig sind, zu erwerben.

Wenn das Turnier mit diesem Ziel abgehalten wird, dann hört es auf, einfacher Waffengang höflicher Auseinandersetzung zu sein: Rivalitätsgesinnung steigert sich zur Erbitterung und verkehrt sich in eine Gier nach Herrschaft. Der Wettkampf um den Triumph endet nicht mehr mit einem Festmahl und Hochzeiten, in denen sich die tiefen gegenseitigen Verpflichtungen ausdrücken und das Gleichgewicht wiederhergestellt wird, sondern in einer Einverleibung. Die beiden sich bekämpfenden Führer nehmen nicht gemeinsam als Gleichberechtigte an einem Bankett teil – der Sieger zeigt sich den Unterlegenen als Beherrscher. Indem er das Fleisch des gefallenen Feindes verzehrt, nimmt er alle Kräfte der unterlegenen Gruppe in sich auf und macht sie zu seinen Vasallen. Von da ab können die Gräben zwischen Ländern und Familien, die unterschiedliche Wesenheiten verkörpern, zugeschüttet werden, Verkehr und Austausch untereinander können beginnen. Das ist das Ende einer Zeit, in der das Gleichgewicht der Idealzustand und das Sichabschließen die Regel war. Im Gegenteil: Je geschlossener Gruppen und Familien ursprünglich waren, desto ungestümer und heftiger durchdringen sie sich nun gegenseitig. Die Wettkämpfe werden von einer kriegerischen Gesinnung erfaßt, der Verkehr untereinander vom Wunsch nach Eroberung beherrscht. Die gemeinschaftlichen Handlungen sind kein Mittel mehr, eine einfache und distanzierte Solidarität zu bewirken, sondern sollen feudale Beziehungen schaffen. Das gesamte gesellschaftliche Leben wird von der Leidenschaft geprägt, sich zu verausgaben, andere zu überbieten oder zu zerstören. Das soziale Klima ist von einer Wettgesinnung bestimmt: Wer sich mit einem anderen vereint, tut dies nur, um ihn zu übertrumpfen.

Siebtes Kapitel

Die Belehnungsprinzipien

Als die Bauern friedlich lebten, als Gleichgestellte an Gemeinschaftsfeiern teilnahmen, wurde Solidarität unter den Familien, die in ländlichen Gemeinschaften zusammengeschlossen waren, durch Leistungen, die man sich wechselweise und vollständig gewährte, gesichert. Solange die Bestimmung der Wechselseitigkeit die Gesellschaft beherrscht, bleibt im Prinzip die Totalität dieser Leistungen bestehen. Als Shun die Töchter von Yao heiratet und sein Minister mit dem Anspruch auf die künftige Nachfolge wird, übergibt ihm Yao zugleich mit seinen Töchtern Rinder und Schafe, Musikinstrumente, Schild und Lanze für Tanz und Krieg, den Getreidespeicher, mit dem er seine Großzügigkeit beweisen kann, alle seine Vasallen und alle seine Söhne[155]. Shun erhält Yaos gesamtes Erbe, und wenn er an die Reihe kommt, wird er seinem eigenen Minister sein ganzes Erbe überlassen. Wenn er alles wieder erstattet, dann gibt er nicht mehr, als er erhalten hat. Ganz anders verhält es sich in der Feudalordnung.

Jederzeit muß jedes Gut dem Herrscher zurückgegeben werden können, und nichts kann man besitzen, bevor es einem nicht überlassen (*jang*) worden ist. »Wenn ein Mann aus dem Volke etwas besitzt, bringt er es dem Oberhaupt der Familie. Wenn ein Würdenträger etwas besitzt, dann übergibt er es seinem Fürsten. Wenn ein Fürst etwas besitzt, dann überreicht er es dem Sohn des Himmels. Wenn der Sohn des Himmels etwas besitzt, dann *überläßt (jang)* er die *Wirkkraft (te)* dieses Gutes dem Himmel.«[156] Ein Gegenstand ist nur benutzbar, nachdem er durch den Akt des Gebens deskralisiert ist, doch erst wenn die Gabe einem Höhergestellten überreicht wird, bringt er Gewinn. Dann kommt dieses Geben einer Weihe gleich. Je mächtiger der Herr ist, zu dem der Gegenstand gelangt, desto höheren Wert speichert er in sich. Im Prinzip darf der Herrscher nicht alle Güter an sich reißen, sondern er muß sich darauf verstehen, »sein Vermögen zu verbreiten und es von oben nach unten entsprechend den Rangstufen der Wesen zu verteilen. Dadurch bringt er die Götter, Menschen und alle Wesen zu ihrer höchsten Entfaltung.«[157] Güter erhalten ihren Wert erst durch den Akt des Gebens. Die Zirkulation der Dinge schafft die Werte und bestimmt sie, wie sie zugleich auch die soziale Hierarchie bestimmt und schafft. Wenn der Herrscher dem Himmel, der höchsten Macht, die Dinge abtritt (*jang*), unterzieht er sie damit einer Weihe, die ihnen ihre Wirkkraft (*te*) vermittelt. Vermögen ist das Ergebnis von Opfern, Überfluß in der Ernte (*jang*) ist das Ergebnis von rituellen Gaben (*jang*)[158]: So zieht jede Gabe eine Gegengabe von erhöhtem Wert nach sich (*hou pao*). Das Opfer durch den Getreuen oder Vasallen ruft das Wohlwollen der Gottheit oder die Freigebigkeit des Herrschers hervor. Zuerst sollen die Geschenke dem Beschenkten Ehrerbietung bekunden und sein Prestige erhöhen, dann sollen sie dem Geber wiederum Ehre und Ansehen einbringen. Das Prinzip, das den Ehrungen und Tributen, den Leistungen im Feudalsystem und dem Adel zugrunde liegt, ist ein Wetteifern, das zugleich Ehrgeiz und Desinteresse manifestiert.

Dieses großzügig-habsüchtige Wetteifern ist stark genug, die alten Schranken zu zerbrechen. So kann man in eine Herrscherfamilie aufgenommen werden, wenn man sich in seiner Ergebenheit bis zum letzten für sie opfert. Chao Chien-tzu, der in eine Verschwörung verwickelt ist (496 v. Chr.), ist zu mächtig, als daß man ihn bestrafen könnte. Anstelle dessen fordert man von ihm nur, seinen ergebensten Getreuen zu opfern. Dieser gibt sich freiwillig den Tod, und nach seinem Selbstmord werden ihm im Tempel der Chao-Familie Opfer dargebracht[159]. Die persönliche Bindung der Vasallentreue wiegt nicht nur schwerer als die Bindung an die Familie, sondern wird auch wichtiger als die territoriale Bindung. Zwei Brüder, persönliche Vasallen von Ch'ung-erh, dem späteren Herzog Wen von Chin, begleiten ihn bei seiner Flucht in die Fremde. Ihr Vater hingegen ist Vasall des gerade herrschenden Fürsten von Chin. Als dieser ihn auffordert, seine Söhne zurückkehren zu lassen, verweigert er dies mit den Worten: »*Wenn ein Sohn befähigt ist, ein Amt zu übernehmen, lehrt ihn sein Vater die Treuepflicht: auf eine Tafel schreibt er dann seinen persönlichen Namen* [der mit seiner Seele identisch ist und seine Blöße offenlegt] *und bringt ein Opfer als Bürgschaft dar.* [Das Ritual des Lehnseides ist dem der Selbstaufopferung verwandt: Indem man ein Opfer darbringt, setzt man sich selbst *vollständig* ein. Von da ab kann man keinem zweiten Herrn mehr dienen.] *Wer eine zweifache Seele zeigt* [und das würden meine Söhne tun, wenn sie zu Euch zurückkehrten], *ist ein Verbrecher*!«[160] Zwar ist das Prinzip, daß man vollständig nur einer einzigen Gruppe angehören kann, noch immer in Kraft, doch die Gruppierung, die das Individuum aufgenommen hat, bezieht sich nicht mehr auf die Familie oder das Territorium, sondern ist zu einer neuen, feudalen Gruppierung geworden. Der lehnspflichtige Mann gehört gänzlich seinem Lehnsherrn, der ihn nach eigenen Gutdünken verheiraten kann (und sich dabei sogar über die Exogamieregel hinwegsetzt). Kuei und Ch'ing-chih tragen den gleichen Namen, doch scheinen ihnen beiden die Familienbindungen ungenügend zu sein. So wird Kuei im Jahre 544 v. Chr. der Vasall von Ch'ing-chih, der ihm dann auch seine Tochter zur Frau gibt (eine Gabe als eine Art Gegenleistung für den Lehnseid). Als ihn da jemand fragte: »Warum weigert Ihr Euch nicht, eine Verwandte zu heiraten?«, antwortete er: »Kann man die Strophen trennen, wenn man ein Lied singt? Was ich jetzt erhalte, darnach habe ich verlangt (als ich mich zum Vasallen machte).«[161] Das Feudalsystem bringt eine Zirkulation von Dingen und Menschen mit sich, die zu neuen, ständig wechselnden Klassifizierungen führen. Wenn einerseits die Individuen nicht mehr für immer an ihre Familien gebunden sind, so gibt es andererseits auch keine hermetischen Gruppierungen mehr, weder als Familie noch als Staat.

Von nun an können die Gräben, die die Domänen umgeben, entfernt werden. Als im Jahre 663 v. Chr. Herzog Huan von Ch'i dem Staate Yen zu Hilfe kommt, will der Fürst von Yen seine Dankbarkeit beweisen und bemüht sich, Herzog Huan zurückzubegleiten. In seinem Eifer dringt er dabei in das Territorium von Ch'i ein, das heißt, er behandelt Herzog Huan wie einen Lehnsherrn oder einen Sohn des Himmels. Nun arbeitete Huan gerade darauf hin, das königliche Prestige an sich zu reißen. Doch wer sich selbst erniedrigt, »erhöht seinen Rang«, und wer auf seine Güter *verzichtet,* vergrößert sein Vermögen. Deshalb mußte Huan die erwiesene Ehrung ablehnen, um sie dadurch um so stärker hervorzuheben, aber um sich ihrer rühmen zu können, mußte er dafür bezahlen: »Mit einem Graben trennte er das Gebiet ab, in das der Fürst von Yen gelangt war, und gab es ihm als Geschenk.« Diese Mäßigung und offenkundige Großzügigkeit entsprangen seinem berechnenden Ehrgeiz, über den sich niemand im unklaren war: sobald die anderen Fürsten von diesem Ereignis hörten, begaben sich alle in das Gefolge von Ch'i[162]. Es ist eines der Belehnungsprinzipien, daß die Landschenkung einen Lehnseid aufwiegt. Es hat den Anschein, als würde Ch'i ein Stück seiner Domäne an Yen abtreten, in Wirklichkeit aber wird Yen zum Lehnsstaat von Ch'i. Umgekehrt kann auch ein Lehnseid eine Landschenkung aufwiegen. Der Staat Chin übte die Hegemonie über China aus, Sung ist einer seiner Verbündeten. Im Jahre 562 v. Chr. vernichten sie in einer gemeinsamen Aktion ein kleines Fürstentum. Chin überläßt die Ländereien Sung, nicht ohne Hintergedanken, denn es nimmt in seiner Domäne einen Vertreter der besiegten Familie auf, die allein zur Durchführung der regionalen Kulte legitimiert ist. Chin gibt also das Lehen ab, behält sich aber die wichtigsten Rechte vor, da Sung erst dann das überlassene Land in Besitz nehmen kann, wenn es sich von Chin die zur Ausübung der neuen Rechte notwendigen religiösen Dienste erbittet. Indessen ist Sung mit diesem Geschenk eine Verpflichtung eingegangen, für die es bezahlen muß: So lädt der Fürst von Sung den Fürsten von Chin zu einem Festmahl ein, bei dem er vorschlägt, für ihn den Sang lin-Tanz aufführen zu lassen, der noch vom Gründer der Yin, T'ang dem Siegreichen, stammt. Dieser Tanz ist eine Art königliches Insignium, dessen Besitz auch nicht den Nachkommen der Yin genommen werden konnte. Nur die Chou, die die Yin besiegt hatten, durften neben den Sung diesen Tanz vollziehen. Wenn nun der Sang-lin-Tanz zu Ehren von Chin aufgeführt werden soll, so wird damit sein Fürst dem obersten Lehnsherrn gleichgestellt. Der Fürst von Chin will sich dieser Ehrung durch den Tanz entziehen, denn er spürt, daß Sung ihm zuviel gibt: Indem ihm das von einem königlichen Geschlecht beseelte Emblem enthüllt wird, schlägt man ihm eine gemeinschaftliche Handlung vor, die genauso fürchterlich wie eine rituelle Prüfung ist. Als der Tanzmeister mit der Fahne, in der sich die Gottheit von Sang-lin manifestiert, erscheint, ergreift der Fürst von Chin auf der Stelle die Flucht. Obwohl er dennoch krank wird, gelingt es einem findigen Vasallen glücklicherweise, das Unheil von ihm abzuwenden. Andernfalls wäre Chin genötigt gewesen, die rituellen Dienste des Fürsten von Sung in Anspruch zu nehmen, um ihn zu exorzieren. In der Auseinandersetzung um Geschenke und Ehrungen hatte der Staat Sung die Oberhand gewonnen, obwohl er den Anschein erweckte, dem Staat Chin den Vortritt zu lassen (*jang*). Zu diesem Zweck hat der Fürst nicht gezögert, selbst die essentielle Kraft seiner Macht aufs Spiel zu setzen und damit alles zu opfern. Chin konnte dieses Opfer nicht überbieten, und wenn sein Fürst es vollständig angenommen hätte, wäre er im Wettstreit unterlegen gewesen und zum Verpflichteten und Lehnsmann von Sung geworden[163].

Die feudale Hierarchie ist beweglich: Sie ist das Ergebnis von Wetten auf das Schicksal, und ihre Rangordnung wird mit Hilfe von Herausforderungen festgelegt. Als heilige Gabe des Bodens war das Getreide dazu bestimmt, sofort von den erntenden Bauern verbraucht und nicht gehortet oder außerhalb der Grenzen gebracht zu werden. (Es sei denn in Fällen, wo nach einer Hungersnot das Gleichgewicht zwischen Nachbarsgruppen wiederhergestellt werden soll.) Im Feudalsystem jedoch wird das Getreide in Form von Tributen oder als Lohn zum Tauschobjekt, es wird in Speichern aufgehäuft, und sogar der Ausdruck »Speicher« ist gleichbedeutend mit »Schatzkammer«. Die aus dem Getreide gewonnenen Getränke vermitteln denen, die sie gemeinsam trinken, das Bewußtsein, daß ihre Treueverträge von einer konkreten Wirklichkeit erfüllt sind. Doch während die beiden Eheleute – sogar zu Zeiten, als der Gatte der überlegene Partner war – gemeinsam aus den beiden Hälften derselben Kalebasse trinken, beginnen die feudalen Trinkgelage als gemeinschaftliche Belehnungszeremonien mit der herausfordernden Geste, die Schale zum Trunk zu bieten. Vor dem Kampf bietet man dem Gegner eine Schale an: Auf daß er sich stärke! Man wird ihm dennoch die Stirn bieten![164] Nach dem Sieg bietet man dem Unterlegenen eine Schale an: Man behandelt ihn als Schuldigen, denn durch die Niederlage hat er sich als Verbrecher erwiesen, der gezwungen werden muß, sich von seiner üblen Wirkkraft zu reinigen. Aber in diesem Akt rehabilitiert man ihn auch, indem man die Vergangenheit auslöscht, und weiters hofft man durch das Anbieten einer gemeinschaftlichen Handlung, künftige Racheschläge zu vermeiden. Und schließlich manifestiert man darin seinen eigenen Triumph[165].

Bei den Bogenturnieren erhalten die Besiegten, den entspannten Bogen in der Hand, von den Siegern eine Hornschale, aus der sie trinken, um für ihre Niederlage zu sühnen. Darnach sühnen die Sieger für ihren Sieg; sie allerdings trinken aus einer Hornschale, die für das Belehnungsritual verwendet wird. Wenn einmal die Hierarchie festgelegt ist, werden die gegenseitigen Verpflichtungen bestätigt, indem man reihum gemeinsam trinkt: »Das Verteilen von Schalen« und »das Verteilen von Ehren« wird mit dem gleichen Ausdruck bezeichnet[166]. Ebenso ist das Erhalten von Getreide zum Essen gleichbedeutend mit Belehnung. Wer zustimmt, sich von Getreide, von dem auch andere leben, zu ernähren, ist seinen Gefährten in vollständiger Verpflichtung verbunden. Er müßte sich weigern, wenn er in ihnen eine schädliche Kraft, die ihn beschmutzen würde, erkennt. »Ich will nicht mehr von ihrer Nahrung essen!« ruft Chieh Tzu-ch'ui, als ihm seine Vasallengefährten zu gierig und folglich unloyal erscheinen[167]. So kommt es dazu, daß durch die gemeinschaftliche Nahrung Individuen von verschiedenen Familien und Kräften miteinander verbunden werden. Genauso wie in dem Angebot zu trinken spürt man auch in den Schenkungen von Nahrung die Absicht, einem eine Prüfung aufzuerlegen oder ihn sich verpflichten zu wollen. Wenn ein Eindringling erscheint, so ist die erste Geste, die man wagt, ihm Speise und Trank anzubieten. Damit versucht man nicht, ihn zu beschwichtigen, sondern will ihn im Gegenteil »wie ein Opfer mästen«. 536 v. Chr. stößt die Armee von Ch'u in das Territorium von Wu vor. Der Fürst von Wu sendet seinen eigenen Bruder aus, um dem Fürsten von Ch'u eine Gabe an Nahrungsmitteln entgegenzubringen. Ch'u beantwortet diese Herausforderung sofort mit einer anderen, er sieht sich gezwungen, den Boten zu opfern und mit seinem Blut eine Kriegstrommel einzuschmieren[168]. Die Schenkung von Speisen oder Getränken hat den Charakter einer Herausforderung, die das Leben und Geschick der Beteiligten untrennbar verbindet und zugleich die Vorstufe zur Annexion sein soll.

Der Spekulant, der seine Mäßigung (*jang*) zur Schau trägt, während er zugleich kühn genug ist, immer seinen Verzicht auszusprechen, der am meisten schenkt und alles in den Wetturnieren einzusetzen scheint, der allein ist fähig, jene Annexionen durchzuführen, die ihm die Gründung seiner Macht ermöglichen. In Ch'i rüstet sich die T'ien-Familie, die Autorität des Herrschers zu usurpieren: Sie strebt darnach, dem Fürstenhaus die Vasallen abspenstig zu machen und das ganze Land als ihre Klientel zu vereinnahmen. So praktiziert die Familie zwischen 538 und 485 v. Chr. ein zweifaches Berechnungssystem, wonach beim Ausgeben und beim Einnehmen zwei ungleiche Maße verwendet werden: für fünf ausgegebene Einheiten fordert sie nur vier zurück. Deshalb singt das Volk ihr zu Ehren: »Eine alte Frau, die Hirse hat – Bringt sie zu T'ien Ch-eng-tzu.« Die Fürsten von Ch'i besaßen nur einen nutzlosen Speicher, in dem sie das Getreide verfaulen ließen, während der Speicher der T'ien-Familie eine wahre Schatzkammer war, aus der sie großzügig an die Bedürftigen verteilte und so die Zahl ihrer Gäste und Anhänger erhöhte. Doch die T'ien-Familie beschränkte sich nicht nur darauf, diese durch Geschenke und gemeinschaftliche Mahlzeiten an sich zu binden, sondern sie bediente sich auch sexueller Gemeinschaftsfeste, um eine Belehnungsbasis zu schaffen: T'ien Ch'ang nannte einen Harem von hundert großen Frauen sein eigen, den er seinen Gästen und Anhängern zur Verfügung stellte. Diese Art der Gastfreundschaft trug ihm nicht nur siebzig Söhne ein, er zog daraus noch größeren Nutzen: Wer sich mit den Frauen, die seine Vasallen waren, vereinigte, verband sich durch ihre Vermittlung auch mit ihm und ging damit einen Vertrag ein, der ihn in seine Abhängigkeit brachte. Sie wurden nicht wie Schwiegersöhne zu Verbündeten, sondern zu Vasallen. Wenn uns die Geschichtsschreiber Formeln wie »Das Volk im Lande sehnte sich nach der Machtübernahme durch die T'ien« und »Das Volk feierte in seinen Liedern und Tänzen die Freigebigkeit der T'ien« überliefern, so ist das zweifelsohne ein Hinweis darauf, daß es den T'ien gelungen war, das ganze Volk am Ruhm ihrer Familie teilhaben zu lassen. Ihr Reichtum an Tänzen und Familienhymnen war, wie ihr Reichtum an Getreide und Frauen, zwar nicht gerade zum Staatsschatz, doch immerhin zum Schatz eines Fürstenhauses geworden[169].

Es kann nur der ein Herrscher sein, dem es gelingt, durch Herausforderungen, Wetten, Ausgaben, grausame Opfer, kriegerische Wettkämpfe und gemeinschaftliche Belehnungsfeiern die alten familiären und territorialen Schranken zu durchbrechen: denn von Sieg zu Sieg hat er sich einen Schatz von Emblemen, Getreide, männlichen und weiblichen Vasallen geschaffen. Dieser Reichtum ist sein Vermögen und das Vermögen seines Lehens. Nichts hat Wert oder Gewicht (*chung*), bevor es nicht einer mächtigen

Persönlichkeit geweiht worden ist und Teil eines Schatzes war, der in sich zahllose Geschenke vereinigt hat. Der Fürst verteilt die Embleme, die Frauen und das Getreide wieder. Was er als Tribut und Ehrengeschenk erhalten hat, gibt er als Lohn und Lehen wieder zurück. Tribute sind die Grundlage der Macht des Herrschers, der Lohn gibt dem Vasallen den Rang der Vornehmheit. Die so etablierte neue Ordnung gründet völlig auf dem Prestige. Die Gruppierungen unter den Menschen sind nicht mehr hermetisch abgeschlossen: Menschen und Dinge zirkulieren und finden in dieser Bewegung ihren Platz in der Gesellschaft. Sie sind nicht mehr Träger spezifischer Eigenschaften, die sie voneinander isolieren, sondern erwerben dafür eine Bewertung, nach der sie klassifiziert werden. Während sich früher in der Fahne die Schutzgottheit einer Gruppe manifestierte, so bezeichnet das feudale Banner jetzt nur die Rangstufe seines Inhabers: aus dem Familienemblem ist ein Ehreninsignium geworden. Nun ist die Gesellschaft nicht mehr in Gruppen zerstückelt, die eifersüchtig über ihre Unabhängigkeit wachen, sondern setzt sich aus übereinandergelagerten Klassen zusammen. Sie strebt weniger nach dem Gleichgewicht der Kräfte als nach der Konzentration der Kräfte oder zumindest nach der hierarchischen Gliederung des Prestiges.

Drittes Buch

Die fürstliche Stadt

Während der langen Dauer der Feudalzeit erlebten die verschiedenen Fürstentümer unterschiedliche Entwicklungen. Einige blieben sehr bescheiden und bewahrten einen vollkommen ländlichen Charakter, wie das in Shantung gelegene Yü, eines dieser winzigen Duodezfürstentümer, dessen Herr 513 v. Chr. höchstpersönlich die Arbeit auf den Feldern anleitete[170]. Zumindest dem *Shih ching* nach scheint dies die Hauptfunktion des Herrschers gewesen zu sein[171]. Das religiöse und öffentliche Leben beschränkte sich auf einige große ländliche Feste, in denen zum Beispiel der Göttliche Landmann Shen-nung, der Gott der Rodungsfeuer, durch den auch die Ernte rituell gereinigt wird, gefeiert wird. Weiters verehrte man bei diesen Anlässen noch die Geister, die die vier Jahreszeiten beleben und zugleich die vier Himmelsrichtungen beherrschen. Jene des Nordens (Winter) und des Südens (Sommer) waren die wichtigsten: Ihnen wurde ein schwarzes Rind (Wasser) und ein rotes Rind (Feuer) dargebracht. In der gesellschaftlichen Ordnung und im Denken war der Dualismus vorherrschend. Der Herrscher hatte zwei Gehilfen, den Inspekteur der Felder und den Förster, wie auch in mythischer Zeit der Große Yü von zwei Gefährten begleitet wurde: Ch'i, dem Herrn der Ernte (Hou-chi, der von den Chou, die ihre Genealogie von Ch'i ableiteten, als Königstitel bewahrt wurde), und Yi, dem Bändiger der wilden Tiere und Großen Förster, der unter seinem Befehl vier Gehilfen arbeiten ließ, Tannenbaum, Tiger, Bär und Streifenbär. Aus der Überlieferung wissen wir, daß der Förster Yi von Yüs Sohn geopfert wurde, um die Trauer für seinen Vater zu beenden[172]. An den Fürstenhöfen war der Große Förster, der Leiter der herrschaftlichen Jagdexpeditionen, dazu bestimmt, die erhabene Seele (*hun*) oder Atemseele seines verstorbenen Herrn zurückzurufen und auf der Totentafel zu fixieren: denn versäumte man es, seine Seele rituell zu binden, dann konnte sie in die Wälder entweichen und sich in einem reißenden Tier verkörpern. Als Jäger von Tieren und Barbaren fielen dem Förster weitere schreckliche Vorrechte zu: Sollten Verwandte des Fürsten Verbrechen begangen haben, war er mit ihrer Hinrichtung beauftragt, und bei Unglücksfällen mußte er Unheil und Schuld auf sich nehmen[173]. Verglichen mit diesem entfernten Vorläufer des Justiz- und Kriegsministers, übte der Verwalter der Felder eine eher friedliche Autorität aus, obwohl sie für ihn zu einer schwerwiegenden Verpflichtung werden konnte. Ihm scheint zu Beginn der Trauerzeit jene Funktion zuzukommen, die der Verwalter der Wälder entsprechend am Ende dieser Periode ausübt. Da er das Banner des toten Herrschers an einem Pfahl – gleichsam seinem grobem Umriß –, der auf Reiskrügen befestigt war, errichten mußte, war ihm sicher die Funktion zugedacht, den Riten vorzustehen, die der Leiche die Zersetzung erlauben: die niedere Seele (*p'o*) soll ihren Weg zurück zu den Kräften finden, aus denen der Boden seine Fruchtbarkeit zieht[174]. Der Kleinfürst auf dem Lande entledigte sich so vermittels dieser untergeordneten Sekundanten der beschwerlichsten Pflichten, die einem Herrscher auferlegt waren.

Mit dem Ende der Feudalzeit entstehen die großen Reiche, deren Herrscher von der Geschichte wegen ihrer Maßlosigkeit verdammt und als Tyrannen dargestellt werden. An ihren Höfen beginnen sich unter dem Einfluß legalistischer Philosophen die ersten, noch unbestimmten Vorstellungen vom Staat zu entwickeln, während sich zugleich ein umfassendes administratives System herauskristallisiert. Die Potentaten, die über riesige Länder regieren, versuchen zwar ihre Macht auf einer neuen Art von Prestige aufzubauen, doch selbst wenn sie sich nur darum zu sorgen scheinen, ihre eigene Person mit dem Glorienschein von Apotheose zu umgeben, spürt man sogar noch in ihrem Stolz die Vorstellung, daß die höchste Macht der Entsühnung und Aufopferung bedarf. Und noch ihre mächtigen Minister, die ihre Günstlinge sind, bewahren diesen Charakter von Sühneopfern, den sie mit ihren bescheidenen Vorläufern, den Verwaltern von früher, gemeinsam haben.

Wenn wir den Ritualklassikern und Chroniken Glauben schenken, dann müßte China zwischen der Periode der ländlichen Kleinfürstentümer und der Epoche der Tyranneien, der *Zeit der Streitenden Reiche*, eine relativ lange Zeit stabiler und geregelter Ordnungsverhältnisse gekannt haben. Nun ist es allerdings sehr wahrscheinlich, daß das Feudalsystem zu allen Zeiten ausgesprochen instabil war, so daß sicherlich ein Gutteil historischer Utopie in die Sammlungen von Vorschriften eingeflossen ist, die behaupten, tatsächlich geübte Bräuche an den Fürstenhöfen zu beschreiben. Gleichwohl, neben den Kleinfürstentümern, die sich einen spezifisch ländlichen Charakter bewahrten, und den mächtigen Staaten, die die Tyrannen zu errichten versuchten, scheinen lange Zeit Fürstentümer von einem streng feudalen Typus einen bedeutenden Platz eingenommen zu haben. In diesen Fürstentümern war die Hierarchie relativ festgelegt, die Erbfolgerechte wurden allgemein anerkannt, und die Aufgaben eines Botschafters, Richters oder Annalisten verblieben in derselben Verwandtschaftsgruppe. Zwischen den Fürstentümern, die wie die Vasallenfamilien immer versuchten, im Rang aufzusteigen, wurde eine bestimmte protokollarische Ordnung eingehalten[175]. Man darf nun nicht in den Fehler der feudalistisch orientierten Herausgeber des *Chou li* während der Han-Zeit verfallen und im feudalzeitlichen Brauchtum ein juristisch fixiertes System sehen, das aus einer konstitutionellen Charta entstanden ist. Doch das Ideal, von dem sich diese Autoren inspirieren ließen und das die Annalisten in ihrem Versuch, die Geschichte zu rekonstruieren, leitete, war nicht vollkommen aus der Luft gegriffen: Es entstand an den Fürstenhöfen, die sich in kleinen Städten etablierten, die wohl mehr Marktflecken oder Weilern glichen. An diesen Höfen führten einige Vasallenfamilien gemeinsam mit dem Erbfürsten das Leben von Vornehmen. Die Gruppen waren militärisch organisiert, mit dem Familienoberhaupt an der Spitze, und lebten von der Arbeit einer Gruppe untergeordneter Bauern, die ›Geringen‹ oder ›Gemeinen‹ genannt. Von ihrer Lebensweise am Hof oder in der Armee und von ihrer Disziplin innerhalb der Familie leitet sich der Ehrenkodex her, der später allen herrschenden Klassen im Reich als verbindlich auferlegt wird: Es ist die Moral der *Ehrenhaften*, die zunächst Edelleute waren und deren Leben am Hofe eines Fürsten vollständig vom Kult der Ehre und der Etikette beherrscht wird.

Erstes Kapitel

Die Stadt

Einige Lieder des *Shih ching* geben eine Vorstellung davon, wie eine Stadt gegründet wurde: Zunächst schreitet der Gründer, geschmückt mit all seinen Juwelen, Jade- und Edelsteinen und mit einem prächtigen Schwert gegürtet, zu einer Besichtigung des Landes. Um die Richtungskoordinaten festzulegen, beobachtet er (mit Hilfe eines Gnomons?) die Schatten, und um in Erfahrung zu bringen, wie sich die konstitutiven Prinzipien des Universums verteilen, prüft er die schattigen und sonnigen Hänge, das *Yin* und *Yang* der Gegend. Zuletzt überzeugt er sich von der Richtung der Wasserläufe. Ihm fällt die Aufgabe zu, den sakralen Wert der Lage der künftigen Stadt zu erkennen, was später mit dem Begriff *feng-shui* bezeichnet wird. Aus einem Schildkrötenorakel erfährt er schließlich, ob seine Berechnungen zuverlässig waren[176].

Wenn der Bauplatz gewählt wurde, gibt der Gründer an einem günstigen Tag das Zeichen zum Baubeginn: Er liegt im zehnten Monat des Jahres, wenn die Ting-Konstellation (Pegasus?) kulminiert (am Abend?). In der Tat, erst wenn die Zeit der Arbeit auf den Feldern vorüber ist, ist es angebracht, sich an die Bauarbeiten zu machen, die dann auch bis zur Wintersonnenwende beendet sein müssen. Die Reihenfolge des Vorgehens ist festgelegt: Zunächst werden die Befestigungswälle, der heiligste Teil der Stadt, errichtet. Danach folgt der Ahnentempel (*miao*). Man achtet darauf, daß gleichzeitig Haselnußsträucher und Kastanien sowie Paulownia-Bäume gepflanzt werden: Während die Früchte der ersten zwei den Ahnen als Gaben dargebracht werden, gewinnt man aus der Paulownia das Holz für Särge und dumpf klingende Trommeln[177]. »Wenn im Altertum der Grundriß der Hauptstadt gelegt wurde, pflegte man die wichtigste Anhöhe des Reiches als Platz für den Ahnentempel auszuwählen und die in vollster Pracht stehenden Bäume als Heiligen Wald zu bestimmen.«[178] Und erst wenn die Mauern, Altäre und Pflanzungen, die der Stadt ihren heiligen Charakter verleihen sollen, vollendet sind, beginnt man mit der Errichtung der Paläste und Häuser.

Die Rangstufe eines Fürsten und seiner Stadt läßt sich an den Festungswällen erkennen: Wenn sich in einer Stadt kein Ahnentempel der Herrscherdynastie (*tsung-miao*) befindet, dann bestehen ihre Wälle nur aus gestampfter Erde; sie verdient nicht den Titel *tsung*, sondern wird *yi*, Marktflecken, genannt. Eine echte Stadt besitzt gemauerte Festungsanlagen und kann sich *tu*, Hauptstadt, nennen[179]. Die Wälle wurden von den Frondienst leistenden Bauern errichtet, die in Reih und Glied zum Schlag der Trommel und unter Aufsicht eines Vornehmen arbeiten mußten. Dieser Aufseher trug einen Stab, um die Männer anzuspornen, und vor allem, um unheilvolles Gerede zu unterdrücken, denn da bei der Arbeit gesungen wurde, konnte es sehr wohl sein, daß Unzufriedene mit einem Zauberspruch die Befestigungen verwünschten[180]. Die Erdarbeiter trugen in Körben Erde herbei und schütteten sie zwischen die Verschalungen, einfache Planken, die an der Schmalseite aneinandergereiht waren und von Pfählen gestützt wurden. Mit Sorgfalt stampften sie die erste Erdschicht fest, bevor sie eine weitere Lage darüberschütteten[181], denn wenn diese Arbeit nicht gewissenhaft besorgt wurde, konnte der Regen Breschen aus der Mauer spülen und so die Stadt Überraschungsüberfällen aussetzen[182]. Das wichtigste Unternehmen war die Konstruktion der Stadttore, waffenstarrende Festungen mit Pfeilschanzen, die mit Türmen versehen und von Gräben umgeben waren und durch Fallgitter gesichert wurden. Auf diesen Hauptzufluchtsort der Verteidiger konzentrierten sich auch die Anstrengungen der Angreifer. Die Stadttore waren einem Wächter anvertraut, der sie nie vor dem ersten Hahnenschrei, der das Morgengrauen verkündete, öffnen durfte. Als ein besonderes Zeichen der Prüfung und Weihe für sein Amt hatte man diesem Vasallen die Füße abgehauen, damit er in keinem Fall seine Wache verlassen kann. Im übrigen waren die Tore durch die ihnen eigene Heiligkeit geschützt, die gegen einen entschlossenen Feind allerdings auch nicht helfen konnte. Ihre besondere Weihe verdankten sie den Köpfen der besiegten Feinde – man mußte sie unter den Toren begraben –, und wer einen abgeschlagenen Kopf herbeischaffte, um die Heiligkeit der Tore zu erhöhen, war würdig, Torwächter zu werden und die Torsteuer als seinen persönlichen Gewinn zu erheben[183]. An den Türmen der Stadttore stellte man herausffordernd den Kopf des Verräters zur Schau, der gewünscht hatte, den Feind mit eigenen Augen in die Stadt eindringen zu sehen. Ebenfalls zur Herausforderung zeigte man auf den Zinnen die Leichen der Feinde und hing an den Toren die eroberten Trophäen aus: Waffen, die man dem gegnerischen Führer abgenommen hatte, und zweifellos auch die eroberten Fahnen, die man nach einer Schlacht auf freiem Feld sofort bei den Zelteingängen aufzupflanzen pflegte. Andrerseits galt eine Stadt dann als gefallen, wenn es den Belagerern gelungen war, auf den Mauern die Fahne ihres Herrschers zu hissen. In den Mauern und Toren ruht die göttliche Kraft einer Stadt[184].

Den Stadtgöttern waren andere Kultstätten, nämlich Erdaltar und Ahnentempel, zugewiesen. Wie die einfachsten Wallanlagen besteht auch der Erdaltar[185] nur aus aufgehäufter, gestampfter Erde; er ist von quadratischer Form – die Erde und im Prinzip auch die Stadt sollen nach traditioneller Vorstellung quadratischen Grundriß haben – und mußte gemäß ritueller Vorschrift von einfarbiger Erde bedeckt sein. Man nahm tatsächlich an, daß alle Lehnsträger in einer Investiturzeremonie *per glebam* eingesetzt werden: Dabei empfängt der Belehnte Erde von jener Farbe, die der Richtung, in der sein Lehen liegt, entspricht, um daraus seinen eigenen Erdaltar zu errichten. Wie wir bereits bei Mo Ti gesehen haben, besteht die von Bäumen umstandene Heilige Anhöhe schon vor der Gründung der Stadt, ja sie ist sogar ein Grund dafür, mit der Anlage der Stadt gerade an dieser Stelle zu beginnen. Erdaltäre sind durch einen heiligen Baum oder zumindest durch eine Holztafel gekennzeichnet. Diese Tafel, die (theoretisch) aus dem Holz eines Baumes gefertigt ist, dessen Essenz der Lage des Lehens entspricht, ist der wichtigste und göttlichste Bestandteil des Altars. Wenn der Herrscher in den Krieg zieht, führt er sie im Troß mit, denn vor ihr muß er die Besiegten und Schuldhaften als Opfer darbringen. Es heißt, daß diese Tafel in manchen Ländern nicht aus Holz, sondern aus Stein hergestellt wurde. Die Tafel – ob Baum oder Stein, Pfahl oder Stele – scheint ursprünglich zur Weihe der Menschen- oder Tiertrophäen gedient zu haben: Es war Brauch, sie an einen Pfahl festzubinden, um sie so den Gottheiten der Heimat zu opfern. Sosehr dem Erdaltar archaisches Aussehen und barbarisches Wesen geblieben war, sosehr nahm andrerseits der Ahnentempel an Prunk und Pracht zu. Und doch war auch er im Ursprung nichts anderes als eine bewaldete Anhöhe, die man zum Herz der Stadt erkoren hatte. Und als aus diesem Heiligtum schon längst ein herrliches Gebäude geworden war, wurde noch das Stütz- und Bedachungsholz aus Bäumen gewählt, die auf einer Anhöhe innerhalb der Mauern wuchsen. Während die Wände des Tempels einfach aus gestampfter Erde bestanden, wurde mit der Konstruktion des Gebälks ein großartiger Aufwand betrieben. »Steigen wir auf das Ching-Gebirge! – Ein Wald von Tannen und Zedern! – Wohlan! Fällen wir die Bäume, transportieren wir sie – Behauen wir sie! Sägen wir, daß sie gerade werden! – Lang sind die Sparren aus Tannenholz – Zahlreich die hohen Pfeiler!« Von 658 bis 626 v. Chr. errichtete der Architekt Hsi Szu einen Tempel in Lu, der berühmt dafür war, daß die Tragkraft der Pfeiler und die Spannweite der Dachsparren die Konstruktion von riesig proportionierten Sälen erlaubte. Den Dächern gab man Konturen, die so fein geschwungen waren wie »ein Vogel im neuen Federnkleid«, die Begrenzung des Daches wurde »wie die Flügel eines Fasans im Flug« hochgezogen[186] und das Getäfel aufs prachtvollste bemalt. Und doch war all dieser Aufwand noch relativ jung, denn als 669 v. Chr. die Dachsparren des Ahnentempels von Lu mit Schnitzereien versehen, die Säulen rot angestrichen werden sollten, entsetzten sich die Konservativen im Lande: Nach den traditionellen Vorschriften hätte er nur ein Strohdach haben dürfen[187], und man hätte ihn so einfach konstruieren müssen, daß er ohne Schwierigkeit sofort abgebrochen werden konnte, sobald dem Verstorbenen keine regelmäßigen Opfer mehr zustanden. Aber nachdem aus den Kleinfürsten Herrscher großer Staaten geworden waren, hätten sie gerne Ahnen für die Ewigkeit besessen und zerstörten deshalb nicht mehr die Tempel ihrer unwirksam gewordenen Ahnen, so daß sich schließlich der Himmel selbst dieser Aufgabe mit Blitz und Feuer annehmen mußte[188]. Früher wurde eine bescheidene Erdhütte für ausreichend erachtet, um die geringe Zahl an Tafeln aufzunehmen, die für die Sühneopfer an die zuletzt Verstorbenen – die einzigen die berechtigt waren, an sie persönlich gerichtete Opfer entgegenzunehmen – notwendig waren, und um alle Ahnen aufzunehmen, die zum Beispiel in Form von Schlangen zu den großen Treffen anläßlich der Familientrauer zusammenkommen[189]. Wie schon bei den Erdgottheiten standen auch hier Holztafeln im Mittelpunkt der Kulthandlungen. Eine kleine, verschließbare Steinlade genügte, um sie alle aufzunehmen, und wenn man gezwungen war, ins Exil zu gehen, konnte man sie in einem Sack mit sich tragen[190]. Zog der Herrscher in den Krieg, dann führte er neben der Tafel der Erdgottheit die Tafeln seiner Ahnen mit sich, um vor ihnen zu belohnen und bestrafen. Lohn und Strafe wurden in derselben Zeremonie, dem Triumph, verkündet. Die Erd- und Ahnengottheiten, die nie jeglichen Bezug zueinander verloren hatten, haben schließlich jene positiven und negativen Attribute, die einst unteilbar schienen, unter sich aufgeteilt. In den nach den Vorschriften der Ritualbücher errichteten Städten mußte zwischen Erdaltar und Ahnentempel – gleichsam als Schutz des letzteren ganz in seiner Nähe – der Altar für eine besonders grausame und gefürchtete Erdgottheit stehen: Dorthin wurde der besiegte Herrscher als höchste Trophäe in Triumphtänzen geführt, um geopfert zu werden. Doch obgleich das Opfer für die Erdgottheit bestimmt war, mußten es die Ahnen entgegennehmen und verzehren – ohne Zweifel war in frühester Zeit der Altar für die Ahnen und für die Erdgottheit ein und derselbe. Vielleicht war die Tafel der Erdgottheit, bevor sie dem Ahnentempel als Abschirmung dienen mußte, Bestandteil der Tempeltür[191], möglicherweise hat sie sich auch nicht vom Zentralpfosten dieser Tür unterschieden, an dem die Trophäen geweiht wurden. Und es wäre weiters sogar möglich, daß zu einer Zeit, da Stadt und Herrschaftsresidenz noch nicht voneinander getrennt waren und nur eine Art Feste bildeten, dieser heilige Pfosten zunächst Bestandteil des Burgtores war: denn das heilige Holz der Tore war, wie zum Beispiel auch der Maulbeerwald in Sung, genauso geweiht wie der innerhalb der Mauern gelegene baumbestandene Hügel.

In frühen lyrischen Texten wird uns die fürstliche Residenz als ausgedehnte und prunkvolle Wohnanlage geschildert: »Als Nachkomme meiner Ahnen und Ahninnen, – Besitze ich einen Palast von 5000 Fuß Länge – Dessen Fenster sich nach Süden und Sonnenuntergang öffnen! – Dort lebe ich, dort wohne ich, – Dort feiere ich Feste und halte Rat!«[192] Und weiter preist der Dichter den vollkommen ebenen Audienzhof, der von erhabenen Säulen umfaßt wird, die weiten und tiefen oder vom Sonnenlicht hellen und heiteren Hallen, die weichen Konturen der Dächer und vor allem das kompakte Mauerwerk, das die Ratten und Vögel nicht wie die Wände einer Strohhütte zerstören können. Bereits für 606 v. Chr. wird bezeugt, daß es Paläste gab, deren Mauern bemalt waren[193]. Als man den Legendenkreis um Shou-hsin in historische Realität umzuformen begann – und dabei schon bestehende Mißverständnisse noch verstärkte –, versah man diesen Untergangskönig mit einem phantastischen Palast, der mit elfenbeingeschmückten Sälen und jadeverzierten Toren ausgestattet war; doch ist die Möglichkeit, sich solche Großartigkeiten überhaupt auszudenken, frühestens in der *Zeit der Streitenden Reiche* anzusetzen, als sich einige Großpotentaten an luxuriösem Aufwand zu überbieten begannen. So tadelte im Jahre 541 v. Chr. alle Welt den Herzog von Lu, als er die alte Heimstatt seiner Väter aufgab und sich nach dem Geschmack der Ch'u-Paläste eine neue Residenz erbauen ließ. In dieser Handlung wurde eine Verleugnung des Vaterlands, ein echter Verrat gesehen, den nur ein unseliger Tod sühnen konnte: »Wenn nicht in Ch'u, so wird der Fürst sicherlich in diesem Palast sterben.«[194] Wenn es auch wahrscheinlich ist, daß nicht überall auf dieselbe Weise gebaut wurde, so scheinen doch die fürstlichen Residenzen in allen Ländern zumeist nur bescheidene Behausungen gewesen zu sein, die ebenso schnell aufgebaut wie abgerissen werden konnten. Im Jahre 502 zum Beispiel ließ ein hochgestellter Würdenträger neben seinem Palast eine Hütte aus gestampfter Erde für seinen Sohn errichten[195]. Um einen Begräbniszug passieren zu lassen, scheute man sich nicht, ganze Häuser niederzureißen[196]. Nach einer alten rituellen Vorschrift, die sich aus der Familienstruktur erklärt, durften die Söhne nicht unter demselben Dach wie ihr Vater wohnen: Väter und Söhne residierten nach alternierenden Generationen zur Rechten und Linken von einem Gebäude, das als das Haus des Dynastiegründers galt. Die gleiche Anordnung wurde bei den Kapellen des Ahnentempels eingehalten, die den jüngst verstorbenen Ahnen geweiht waren. All diese vorübergehenden

Wohnstätten waren von niedrigen Mauern umgeben, durch enge Gassen voneinander getrennt und um eine Art Festungsturm geschart. Es wird berichtet, daß in Zeiten von Revolten und Vendetten, wie z. B. 549 v. Chr. in Chin, die Angreifer über die niedrigen Mauern sprangen und, sobald sie sich auf die Palasttore hochgekämpft hatten, den Raum, in dem sich der Fürst aufhielt, mit einem Hagel von Pfeilen überschütten konnten, während die Verteidiger sich in einen befestigten Turm als letzten Zufluchtsort zurückzogen. Unter einem für seine Prunksucht berühmten Fürsten von Ch'i lebte der Hauptminister (538 v. Chr.) in einem tiefer gelegenen Viertel, wo sich der Marktplatz befand, und bewohnte ein »niedriges und enges, dem Staub ausgesetztes Haus«. Nur der Fürst besitzt ein »helles, höher gelegenes und trockenes Gelände«: seine Residenz, die auf einer Anhöhe errichtet und an den Seiten von Türmen geschützt ist, erscheint als ein befestigtes Dorf, das die tiefer gelegenen Vororte eines Marktes beherrscht[197].

Die Festung des Herrschers dehnt sich immer weiter aus und wird schließlich zur Stadt. Die Stadtmauern umgeben nicht nur das Schloß des Fürsten, sondern auch die Paläste der großen Vasallenfamilien, die ebenfalls ihren Festungsturm und ihre Mauern mit Brustwehren besitzen[198]. Doch selbst in den großen Staaten waren die Städte zunächst nicht mehr als eine Anhäufung von aneinandergedrängten Gebäuden. Deshalb galt die erste Sorge der frühen Städtebauer, die Gefahr von Bränden einzudämmen. Als 563 v. Chr. Teile von Sung niedergebrannt waren, wurden die Eigentümer von größeren Gebäuden gezwungen, die Mauern zu verputzen, und man beschloß, alle kleinen Häuser abzureißen[199], um dadurch in dem wirren Gedränge von fürstlichen oder privaten Läden, von Archiven, Arsenalen, Pferdeställen, Tempeln und Harems ein wenig Luft zu schaffen. Von den Türmen aus konnte jeder in die Innenhöfe der Nachbarhäuser spähen, einen Blick von der Frau eines Rivalen empfangen, mit ihr eine Liebschaft beginnen oder ein Komplott schmieden, ihr schönes Haar zu rauben[200]. Diese Promiskuität, die als Überbleibsel des häuslichen Kommunismus zu erklären ist, konnte sich so lange halten, wie sich die Bewohner einer Stadt als Mitglieder derselben Familie betrachteten. Noch im Jahre 634 v. Chr. zogen es die Bewohner von Yang-fan vor, lieber kollektiv auszuwandern, als sich einem Fürsten, dem sie sich nicht verwandt fühlten, zu unterwerfen[201]. Indessen ist eine Stadt, die wirklich diese Bezeichnung verdient, Ergebnis des Zusammenlebens (Synözie), das durch einen Vertrag (*meng*), den die Oberhäupter einiger Klane (*hsing*) und der Fürst, den sie als Lehnsherrn anerkennen, miteinander schließen, unter Opferung eines roten Rindes beschworen wird. Der Fürst und seine Nachkommen haben die Pflicht, den Stadtopfern vorzustehen, während die Klanoberhäupter die Opfertiere liefern und dafür erbliche Ämter erhalten[202]. Von da ab beginnt die Stadt sich von der Festung zu unterscheiden. Sie wird in Viertel mit jeweils einem Vorsteher geteilt, die ihrerseits den Führern des linken bzw. rechten Distrikts unterstehen[203], die auch die Anführer der linken und rechten Legion sind. (Wie noch in Erinnerung, gehorcht die mittlere Legion unmittelbar dem Fürsten.) Die Organisation der Stadt ist genauso auf Tributleistungen aufgebaut wie die der Armee. Auch in ihrer Planung tendiert die Stadt dazu, Militärlager nachzuahmen (die ihrerseits auf der spezifischen Organisation der Felderwirtschaft beruhen, quadratische Äcker zu bebauen). Die quadratische Stadt wird von geraden breiten Straßen durchbrochen, die an den Haupttoren enden. Städte dieser Art stellen sich als Neugründungen dar, die nach einem Exodus oder einer Eroberung errichtet werden. Im Gegensatz zu den Burgen sind sie in der Ebene erbaut, in einem Gelände, das noch kaum für die menschliche Besiedlung vorbereitet wurde und wo es noch stehende, sumpfige Gewässer gab[204]. In ihrer Gesamtheit müssen sie aus der Zeit der ersten großen Rodungen stammen und scheinen in Grenzgebieten, die der Natur und den Barbaren abgerungen wurden, errichtet worden zu sein. Im 7. Jahrhundert waren die Fortschritte in der Urbarmachung des Bodens noch nicht von einem genügend starken Bevölkerungswachstum begleitet, als daß man ummauerte Städte in größerer Zahl mit Bewohnern hätte füllen können, um dem Druck der Barbaren zu begegnen. Als Fluchtstädte sind sie sowohl landwirtschaftlich als auch militärisch orientiert: Es handelt sich um ständig besiedelte Lager, die als Wohnstätten für die Soldaten dienen und im Notfall die gesamte bäuerliche Bevölkerung aufzunehmen haben. Sie werden von einem zweifachen Mauerring geschützt, deren einer die eigentliche Stadtmauer (*kuo*) ist, während der andere die Vorstadt, also alle bebauten Gebiete: das gesamte Land (*kuo*), umschließt[205]; doch erstrecken sich die Felder bis in die Stadt hinein, die sich ja im Falle einer Belagerung selbst versorgen muß. Die hoch droben errichteten engen und unwirtlichen Festungen werden von weiträumigen, aufgelockerten Städten abgelöst, die geradlinig angelegt werden können und deren Grundriß mit der Richtschnur gezogen ist[206]. Und wie sich am Fuße der Bergfestung Händlervororte an die Mauern drängten, so breiten sich nun an den Kreuzungen der Straßen, die die Tore der quadratischen Stadt in die Ebenen verlassen, Vorstädte aus, die Händlern und Handwerkern vorbehalten sind[207]. Die Stadt der Bauern und Soldaten ist aber auch ein Handelszentrum: Eine Synözie besonderer Art bestimmt die Entstehung dieser neuen Städte. Wenn der Fürst nach der Rodung des Buschwalds eine Stadt gründen will, verbündet er sich mit einem Kaufmann, und beide schließen, indem sie für sich und ihre Nachkommen einen Schwur leisten (*meng*), einen Bündnisvertrag (*hsin*): Die Kaufleute werden sich nicht gegen die Autorität des Fürsten empören, noch wird der Herrscher ihnen etwas mit Gewalt abkaufen: »Wenn sie wertvolle Waren mit Gewinn verkaufen«, dann wird der Fürst »keine Kenntnis davon nehmen«[208]. Seit dieser Zeit steht der Macht des Herrschers jene des Vorstehers der Kaufleute gegenüber. So wie sich das Recht, den Beruf eines Händlers oder Handwerkers auszuüben, vererbt, so überträgt jeweils der oberste Kaufmann seine Funktion auf den Sohn, der die Investitur jedoch vom Fürsten erhält[209]. Zu seinen Rechten und Pflichten gehört es, die Gesandtschaften zu begleiten, die der Fürst an die Höfe von Nachbarstaaten ausschickt. In Kriegszeiten jedoch sind Händler und Handwerker nicht wie die Bauern gehalten, unter Führung des Fürsten zu den Waffen zu greifen, sondern die Vornehmen und ihre Herrscher müssen, wie wir zum Beispiel im Jahre 502 in Wei sehen können, mit ihnen verhandeln, um sie als Verbündete für ihre militärischen Unternehmungen zu gewinnen[210]. Die Mitglieder der Zünfte, die sich in den Vorstädten niedergelassen haben, sind nicht wie die in den Weilern zurückgebliebenen Bauern den Kriegern, die in der Stadt leben, in vollständiger Solidarität verbunden.

Geschützt hinter den heiligen Wällen der Stadt führen der Fürst und seine Getreuen das Leben von Vornehmen. In der dem Ritualplan gemäßen Idealstadt erhebt sich die fürstliche Residenz genau im Zentrum: Wie die Stadt ist sie quadratisch angelegt und bildet, umschlossen von Mauern, für sich allein eine Stadt. Ihre Mauern müssen sehr hoch sein, ihre Tore von Pracht und Stattlichkeit zeugen. Auf dem flachen Gelände erstrecken sich die ebenerdigen Gebäude der Residenz weithin auf den hohen Aufschüttungen. Ihr Plan ist nach der Richtschnur ausgeführt worden, jedes Gebäude hat seinen ihm zugewiesenen Platz. Genau in der Mitte öffnet sich der Audienzsaal auf eine Prachtstraße, die zwischen Erdaltar und Ahnentempel hindurch geradeaus zum Südtor führt und auf der die Vasallen zur Huldigung des Herrschers ziehen, die von ihm mit nach Süden gewandtem Antlitz entgegengenommen wird. Wie die Residenz des Herrschers so ist auch der Palast der großen Familien jeweils eine Stadt für sich, mit dem Großen Saal als Zentrum, in dem das Oberhaupt der Familie nach Süden gewandt die Huldigung der Verwandten entgegennimmt. Und in all diesen umwallten kleinen Städten innerhalb der Stadt erheben sich weitere Mauern, die die Wohnstätten jedes einzelnen Familienoberhaupts voneinander abgrenzen, denn jeder Sohn der Familie muß, sobald er verheiratet ist, am Ende seines Hofes eine Empfangshalle besitzen. Die Gesamtanlage ist immer in derselben Art errichtet: Ganz hinten ist eine Mauer, die von kleinen Türen durchbrochen wird, durch die man in lange und schmale Räume, die gänzlich von Mauern abgeschlossen sind, eintritt: dies sind die eigentlichen Wohnräume. Zur Rechten und Linken erstrecken sich zwei Seitenflügel bis zum Hof vor. Die Empfangshalle wird von der vorderen Mauer der Wohnräume und den Mauern der Seitenflügel umschlossen und von einem großen Dach, dessen Zentralträger auf zwei Einzelsäulen ruht, überdeckt; nach Süden, dem Hof zu, ist sie völlig offen. Sie bildet eine Art Veranda, die man vom Hof aus über zwei Treppen in den Ecken erreichen kann. Die östliche Treppe ist dem Herrn des Hauses vorbehalten, der, ein wenig hinter den Stufen stehend und wie ein Fürst nach Süden gewandt, in seinem Haus Hof hält. Noch das Oberhaupt der kleinsten Familieneinheit nennt in seiner Wohnstätte einen Ahnenaltar und einen Erdgott sein eigen, und auch die Tür, die zu seinem Hof führt, ist nicht weniger heilig als ein Stadttor. Zu Hause ist er Herr und Meister. Doch wenn er vom Oberhaupt der Familie oder dem Herrn der Stadt empfangen wird, muß er sich in deren Hof am Fuße der Treppe aufstellen, das Gesicht in der Haltung eines Vasallen nach Norden gewandt. In der großen Stadt ist jede einzelne Wohnstätte ein Palast und nicht nur ein Gebäude, das von einer Residenz abgetrennt oder an ein anderes Gebäude angebaut wurde. All diese Residenzen sind vollständige Städte für sich, die jedoch alle von den fürstlichen Stadtmauern umschlossen sind. Ebenso sind ihre verschiedenen Besitzer durch das Band der Abhängigkeit vom gemeinsamen Herrscher, dem Herrn der Stadt und ihrer Mauern, untereinander verbunden. Wenn in alter Zeit der Gründer den Bau der Befestigungswälle vollendet hatte und wenn er rechts und links die Wohnstätten aufgeteilt und für sich selbst eine große Halle errichtet hatte, berief er alle Familienoberhäupter, die mit ihm ein Schwurbündnis geschlossen hatten, zu einer Versammlung ein, »um sich Ruhm zu erwerben«. Er ließ für sie Matten und Hocker herrichten und veranstaltete als gemeinschaftliche Einweihungsfeier ein großes Gelage. »Ein Schwein ließ er als Opfer bringen, – Den Wein schüttete er in die Kalebassen, – Er hieß sie essen und trinken: – Herr der Vasallen! Oberhaupt der Familie!« Währenddessen verhielten sie sich ihrem Fürsten gegenüber »ehrerbietig und würdevoll«[211]. Damit war dem Leben der Vornehmen am Hofe ein ritueller Beginn gesetzt.

Zweites Kapitel

Der Fürst

Nach den Theorien, die erst relativ spät in der Feudalzeit entwickelt wurden, ist der ein Fürst, der vom König, dem einzigen und obersten Herrn Chinas, die Investitur erhält und damit verpflichtet wird, ein Lehen zu regieren. Diesen Auftrag erfüllt er im Namen des Himmelssohnes, indem er dafür sorgt, daß die Anordnungen, die dieser erläßt, befolgt werden. In jedem Lehen ist die Fürstenwürde im Besitz einer Familie, doch wenn der Inhaber der Macht stirbt, kann sein Nachfolger erst nach der Belehnung durch den König die Insignien seiner Würde anlegen[212]. Als oberster Lehnsherr über alle Fürsten trägt der König auf seinem Gewand zwölf emblematische Zeichen, von denen die ersten drei (Sonne, Mond und Sternbild) unter allen Umständen nur ihm vorbehalten sind, während das Recht, sich mit den anderen Zeichen (oder einer gewissen Zahl von ihnen) zu schmücken, verschiedenen Lehnsfürsten gewährt wird. Je nach der Zahl der ihnen zugewiesenen Embleme verändert sich die Stufe ihrer Belehnung, die ihren Rang innerhalb der feudalen Hierarchie bestimmt. Unter den Fürsten gibt es fünf Klassen (Herzöge, Markgrafen, Grafen, Freiherrn und Barone), deren Lehensgröße sich, jedenfalls in der Theorie, proportional zu ihrem Titel verhält: Die eigentliche Domäne des Himmelssohnes mißt tausend *li* im Quadrat, die Besitzungen eines Herzogs oder Markgrafen messen hundert *li*, die Lehen eines Freiherrn oder Barons sind fünfzig *li* im Quadrat[213]. Auch eine kleinere Besitzung wird noch als Lehen bezeichnet, doch wird sie nicht unmittelbar vom König vergeben, zumindest nicht in seiner Funktion als oberster Herrscher: Sie wird von Vasallen verwaltet, die dem Herrn einer bestimmten Domäne unterstehen. König und Fürsten vergeben nicht nur erbliche Lehnsdomänen, sondern auch Ämter oder das Recht auf die Einkünfte eines Lehnsgebiets. Inhaber solcher Einkunftslehen werden ebenfalls in fünf Klassen eingeteilt und tragen den Titel eines Würdenträgers (*tai-fu*) oder Offiziers (*shih*). Wie allen Feudaltiteln kam auch diesen ursprünglich eine militärische Bedeutung zu, die alle die Vorstellung von Befehlsgewalt implizieren. Jeder von ihnen entsprach schließlich einem bestimmten Rang und dann einer Stufe in der feudalen Hierarchie. Das Wort Offizier (*shih*) bezeichnete zunächst den niedrigsten Adelsrang und nahm dann die Bedeutung eines Vornehmen im allgemeinen Sinn an. Die Wörter *Herzog* und *Fürst* benennen jeden Fürsten zumindest innerhalb der Grenzen seines Lehens: In seinem Land ist jeder sein eigener Herr. Die Theoretiker der feudalen Gesellschaftsordnung hingegen gestehen dem König das Recht zu, die Fürsten nach ihren Verdiensten zu befördern oder zurückzustufen[214]. Diese Verdienste sind aus der guten Instandhaltung der Erd- und Ahnenaltäre sowie der richtigen Durchführung der königlichen Edikte über Sitten, Musik, Maße und Kleider ersichtlich. Ernennungen und Beförderungen (durch den König oder die Fürsten) mußten in einer Ratsversammlung und nach einem Beschluß, der der Zustimmung aller Vasallen bedurfte, vollzogen werden; Strafen (zumindest die schwersten wie Tod oder Verbannung) mußten öffentlich auf dem Marktplatz verkündet werden und bedurften der Bestätigung durch das gesamte Volk[215]. Nach der Verfassungstheorie herrschte die Vorstellung, daß niemand Träger von Autorität sein konnte, bevor er nicht vom Lehnsherrn eingesetzt und diese Investitur von den Vasallen und den Untertanen gutgeheißen wurde. Als oberster Lehnsherr erhält der König selbst die Macht zugleich vom Himmel und vom Volk. Sein Auftrag besteht in der Aufrechterhaltung einer zivilisatorischen Ordnung, deren Wert mit Hilfe von Manifestationen der Natur und Gefühlsäußerungen der Menschen beurteilt wird. In seiner erhabenen Stellung übt er sein Amt aus, indem er an die verschiedenen Lehnsträger eine dem Rang nach geringere, dem Wesen nach gleiche Autorität delegiert. Die Fürsten, die durch ihre Genealogie mit dem Herrscherhaus oder einer noch älteren Dynastie verbunden sind, erhalten nur kraft einer Investitur, die einst ihrem Ahnen verliehen und bei jeder Nachfolge bestätigt wurde, die Befähigung, in ihrem Lehen zu regieren.

In der Tat, wenn die Annalen zu dokumentieren *scheinen*, daß während der *Ch'un-ch'iu*-Periode die Fürsten regelmäßig vom König die Belehnung erbaten, um ihre Macht anzutreten, so kam dem höchstens die Bedeutung zu, den Platz der Fürsten innerhalb einer Hierarchie festzulegen, die sehr viel beweglicher und um einiges weniger geordnet war, als uns die orthodoxen Traditionen weismachen wollen. Im Gegensatz zu den Beteuerungen der Feudalisten, die sich an einer administrativen Konzeption und einer erhabenen und neuartigen Vorstellung von Zentralmacht begeistern, steht fest, daß die fürstliche Autorität nicht in der Investitur durch den Lehnsherrn begründet ist. Das Wort (*ming*), das *Investitur* und *Auftrag* bedeutet, ist identisch mit dem Wort (*ming*) für *Schicksal* und dasselbe wie das Wort (*ming*), das *Name* bedeutet[216]. Der *Name* ist ein Ausdruck des Wesens und eine Bestimmung des *Schicksals*[217], so daß ein Mann, der den Namen ›Pferdebursch‹ erhält, tatsächlich Stallknecht wird, obwohl er als Prinz geboren wurde, und ein anderer, der »Er wird erfolgreich sein« genannt wurde, einfach Erfolg haben muß. Mehr noch: ein Kind, dem der Name Yü vorherbestimmt ist und in dessen Hand bei seiner Geburt das Schriftzeichen für Yü zu lesen ist, muß, *auch gegen den Willen des Königs*, das Lehen von Yü als Besitz erhalten[218]. Während der Familienname, zusammen mit dem heimatlichen Boden, von den Vorfahren übernommen wurde, verlieh man den persönlichen Namen nach der Untersuchung der Stimme (die Stimme ist sowohl Seele als auch Name), aber auch nach der Befragung der Ahnen. Da die Autorität, wie auch der Name, von den Ahnen ererbt wird, muß vor jeder besonderen Machtäußerung der Wille der Vorfahren erforscht werden: der Fürst darf also nur im *Auftrag* seiner Ahnen handeln. In der Tat ist sein *Schicksal* und das seines Geschlechts vollkommen von der Wirkkraft der Gründerahnen abhängig. Diese ist gleichsam eine Art zugeteiltes Geschick, eine fest zugeteilte Quantität an Macht, deren Gehalt durch eben diese Wirkkraft bestimmt wird. Shun war ein vollkommener Herrscher, der hundert Jahre lebte und seinen Nachkommen das Recht übertrug, durch hundert Generationen die einem Fürsten vorbehaltenen Opfer zu vollziehen: ein Feind, der das Geschlecht Shuns vernichten wollte, bevor sich noch die ihm zubemessene Zahl an Generationen erschöpft hatte, konnte keinerlei Aussicht auf Erfolg haben[219]. Keine menschliche Macht kann die vorherbestimmte Dauer, die einer Familie zugedacht ist, verkürzen. Solange die Familie noch einen Vorrat ihrer Wirkkraft bewahrt, kann sie nicht von dem Boden, in dem diese Kraft wurzelt, vertrieben werden. Das *Schicksal* eines Geschlechts ist in der Tat an ein bestimmtes Gebiet, eine Hauptstadt, einen Heiligen Ort gebunden, doch während es mit dem Besitz von Genealogien, Legenden, Tänzen, Kultprivilegien, Talismanen und Juwelen verknüpft ist, kurz, für eine Anzahl von Emblemen und Machtpositionen steht, die für eine bestimmte, spezifische Wesenskraft bezeichnend sind, sind die in der Investitur durch den Lehnsherrn verliehenen Insignien einfach Würde- oder Rangabzeichen.

Wenn der Lehnsherr eine Investitur (*ming*) vornimmt, bestätigt er einen Beschluß (*ming*) des Himmels, wodurch zunächst »*der Weg geöffnet wurde*«. Mit *Weg* übersetzen wir hier *tao*, eines der bedeutungsreichsten Wörter der alten chinesischen Sprache. In der besonderen Sprache der alten *taoistischen Philosophen* bezeichnet dieser Begriff eine gewisse Kraft zur Verwirklichung, die nie aufhört, ein Ganzes und mit sich selbst identisch zu sein, ob sie nun untrennbar mit dem Wirkprinzip in allen Dingen (häufig *tao* genannt) verbunden bleibt, oder ob sie eine Einzelpersönlichkeit durchdringt[220]. Auch in der gewöhnlichen Sprache war der Ausdruck *tao*, zumeist in Verbindung mit dem Wort *te* gebraucht, nicht weniger bedeutungsschwer: *te* und *tao* entsprechen einem sich deckenden und dennoch gegensätzlichen Begriffspaar, das die beiden Aspekte einer einzigen Wirkkraft beschreibt. Während *tao* die reine Wirksamkeit, die sozusagen konzentriert und gänzlich unbestimmt ist, bezeichnet, deutet *te* auf dieselbe Wirkkraft, sobald sie aktiv wird und sich spezifiziert. Mit diesem Begriff *te* wird zum Beispiel eine Art von Wesenshaltung bezeichnet, die man sich durch das Leben in einem bestimmten Land gemeinsam mit einem *Namen* aneignet: Gerade diese Wesenshaltung befähigt, dieses Land als Herrscher zu regieren[221]. Einzeln oder gemeinsam gebraucht, drücken die Begriffe *tao* und *te* die untereinander verbundenen Vorstellungen von Autorität und Macht, Wirksamkeit, Kraft und glücklichem Geschick aus. Wenn überhaupt, dann kann der Ausdruck *tao-te* nur mit dem Wort *virtus*[222] wiedergegeben werden. Virtus, die Wirkkraft, das *tao-te*, das als eine Lebenskraft von universeller Wirksamkeit (auch wenn sie im Einzelnen zum Tragen kommt) empfunden wird, ist das Charakteristikum des Herrschers, dem der Himmel den Weg (*tao*) geöffnet und eine bestimmte Wesenskraft (*te*) übergeben hat, indem er ihn mit dem Geschick (*ming*) eines Fürsten versieht. Anders ausgedrückt: Einzig der Fürst besitzt die universelle Macht, die dem Land, über das er kraft seines spezifischen Wesens zum Herrscher bestimmt wurde, Leben spenden kann. Dort befiehlt er der Natur und den Menschen oder genauer, er läßt dort die Menschen und die Natur so sein, wie sie sind. Menschen und Dinge erhalten von ihm ihre Bestimmung, er gibt ihnen eine gewisse Seinskraft, an der sich seine eigene Macht mißt. Die Formulierung: wie der Fürst, so die Untertanen, oder: wie der Herrscher, so das Land, muß wörtlich verstanden werden. Wenn sich die Wesenskraft des Fürsten in voller Stärke zeigt, dann gedeihen auch Schilf und Chrysanthemen dicht und kräftig, doch wenn sie verfällt und sich erschöpft, dann sterben die Menschen im Lande vor ihrer Zeit. Je nachdem, ob die Wirkkraft des fürstlichen Geschlechts noch jung oder schon im Abstieg begriffen ist, ob sie noch stark oder schon verfallen ist, kann die Hirse prachtvoll gedeihen, wachsen und vermehren sich die Vasallen und Vasallinnen und reifen am Wegerich Tausende von Samenkörnern, oder führt der ausgelaugte Boden zu Mißernten, weigern sich die Menschen, einen Haushalt zu gründen, stürzt die Erde ein, versiegen die Quellen und fallen die Sterne vom Himmel[223]. Im *tao-te* des Herrschers liegt der Ursprung von jedem Erfolg: Auf ihm beruht die glückliche Entwicklung des Lehens, allein von ihm hängen das Los der Dinge und die menschlichen Sitten ab. Die orthodoxen Theoretiker, die als Moralisten sich mit kaum etwas anderem als dem Menschen beschäftigten, glaubten, daß dieses dominierende Handeln des Herrschers als Beispiel-Geben zu erklären sei: In seinen Handlungen ist der Herrscher ein Vorbild, ein Lehrender für das ganze Land. In der Tat wirkt die fürstliche Wesenskraft auf religiöse und magische Weise, sie beherrscht und regelt alle Dinge durch unmittelbares Handeln, durch direkte Einflußnahme auf geistiger Ebene: »Das Denken des Herrschers kennt keine Grenzen: – Er richtet es auf die Pferde und diese werden kräftig! .... – Das Denken des Herrschers kennt kein Ermüden: – Er richtet es auf die Pferde und diese brechen los! ... – Das Denken des Herrschers ist korrekt: – Er richtet es auf die Pferde und diese laufen gerade!«[224] Der Fürst schöpft seine Macht aus einer in ihm konzentrierten mystischen Kraft, die, sobald sie sich ausbreitet, das Land völlig durchdringt.

Die gesamte Wesenskraft des Landes ist im Fürsten verkörpert: Er geht vollständig im Leben seiner Domäne auf und stärkt und begründet darin auf mystische Weise seine Autorität. Er ist es, der in seinem Lehen aus allem Nutzen zieht und für alles Sühne leisten muß; sein ganzes Leben ist vom Bestreben erfüllt, sich mit jener natürlichen Gruppe von Menschen, die er zu regieren trachtet, zu verbünden. Er geht vollkommen im Dienst für sein Land auf, indem er in jedem Fall die Sühnepflicht auf sich nimmt: Er sühnt für Freveltaten und Erfolge, für Trauerfälle und Katastrophen, für Siege, für Gunst und Ungunst der Witterung, für gute oder schlechte Ernten, für das geringste Mißgeschick und den unscheinbarsten Glücksfall, die Menschen oder Dingen widerfahren können. Er neutralisiert den gefahrbringenden Einfluß, den jedes Ereignis in sich birgt, und setzt seine glücksbringenden Kräfte frei. Der Fürst nimmt das Unglück jedes einzelnen auf sich, wie er in sich das Streben aller nach Glück verkörpert: In dem Maße, in dem er sich allen Gefahren aussetzt, manifestiert er in seiner Person die Möglichkeit des absoluten Glücks. Er bricht in jedem Frühling als erster die Erde auf und kostet bei jeder Ernte als erster von den Früchten: Der Fürst, der den Ritus der ersten Mahlzeit vollzieht und mit dem Pflug die erste Furche öffnet, hebt zum Nutzen aller den sakralen Bann von der wieder jungfräulich gewordenen Erde und von den Erstlingsfrüchten, deren Verzehr noch verboten ist. Doch so wie letztlich aller Erfolg der Arbeit dem Wirken des Fürsten zugeschrieben wird, so liegt die gesamte Substanz der Dinge in den ersten Früchten, die er zu sich nimmt. Wenn irgendein Vasall gestorben ist, und »seine Leiche« von allen »noch als abscheulich empfunden wird«, dann ist es der Fürst, der als erster den Toten in seine Arme nimmt und mit dieser Bezeugung seiner Hingabe die Trauerperiode einweiht. Doch wenn die Familie des Toten mit dem Ende der Trauerriten einen Ahnen gewonnen hat, so hat dieser den Hof der fürstlichen Ahnen erweitert und sowohl deren Prestige als auch das des Fürsten erhöht. Ist die Armee geschlagen und sind die Soldaten auf der Flucht, dann ist der Herrscher von Trauer erfüllt: er kasteit seinen Körper und nährt sich von Galle. Doch sobald er davon gegessen hat, steigert sich wieder der Mut der Soldaten, und sie erobern schließlich Gebiete, die noch über die ursprüngliche Größe der Domäne hinausreichen[225]. Auch wenn sich der besiegte Feind unterwürfig verhält, so muß man befürchten, daß sich das Glück wieder wendet: es wäre nur ein kurzlebiger Erfolg, wenn der Sieger seinerseits nicht demütig zu sein verstände. Alle Anstrengungen der Armee, eine Schlacht zu gewinnen, sind letztlich von geringerer Bedeutung, als »der Schmerz und das Wehklagen« des Fürsten, der seine eigene Unwürdigkeit eingesteht, um seinem Land den Sieg zu sichern[226]. Und wenn er in Zeiten der Dürre seine Schuld verkündet, seine mangelnde Tugendkraft verantwortlich macht und die Strafe des Himmels auf sich allein herabruft, und wenn er erst die Prüfung überstanden hat und der Himmel durch sein Schuldbekenntnis einmal gezwungen ist, selbst Reue zu bekennen, dann kann sich der Fürst mit vollem Recht der einzige Urheber der natürlichen Ordnung nennen. Der Fürst legt Trauerkleider an, verbietet das Spielen von Musik, nimmt keine Nahrung zu sich und wehklagt drei Tage lang, um für das Zusammenbrechen eines Hügels, für den Vatermord eines Untertanen, für Gebietsverluste oder Brandkatastrophen Sühne zu leisten. Er nimmt weiters die Befleckung, die den Verbrecher brandmarkt oder die durch unheilvolle Ereignisse sichtbar wird, einzig auf seine Person, und wenn er sich schließlich durch Verzichtsübungungen und Reinigungsriten von diesem Makel befreit hat, dann läßt seine Bußfertigkeit, mit der er sein ganzes Land und alle seine Untertanen gereinigt hat, auch ihn selbst in strahlender und erhabener Reinheit neu wiedererstehen[227]: Indem der Fürst die Übel läutert und den Bann aufhebt, bekräftigt er sein heiliges Wesen. Er setzt sich ohne Einschränkungen zum Wohle aller ein, doch während er sich selbst jeden Tag als Opfer darbringt, nährt er in sich jene heilige Kraft, die er von seinen Ahnen erhalten hat. Seine und ihre Autorität beruhen auf dem Prinzip der Sühne und der Aufopferung; sie führen sogar ihren historischen Ursprung auf eine berühmte Entsühnung bei der Gründung der Herrschaft zurück: In einem heroischen und totalen Opfer hat der Große Vorfahre seinen Körper und seine Seele dargebracht und mit diesem Akt den Bund zwischen seinem Geschlecht und dem Heiligen Ort besiegelt.

Doch der Fürst ist seinem Land nicht nur durch ein Leben von Opfern verbunden, sondern kann dieses auch dank eines Systems von positiven sakralen Handlungen von sich abhängig machen. Indem er alle günstigen Kräfte in seiner Person zusammenfließen läßt und in sich aufnimmt, schafft er sich eine Herrscherseele. Auch seine Hauptstadt ist ein Mittelpunkt, der das Zentrum der Welt sein soll: Zwar dürfte im Idealfall der Gnomon am Mittag des Mittsommers keinen Schatten werfen, doch genügt es in der

Realität, wenn sie zumindest im Mittelpunkt klimatischer Einflüsse steht: »An diesem Punkt vereinigen sich Himmel und Erde; da treffen die vier Jahreszeiten aufeinander, Regen und Wind sammeln sich, und *Yin* und *Yang* sind in Harmonie.«[228] Der Fürst lebt also in der Mitte des Landes, an einem Punkt, wo verschiedene Einflüsse zusammenströmen und sich vereinigen. Wenn er, das Antlitz nach Süden gewandt, Hof hält, dann umstrahlt ihn das Prinzip des Lichtes (*Yang*) in vollem Glanz. Besitzt er einen hohen Turm, so kann er seine *Yang*-Energie noch erhöhen, indem er ihn besteigt; zieht er sich hingegen in einen weiten und tiefen Raum zurück, dann sammelt er in sich *Yin*-Energie an. Doch braucht der Fürst noch nicht einmal einen prachtvollen Palast: allein indem er seinen Körper abwechselnd der Sonne (*yang*) und dem Tau (*yin*) aussetzt, kann er seine Substanz mit den konstitutiven Kräften des Universums nähren. Und sobald er diese Kräfte aufgenommen hat, ist zugleich, durch seine Vermittlung, das Land gestärkt. Wie sich der Tau auf den Pflanzen der Felder absetzt, so erstreckt sich die Wohltätigkeit des Fürsten auf alle Dinge und benetzt sie gleichsam. In seinem Wirken verstrahlt er jedoch auch jene milde Wärme, die ein Übermaß an Tau verdunsten läßt[229]. Wenn der Fürst zu Beginn des Frühlings das Eis zerschlagen und sammeln läßt, dann trägt er Sorge dafür, daß »die Schranken, mit denen sich der Frost« der Herrschaft des Prinzips der Wärme »widersetzt«, aufgehoben werden. Das Eis wird in tiefen Gewölben aufbewahrt, die nur mit äußerster Vorsicht geöffnet werden dürfen, damit während des Sommers die Kälte nicht etwa nach außen treten kann; denn andernfalls prallen sie auf die gegnerischen Kräfte, deren Zeit zu herrschen angebrochen ist, und bewirken zerstörerischen Hagelschlag. Doch gleichzeitig bewahrt der Fürst damit das Prinzip der Kälte, die ja eines Tages wieder die Oberhand gewinnen muß, und er kann darüber hinaus durch den Verbrauch und das Verteilen des Eises besondere Auswüchse an Hitze für sich und die Seinen ausgleichen. Auf diese Weise sichert er seinem Land, seinen Untertanen und vor allem auch sich selbst ein ausgewogenes Maß an jenen Kräften, die das Leben der Welt aufrechterhalten, so daß es danach »weder unzeitgemäße Wärme im Winter, noch zerstörerische Kälte im Sommer« geben wird, daß »im Frühling keine Eiswinde stürmen und im Herbst keine verheerenden Regenfälle hereinbrechen ... und niemand mehr eines verfrühten Todes stirbt«[230]. Die erste Sorgfalt des Fürsten muß seiner Gesundheit, die mit dem Wohlergehen des Landes eins ist, gelten. Nichts ist wichtiger als die Ernährungsweise des Fürsten, und es ist notwendig, »daß dem Fürsten allein die kostbaren Speisen zukommen!«[231] Ein Herrscher muß sich von besonderen Essenzen ernähren: Seine Mahlzeiten sind so zusammengestellt, daß er eine abgerundete Folge von spezifischen Qualitäten, die zu gegebener Zeit den Dingen entzogen wurden, in sich aufnimmt; jede dieser Eigenschaften ist einer Jahreszeit zugeordnet und bezeichnet eine bestimmte Richtung. Auf diese Weise erwirbt er das einem Herrscher gemäße Wesen, eine besondere Kraft, die für jede Zeit und jede Richtung wirksam ist. Wenn er darauf achtet, im Frühling Fleisch vom Schaf (dem Tier des Ostens) und Getreide, im Sommer Bohnen und Huhn (Süden), im Herbst Hund (Westen) und ölspendende Körner, und im Winter Hirse und Schwein (Norden) zu essen, dann vermehren sich unter seiner Herrschaft die Herden der Domäne, und die Früchte der Erde gedeihen[232]. Doch wenn er ein unvollkommener Herrscher ist, die rechte Zeit (*chieh*) vergißt und die Harmonie (*ho*) mißachtet, wenn er es nicht versteht, in sich »das Bittere, das Scharfe, das Salzige und das Süße« aufeinander abzustimmen, und wenn er sich vor allem unbedacht Frauen (die *yin* sind) nähert und leichtfertig seine Mannesstärke (die *yang* ist) aufs Spiel setzt, dann wird er zum Opfer eines *ku*, das heißt der Strafe, die jedem Exzeß folgt, der schädlichen Auswirkung, die der Mißbrauch heiliger Handlungen nach sich zieht; da die Seele des Fürsten größer als die gewöhnlicher Menschen ist, wird er von noch schlimmerem Leid und schwereren Krankheiten getroffen, in unvermittelter Stärke bricht das Unheil über ihn herein[233]. Und wenn er ein verbrecherischer und unwürdiger Herrscher ist, dann ist er nicht einmal mehr fähig, die nötigen heiligen Handlungen, die dem Gerechten Kraft und Tugend vermitteln, zu vollziehen: Im Gegenteil, sie kehren sich als tödliches Gift gegen ihn selbst. Herzog Ching von Chin, der unter Mißbrauch seiner Macht eine der Familien seines Fürstentums gänzlich vernichten wollte, mußte aus dem Mund eines Wahrsagers vernehmen, daß er nicht vom neuen Getreide essen könne. Als dann die Zeit gekommen war und er davon essen mußte, »blähte sich auf der Stelle sein Bauch auf; als er zum Abtritt eilte, stürzte er und starb«. Ein weiser Herrscher kann hingegen »seinem Herzen Frieden bringen«, indem er eine Bouillon verzehrt, in der sich »Wasser, Feuer, Essig, gehacktes Fleisch, Salz, Pflaumen und roher Fisch« verbinden. »Der Küchenchef stimmt (all diese Ingredienzen) harmonisch aufeinander ab und bestimmt nach dem Geschmack ihre jeweilige Menge«, indem er hinzufügt, was bei manchen Zutaten fehlt, und bei anderen ausgleicht, was zu viel ist. Dank dieser Vorkehrungen kann der Fürst die üblen Einflüsse abwehren, die ihn unfähig machen würden, »über das Wohl der Altäre der Erde und der Ernte zu wachen«[234].

Der Erdaltar ist ein schmuckloser, quadratischer Erdaufbau innerhalb der Mauern der fürstlichen Residenz, der in sich die gesamte Wirkkraft (*tao*) des beherrschten Territoriums konzentriert[235] und der als gleichbedeutend mit dem Vaterland empfunden wird. Wenn der Erdaltar zu einem morastigen Loch verkommt, dann hört auch das Vaterland auf zu bestehen. Zu seiner Verteidigung müssen alle Vasallen, mit dem Fürsten an der Spitze, bereit sein, ihr Leben einzusetzen. Doch bleibt für den Vasallen diese Pflicht, in den Tod zu gehen, nur so lange bestehen, als sich der Fürst als ein wahrer Herrscher erweist und seine Seele mit der des Vaterlandes übereinstimmt. Dem Erdaltar steht ein Erntealtar zur Seite[236]. Als militärischer Führer und Herr über die Bauern sichert der Fürst den Weiterbestand des Vaterlandes und sorgt für die Ernährung der Einwohner, indem er mit allen Kräften seiner großen, vollkommenen und ausgewogenen Seele für seine Untertanen eine reichhaltige Ernte nach der anderen erlangt. Wenn es der Herrscher versteht, vom Zentrum seiner Stadt aus am geregelten Ablauf der Jahreszeiten und an der landwirtschaftlichen Produktion teilzuhaben, dann wird auch das Wetter zur rechten Zeit sein Werk tun, und die Erde wird in Fülle Frucht tragen: deshalb gibt es nur in der Stadt einen Gott der Ernte, dessen Kult, durch den auf die Felder Fruchtbarkeit herabbeschworen werden soll, dem Fürsten obliegt[237].

Während zum einen der Fürst durch seine heiligen Handlungen dem Land Reichtum bringt, trägt zum andern das ganze Land dazu bei, die Seele des Fürsten zu bereichern: Aus den Feldern und ihren Erträgen wird ihm eine große Fülle an Wirkkräften zuteil, andere, die keineswegs geringer sind, zieht er aus Jagdgründen, Fischwassern und fernen Grenzgebieten, wo er Wildparks und Zuchtreservate besitzt. Der Fürst ist, wie es heißt, ein »Fleischesser«. Während die Seelen der Bauern, die nur kärglich von Früchten und Körnern genährt werden, keine Kraft haben, den Tod zu überwinden, und so wieder zu Materie werden, sich wieder den Kräften des keimenden Bodens zugesellen, sobald ihr Atem verlöscht, kann die Seele des Fürsten, »deren Wesen sich durch die Aufnahme einer großen Anzahl von verschiedenen Essenzen gestärkt hat, eine spezifische Konsistenz« erwerben, die es ihr erlaubt, über den Tod hinweg im Zustand eines »geistigen Wesens« (*shen ming*) weiterzuexistieren[238]. Ein Mann oder eine Frau aus dem gemeinen Volk verlieren mit dem Tod am Ende ihres Lebens auch jegliche individuelle Existenz. Wenn sie vom Tod überrascht werden und ihnen noch ein paar Atemzüge bleiben, so setzt der Tod mit dem letzten Lebenshauch, der sich in kürzester Zeit verflüchtigt, allenfalls eine Seele frei, deren kümmerliche Kraft für einige üble Streiche hinreichen mag. Ganz anders verhält es sich mit der Seele des Fürsten, der als einziger eine Seele im strengen Sinne, die man auch als solche bezeichnen kann, sein eigen nennt. Dieser Seele kann nicht einmal das Alter etwas anhaben, im Gegenteil, sie wird dadurch nur noch bereichert. Der Fürst bereitet sich auf den Tod vor, indem er ausgesuchte Speisen in sich hineinstopft und sich mit belebenden Getränken vollaufen läßt: Er verzehrt »Bratfische, die im Fett schwimmen« und trinkt mit Pfeffer gewürzten Wein, Speisen und Getränke also, die »die Kräfte der Alten mit den langen Augenbrauen stärken«. Im Laufe seines Lebens hat der Fürst Unmengen von Essenzen – je größer und reicher seine Domäne ist, desto mehr – in sich aufgenommen. Er hat die Substanz, die ihm bereits im überreichen Maße von seinen Vorfahren – selbst Fürsten und übersatt an Fleisch und Wildbret – vererbt wurde, noch erweitert. Wenn er nun stirbt, so ist seine Seele weit davon entfernt, sich wie die Seele eines Gemeinen zu verflüchtigen, sondern sie verläßt den Körper in ihrer vollen Kraft. Sie verliert sich auch nicht als unbestimmbarer Bestandteil in den Kräften der nährenden Erde, sondern kann vom Körper eines Bären oder Ebers, dem Jagdwild der Vornehmen, Besitz ergreifen[239]. War nun der Fürst ein Mensch, der kein Maß kannte und der, wie er es verdiente, vor seiner Zeit sterben mußte, dann zeigte sich die Seele in diesem Gewand als ein reißendes Tier. Doch wenn der Herrscher ein Leben, das einem Fürsten gemäß ist, geführt hat und er am Ende eines langen Lebensweges in seinem Land, seiner Stadt, seinem Palast und seinem Zimmer – wie es die Riten vorschreiben – stirbt, so besitzt seine Seele, die noch durch die Reinigungs- und Entsühnungszeremonien der Trauer geadelt wurde, nach dem Tode eine erhabene und ausgeglichene Macht. Sie erwirbt die wohltätige Kraft eines Schutzgeistes, während sie zugleich eine dauerhafte und heilige Persönlichkeit bewahrt: Sie ist zur Ahnenseele geworden.

Der Ort ihrer Verehrung ist nicht weit von den Erd- und Erntealtären entfernt. Die Zeremonien, die zu den entsprechenden Jahreszeiten vollzogen werden, lassen die Ahnenseele am Leben der Natur und des Landes teilnehmen: So wird sie im Frühling, wenn der Tau die Erde befeuchtet, und im Herbst, wenn sich Reif bildet, verehrt[240]. Wenn die Jagd erfolgreich war, dann beteiligt sie sich an den Mahlzeiten, und sie fastet bei schlechter Ernte. Bestand und Fortdauer der Ahnenseele sichert die Nahrung aus Früchten, die der Fürst in einem rituellen Akt auf seinem heiligen Feld anbaut und erntet, weiter Fleisch, das aus den Staatsparks stammt und in der herrschaftlichen Küche zubereitet wird, und schließlich Wild, das in den Grenzgebieten erjagt und von den Jägern am Erdaltar geopfert wird. Doch so reich und stark an Persönlichkeit auch eine Herrscherseele sein mag, eines Tages muß auch diese Persönlichkeit sich verflüchtigen und verlöschen. Nach einer gewissen Anzahl von Generationen steht der Tafel, an die diese Seele durch rituelle Handlungen gebunden wurde, kein eigener Opferplatz mehr zu, und sie wird zu den anderen Tafeln noch älterer Ahnen, die in der Erinnerung nicht mehr fortleben, in einen Steinkoffer verbannt, der in einem dem ältesten Ahnen geweihten Saal aufbewahrt wird. Der Ahne, den diese Tafel repräsentierte und dessen Namen sie trug, wird von da an nicht mehr wie ein Fürst oder ein Schutzgeist, der mit einer starken, persönlichen Individualität ausgestattet ist, mit Nahrung versorgt: seine Laufbahn ist beendet, seine Rolle als Ahn ausgespielt. Und wenn ihm der Kult, der ihm durch lange Jahre erwiesen wurde, das Los der plebejischen Toten erspart hat, so muß schließlich auch er in die Masse der unpersönlichen und undifferenzierten Kräfte, die das unteilbare Geschick des Lehens und des Herrschergeschlechtes sind. Wie die anonymen Mächte des Bodens nährt auch er sich jetzt nur mehr von rohem Fleisch. Er ist wieder eingetaucht in die Menge der heiligen Wesen, die die Gesamtseele des Landes darstellen, die sich jedoch der Herrscher unter dem Aspekt eines Ersten Vorfahren und mit all den mythischen Zügen eines Gründerheros vergegenwärtigt. Ihn versieht er mit allen verdienstvollen Werken eines Erfinders und Demiurgen: Ob er nun die Erde bewohnbar gemacht, Wasserfluten gebändigt oder das Feuer gezähmt hat, ob er Monster verjagt, Ackerland urbar gemacht, das Getreide erfunden oder als erster die Pferde domestiziert hat – in allen Fällen hat der Große Ahn seine besondere Wirkkraft (*te*), die auf seine Nachfahren übergegangen ist und seinem Geschlecht Embleme, Lehen, Namen und Schicksal einbrachte, unter Beweis gestellt. Von der offiziellen Geschichtsschreibung hingegen wird dieser Ahne als verdienstvoller Vasall, der vom Herrscher die Investitur erhielt, geschildert.

Der Herrscher ist der Nachkomme eines heroischen Ahnen, dessen Ruhm, der in den heiligen Familienhymnen besungen wird, bis auf ihn ausstrahlt; er ist der Herr über die Erdaltäre (zahlreiche Gründerheroen werden in der Eigenschaft von Gottheiten des Bodens oder der Ernte verehrt), und er ist Besitzer eines Tempels, in dem die während des Jahres abgehaltenen Zeremonien die starken Persönlichkeiten seiner unmittelbaren Ahnen mit neuem Leben erfüllen. All diese Funktionen tragen zur Heiligkeit seiner Person bei, die seine Getreuen und ihm selbst eine ehrfurchtgebietende Etikette auferlegen.

Die erhabene Kraft, die den Herrscher durchdringt, ist von mystischer, extrem spannungsgeladener Konsistenz, die auf einzigartige Weise durch Übertragung wirkt. Gewöhnlich wird diese Kraft in Form einer einfachen Ausstrahlung aktiv, wozu sie allerdings konzentriert und rein an einem Punkt zuvor gespeichert sein muß. Da sie jedoch bei außergewöhnlichen Gelegenheiten in ihrer vollen Stärke wirksam werden muß, ist es vonnöten, daß sie durch den Ablauf der Zeit keinerlei Schwächung erfährt. Der Fürst lebt isoliert und passiv inmitten seines Hofes, umgeben von seinen Vasallen, die »einen Schutzwall bilden«. Sie bewahren ihren Herrn vor jeglicher Annäherung, die ihn mit Verunreinigungen infizieren könnte, und indem sie im Auftrag des Herrschers handeln, steigern sie sein Prestige, das sich unberührt erhält: Aufgabe des Hofstaats ist es, den Fürsten in einer Art glänzenden, Ruhm ausstrahlenden rituellen Isolierung zu halten.

Im strengen Sinne des Wortes ist der Fürst ein Mensch, den niemand, auch in der dritten Person nicht, ansprechen darf. Man kann höchstens zu »seinen Dienern« sprechen, so daß der Ausdruck »(jene, die) *am Fuße der Treppe* (des Thrones stehen und an die allein ich mich zu wenden wage)« im kaiserlichen China schließlich die Bedeutung von »Eure Majestät« erhalten hat[241]. Einen Fürsten spricht man nicht unmittelbar an, man spricht höchstens in seiner Gegenwart, und wenn man ihm *indirekt* einen Ratschlag erteilen will, dann darf dies nur »auf *verschleierte* Weise« geschehen[242]. Nicht einmal der Lufthauch, den eine verächtliche Stimme bewirkt, darf die Reinheit, die den Herrscher umgibt, beschmutzen; seine Heiligkeit darf nicht der Verletzung durch einen direkten Tadel oder Rat, so berechtigt diese auch sein mögen, ausgesetzt werden, da sie von einer niedrigeren Position aus vorgebracht werden. »Über den Kopf hinwegblicken ist überheblich; tiefer als in Gürtelhöhe zu blicken ist ein Zeichen von Kummer; zur Seite zu blicken ist ein Zeichen von übelwollenden Gefühlen.« Der Blick des Vasallen darf »keinen höhern Punkt als den unteren Teil des Kinns« des Herrschers fixieren, doch muß er gerade auf ihn gerichtet sein[243]. Jeder muß sich unmittelbar von der Tugendkraft, die die Augen des Herrschers erleuchtet, durchdringen lassen; niemand würde es indessen wagen, ihren vollen Glanz zu ertragen oder seinen Blick mit diesem heiligen Blick zu kreuzen. Allen Dienern des Herrschers ist äußerst korrekte Zurückhaltung auferlegt: In Gegenwart seines Herrn muß ein Offizier »mit gebeugtem Oberkörper stehen, so daß die Enden des Gürtels bis zum Boden herabhängen und seine Füße auf den Kleidersaum zu treten scheinen. Das Kinn muß hervorstechen wie die Wasserspeier am Dach, die aufeinandergelegten Hände müssen so tief wie möglich gehalten werden.« Der Schreiber, der es in Anwesenheit des Herrschers wagen sollte, »den Staub von seinen Büchern zu schütteln« oder diese einfach nur »in Ordnung zu bringen«, der Wahrsager, der »die Schafgarbenstengel verkehrt in der Hand hielte« oder »den Schildkrötenpanzer beiseite legte«, würde die Züchtigung verdienen[244]. Dort, wo sich der Herrscher aufhalten muß, hat alles ordentlich und sauber zu sein. Die Vasallen, die ihm am nächsten stehen (die Großwürdenträger), versäumen es nie, sich fünfmal am Tag die Hände zu waschen, und bevor sie vor ihrem Herrn erscheinen, »reinigen sie sich durch strengste Enthaltsamkeit; sie betreten nicht die Frauengemächer; sie waschen ihre Haare und den Körper«[245]. Wer an der Tafel des Fürsten die fertig zubereiteten Speisen anbietet, trägt Sorge, sich »mit scharf schmeckenden Pflanzen, dem Zweig eines Pfirsichbaums und einem Besen aus Schilfrohr« zu versehen[246]: In seiner Unwürdigkeit bringt er zwangsläufig gefährliche Einflüsse mit sich, die nur durch diese Vorkehrungen von der Nahrung, die bestimmt ist, Teil des heiligen Wesens des Herrschers zu werden, ferngehalten werden können.

Zwar ist der Herrscher durch seinen Hof und die an ihm äußerst gewissenhaft befolgte Etikette vor allen Kontakten sicher, die seine Heiligkeit beschmutzen könnten, doch unterwirft er sich selbst darüber hinaus einer noch minutiöseren Etikette. Er ist vom gesamten Hofstaat umgeben, und jeder seiner Getreuen muß ihn beim geringsten Verstoß zur Ordnung rufen. Die immer anwesenden Annalisten verzeichnen seine kleinste Geste und jedes seiner Worte: Ständig lebt er unter der Bedrohung der Geschichte. Auch die belangloseste Handlung wird schwerwiegend und in ihren Folgen unberechenbar, sobald sie von einem Fürsten vollzogen wurde: Ein Herrscher darf weder spielen noch scherzen, was er getan hat, bleibt getan, was er gesagt hat, bleibt gesagt[247]. Er darf einzig und allein orthodoxe Musik hören; er muß sich vollkommen aufrecht halten; er darf sich nur in vorgeschriebener Weise und nur auf eine korrekt aufgelegte Matte setzen; alle seine Mahlzeiten müssen nach den Vorschriften zusammengestellt sein; er darf nur in einem genau abgemessenen Schritt gehen. Seine erste Pflicht ist die Vorsicht: Unter denselben Umständen, unter denen ein einfacher Adeliger Schritte von zwei Fuß Länge macht und ein Großwürdenträger Schritte von einem Fuß, darf die Schrittlänge des Fürsten einen halben Fuß nicht übersteigen[248]. Während die Getreuen in seiner Gegenwart – durchdrungen von der Großartigkeit, ihrem Herrscher dienen zu können – vorwärtshasten, sich drängen und mit ihren »flügelgleich gespreizten Ellbogen wie Vögel« zu fliegen scheinen, muß der Herrscher, von seinem Prestige zu regungsloser Schwere verdammt, unbeweglich, inaktiv, beinahe stumm bleiben[249].

In Ratsversammlungen beschränkt sich der Herrscher darauf, ja zu sagen, doch kommt diesem Ja aus seinem Munde die Kraft eines Erlasses zu, der für das künftige Geschick bindend ist. Obgleich sich der Herrscher, wenn er spricht, nur in feststehenden Formeln ausdrücken kann, so zeigt die Geschichte dennoch, daß sich das Schicksal von Staaten vollkommen geändert hat, nur weil zu einem bestimmten Zeitpunkt der und der Herrscher zur Selbstbezeichnung ein Personalpronomen gewählt hatte, das ihm als Lehnsherr erlaubt und im speziellen Fall angemessen bzw. nicht angemessen war[250]. Sung erlebte einst mit vollem Recht einen Aufschwung, da sein Herrscher zu Zeiten einer Überschwemmungskatastrophe die glorreiche Idee hatte, sich in seinen Erwiderungen auf die Kondolenzbezeugungen mit dem Ausdruck »kleiner Waise« und nicht mit der Formel »Mann von geringer Tugendkraft« zu bezeichnen; doch (bemerkenswerterweise) hatte der Herrscher nicht von sich aus entschieden, sondern er folgte einem Ratgeber, der ihm dies vorgeschlagen hatte.

Die glorreiche, doch flüchtige Tugendkraft des Herrschers bleibt ihm nur so lange erhalten, als das Hofleben und die Etikette sie bewahren. Als Gefangener des Hofes und gebunden durch die Etikette regiert der Herrscher nur unter der Bedingung, daß er passiv bleibt, nicht in Einzelheiten Befehle erteilt und nicht die Verwaltung zu lenken versucht. Er kann und darf nur durch die einfache Wirkung seines Prestiges handeln, während die konkreten Aktivitäten Sache seiner Vasallen sind. Die Macht des Herrschers ist auf dem Besitz einer dem Wesen nach religiösen und magischen Tugendkraft begründet und ist als solche weniger eine Befehlsgewalt als eine alles durchdringende Kraft: Der Fürst ist das Oberhaupt einer Hierarchie und nicht der Herrscher über seinen Staat.

Drittes Kapitel

Das öffentliche Leben

Der Fürst steht dem Hof der Vasallen vor und schickt sie in den Kampf. Die Vasallen haben zwei große Pflichtbereiche: sie beraten, und sie dienen. Auch wenn sich der Moralkodex der Vornehmen unter der Einwirkung des höfischen Lebens verfeinert hat, so geht er doch auf das Leben in den Militärlagern zurück. Die militärische Ordnung ist die Grundlage der zivilen Ordnung.

1 *Die Vornehmen in der Armee*

Die Vorherrschaft der militärischen Ordnung wird an einer bezeichnenden Regelung sichtbar: Die Bestandszählung, nach der im einzelnen die Klassen und Tribute der Ländereien und ihrer Bewohner festgelegt werden, ist Aufgabe des Militärs. Und eben aus diesem Grunde wird sie als ein furchteinflößendes, gleichsam unheilbringendes Werk empfunden, das alle Schicksalskräfte des Landes miteinbezieht, und nur ein Herrscher, der im Übermaß Kämpfen zugeneigt ist, kann auf den Gedanken kommen, eine Volkszählung selbst vorzunehmen und sich damit einer brutalen Befehls- und Besitzrechtsanmaßung schuldig zu machen. Die Verantwortung für ein derart kühnes Unternehmen muß im allgemeinen einem Mann übertragen werden, der sein Leben dem Krieg geweiht hat, nämlich dem Kriegsminister (»wie es angemessen ist«)[251], der den Auftrag hat, die Steuerabgaben festzulegen und Schutzpanzer und Waffen zu zählen. Zu diesem Zweck verzeichnet er in einem Register den jeweiligen Anteil an bestellbarem Boden, an Bergwäldern, Sümpfen und Seen, an Bergen und Hügeln, Niederungen und salzigen Böden, an überschwemmten Gebieten und Wasserwehren. Er unterteilt das flache Land zwischen den Deichen, trennt die Weiden und die bebaubaren Felder ab und bestimmt darnach die zu leistenden Abgaben. Weiter setzt er die Zahl der Kriegswagen und Pferde, der auf den Wagen kämpfenden Krieger, der eskortierenden Fußsoldaten, der Panzer und Schilde fest. Katasteraufnahme und Volkszählung gehen ineinander über; der militärische Pflichtbereich bezieht sich sowohl auf das Land wie auf die Menschen, ja er scheint den Menschen eben wegen ihres Landbesitzes (in Hinblick auf seine Klassifizierung und seinen Wert) auferlegt zu sein. Aus der Bauernschaft rekrutieren sich nur die Fußsoldaten in der Armee, während die Vasallen als Besitzer von Landgütern und Weideflächen eine vorgeschriebene Anzahl von Kriegswagen ausrüsten müssen. Die Größe dieser Zahl gibt das Maß ihres Lehens und ihrer Würde an.

Eine Volkszählung durchführen heißt, das Land auf den Krieg vorbereiten. Ein solcher Akt der Herausforderung, der auf den Lauf des Geschicks Zwang ausüben will, muß durch eine Geste der Mäßigung ausgeglichen werden. Deshalb wird die Zählung von großzügigen Handlungen und entsühnenden Maßnahmen begleitet. Am charakteristischsten ist die Amnestie: »Nachdem die große Registrierung abgeschlossen war, wurden die Schuldner freigelassen, den Witwen und Bedürftigen wurde freigebig Unterstützung gewährt und die Schuldigen wurden begnadigt: die Armee war vollzählig.«[252]

Eine Armee setzt sich zum einen aus Männern zusammen, deren Strafe unter der Bedingung, daß sie sich dem Todeshandwerk verschreiben, ausgesetzt wurde, und zum anderen aus Vasallen, die, zum Kriegsdienst geboren, ihrem Herrscher in vollkommener Treue verbunden waren. Sobald die Armee versammelt ist, werden die Arsenale geöffnet und die Waffen verteilt. Diese Waffen sind in der Theorie Eigentum des Fürsten, der sie sorgfältig unter Verschluß hält, nicht etwa aus einer polizeilichen Vorsichtsmaßnahme heraus, sondern weil auch von Waffen eine gefährliche Wirkkraft ausstrahlt[253]. Bevor man sich ihrer gefürchteten Berührung aussetzt, versäumt man nicht, sich durch eine Periode der Enthaltsamkeit vorzubereiten[254]. Diese Fastenzeit, die im Ahnentempel verbracht wird, bewirkt so starke Gefühlsbewegungen, daß man mit seinen Ahnen unmittelbar zu kommunizieren glaubt. Die Vorahnungen bei der Nachtwache unter Waffen sind Anzeichen für den Ausgang des Kriegszugs: Wer spürt, daß sein Herz bewegt ist, weiß, daß ihm der Tod beschieden ist. Dann werden die Waffen, um sie mit neuer Kraft zu versehen, mit Blut eingerieben; der Herrscher bringt ein Opfer dar; die marschbereite Armee versammelt sich um den Erdaltarhügel, entbietet den Weggöttern ein Sühneopfer und zieht in den Krieg.

Die Fußsoldaten sind nur schwach bewehrt. Zumeist versehen sie als Erdarbeiter oder Knechte ihren Dienst, marschieren im Zug mit »ohne Hoffnung auf Wiederkehr« und schlagen, von Schrecken erfüllt, das Lager am Waldrand auf. Ihre ganze Zeit wird von der Pflege der Pferde in Anspruch genommen, die sie mit Disteln, die auch ihre Nahrung sind, füttern. Wenn sie Rast machen, freuen sie sich unbändig, noch unter den

Lebenden zu weilen; sie leiden unter dem Gewicht der Ausrüstung, sie werden herumgestoßen, stöhnen mit kraftloser Stimme und werden zum Verstummen gebracht, sobald sie wieder in Reih und Glied getrieben sind[255]. Die Vornehmen hingegen fahren mit ihren Kriegswagen los: in aller Ruhe, von Lautenspiel begleitet. Ihre kurzen und schmalen Wagen haben die Form eines nach hinten offenen Kastens, der auf zwei Rädern aufgesetzt ist[256]. An der Vorderseite ist eine gekrümmte Deichsel, an der zwei Deichselpferde angespannt sind. An den Seiten halten Seitenriemen die beiden Flügelpferde auf Abstand. Am Zaum aller vier Wagenpferde sind je zwei Glöckchen angebracht. Ebenfalls am Zaum sind die Zügel festgemacht: Die Innenzügel der beiden Flügelpferde sind hinten an zwei Ringen fixiert, die sich links und rechts der Platte, die den Vorderteil des Wagens bildet, befinden; die anderen sechs Zügel hält der Wagenlenker in der Hand. Er hat seinen Platz in der Mitte des Wagens[257], während zu seinen Seiten ein Bogenschütze (auf der Linken, der Ehrenseite) und ein Lanzenwerfer (auf der Rechten) festen Stand beziehen. Die Pferde sind gepanzert und häufig noch mit dem Fell wilder Tiere bedeckt. Die drei Männer, die die Besatzung des Wagens bilden, tragen ein Gewand aus Leder, das aus einer oder mehreren Rinder-(oder Rhinozeros-?)häuten gefertigt ist. Diese Panzer sind mit Lack überzogen. Vorn am Wagen sind zum Schutz der Krieger drei Schilde aus leichtem Holz angebracht. Der Bogenschütze verfügt über zwei Bögen, die er im selben Köcher verwahrt: sie sind entspannt und (damit sie ihre Form nicht verlieren) an einer Verstrebung aus Bambus festgebunden. In Reichweite des Lanzenwerfers stehen mehrere Waffen mit langen Griffen, an der Spitze mit Haken oder Dreizacken aus Metall versehen: Sie dienen zum Durchbohren des Gegners und vor allem auch zum Festhalten und Herabzerren der Krieger vom feindlichen Wagen auf die Erde, wo sie dann getötet oder gefangengenommen werden. Unterwegs ruhen sich die waffentragenden Männer aus, indem sie auf einer doppelten Matte oder einem Tigerfell sitzen, die im Wagenkasten ausgelegt sind. Über den Wagen flattern die Fahnen, die lackglänzenden Panzer der Krieger sind mit Bändern oder Seide behängt[258]. Die Fingerlinge der Bogenschützen und die Enden der Bögen sind aus Elfenbein geschnitzt; Bögen, Köcher, Arm- und Knieschienen mit grellen Farben bemalt. Auch auf den Schilden prangen Malereien, und von den Brustgeschirren der Pferde hängen ziselierte Verzierungen. Majestätisch bewegen sich die Wagen vorwärts, geleitet von der erfahrenen Hand eines Lenkers, der die Zügel beisammenzuhalten versteht und bemüht ist, die vier Pferde in einer Front vorwärtsschreiten zu lassen, so daß die Zierden und Glocken im Takt aufklingen. In gleichbleibender, beeindruckender Ordnung verfolgt die Armee ihren Weg, immer genau so ausgerichtet, als ob sie bei ihrem Vormarsch wie der Herrscher nach Süden blicken würde: An der Spitze wird das Banner des Roten Vogels (Süden) getragen; am Ende jenes des Dunklen Kriegers (Schildkröte und Schlange: Norden); am rechten Flügel (Westen) jenes des Weißen Tigers und am linken Flügel (Osten) jenes des Azurnen Drachen[259]. Rechts von den Kriegswagen marschieren Fußsoldaten, die auf die Deichselstange achten müssen, während die Fußsoldaten zur Linken auf dem ganzen Marsch Gras sammeln[260]. Befehle werden mit Hilfe von Fahnen übermittelt. Das Abmarschkommando muß mit einem Bündel aus Queckengras signalisiert werden: Quecke dient als Streu für Opfertiere, sie kündigt die Spitze eines Begräbniszuges an und wird auch vor einem Herrscher einhergetragen, der bereit ist, den Opfertod zu sterben.

Wie auf dem Marsch, so ist die Armee auch im Lager nach den Kardinalpunkten ausgerichtet. Das Lager ist eine Stadt mit quadratischem Grundriß, in der man Brunnen bohrt und Feuerstellen errichtet, die ihre Haupttore hat und in deren Begrenzung die Tafeln der Ahnen und der Bodengottheiten aufbewahrt werden. Im Zentrum lagert die Legion, die sich aus den nahen Verwandten des Herrschers zusammensetzt: sie wird von den Legionen zur Linken und zur Rechten umgeben[261]. Die zeitlich begrenzten Lager werden mit einem einfachen Zaun eingefriedet, doch wenn eine Armee ein bleibendes Monument ihres Ruhmes hinterlassen und ein bestimmtes Gebiet in Besitz nehmen will, so verschanzt sie ihr Lager und errichtet eine Festung[262]. Wenn mehrere Armeen gemeinsam ein Lager aufschlagen, so achtet jede darauf, in jener Richtung zu lagern, die ihrem Herkunftsland entspricht.[263]. Wenn die Armee kampiert, dann läuft das Leben so weiter, als hätte die Stadt des Fürsten – versehen mit allen heiligen Kräften des Heimatlandes – mit allem Drum und Dran den Ort gewechselt. Ihr gegenüber erhebt sich die feindliche Stadt, das Lager des Gegners.

In jedem Lager beginnt nun eine Art Rückzug, auf dem sich beide Armeen auf die Schlacht vorbereiten: Man versucht, die Geduld des Feindes auf die Probe zu stellen; man versucht herauszufinden, ob er bereit ist, einen großen Einsatz zu wagen, man will auskundschaften, ob er große Vorräte an Getreide oder Trockengemüse in Säcken mit sich geführt hat, und schließlich will man in Erfahrung bringen, ob der Gegner einen Sieg sucht oder einfach nur seine Macht zur Schau stellen will. Manchmal stehen die Armeen in Schlachtordnung einander gegenüber, ohne daß die eine oder die andere es wagen würde, den Kampf zu eröffnen: Man wartet den Tag ab, den die Wahrsager als günstig erachten. Die Armeen schicken dann einander Boten, um den Zeitpunkt der Auseinandersetzung festzulegen, und aus der mehr oder minder festen Stimme des Gesandten bildet man seine Meinung über die Kampfentschlossenheit des Gegners[264]. In den Lagern, die jeweils von der anderen Armee eingesehen werden können, folgt ein Kriegsrat auf den anderen, werden sakrale Umzüge und militärische Paraden abgehalten, in denen man sich an seinen Siegeshoffnungen begeistert[265]. Von einem Turm innerhalb ihres Lagers aus beobachten der Herrscher von Ch'u und einer seiner Offiziere das Lager der Chin-Armee: »In der Armee von Chin laufen die Männer hin und her. Was haben sie vor? – Die Offiziere werden zusammengerufen. – Sie versammeln sich in der Mitte des Lagers (um ihren Herrscher). – Sie beginnen zu beraten. – Ein Zelt wird errichtet. – Nun befragen sie vor den Tafeln der verstorbenen Herrscher von Chin das Schildkrötenorakel. – Das Zelt wird abgebrochen. – Der Herrscher von Chin erteilt seine Befehle. – Alle schreien laut auf ... Eine Wolke von Staub steigt empor ... – Man schüttet die Brunnen zu ... Man zerstört die Feuerstellen ... Sie stellen sich in Reih und Glied auf. – Nachdem sie ihre Wagen bestiegen haben, die Bogenschützen zur Linken, die Lanzenwerfer zur Rechten, nehmen sie alle ihre Waffen und steigen wieder herab. – Sie hören die Ansprache (des Herrschers). – Werden sie kämpfen? – Das ist nicht in Erfahrung zu bringen ... Wieder besteigen sie ihre Wagen zur Linken und zur Rechten, und dann steigen sie noch einmal herab. – Sie beten für eine erfolgreiche Schlacht.«

Dieses Gebet (*tao*) ist mit einem folgenschweren Opfer verbunden, mit dem der Herrscher seine Armee endgültig der Schlacht weiht. Er übergibt den Ahnen wertvolle Edelsteine als Pfand, das von ihm gefordert wird: Wenn er sie um Schutz bittet, muß er als Gegenleistung die Macht über seine wertvollsten Güter abgeben und seinen Körper und sein Leben aufs Spiel setzen. Zunächst rechtfertigt der Herrscher den Kriegszug, dessen einziges Ziel in der Bestrafung von Unruhestiftern und Verbrechern bestehe. »Bereit zum Kampf, verharre ich mit der Lanze! Ich habe den Mut, Euch zu warnen! Möge unser Kampfeswille unerschütterlich sein! Mögen unsere Knochen vor Verletzungen sicher sein! Mögen unsere Gesichter von Wunden verschont bleiben! Unser Ziel ist es, das große Werk zu vollbringen! Wir wollen, daß Ihr, unsere Ahnen, nicht entehrt werdet! Ich bitte nicht um ein langes Leben (*ming:* Geschick)! Ich wage es nicht, die Jadestücke an meinem Gürtel für wichtig zu halten!«

Wenn sich die Krieger, nach der feierlichen Ansprache des Herrschers und durch seinen Schwur gebunden, schließlich einem schrecklichen Schicksal ausgeliefert wissen, dann streiten sich die Tapfersten unter ihnen um die erste Ruhmestat: Sie wollen den Feind, in dem sie bereits den Schuldigen sehen und dessen Niederlage sein Unrecht beweisen muß, herausfordern. In der Schlacht wird dann das Schicksal auf die Probe gestellt.

Die ersten Waffengänge sind wirksame Vorzeichen für den Ausgang der Schlacht. Zunächst geht es darum, eine Vorrangstellung zu erlangen, denn sobald der Kampf begonnen hat, nimmt das Schicksal seinen Lauf. Von Anfang an weiß man, was bei der Schlacht auf dem Spiel steht: Ob es ein ritterliches Turnier ist, in dem der Rang des Prestiges festgelegt werden soll, oder ob es eine Entscheidung auf Leben und Tod ist, die nur mit einem absoluten Triumph, einer gnadenlosen Niederlage enden kann.

Wenn man im Gegner keinen Rivalen, sondern einen tatsächlichen Feind sieht, wenn man ihn als außerhalb der chinesischen Gesetze stehend erklären will, um ihn wie einen Barbaren zu züchtigen, wenn man den schädlichen Einfluß einer verfallenen Dynastie oder ein dekadentes, verrohtes Fürstentum auszumerzen bestrebt ist, dann läßt man die Schlacht durch mutige Männer, die dem Tode geweiht sind, eröffnen[266], ein Los, das auf begnadigte Verbrecher fällt, die in der Theorie vom Kriegsminister angeführt werden sollen. Sobald sie auf die Reihen des Feindes treffen, müssen sie sich unter lautem Geheule die Kehle durchschneiden: Mit diesem kollektiven Selbstmord wird eine übermächtige, rasende Seele freigesetzt, die sich dem Feind wie ein unheilvolles Geschick anhängt. Auch wenn die Auseinandersetzung schreckenerregend wird, muß sie nicht unbedingt als Kampf auf Leben und Tod enden: Man kann als Provokation des Gegners einen Kriegswagen in seine Reihen schicken, dessen Lanzenwerfer »in die Schanzen eindringt, einen Mann tötet, sein linkes Ohr abschneidet und zurückkehrt«[267]. [Um zu Beginn einer Opferhandlung die Aufmerksamkeit der Götter zu erregen und um ihnen das Opfer zu weihen, schneidet man mit einem glöckchenbehangenen Messer in das Ohr des Tieres und entnimmt ihm das erste Blut.] Mit dem ersten Hieb ist der Feind als Sühneopfer der Schlacht bestimmt. Er fällt indessen nicht unwiderruflich der totalen Opferung anheim, da die Götter auch Ersatzopfer entgegennehmen und der Sieger zustimmen kann, daß der Besiegte losgekauft wird. Doch gibt es, um eine Schlacht aufzunehmen, noch humanere Vorgehensweisen, in denen nicht der Wunsch nach Eroberungen oder zumindest darnach, sich den Gegner lehnspflichtig zu machen, zum Ausdruck kommt, sondern nur ein einfaches Bedürfnis nach Prestige und Ruhm. Ob nun die Gegner mitten im Land aufeinander gestoßen sind und nebeneinander ihr Lager aufgeschlagen haben, oder ob eine Armee am Fuße der Mauern der gegnerischen Stadt ihr Lager errichtet hat, jede der beiden anwesenden Armeen befindet sich in ihrer Stadt, deren Befestigungsanlagen genauso heilig wie die der Heimatstadt sind. Um dem Gegner den ersten, entscheidendsten und empfindlichsten Schlag zu versetzen, genügt es, daß ein Kriegswagen in voller Geschwindigkeit und mit gesenkter Fahne »die feindlichen Befestigungen streift« oder daß man sich daran macht, die Bäume der Heiligen Wäldchen zu verbrennen, die außerhalb der gegnerischen Stadt liegen[268]. Nicht so schwerwiegend, doch von ebenso wirksamer Unverschämtheit ist das Verhalten eines Kriegers, der sich kaltblütig vor dem Stadttor aufstellt und mit der Pferdepeitsche die Planken zählt, aus denen es sich zusammensetzt[269]. Sobald der Gegner diese Herausforderung spürt und seine Mauern derart verachtet sieht, ist die Entscheidung gefallen, und er fügt sich in das Geschick, das ihm den Kampf auferlegt.

Wenn die Vorgeplänkel mit Herausforderungen eingeleitet werden, in denen mit mehr oder minder brutaler Entschlossenheit die Kraft der Gesinnung gestärkt wird, dann wird aus der Schlacht, der Belagerung oder dem Kampf auf freiem Feld nur mehr ein Aufeinanderprallen von moralischen Kräften. Den Gemeinen, die die Fußtruppe bilden, kommt mit ihren konsistenzlosen Seelen kein Gewicht in der schicksalhaften Auseinandersetzung zu; die Vornehmen hingegen, die die Wagenbesatzungen ausmachen, stoßen aufeinander, Flagge gegen Flagge, Ehre gegen Ehre.

Die Vasallen beider Armeen sind einander keine Unbekannten, wohl die meisten unter ihnen waren bereits mit diplomatischen Missionen im rivalisierenden Land beauftragt und sind dort als Gäste empfangen worden. Und sobald sie nun die entsprechenden Abzeichen wiedererkennen, tauschen sie die angemessenen Höflichkeitsbezeugungen aus: Sie lassen dem Gegner, mangels einer Bewirtung »für die Leute seines Gefolges« einen Krug mit Wein überbringen, den er doch trinken möge, um sich zu stärken. Man genießt diesen Wein in der gebotenen Förmlichkeit, während man sich ins Gedächtnis ruft, wie man sich einst in Friedenszeiten an Höflichkeit überboten hat[270]. Da die Gegner unter Waffen stehen, knien sie sich zur Begrüßung nicht nieder, sondern verneigen sich dreimal. Sobald sie einen hohen Führer der gegnerischen Armee erblicken, steigen sie von ihrem Wagen und nehmen ihren Helm ab[271]. Niemals würden sie sich erdreisten, einen Fürsten anzugreifen, denn »wer ihn streift, würde der Bestrafung anheimfallen«; nur mit Gleichrangigen wagen sie zu kämpfen.

In der Schlacht müssen sie die Regeln der Ritterlichkeit beachten. Die Besatzung eines Wagens, die gerade im Begriff ist, die eines anderen gefangenzunehmen, wird diese unbeschadet laufen lassen, wenn einer der feindlichen Krieger auf den klugen Gedanken kommt, sich durch eine sofortige Huldigung loszukaufen. In einer ungünstigen Position sieht ein Bogenschütze aus Ch'u seinen Weg von einem Hirsch versperrt. Mit seinem letzten Pfeil erlegt er diesen Hirsch, und sein Lanzenwerfer steigt sofort vom Wagen, nimmt den getöteten Hirsch und bietet ihn den Kriegern von Chin an: »Zwar ist jetzt keine Jagdsaison und noch nicht die Zeit, da man

Wildbret als Geschenk anbietet. Dennoch erlaube ich mir, diesen Hirsch den Männern Eures Gefolges zum Mahl zu überreichen.« Daraufhin unterbricht der Feind seinen Angriff und ruft aus: »Da ist zur Linken ein Bogenschütze, der sein Handwerk versteht und zur Rechten ein beredter Lanzenwerfer: das sind beide Leute von Rang!«[272]

Wie Nahrung und Getränke werden auch Waffen als Geschenke ausgetauscht[273]. Durch großzügige Gesten erwirbt man sich sehr viel eher Prestige als durch Hartnäckigkeit oder militärische Fähigkeiten. Krieger, die beim Übungsschießen mit ihren Pfeilen sieben Panzer auf einmal durchbohrten und mit dieser Leistung prahlen, müssen sich von ihrem Führer zurechtweisen lassen: »Ihr werdet große Schande über das Land bringen! Wenn Ihr morgen früh Eure Pfeile abschießt, werdet Ihr als Opfer Eurer eigenen Kunst zugrunde gehen!« Und selbst wenn der Sieg bereits errungen wurde und die Heiligkeit der eigenen Sache erwiesen ist, wenn man sich nur mehr mit Flüchtenden, Schuldigen also, auseinanderzusetzen hat, selbst dann wird sich der vornehme Krieger nicht entschließen können, mehr als drei Männer zu töten. Schießt er dennoch seine Pfeile ab, dann wird er mit geschlossenen Augen zielen und es dem Schicksal überlassen, den Feind zu treffen.

Auch im dichten Kampfgetümmel muß die Vorsicht immer der Ritterlichkeit weichen: Zwei Wagen fahren aufeinander zu, einer weicht aus. Der feindliche Führer ruft sofort den Namen desjenigen, der den Kampf zu vermeiden scheint. Auf die Herausforderung hin stellt sich dieser dem Kampf und versucht zum Schuß zu kommen. Doch da schießt bereits der andere seinen Pfeil ab, so daß er nur mehr die außergewöhnliche Tugendkraft seiner Ahnen anrufen kann, um ihn vor einem Treffer zu bewahren. Als jedoch der andere ein zweites Mal Ziel nehmen will, ruft er ihm zu: »Wenn Ihr mir nicht die Möglichkeit zu schießen gebt, dann wäre das ein abscheuliches Verhalten!« Da der Gegner nun seinerseits an den Ehrenkodex erinnert wurde, steckt er den Pfeil, der bereits auf der gespannten Sehne lag, in den Köcher zurück und erwartet ohne Bewegung den tödlichen Schuß[274].

Es ist eine große Tat, den Feind zu verschonen, und es wird einem hoch angerechnet, sich mutig den Gefahren der Schlacht auszusetzen: Eine unübertreffliche Heldentat ist es jedoch, sich für seinen Herrn aufzuopfern. Wenn sich dessen Wagen im Morast festfährt oder er hart bedrängt wird, dann wird der treue Vasall sofort versuchen, anstelle seines Herrn den Platz im Wagen, der immer an der Kommandantenstandarte erkennbar ist, einzunehmen[275]. Ein vornehmer Krieger würde, selbst um Verfolgungen zu entgehen, nicht zulassen, daß seine Flagge eingeholt wird[276]. Denn solange die Fahne weht, muß die Armee im Schritt gehen und nach vorn zu den feindlichen Schanzen marschieren. Es wäre die höchste Schande, mit entfalteter Fahne zu fliehen, denn man zieht ja in die Schlacht, um seinem Fahnenzeichen Ehre zu bereiten. Wer es riskiert, zum Gespött eines Feindes zu werden – sei es, daß dieser ihn beim Namen rufen oder großmütig verschonen kann –, dem ist das schlimmste Unheil widerfahren. Um dies abzuwenden, muß man ebenso schlau wie tapfer sein. Bei einer Schlacht zwischen den Armee von Chin und Ch'u (596 v. Chr.) bleibt ein Kriegswagen aus Chin im Schlamm stecken, so daß er weder vor noch zurück kann: Die Situation scheint aussichtslos. Der Feind amüsiert sich damit, gute Ratschläge zu erteilen. »Ein Krieger aus Ch'u sagte zum Wagenlenker, er solle die Querstange abnehmen (an der die Waffen aufgehängt wurden). (Als die Stange entfernt war, konnte) der Wagen – allerdings nur ein Stückchen – voranrücken. Da sagte ein anderer Krieger aus Ch'u zum Wagenlenker, er solle die Fahnenstange abnehmen und auf das Joch legen. (Nachdem die Fahnenstange entfernt war), schaffte es der Wagen (endlich), aus dem Loch herauszukommen. Da wandte der Wagenlenker den Kopf beiseite und sagte (um die beleidigenden Ratschläge und die entehrende Gnade, die ihm erwiesen worden war, heimzuzahlen): ›Natürlich sind wir nicht wie die Einwohner Eures großen Landes in (der Kunst des) Fliehens geübt!‹«

Es ist ein großartiges Spiel während der Schlacht, den Feind zu verspotten. Man kann auch seine eigenen Gefährten verspotten, während man ihnen zugleich hilft: »Chao Chan gab seine zwei besten Pferde seinem ältesten Bruder und seinem Onkel, um ihnen die Flucht zu ermöglichen. Er selbst kehrte mit seinen anderen Pferden zurück. Als er auf den Feind stieß, konnte er ihm nicht entkommen, und so gab er seinen Wagen auf und flüchtete zu Fuß durch den Wald. (Ein anderer Krieger derselben Armee namens) Feng fuhr mit seinen beiden Söhnen auf seinem Wagen und kreuzte (seinen Weg). Er sagte ihnen, nicht den Kopf nach hinten zu wenden (denn dann hätten sie Chao Chan zu Fuß flüchten gesehen und ihn dadurch gedemütigt). Dennoch blickten sie sich um und sagten (indem sie den Flüchtenden beim Namen nannten): ›Da hinten läuft ja der alte Chao!‹ Wutentbrannt befahl Chao ihnen (vom Wagen ihres Vaters) herabzusteigen, und indem er auf einen Baum zeigte, sagte er zu ihnen: ›Gestreckt wie Leichen werdet Ihr an diesem Ort bleiben!‹ (Sie mußten absteigen und sofort) überreichte ihr Vater dem Chao Chan das Seil, um ihm in seinen eigenen Wagen zu helfen und ihn zu retten. Am nächsten Tag lagen die Leichen seiner Söhne am angegebenen Platz: (Der Feind) hatte beide gefangengenommen (getötet) und an den Baum gebunden.«[277]

Die Schlacht selbst ist ein verwirrendes Durcheinander von Herausforderung und großmütiger Geste, von Huldigung und Beleidigung, Aufopferung und Verwünschung, von Segnungen und Hexereien. Weit weniger als ein Kreuzen der Waffen ist sie ein Turnier um moralische Werte, eine Auseinandersetzung, in der man die Ehre aneinander mißt. Man versucht seine eigenen Eigenschaften hervorzuheben, während man die anderer abwertet, und zwar nicht nur die der Gegner, sondern genauso die der gemeinsamen Kampfgefährten. Mit der Schlacht kommt der große Augenblick, da jeder Krieger seinen vornehmen Stand unter Beweis stellt, indem er vor aller Augen für die Ehre seines Herrschers, seiner Sache und seines Landes kämpft. Die solidarische Gesinnung des Vasallen, die sich häufig aggressiv und immer von dem Ehrgeiz nach Überlegenheit getrieben zeigt, offenbart sich in den Prüfungen einer Schlacht genauso wie in den vorbereitenden Übungsturnieren. Ein Vasall verliert seinen Rang, wenn er sich im friedlichen Wettkampf von einem Kampfgefährten besiegen läßt[278], und ein Kriegsminister erweist sich für sein Amt als unwürdig, wenn er sich im Spiel ein Seil um den Hals legen läßt, als wäre er ein Kriegsgefangener[279]. Und wer es nicht wagt, einen gefesselten Gefangenen zu töten, sondern seine Lanze fallen läßt, kann nie mehr Lanzenwerfer sein und muß auf seinem Platz rechts im Kriegswagen durch einen zuverlässigen Mann ersetzt werden, der dem Opfer, ohne vor seinem lauten Schrei zurückzuschrecken, kaltblütig das linke Ohr abschneidet. Ein solcher Mann fürchtet dann auch nicht, von der Rache einer feindlichen Seele heimgesucht zu werden, da er sich mit den Gefährten seiner Wagenbesatzung auf Leben und Tod verbündet hat[280].

Die Solidarität innerhalb der Wagenbesatzung ist die eigentliche Grundlage der Ehre: das geht so weit, daß jemand, der seinen Wagenlenker töten läßt, ein für alle Mal die Fähigkeit verliert, Wagenkommandant zu sein[281]. Auf dieser Solidarität beruht die Stärke der Armeen. Sie wird aus zahlreichen Elementen eines gemeinschaftlichen Bewußtseins gebildet, doch beschönigt sie auch eine kleinliche Haltung dem Ehrenstandpunkt gegenüber. Chang-ko und Fu-li, zwei Großwürdenträger aus Chin, erhalten den Auftrag, den Feind zu provozieren; dazu brauchen sie jedoch einen Wagenlenker, der bestens über das Land und seine Wege Bescheid weiß. Sie ersuchen das kleine Fürstentum Cheng, das mit Chin im Krieg gegen Ch'u verbündet ist, um Unterstützung: das Schildkrötenorakel fällt auf Shih-chüan, einen Großwürdenträger aus Cheng. Wenn die Krieger auch als Großwürdenträger gleichrangig sind, so sind sie vom Prestige ihrer Länder her unterschieden. Shih-chüan, der sich über die Gefahr im klaren ist, geringgeschätzt und als Untergebener behandelt zu werden, ist fest entschlossen, seine Ehre und die seines Landes hochzuhalten und die Unwahrheit des Sprichwortes: »Auf einem kleinen Hügel wächst weder Zypresse noch Tanne« zu demonstrieren. Die Besatzung bricht auf. »Während sich Chang-ko und Fu-li in ihrem Zelt aufhielten, ließen sie Shih-chüan draußen sitzen [Verweigerung der gemeinsamen Wohnstätte] und gaben ihm erst zu essen, nachdem sie ihren eigenen Hunger gestillt hatten [ein gemeinschaftliches Essen, das das Prinzip der feudalen Abhängigkeit verkörpert] ... Als sie sich den feindlichen Reihen näherten, ließ Shih-chüan plötzlich, *ohne die beiden zu warnen*, die Pferde schneller laufen: (da sie ihre Rüstung abgelegt hatten und in Ruhe auf der Laute spielten, mußten sie sich eilen) ihre Helme aus den Hüllen zu nehmen und aufzusetzen. Nachdem sie in die feindlichen Schanzen eingedrungen waren, sprangen sie vom Wagen, griffen sich je einen Feind, warfen sie zu Boden und wollten sie als Kriegsgefangene mit sich nehmen. (Aber Shih-chüan) hatte (bereits), *ohne auf sie zu warten*, die Festungsanlagen wieder verlassen. Dennoch gelang es den beiden zu entkommen; sie sprangen auf den Wagen, zogen den Bogen aus der Halterung und schickten ihre Pfeile ab. Nachdem die Gefahr vorüber war, setzten sie sich erneut hin und spielten auf der Laute [um zunächst ihre vollkommene Ruhe zu zeigen]. (Darnach) sagten sie zu Shih-chüan: ›*Fürst* [sie sprechen ihn mit dem Titel an, der ihm auf Grund seiner Herkunft aus einer Herrscherfamilie zusteht, da Shih-chüan eben die Distanz, die sie zwischen ihre und seine Position legen wollten, ausgelöst hatte], *wir gehören alle derselben Besatzung an: wir sind Brüder*. Warum habt Ihr zweimal gehandelt, ohne uns zu befragen?‹ [Nachdem sein Ansehen wiederhergestellt ist und er sich bescheiden geben kann] antwortete Shih-chüan: ›Zuerst habe ich nur daran gedacht, in das Lager einzudringen und dann *habe ich Angst bekommen*‹ [Ich bin nicht so anmaßend, als daß ich glaubte, Eurer Tapferkeit gleichzukommen: Mit dieser Formel entwaffnet er ihre Wut]. Die zwei anderen brachen in Lachen aus und sagten: ›In Eurem Fürstentum ist man ganz schön schlagfertig!‹«[282] Man sieht, daß in Prüfungen, die einem um der Ehre willen auferlegt werden, Loyalität leicht den Anschein von Verrat annimmt.

Die Waffenbrüderschaft hat in gewissem Sinne einen zweiseitigen Charakter, denn mit dem Ausgang der Schlacht, entsprechend dem Sieg oder der Niederlage des Landes, ist die Erhöhung oder Minderung von persönlichem Prestige verbunden. Umgekehrt empfindet man gegenüber einem Feind, den man nur gelegentlich – und dann, um vornehmlich die Rangordnung im eigenen Lager festzulegen – zum Kampf trifft, kaum weniger freundschaftliche Gefühle als Haß.

Außer in jenen außergewöhnlichen Fällen, in denen der Krieg bis zur vollständigen Vernichtung des Gegners geführt wird, ist das Ziel einer Schlacht keinesfalls die Zerstörung der feindlichen Armee, sondern die ritterliche Auseinandersetzung zwischen zwei Parteien: Als Herzog Hsiang von Sung die Armee von Ch'u, die gerade einen Fluß durchquert, zur offenen Feldschlacht erwartet[283], gibt man ihm folgenden Ratschlag: »Sie sind zahlreicher als wir. Greifen wir sie an, bevor sie die Überquerung des Flusses beendet haben!« Der Herzog jedoch befolgt den Rat nicht. Nach der Durchführung des Übergangs und bevor Ch'u sich noch in Schlachtordnung aufgestellt hat, rät man erneut dem Herzog: »Wir müssen sie angreifen!«, er aber antwortet: »Warten wir, bis sie sich zur Schlacht aufgestellt haben!« Als er sie endlich angriff, wurde seine Armee geschlagen, er selbst verwundet. Später sagte er: »Ein Herrscher, der seines Titels würdig ist (*chün-tzu*, Herrscher, Edler, Mann von Ehre), (versucht) nicht, den Gegner ins Unglück zu stürzen. Solange die Schlachtreihen noch nicht aufgestellt sind, läßt er die Trommel nicht schlagen.« Obwohl man dem Herzog Hsiang geantwortet hat, daß allein der Erfolg zählt, hat ihm die Geschichte dennoch zahlreiche und schwerwiegende Fehler verziehen, weil er unter diesen Umständen nur an die Wahrung der Ehre dachte.

Von Sieg kann man nur sprechen, wenn die Ehre des Herrschers gestärkt aus der Schlacht hervorgeht. Sie wächst in geringerem Maße, wenn man den Erfolg sucht (und, vor allem, wenn man ihn bis zur letzten Konsequenz verfolgt), als wenn man Mäßigung an den Tag legt: Im Jahre 614 v. Chr. stehen sich die Armeen von Chin und Ch'in gegenüber, ohne noch den Kampf aufgenommen zu haben. Während der Nacht kommt ein Bote von Ch'in mit der Nachricht, Chin möge sich auf die Schlacht vorbereiten: »In den beiden Armeen fehlt es nicht an tapferen Kriegern! Ich fordere Euch auf, uns morgen früh zum Kampf zu treffen!« Doch die Krieger merken, daß der Gesandte keinen festen Blick hat und seine Stimme nicht sicher klingt: Ch'in ist bereits im voraus besiegt. »Die Armee von Ch'in fürchtet uns! Sie wird die Flucht ergreifen. Wenn wir sie zum Gelben Fluß hindrängen, werden wir sie sicherlich schlagen!« Dennoch greift die Armee von Chin nicht an, so daß der Gegner in Ruhe sein Lager abbrechen kann; es hatte genügt, daß einer die Bemerkung machte: »Sich nicht um die Toten und Verwundeten zu kümmern, ist unmenschlich! Nicht den vereinbarten Zeitpunkt abzuwarten und den Gegner in einer gefährlichen Lage zu bedrängen, ist feige!«[284]

Der Sieger jedoch, dem man zur Glorifizierung seines Ruhmes vorschlägt, auf der Stätte seines Erfolgs ein Lager zu errichten und auf den Körpern seiner getöteten Feinde einen gewaltigen Hügel aufzubauen, muß etwa so sprechen[285]: »Ich war die Ursache, daß zwei Länder die Knochen ihrer Krieger der Sonne ausgesetzt haben! Das ist Grausamkeit! ... (Zweifellos), als in alter Zeit die tugendstrahlenden Könige jene Menschen bekriegten, die keine Ehrfurcht (vor der himmlischen Ordnung) zeigten, und wenn sie jene, die (gleichsam wie) Wale (die Schwachen verschlungen haben), gefangensetzten, (dann hatten diese Könige allen Grund), einen Triumphhügel zu errichten (*feng*), um (für alle Zeiten) die Körper [der Schuldigen: des schlechten Herrschers und seiner Getreuen, die durch sein Beispiel verdorben wurden] zur Schau zu stellen. Aber jetzt? Jetzt gibt es nur Vasallen, die bis zum letzten ihre Treue bewiesen haben! Vasallen, die, an das Geschick [*ming*: Leben, Geschick, Ordnung, Investitur] ihres Fürsten gebunden, gefallen sind! Warum soll ich ein triumphales Denkmal errichten?«

Während sich die Vasallen im Durcheinander des Schlachtgetümmels gegenüberstehen, übernimmt der Herrscher ganz allein die Verantwortung für den Kampf und seine Folgen: Er allein führt die Schlacht an, und nur durch seine Tugendkraft wird der Sieg errungen. Er muß sich voll und ganz einsetzen. Ch'i-k'o ist Kommandant der mittleren Legion von Chin, Huan ist sein Lanzenwerfer und Chang-hou sein Wagenlenker. Zu Beginn des Kampfes (588 v. Chr.)[286] »wurde Ch'i-k'o von einem Pfeil verletzt, so daß das Blut bis auf seine Schuhe floß: *dennoch ließ er weiter seine Trommel schlagen*. (Schließlich jedoch) sagte er: ›Ich habe Schmerzen!‹ [Nun müssen die Führer, auch wenn sie unter Waffen stehen, die Etikette beachten: Ihre Getreuen sind gehalten, sie an ihre Pflicht zu erinnern.] Chang-hou sagte zu ihm: ›Seit die Schlacht begonnen hat, haben mich zwei Pfeile getroffen: Einer an der Hand und der andere am Ellenbogen. Ich habe sie herausgezogen, um den Wagen lenken zu können, und das linke Rad ist purpurrot von Blut geworden. Habe ich je zu sagen gewagt, daß ich Schmerzen habe? Mein Fürst, seid geduldig!‹ Huan sagte zu Ch'i-k'o: ›Solange nun die Schlacht tobt und seitdem uns die Gefahren bedrängen, bin ich vom Wagen abgestiegen, um die Pferde anzutreiben. Mein Fürst! Habt ihr Euch da (einmal) um mich Gedanken gemacht? Und dennoch habt Ihr Schmerzen!‹ Chang-hou fuhr fort: ›*Die Augen und Ohren der Armee sind fest auf unsere Fahne und unsere Trommel gerichtet*. Alle gehorchen ihnen, wenn es anzugreifen oder zurückzuweichen gilt. Solange es einen Mann gibt, der unseren Wagen hier lenkt, ist es möglich, das Unternehmen zu vollenden. Werdet Ihr nun, da Ihr Schmerzen habt, das große Werk unseres Herrn in die Katastrophe führen? *Wer den Panzer anlegt und die Waffen in die Hand nimmt, muß ohne Zögern bis zum Tode vorwärtsschreiten*. Ihr leidet, doch Ihr seid nicht tödlich verletzt. Fürst, überwindet Eure Schmerzen!‹ Daraufhin nahm Chang-hou die Zügel in seine linke und den Stock in seine rechte Hand und schlug die Trommel.« Aber Chang-hou war nicht befähigt, die Stelle des Kommandanten einzunehmen: er verlor die Kontrolle über die Pferde, und die Armee wurde geschlagen. Ein Armeeführer ist dann seiner Stellung würdig, wenn er nach dem Kampf ausrufen kann: »Ich wurde über den Schutzbehälter meines Bogens gestürzt! Ich habe Blut gespien! *Und dennoch ist der Schlag meiner Trommel nicht schwächer geworden!* Heute bin ich ein Führer gewesen!« Und da er tatsächlich ein Führer gewesen ist, konnte sein Lanzenwerfer die Feinde ohne jede Mühe abwehren, während sein Wagenlenker, dessen Zügel so abgenützt waren, daß sie bei der geringsten Belastung hätten reißen müssen, seinen Wagen im vollen Galopp durch das Schlachtgetümmel lenken konnte.

Stimme, Atem, Seele und Kampfeseifer des Führers übertragen sich auf seine Wagengefährten und die ganze Armee, doch zu allererst durchdringen sie seine Trommel und seine Fahne. Die Fahne, das ist das gesamte Vaterland, und wenn sie zerstört ist, dann ist das Fürstentum verloren. Die Fahne, das ist auch der Herrscher selbst, und wer den Fähnrich berührt, macht sich der Majestätsbeleidigung schuldig: Überall, wohin seine Standarte getragen wird, hält sich der Fürst persönlich auf[287]. Doch nur bei außergewöhnlichen Gelegenheiten setzt sich ein Herrscher gemeinsam mit seiner Fahne den Gefahren einer Schlacht aus, im allgemeinen vertraut er die Fahne einem General an und übergibt ihm das Kommando. Es sind indessen nur wenige bereit, die gefährliche Ehre eines totalen *Imperiums* anzunehmen: Ein vorsichtiger General wird zumindest die Fransen von der fürstlichen Fahne abschneiden, um nicht vollkommen mit dem Herrscher identifiziert zu werden.

Wenn beim Aufbruch der Armee die Fahnen und Trommeln mit Blut eingeschmiert und dadurch beseelt werden, sind – im Prinzip – alle Vasallen dem Tode geweiht. Doch der General, dem als Oberbefehlshaber Fahne und Trommel anvertraut wurden, ist tatsächlich dem Tode ausgeliefert, wenn er durch die Annahme des *Imperiums* zum Doppel des Herrschers wird. Nachdem das Schildkrötenorakel befragt wurde und er sich einem strengen Fasten unterzogen hat, werden dem Armeeführer, der eine Hacke in der Hand hält, Trommel und Fahne übergeben. Darnach muß er sich in eine Wohnstätte zurückziehen, die ihn von der Welt der Lebende abschirmt: er kleidet sich in Trauergewänder und kann die Stadt nur mehr durch eine eigens ins Nordtor geschlagene Bresche verlassen. (Auch die Toten müssen durch eine Bresche aus dem Ahnentempel zum Begräbnis getragen werden[288]). Der General muß sich die Zehen- und Fingernägel schneiden, genauso, als würde er sich einer heiligen Macht vollständig ausliefern. Von diesem Zeitpunkt an »darf er nicht mehr nach rückwärts blicken«, da er »dem Tode geweiht ist«. Von einem Band absoluter Treue gebunden, kann er kein »doppeltes Herz« mehr haben, und er wird zur Seele des Gemetzels, dessen Auftrag er übernommen hat und auf das er sich vorbereitet. Diese Vorbereitung gleicht jener der Exorzisten, die den Auftrag haben, für den Fürsten die schädlichen Kräfte zu vertreiben: Auch sie schwören, während sie ihre geweihten Kleider anlegen, erst dann zurückzukehren, wenn sie »bis zum Ende gekämpft haben«. Manchmal erneuert der Heerführer während des Kriegszugs seine Opferbereitschaft, wie Chung-hang Hsien-tzu, ein General aus Chin, der 554 v. Chr. wertvolle Steine in den Gelben Fluß warf und dabei folgenden Schwur leistete: »Ich werde es mir nicht erlauben, wieder über den Fluß zurückzukehren!« Hsien-tzu konnte nur einen halben Sieg erringen und setzte dennoch über den Fluß. Darnach wurde er krank, und seine Augen traten aus den Höhlen: Er verlangte noch nach einem Nachfolger und verschied. Doch noch im Tod blieb sein Mund weit offen stehen, und seine hervorquellenden Augen wollten sich nicht schließen. Jemand sagte: »Vielleicht liegt es daran, daß er sein Werk nicht vollendet hat?« Da legte ein Unterführer seine Hände auf die Leiche [eine Verbundenheitsgeste] und rief aus: »Fürst! Ihr seid tot! Doch wenn ich Euer Werk nicht fortführen werde, dann sei der Gelbe Fluß mein Zeuge! Daraufhin schloß die Leiche zustimmend die Augen, und man konnte endlich den Mund schließen. In der Grabrede von Hsien-tzu hieß es: »Das war ein Mann!«[289]

Gewöhnlich versuchen die Vornehmen, einen halben Sieg oder eine milde Niederlage zu erreichen. Allerdings stehen ihnen dann von seiten eines ehrgeizigen Herrschers fürchterliche Bedrohungen bevor: Ihr Herr ist noch nicht einmal zufriedengestellt, wenn er sie aufgegessen hat[290]. Alle treuen Vasallen kennen das Sprichwort: »Als Sieger – Kriegsminister! – Als Besiegter: Im Kessel gekocht!« Sie wissen aber auch, daß ihr Herr sie im Falle einer leidlichen Niederlage oder gar der Gefangennahme schnell begnadigen und wieder auslösen würde, voll Freude darüber, sie nicht in den Dienst eines anderen wechseln zu sehen. Man wird so lange benötigt, wie man nicht die Unklugheit besitzt, sein Werk auf einmal zu beenden. Der gute General wußte, wann es zu fliehen galt und man sich seiner Lederrüstung entledigen konnte. Anstelle eines triumphalen Einzugs in die Stadt kostete es ihn allerhöchstens ein Spießrutenlaufen unter anzüglichen Spottversen, die gutgelaunt gesungen wurden: »Reiß' deine Augen auf! – Bläh' deinen Bauch auf! – Wirf deine Rüstung weg und kehre zurück – Oh, Schönbart! Oh, Schönbart! – Da bist du wieder ohne deine Rüstung!« – »Die Rinder haben noch Häute genug! – Und Nashörner gibt es auch noch jede Menge! – Habe ich halt meine Rüstung weggeworfen: na und?« – »Das stimmt: Leder gibt es noch, – Aber wo willst du den roten Leim hernehmen?«[291] Nach großem Sieg hingegen feiert der Heerführer unter stolzen Gesängen einen triumphalen Einzug in die Stadt: »Wir steigen auf ihre Berge (die nun unser sind)! – Uns gehören die Hügel! Uns gehören die Berge! – Sie trinken nicht mehr aus ihren Quellen (die nun unser sind)! – Uns gehören die Quellen, uns gehören die Seen!«[292]

An diesem Tag marschierte der General noch in der ersten Reihe der Triumphtänzer mit der Hacke in der Hand. Schwierig war es jedoch, die Hacke abzulegen, ohne mit dem *Imperium* zugleich sein Leben zu verlieren: 540 v. Chr. ist Tzu-wei im Auftrag von Ch'u Oberbefehlshaber der Armee. Sein Herr erlaubt ihm für die Zeit seines Amtes, Herrscherkleider zu tragen und sich wie ein Lehnsfürst von zwei Lanzenwerfern beschützen zu lassen – ein vollkommen gerechtfertigter Aufwand, um allen rivalisierenden Staaten die Vorherrschaft von Ch'u aufzuzwingen. Doch, wie ein ausländischer Diplomat sagt: »Tzu-wei hat diesen Prunk zwar nur für eine gewisse Zeit übernommen, aber er wird ihn nicht mehr aufgeben!« Nun waren alle Herrscher der anderen Länder bemüht, Tzu-wei den Vortritt zu lassen, voll Freude, sein Glück fördern zu können, da sie beabsichtigten, ihn zu einem fürchterlichen Sturz zu verdammen. Und in der Tat behielt Tzu-wei seine beiden Lanzenwerfer, vernichtete den Herrscher von Ch'u, tötete dessen Söhne und usurpierte die Macht. Doch nachdem er ausschweifende Triumphe gefeiert hatte, nahm sein Leben ein unglückliches Ende[293].

Eine einzige Alternative bleibt dem Heerführer offen, der zu viel Erfolg für seine Waffen sucht: Entweder er reißt die Macht an sich oder er geht unter. Auf den Triumph folgt unweigerlich die Ungnade, wenn er dieser nicht durch Rebellion zuvorkommt. Ein loyaler und kluger General vermeidet es, die Verantwortung für einen Sieg auf sich zu nehmen, und verteilt die Ursachen für eine Niederlage: »Statt Euch allein mit der Schuld zu belasten, verteilt sie doch auf Eure sechs Legionskommandanten. Wäre das nicht besser?«[294] Darin kommt eine militärische Moral und Gesinnung zum Ausdruck, die sich – ohne wesentliche Unterschiede – im Verlauf der endlosen Turniere, die die Feudalzeit bestimmten, herausgebildet haben. Offiziere und Heerführer hassen den brutalen Krieg und die unfeine Art, für einen Sieg mit dem letzten Einsatz des Lebens kämpfen zu müssen. Sie ziehen in schöner Abwechslung kriegerische Paraden und kriegsbereite Waffenruhen vor, die ihnen erlauben, Prestige zu erwerben und Talente in klingende Münze umzusetzen.

Solange während der Feudalzeit die Schlacht als ein vornehmes Spiel betrieben wird, ist ihre Entscheidung ein Urteil mit dem Recht auf Berufung. Der Sieger, der durch den Erfolg geheiligt ist, hält für einen Augenblick das Los des Besiegten in seinen Händen. Dieser, dessen Schuld sich erwiesen hat, bittet nun, allerdings mit aufreizender Unterwürfigkeit, um Gnade: Wenn sein flehentliches Bitten in vollkommener Demut vorgebracht wird, wenn sein Schuldgeständnis umfassend und das Bekenntnis seiner Ohnmacht offenkundig ist, dann reicht dies aus, ihn von seiner Schuld reinzuwaschen und das Gleichgewicht des Geschicks wiederherzustellen, denn indem er sich dem Herrn der Stunde gänzlich ausliefert, bietet er ihm für die Zukunft eine zu starke Herausforderung an, einen Kampf, dessen Einsatz gering zu halten der Partner allen Grund hat. Der Sieger trägt Sorge, nur eine mäßige Kompensation zu fordern, und ist von sich aus bemüht, den Unterlegenen wieder zu stärken, den Schuldigen zu rehabilitieren.

593 v. Chr. wird Sung von Ch'u belagert und sieht sich von jeglicher Hoffnung auf Unterstützung abgeschnitten. Der Feind trifft bereits Anstalten, das Lager bis zum Fall der Stellungen einzurichten. Das beste, was man noch erwarten kann, ist eine Übereinkunft auf Übergabe oder allerhöchstens ein Vertrag, der – welch verwerfliche Schande – am Fuß der Mauern der Stadt durch einen Schwur beschlossen wird. Und da geschieht es, daß die Belagerten, um die Vergangenheit zu vernichten und die Zukunft zu zerstören, die Knochen ihrer Toten verbrennen und ihre Kinder aufessen. Doch als sie den Belagerern Nachricht davon geben, werden diese durch das entsetzliche Eingeständnis von Ohnmacht nicht etwa ermutigt, sondern in Schrecken versetzt: Die Armee zieht sich auf dreißig Stadien zurück, und ein ehrenhafter Friede wird geschlossen[295]. Nach siebzehntägiger Belagerung (596 v. Chr.) erfahren die Bewohner von Cheng aus dem Schildkrötenorakel, daß ihre Rettung darin besteht, im Ahnentempel zu wehklagen und die Stadt aufzugeben. Von diesem Trauerritus besiegt, zieht sich die feindliche Armee zurück, worauf die Verteidiger erneut Hoffnung schöpfen und die Stadt wieder abwehrbereit machen. Der Feind sieht sich herausgefordert, umzingelt die Stadt wieder und erstürmt sie bald darnach: alles scheint verloren. »Mit nacktem Oberkörper (rituelles Zeichen der Trauer), einen Widder am Strick hinter sich herziehend [wenn in den Triumphzeremonien nicht der Unterlegene geopfert wird, tritt ein Widder an seine Stelle], schritt der Herrscher von Cheng vor (den Sieger hin) und sagte: ›Ich habe den Himmel nicht mehr (auf meiner Seite)! Ich habe keine Fähigkeit, Euch, Fürst, (als Vasall) zu dienen! Ich habe Euch, Fürst, Schmerz bereitet und Euren Zorn bewirkt! Dieser Zorn erstreckt sich auf mein armes Land! *Das ist meine Schuld!* Wie sollte ich nicht den Mut aufbringen, Euren Beschluß (*ming*) anzunehmen? Wenn Ihr uns, die wir Eure Kriegsgefangenen sind, an die Ufer des (Yang-tzu) Chiang und des Meeres schicken wollt [Verbannung in die unbebauten Grenzgebiete], dann werden wir diesem Befehl gehorchen! Wenn Ihr uns als Beute an die Lehnsfürsten verteilen wollt, wenn Ihr wollt, daß wir (alle, Männer und Frauen) in den Stand von Dienstboten erniedrigt werden [Strafleibeigenschaft], dann werden wir diesem Befehl gehorchen! Doch wenn Ihr ge-

ruht, Euch der alten Freundschaftsbande zu erinnern, wenn Ihr einen Teil des Glücks, das unsere königlichen und fürstlichen Ahnen gewähren können, zu erlangen wünscht [dieses Glück (*fu*) erwirbt man, indem man vom Opferfleisch ißt: das könnte der Herrscher von Cheng nur dann als Geschenk schicken (*chih fu*), wenn die Ahnenopfer nicht durch die Zerstörung des Fürstentums unterbrochen werden], wenn Ihr unsere Erd- und Erntealtäre nicht vernichtet [indem Ihr sie in Schlammlöcher verwandelt], und wenn Ihr mich [indem Ihr Eure Tugend auf mich wirken laßt] so verändert, daß ich Euch, gleichgestellt mit diesen Barbaren, (die Ihr Eurem Land) in neun Distrikten (einzuverleiben wußtet), als Vasall zu dienen fähig bin, *dann wäre das (von Eurer Seite) eine großzügige Handlung*! Das wage ich zwar nicht zu erhoffen, (doch) wollte ich Euch mein Herz öffnen! Fürst, Ihr müßt entscheiden!‹« Der Herrscher von Ch'u war von diesem Geständnis, dem nichts entgegenzusetzen war, geschlagen (»Ein Fürst, der sich demütigen kann, ist sicherlich in der Lage, die gesamte Treue seines Volkes auf sich zu vereinigen.«): Er ließ seine Armee dreißig Stadien zurückmarschieren und gewährte einen ehrenhaften Frieden[296]. Im Jahre 547 dringt die Armee von Cheng siegreich in Ch'en ein. Sogleich bringt der Kriegsminister den Generälen von Cheng die heiligen Ahnengefäße, und der Fürst von Ch'en, versehen mit einer Trauerkappe, hält die Tafel seines Erdgottes in seinen Armen, und das Volk von Ch'en ist nicht nach Rang und nicht nach Namen geordnet, es ist nur in Männer und Frauen geschieden und erwartet die Sieger, wie Kriegsgefangene gefesselt. Nun treten die feindlichen Generäle vor: Einer trägt selbst Seile in der Hand, nicht, um die Gefangenen festzubinden, sondern um die ihnen erwiesene Unterwürfigkeit mit Unterwürfigkeit zu erwidern. Zur Begrüßung kniet er sich nieder und bietet dem besiegten Fürsten eine Schale an. Damit gibt er ihm zu verstehen, daß sein Sieg keine anderen Folgen als jener haben wird, den die Schützen bei rituellen Bogenschußturnieren erringen: In diesen Wettkämpfen werden die Verdienste ihrem Rang nach geordnet, sie dienen aber auch als Auftakt zu gemeinschaftlichen Freudenfesten. Hierauf kommt ein anderer General nach vorne: Er beschränkt sich darauf, die Gefangenen zu zählen, und reduziert so die Inbesitznahme zu einer symbolischen Geste und den Triumph zu einer einfachen Bestätigung des Prestiges. Sofort nehmen die Einwohner von Ch'en ihre Tätigkeiten wieder auf und zeigen ihre soziale Zugehörigkeit; der Gott des Bodens, der unter der Obhut des Beschwörungspriesters gereinigt wurde, wird wieder Zentrum des gestärkten und rehabilitierten Vaterlandes. Währenddessen zieht die Armee von Cheng wieder ab, ausgezeichnet mit dem Ruhm, eine gemäßigte Haltung gezeigt zu haben. Es ist kein belastender Ruhm, vergiftet von der Furcht, das Glück könnte umschlagen. Die Generäle von Cheng haben nicht mit einem Schlag ihren Anteil an Glück ausgeschöpft, und so war, wie man berichtet, ihrem Ansehen und ihrem Ruf eine lange Dauer beschieden[297].

Erst der Triumph vollendet den Sieg, gibt ihm den Charakter von Gültigkeit. Der Sieger verbucht einen Erfolg, doch über den Ruhm hinaus, daß er Gnade hat walten lassen, kann er unter seine Aktiva alle Güter verzeichnen, mit denen die Unterlegenen ihre Niederlage und Begnadigung bezahlt haben: Kriegsgefangene aus den Schlachten, Geiseln oder Territorien, deren Einsatz Verträge garantieren soll, Frauen, die zur Erneuerung von Bündnissen übergeben werden, Schmuckstücke, die als Geschenke die Freundschaft bestärken sollen. Diese Beute stellt nicht nur eine Sammlung von Trophäen dar, sondern sie hat auch materiellen Wert. Sie wird nach der triumphalen Heimkehr der Sieger im Verhältnis der Verdienste aufgeteilt, die sich jeder von ihnen in den kriegerischen Wettkämpfen erworben hat.

Diese Teilung wird zum Anlaß eines Turniers, wo man sich im Wettkampf ebenso hart wie auf dem Schlachtfeld bekriegt. Wenn ein Fürst zum Ruhme seiner Waffen einen Orden der Tapferen einsetzt und auf zwei seiner Krieger zeigt mit den Worten: »Die da sind meine Helden!« (wörtlich: meine Männchen, genauer: meine Hähne), dann wird ein Vasall, der sich zu Unrecht von dieser Ehrung ausgeschlossen fühlt, rufen: »Wenn diese zwei da wilde Tiere wären, würde ich ihr Fleisch essen und auf ihrem Fell schlafen!«[298] Es ist die Wirkkraft des Fürsten, durch die der Krieg geführt und gewonnen wurde, und es ist der Fürst, der die Trophäen gesammelt hat, er muß aber auch sofort die Verteilung des Ruhmes übernehmen, eine Handlung, für die er in schrecklicher Weise zur Verantwortung gezogen werden kann. Der Vasall, der durch seinen Anteil an Ehre und Gewinn nicht zufriedengestellt ist, hat gegenüber seinem Fürsten nur eine Waffe, die allerdings zu den mächtigsten überhaupt gehört, um seinen Anspruch durchzusetzen: die Verwünschung. Ja, er kann sogar, indem er Selbstmord begeht, seinen triumphierenden Herrn noch zum Schuldner seiner Seele machen. Als Herzog Wen von Chin vergißt, Chieh-tzu Ch'ui zu belehnen, protestiert dieser nicht, sondern verläßt sich auf die Wirkung von Liedern: »Ein Drache [der Fürst] will zum Himmel steigen! – Fünf Schlangen [fünf ergebene Vasallen] helfen ihm dabei – Der Drache ist bis zu den Wolken emporgestiegen! – Nur vier Schlangen finden eine Bleibe! – Die letzte, allein und verärgert, wurde nie mehr gesehen!« Daraufhin flüchtet er auf einen bewaldeten Berg, von dem ihn nicht einmal Feuer mehr vertreiben kann: er klammert sich an einen Baum und verbrennt. Um diesen unheilvollen Tod zu entsühnen, der die Gefahr barg, wie ein Schandfleck das Schicksal des Fürsten zu begleiten, war Herzog

Wen gezwungen, Chieh-tzu Ch'ui posthum ein Lehen zu verleihen: der Berg, auf dem er gestorben war, wurde ihm geweiht, sowohl als Lohn für seine Aufopferung in der Vergangenheit, als auch zur Abwehr negativer Auswirkungen in der Zukunft[299]. Ein Vasall, der belohnt zu werden wünscht, auch beabsichtigt, aus der zu erlangenden Belohnung tatsächlich Nutzen zu ziehen, wird sich damit begnügen, seinem Herrn nahezulegen, daß er in den Gunstbezeugungen ohne Zweifel deswegen leer ausgegangen ist, da er eine Strafe verdiente[300]. Auf Grund solcher zwingenden Verwünschungen wie auch dieser versteckten Drohungen, die sich hinter der Forderung nach Strafe verbergen, bleibt dem Fürsten nichts anderes übrig, als von den Früchten des Sieges nur den reinen und bloßen Ruhm ohne materielle Vorteile zurückzubehalten: so weiht er zwar die Trophäen seinen Ahnen, verteilt sie aber unter den Vasallen. Wenn allerdings seine Tugend so ungeschliffen ist, daß er seine Erfolge in Gebietszuwachs ummünzen will, dann läuft er in sein Verderben, denn gerade die eroberten Territorien werden die Lehen seiner Vasallen vergrößern: Und wenn die erst einmal reich sind, dann sind sie auch versucht, Rebellen zu werden. Der Feudalherrscher hat genausoviel Interesse wie seine Heerführer (oder gar noch mehr), die Besiegten zu verschonen: ein voll ausgeschöpfter Triumph würde ihn vernichten.

Für den Fürsten besteht der hauptsächliche und einzige Zweck eines Kriegszugs in der Tatsache, daß er seine Vasallen prüfen kann: Der Triumph gibt ihm die Möglichkeit, jene »mit doppeltem Herzen« zu bestrafen[301]. Er verschont die Heerführer und Krieger, deren Treue zweifelhaft ist, mit größeren Bedenken als die unterlegenen Feinde. Er züchtigt jene, die ihre Fahne verloren haben, die vom Feind freigelassenen Gefangenen (die er genauso rehabilitieren wie der Gerichtsbarkeit ihrer Familienoberhäupter übergeben kann), die Feiglinge, die nicht mit ihren Wagengefährten ihr Leben geopfert haben, und vor allem jene tapferen Männer, die sich zum Ungehorsam hinreißen ließen – zumindest, wenn sie Verletzungen davontragen, die sie dienstuntauglich und hilflos machten. Der Krieg »läßt die unruhestiftenden Männer verschwinden«, Unglück droht dem, der ihn unterdrücken möchte! Denn in der Tat hat der Krieg durch die Exekutionen während des Triumphes eine reinigende Wirkung[302].

Die großen Potentaten, die in China Provinzeinheiten und eine Art von Kleinnationen schufen, machten aus dem Krieg eine Industrie und führten damit das Ende der Feudalzeit herbei. Der Herrscher behält sich allein die materiellen Gewinne des Krieges vor und verleibt seiner eigenen Domäne die Territorien wie auch deren Bevölkerung ein. Seitdem gleicht die Armee nicht mehr einer feudalen Gruppe, die mit großem Prunk und religiöser Gesinnung zur Austragung eines Turniers zieht. Die Fürsten dieser

Zeit der Streitenden Reiche führen ihre Männer in die von Barbaren bewohnten Grenzgebiete, die sie sich anzueignen trachten. Für die Eroberungsfeldzüge, die sich gegen die außerhalb des chinesischen Gesetzes lebenden Stämme richten, gilt der alte Kampfkodex nicht mehr. Die Fürsten führen Kolonial- und Zivilisierungskriege: richtige Kriege, mit aller Unversöhnlichkeit und Grausamkeit. Sie stecken die Besiegten in ihre eigene Armee und eignen sich die Techniken des Gegners an. Die große Masse ihrer Krieger setzt sich nicht mehr aus Edlen, sondern aus Abenteurern, Glücksrittern und Kolonisten zusammen. Ihre Armee, in der man nicht um des Ruhmes willen Gefangene macht und einzig für den Gewinn an Lösegeldern kämpft, sondern mordet und plündert, repräsentiert eine nationale Armee, wenn sie gegen die Armee eines anderen Potentaten in den Krieg zieht, der ebenfalls eine Provinzeinheit geschaffen hat. Im eigentlichen chinesischen Kerngebiet scheinen die Kämpfe zwischen den Fürsten eher zivilisatorische Konflikte zu sein, die Ost und West, Süd und Nord miteinander konfrontieren. Unter den streitenden Reichen sind die Auseinandersetzungen tatsächliche Kriege, in denen die Feindschaften zwischen Provinzen, Kulturen, Rassen und Techniken auf blutige Weise ausgetragen werden.

Das Land Chin übernahm im Jahre 540, als es die zu Fuß kämpfenden Berg-Jung erobern wollte, anstelle seiner Wagenkampftechnik eine neue Infanterietaktik: Einer der Chin-Krieger ging damals lieber in den Tod, als daß er sich der Schmach aussetzte, seinen Wagen aufzugeben[303]. In diesem Edelmann wurde nicht nur der Ehrenkodex der feudalen Schlachten, sondern auch der gesamte Adel und das Feudalsystem getroffen. Es kam noch schlimmer, als der Fürst von Chao im Kampf gegen die Steppenkrieger (307) deren Taktik übernahm und eine berittene Bogenschützeneinheit aufstellte: Um dies durchzusetzen, mußte er erst den erbitterten Widerstand seiner Vasallen und seiner nächsten Umgebung brechen[304]. Es ist bezeichnend, daß gerade das Land Ch'in, das später das Kaiserreich gründen sollte, Reformen durchführte. Eine Armee von Fußsoldaten und leichter Kavallerie wurde aufgestellt, weiter das Lehnssystem modifiziert und, da keine Lehen mehr vergeben wurden, eine auf geleisteten Diensten beruhende Militärhierarchie geschaffen, aus der sich eine neue Adelsschicht entwickeln sollte[305]. Doch mit dieser Zeit beginnt auch die Herrschaft der Technokraten, der Militäringenieure und Taktikprofessoren. Es ist die Zeit, in der Kriegsmaschinen erfunden werden (der Weise Mo-Ti schuldet einen guten Teil seines Ruhmes den Erfindungen, die man ihm zuschreibt), in der sich die Kunst der Belagerung vervollkommnet und man lernt, Wasser, Wurfmaschinen und fahrbare Türme zu verwenden, eine Zeit, in der zahllose Kriegslisten und Hinterhalte ersonnen werden[306]. Ziel des Krieges ist die Vernichtung des Feindes, und so verlangt Ch'in kein Lösegeld zur Ehrenrettung der Gefangenen, sondern exekutiert sie: Maßlose Schlächtereien steigern sein Prestige. Die Schlacht ist kein Turnier mehr, das die Teilnehmer adelt – es zählt nur der Erfolg, der als das Ergebnis magischer Kunstfertigkeit und nicht als weihevolle Opferung religiöser Verdienste erscheint. In den Schlachtberichten wird das Heldenhafte durch das Wunderbare ersetzt, folgt auf den heroischen Klang ein romanhafter Ton. Die Moral der Macht überdeckt nach und nach die alte Moral der Ehre und Mäßigung.

Früher hatte der Krieg Ehre gebracht, doch um Krieger zu werden, mußte man bereits ein Mann von Ehre sein. Nur ein großjähriger Mann in der Kraft seiner Jahre hatte das Recht, Waffen zu tragen, und wer, wie jung auch immer, in die Schlacht ziehen durfte, wurde auf der Stelle großjährig. Hingegen waren Kinder, alte Männer, Frauen sowie alle, die sich wegen der Befleckung eines Trauerfalles von den sozialen Kontakten fernhalten mußten und alle Kranken, deren Berührung unrein war, von den Schlachten und ihren Folgen ausgeschlossen: Niemand hätte es gewagt, einen Pestkranken zu töten, einen alten Mann in die Gefangenschaft zu führen oder die den Feinden abgeschnittenen Ohren, die von Manneskraft zeugen, der Berührung von Frauen auszusetzen[307]. Alles was nicht in einer Vendetta eingesetzt werden konnte, konnte auch nicht unter den Folgen der militärischen Turniere leiden oder aus ihnen Gewinn ziehen. Bei den vorbereitenden Prüfungen des Bogenschießens trug man sogar Sorge, die Würdenträger untergegangener Fürstentümer, die Führer geschlagener Armeen und die Männer, die durch Adoption in eine fremde Familie aufgenommen wurden, fernzuhalten[308]: Die Schlacht hatte die Bedeutung einer Reinheitsprobe, die auf die Vornehmen und Reinen beschränkt war.

Ganz im Gegensatz dazu wird in den von Ehrgeiz motivierten Zivilisationskriegen niemand verschont: »Alle, die stark sind oder ihre Kraft bewahrt haben, sind unsere Feinde, auch wenn sie alte Männer sind... Warum sollte man sich zurückhalten, jene, deren Verwundung nicht tödlich ist, erneut zu verletzen?«[309] Ein Krieg, dessen Ziel Eroberung und Annexion ist, wird die alten Gesetze feudaler Auseinandersetzungen nicht anerkennen: ein solcher Krieg ist nützliche Arbeit, Beschäftigung der Plebs; er verachtet die vornehmen Krieger von einst, die sich auf religiöse Werte mit bescheidenen Erträgen eingelassen haben[310]. Dennoch sind die alten Prinzipien aus der Zeit der Turniere in der chinesischen Seele verwurzelt geblieben und bilden ein tiefreichendes Geflecht, das nicht mit der feudalen Adelsschicht verschwindet. Doch nur dann, wenn sich der Chinese im Kampf mit Barbaren sieht, denen das chinesische Recht fremd ist, wird er von einem Ehrgefühl geleitet, das in charakteristischer und einzigartiger Weise von der Freude an Herausforderung und der Gesinnung für Mäßigung – beides von eigentümlicher Beschaffenheit – geprägt ist. Immer wieder provoziert man das Geschick, jedoch mit der Vorsicht, die von ihm gesetzten Schranken nicht zu überschreiten. Doch sobald sie überschritten sind, folgt auf die Gelassenheit ein wütender Ausbruch: Ohne Übergang macht dann in solch außergewöhnlichen Fällen der Sinn für Ehre, Geltung des Protokolls und die Ausgewogenheit ruhiger Bewegungen Platz für Gier nach sofortiger, unbeherrschter und hemmungsloser Macht. Wer sich außerhalb der vorgeschriebenen Ordnung stellt, hat sich selbst verurteilt und handelt als Verdammter, der bereits alles verloren hat.

2 Die Vornehmen am Hof

Die Grundsätze der militärischen Moral bestimmen teilweise sogar die zivile Existenz der Vornehmen, doch unterliegen diese Prinzipien unter dem Einfluß des höfischen Lebens einer Veränderung. Die folgende nette Anekdote läßt sehr klar die Verwandtschaft, aber auch den Gegensatz von zivilen und militärischen Tugenden erkennen. [Sie zeigt aber auch, wenn ich so sagen kann, den romantischen Aspekt eines Lebens, das dazu verdammt war, immer mehr von der Lust an der höfischen Etikette beherrscht zu werden.] Ein Mann aus Cheng (540) hatte eine sehr schöne Schwester, um deren Hand ein Vornehmer aus fürstlichem Geblüt anhielt. [Verlobungsriten haben den Charakter von diplomatischen Verhandlungen: mit gelehrter Höflichkeit schmeichelt man der Würde der zwei Familien, die sich verbünden werden.] Ein anderer Vornehmer aus der fürstlichen Familie zwang die Familie der jungen Frau, die Wildgans, die die erste Verlobungsgabe darstellt, anzunehmen. [Nach dem Recht ist der Heiratsvertrag zweiseitig, während Geschenke Ausdruck einer einseitigen Absicht sind und dazu dienen, die Verträge bindend zu machen.] Der Bruder ist erschrocken, sich zwischen zwei mächtigen Rivalen entscheiden zu müssen, und fragt den Minister von Cheng, Tzu-ch'an, um Rat. Tzu-ch'an ist ein Weiser, und nach seinem Urteil soll die junge Frau selbst ihre Wahl treffen. [Die künftige Braut hat nicht das Recht, ihre Meinung kundzutun; weder darf sie ihren zukünftigen Mann sehen noch ihn kennen. Allerdings werden im ländlichen Brauchtum die Verlöbnisse im Laufe von Wechselgesängen und Tänzen unter den Liebenden geschlossen.] Die beiden Bewerber akzeptierten diese Regelung. Der eine kommt in prachtvolle Gewänder gekleidet, zeigt sich von ausgesuchter Lebensart und breitet in prunkender Fülle seine Geschenke im Hof aus. Der andere hingegen trifft in voller Rüstung ein, verschießt seine Pfeile in alle Richtungen, springt auf seinen Wagen und fährt wieder ab: »Das ist ein Mann!« Und wie es sich gehört, wählt das Mädchen den Krieger, doch sagt sie über den anderen, der im Kampf um ihre Zuneigung unterlegen war: »Tatsächlich, schön ist er!«[311]

Es gehört sich, daß man in der Umgebung des Fürsten schön ist. Bei den Versammlungen am Hofe ist es »eine vollkommen schöne Aufmachung, die *den Weg (tao) öffnet* und es einem ermöglicht, viel zu erreichen«, denn: die Kleidung macht den Vornehmen. Die Pflege seines Äußeren gehört zu den ersten Pflichten des Vasallen: Er kleidet sich für den Fürsten.

Selbstverständlich kann er nicht wie ein Wilder nackt bleiben oder nur halb bekleidet wie ein Schwerarbeiter, doch kommen solche Leute, die keine Seele haben, auch nicht in die Nähe des Fürsten. Der Körper eines Vornehmen dagegen beherbergt eine bereits mächtige Seele, die er ausliefern würde, wenn er sich entkleidet zeigte. So entblößt er sich nur bei außerordentlichen Gelegenheiten, etwa um sich bestrafen zu lassen oder um sich voll und ganz einer heiligen Macht hinzugeben[312]. Eine Frau birgt in ihrem Körper schädliche und schwächende Kräfte (*nü te* = weibliche Wirkkraft) und wird sich aus diesem Grund nie nackt zeigen – es sei denn, sie ist eine Zauberin[313]. Im allgemeinen muß der Vasall in Anwesenheit seines Fürsten, dessen herrschaftliche Seele er weder schwächen noch verunreinigen will, genau wie eine Frau vollständig bedeckt sein. »Selbst bei einer anstrengenden Arbeit wird er seine Arme nicht unbedeckt lassen, und sogar bei starker Hitze wird er sein Unterkleid nicht hochheben.« Seine Tunika muß »kurz genug (sein), daß sie nicht durch den Staub gezogen wird, und lang genug, daß man nicht die bloße Haut sieht«.[314]

Doch es reicht noch nicht, bekleidet zu sein, wenn man sich an den Hof begibt: um empfangen zu werden, muß man auch wissen, wie man sich anzuziehen hat. Zwei Schüler von Konfuzius, Tseng-tzu und Tzu-kung, stellen sich in einem Haus vor, in dem ein Fürst zu Besuch weilt. Der Türhüter sagt zu ihnen: »Der Fürst ist anwesend: ihr dürft nicht eintreten!« Und in der Tat hatten sich die beiden, nachdem sie vom Wagen gestiegen waren, nicht die Zeit genommen, ihre Kleidung zu überprüfen. In aller Eile brachten sie sich in einer Ecke des Stalles in Ordnung, und sofort gab ihnen der Türhüter den Weg frei mit den Worten: »Ihr seid angemeldet!« Sobald sie nach vorne schritten, kamen ihnen die hervorragendsten Persönlichkeiten entgegen und da ihre äußere Erscheinung den Fürsten ehrte, erwies dieser ihnen persönlich die Gnade, eine Treppenstufe herabzusteigen, um seine Wertschätzung zu bekunden[315].

Die anmutige Erscheinung ist verpflichtend: dazu muß man Kleider tragen, die dem Rang entsprechen, den man einnimmt, die zur Jahreszeit passen und dem Anlaß angemessen sind und die schließlich die Relation zur Würde der Leute wahren, die man besucht. Darüber hinaus muß die Kleidung ein harmonisches Ganzes darstellen, in dem alle Details auf geheime Weise miteinander abgestimmt sind. »Ein Offizier mit dem Anrecht auf ein einziges Emblem trägt krapprote Knieschienen und eine schwarze Spange.« »Der Gürtel ist nur zwei Daumen breit, scheint aber vier Daumen zu messen, da er zweimal um den Körper gelegt wird.« »Er besteht aus gehärteter Seide, ist an den Rändern einfach gesäumt und hat nur an den Enden eine Borte.« »Er wird mittels Schnallen, durch die ein Seidenband gezogen ist, zusammengehalten.«[316] »Die Leibwache zur Rechten des Fürsten trägt eine Tunika mit Tigerfellbesatz, die zur Linken trägt eine Tunika mit Wolfsfellbesatz.« »Über einer (ersten) Tunika, die mit Blaufuchs geschmückt ist und deren Ärmel einen Besatz aus Leopardenfell haben, trägt man eine (zweite), die aus schwärzlicher Seide sein muß. Über einer Tunika, die mit dem Fell von Rehkitzen geschmückt ist und deren Ärmel einen Besatz von bläulichem Wildhundfell haben, trägt man eine gelblichgrüne Tunika. Über einer Tunika von schwarzem Lammfell, deren Ärmel mit Leopardenfell geschmückt sind, trägt man eine schwarze Tunika, und schließlich trägt man über einer Tunika aus Gelbfuchs eine gelbe Tunika.« Dagegen »ist es verboten, über einer Tunika mit (gewöhnlichem) Hunds- oder Schaffellbesatz eine zweite Tunika zu tragen, ... (denn) diese zweite soll ja dazu dienen, die Schönheit des Gewandes hervorstechen zu lassen«. Bei Kondolenzbesuchen ist es Vorschrift, eine dritte Tunika überzuziehen, um nicht zu elegant zu erscheinen. Jedoch *in Anwesenheit des Fürsten muß man immer die zweite, die schönste Tunika tragen* – es sei denn, man hält einen Schildkrötenpanzer in der Hand: ein solcher Panzer ist besonders heilig und erfordert, wie der sakrale Charakter eines Trauerfalls, eine dreifache Hülle von Kleidern[317].

»Die Tunika des Offiziers muß in einer der fünf Grundfarben sein, sein Untergewand (eine Art Schurz) von einer der entsprechenden Zwischenfarben.« Auf dem Kopf trägt man je nach dem Anlaß (Trauer, Enthaltsamkeit, Ungnade, wenn man Geschäfte erledigt oder sich zur Ruhe zurückzieht) verschiedene Kappen. Eine besondere Kappe wird als Zeichen der Großjährigkeit verliehen, denn sie gilt als der vornehmste Teil der Kleidung: niemals wird man seine Kappe in Anwesenheit des Herrschers abnehmen, bevor man stirbt, rückt man seine Kappe zurecht, und das heiligste der Ritualbücher, das *Yi li*, beginnt mit einem Kapitel über die Kappen[318]. Man begibt sich erst dann an den Hof, wenn man seine Kleider nach ihrer Farbe und ihren korrekten Proportionen aufeinander abgestimmt hat. Weiter muß man in seiner Hand eine Bambustafel halten, die bei einem Offizier mit Elfenbein und bei einem Großwürdenträger mit den Barthaaren eines Fisches geschmückt ist. Und schließlich muß der Gürtel mit kostbaren Steinen behangen sein, »jene auf der rechten Seite sind auf die vierte und dritte Note der Tonleiter zu stimmen, jene der linken Seite auf die erste und fünfte Note«. »In Anwesenheit des Fürsten läßt niemand (auch nicht der designierte Thronfolger) die kostbaren Steine seines Gürtels frei hängen und klingen«, dann darf nur das Geklimper des fürstlichen Gürtelgehänges zu vernehmen sein. Doch wenn der Vornehme in seinem Wagen ist, dann hört er den harmonischen Klang seiner Steine, und wenn er geht – immer ruhig und mit gemessenen Bewegungen –, »hört er den Klang der Steine, die an seinem Gürtel hängen: dann können sich weder Irrtum noch Arglist in seiner Seele breitmachen«[319]. Der vornehme Mann muß tapfer und rein sein, in der Schlacht muß er sich als fähig (*shen jen* oder *liang jen*, der gute Mann) erweisen, und am Hofe muß er danach streben, schön (*mei jen*) zu sein, denn Schönheit (*mei*) und Reinheit (*chieh* = sauber, gediegen) sind austauschbare Begriffe, wie im übrigen auch Tapferkeit mit einer blendenden Aufmachung einhergeht[320].

Vornehm ist, wer sich wie ein Vornehmer verhält: Wer ein Kleid trägt, »das sich, so wie das Jahr aus zwölf Monaten besteht, aus zwölf Streifen zusammensetzt«, dessen »runde, einem Kreis nachgebildete Ärmel zu anmutigen Bewegungen« einladen, dessen »rechtwinklig geschnittener Kragen« und dessen »schnurgerade Rückennaht an Aufrichtigkeit und Korrektheit« erinnern und dessen »unterer Saum« schließlich, »der gerade wie ein Waagebalken im Gleichgewicht ist, den Gefühlen Ruhe und dem Herzen Frieden bringt«[321], dem ist es möglich, jene vornehme Haltung (*yi*) zu bewahren, die »einen Mann tatsächlich zu einem Mann« macht. Wer richtig gekleidet ist, läuft nicht Gefahr, mit einer Ratte, die nur ihr Fell hat, oder einem Tier mit ungeordneten und verrückten Bewegungen verglichen zu werden[322]. Er hat eine Seele, die durch seine Kleidung korrekt, zuverlässig und für Dauer gestaltet wird, und man wird ihm nicht sagen können: »Ein Mann von glanzlosem Äußeren! – Wäre er nicht besser tot?« Im Gegenteil, von einem solch vollendeten Edelmann, dessen Ohren mit Juwelen behangen sind und dessen Kappe mit Perlen, »die wie Sternbilder glitzern«, bestickt ist, wird es heißen, daß er »auf immer unvergessen sein wird«. Es wäre unmöglich, daß seine Haltung nicht »gesetzt, majestätisch, beeindruckend und vornehm« ist[323]. »Wenn die Kleidung vollkommen den Vorschriften entspricht, dann kann die Haltung des Körpers aufrecht (*cheng*) und der Ausdruck des Gesichtes mild und gelassen sein, und die Redeweise und die Befehle gehorchen den Regeln.«[324] Erst dann kann man vom Fürsten als Vasall, vom Vater als Sohn und von allen als vollkommener Mann betrachtet werden. In der Großjährigkeitszeremonie werden dem Jüngling in einem rituellen Akt die Kleider überreicht, die ihn in den Stand eines Edelmannes versetzen und ihn besonderen Pflichten weihen: Denn sobald er Kleidung und Kopfbedekkung von Vornehmen trägt, kann er an Turnieren, in denen körperliche Fähigkeiten zu beweisen sind, oder an Wortgefechten teilnehmen, die das Leben am Hof ausfüllen.

Zunächst einmal sind die Vornehmen Krieger, und so besteht die große Prüfung für den Adel im Turnier des Bogenschießens: Es hat nichts mehr von einer Geschicklichkeits- oder Tapferkeitsprüfung (im gewöhnlichen Sinne des Wortes) an sich, sondern ist eine musikalisch untermalte Zeremonie, ein Ballett mit vorgeschriebener Schrittfolge, in dem man seine Fertigkeit an Begrüßungsgesten und seine Großartigkeit an der Kleidung demonstriert. Alle Bewegungen sind einem gleichen Rhythmus unterworfen: ein Pfeil, der nicht zum passenden Ton abgeschossen wurde, kann nie sein Ziel erreichen (oder wird zumindest nicht gezählt)[325]. »Im Vorwärtsschreiten und Zurückweichen, im Sich-Drehen und -Wenden müssen die Bogenschützen *das Herz (chung)* der rituellen Vorschriften *treffen.* Eine korrekte (*cheng*) Haltung der Seele im Inneren, eine aufrechte (*chih*) Haltung des Körpers nach außen sind vonnöten, um Pfeil und Bogen fest und sicher zu halten. Erst wenn man Pfeil und Bogen fest und sicher hält, dann kann man davon sprechen, daß man den Mittelpunkt (*chung*) der Scheibe getroffen hat, und daraus läßt sich die Tugendkraft (*te*) erkennen«, nicht nur die Tugend des Vasallen, der schießt, sondern auch die Tugend seines Fürsten, die allein die Pfeile ins Ziel lenken kann: Das soll auch der Grund dafür gewesen sein, daß der oberste Lehnsherr die Lehen von Fürsten verkleinerte, denn deren Vasallen – herabgekommene Adelige – manifestierten die unsichere Loyalität ihres Herren, indem sie unfähig waren, im vorgeschriebenen Rhythmus mitten ins Zentrum der Scheibe zu schießen[326]. Ganz anders hingegen verhält es sich mit einem Fürsten, der den ganzen Tag über seine Pfeile verschießt, »ohne daß einer fehl ginge«: »Oh! Wie zeigt er sich seines Rufes würdig! – Seine schönen Augen strahlen von Reinheit! – Und wie aufrecht ist seine Haltung (*yi*)!« Von einem solchen Mann wird man auf der Stelle sagen, daß er herrschen kann, denn er ist schön und rein, »er kann das Unheil fernhalten!« [Wie man weiß, haben die Herrscher aus alter Zeit die unreinen Kräfte mit Pfeilschüssen vertrieben.] Am Hof des tugendhaften Fürsten schießen die Vasallen unter ausgesuchtesten Höflichkeitsritualen um die Wette: »Glocken und Trommeln stehen bereit! ... – Die große Zielscheibe ist aufgestellt! – Die Bogen sind gespannt, und die Pfeile stekken im Köcher, – Die Schützen ordnen sich paarweise! – ›Ich biete dir an [*hsien*: ein Ausdruck, der die als Opfer dargebrachten Geschenke und zugleich die dem Gegner entgegengeschleuderte Herausforderung bezeichnet], deine Fertigkeit zu beweisen!‹ – ›Ich will sie dir nun beweisen – Du aber sollst auf mein Gebet trinken!‹« [*ch'i*, Gebet, das an eine heilige Macht gerichtet ist; es wird voll Demut vorgebracht, soll die Macht jedoch zwingen, den Bittsteller zu erhören.][327] Die Verfeinerung der Lebensart geht so weit, daß der Becher, den der Unterlegene als Strafe und zur Wiederversöhnung leeren muß, ihm als eine Art Huldigung gereicht wird. Wenn sich der Edle »bemüht, das Ziel zu treffen«, dann soll er vorgeben, aus reiner Unterwürfigkeit den Sieg erlangen zu wollen, um »den Becher zurückzuweisen« und die Ehre einem anderen zukommen zu lassen. [Ehre und Becher werden mit demselben Ausdruck bezeichnet.][328] Großzügig reicht man den Becher mit dem stärkenden (*yang*) Getränk, das zur Wiederherstellung der erschöpften Kräfte dienen soll, jedoch den ehrwürdigen alten Männern vorbehalten ist, weiter. Das Duell mit dem Bogen, das unter den Männern von Ehre am Hof ausgetragen wird, gleicht auf äußerst subtile Art die empfindlichen Reaktionen aus. Immer wieder muß man sein Knie beugen und sich in vornehmer Haltung und Disziplin üben: Jegliche Spur von Brutalität ist sorgfältig ausgelöscht. Hinter jeder Scheibe steht ein Mann, der jedoch nicht als Ziel dient, sondern einfach damit beauftragt ist, mit harmonischer Stimme und im Ton, den die Musiker angeben, »Treffer« zu rufen. Neben einem Annalisten, der die Punkte verzeichnet, ist ein Schießinspekteur anwesend, der die Zahl der Pfeile jedes Schützen überprüft und über die Einhaltung der Regeln wacht: mit Hilfe eines Stabes muß er die Missetäter zur Ordnung rufen. So werden die Ehrengesetze bestärkt, und da alle ihnen unterworfen sind, können sie das tägliche Leben bestimmen[329]. Wenn zwei rivalisierende Schützen beschließen, sich im freien Feld zu messen, dann werden beide gleichzeitig, wie auf das Einsetzen von Musik, aufeinander schießen, und sollten sie richtig gezielt haben, werden ihre Pfeile mittwegs aufeinandertreffen, ohne daß jemand Schaden nimmt (zumindest solange sie die gleiche Anzahl von Pfeilen haben). Es kann geschehen, daß einer der beiden so sehr auf einen Sieg aus ist, daß er einen zusätzlichen Pfeil verbirgt. Der andere wird diesen unerlaubten Schuß mit einem Stab abwehren, und »beide legen dann, mit Tränen (des Mitleids für den anderen) in den Augen, ihre Bogen beiseite, knien auf dem Feld voreinander nieder und fordern einander auf, (künftig) wie Vater und Sohn (zu leben)«, und besiegeln diesen ewigen Bund mit Blut, das sie ihren Armen entnehmen[330]. Die reglementierten Bogenschußturniere sollen zur Läuterung der alten Vendettengesinnung dienen: Mittels dieser aufwendigen Demonstration von Vertrauenswürdigkeit wird ein alter Überhang von Gewalt und Verrat aufgeweicht und abgeschliffen, der dann so weit zurücktritt, daß er in Vergessenheit zu geraten scheint. Jeder umgibt sich mit einem vornehmen Äußeren. Dieses Gewand von Gesinnungstreue [*chung*; *chung* (Loyalität) wird mit dem Zeichen für *Herz* und einem Bild, das einen Pfeil im Zentrum der Scheibe zeigt, geschrieben] ist die offizielle Seele des Vornehmen. Er ist der zivilisierte Mensch (*wen*: fein), der wahrhaftig Mensch ist (*jen*), der sogar in der Konfrontation mit den Barbaren seine Haltung zu wahren weiß. »Die Ritenvorschriften (*li*) lehren uns zum einen, unsere Gefühle zu mäßigen, zum anderen, uns zu bemühen, sie zur Entfaltung zu bringen. Seinen Gefühlen freien Lauf lassen, ihnen (ohne weiteres) nachgeben, das ist der Weg (Tugend: *tao*) der Barbaren. Der Weg, den die Riten vorschreiben, ist ein ganz anderer... Die Riten bestimmen den Grad und die Grenzen (im Ausdruck der Gefühle und folglich der Gefühle selbst).«[331] Haltung und Bewußtsein derselben bewirken Kontrolle und Selbstbeherrschung. Das Leben am Hof mit seiner verpflichtenden Etikette und der ständigen Drohung von Vendetten ist eine Schule für die Disziplin der Moral. Die durch minutiöse Protokolle geregelten Bewegungen sollen von unbedachten Handlungen abhalten: »Die Riten schützen vor Unordnung, wie die Deiche vor Überschwemmungen.«[332] Die Vasallen lernen, anstelle eines aufgewühlten Herzens Beherrschung zu zeigen: Im Turnier der anmutigen Bewegungen, wie man die Zeremonien bezeichnen kann, manifestieren sie das Wesen ihrer Gesinnung und ihres Lebenswegs. Wenn zwei Fürsten einander ihre Tafeln präsentieren und der eine sie zu tief, der andere sie zu hoch hält, wenn der eine zu aufrecht und der andere zu gebeugt steht, dann kann man daraus sofort schließen, daß sie sterben oder ihren Rang verlieren werden, denn »das rituelle Verhalten (*li*) ist die körperliche Substanz (*t'i*: Körper, Grundlage, materielle Basis), (die einen) leben oder sterben, sein Lehen behalten oder verlieren (lassen). Man beurteilt jemandes Zukunft nach der Art, wie er nach rechts und links geht, wie er sich dreht, vorwärtsschreitet, zurückweicht, sich verneigt und wieder aufrichtet.«[333] Das Sich-Überbieten an Höflichkeit ermöglicht es, das Los des einzelnen zu bestimmen und einzuordnen: Neben seiner Bedeutung als Prüfung kann dieses Turnier in rituellem Verhalten deshalb auch den Ablauf eines gemimten Rätselwettbewerbs annehmen. Wenn es darum geht, unter den Söhnen den würdigen Nachfolger für den eben verstorbenen Vater zu ermitteln, und man zu diesem Zweck das Schildkrötenorakel befragt, so kann dessen hinterlistige Antwort sehr wohl lauten: »Sie alle sollen sich Haare und Körper waschen, ihre Gürtel mit kostbaren Steinen behängen, dann wird man ein Zeichen haben!« Sofort nehmen fünf der Brüder ein Bad und schmücken sich, während der sechste, der sehr wohl weiß, daß diese Handlungen unvereinbar mit der Trauerhaltung sind, schmutzig und ungeschmückt bleibt: ohne daß die Gottheit ein weiteres Zeichen zu geben braucht, fällt ihm das Erbe zu[334]. Wenn er die Falle der Weltlichkeit, die ihm das Orakel stellte, gespürt hat, so deswegen, weil er von dem Gefühl für das, was sich gehört, durchdrungen war. Es ist offenkundig, daß er die Tugenden besitzt, die man von einem Sohn fordert, und da er den Wert der Riten kennt, kann er beweisen, daß er als Edler geboren wurde.

So wie man in früherer Zeit die Tugendkraft der Seele in heiligen Tänzen erworben hat, bestärkt man sie nun im höfischen Gebärdenritual. Gesang und Tanz ergänzen sich, und die Macht der Riten ist erst dann vollständig, wenn die Bewegungen durch die Stimme begleitet werden. Doch da ja die Stimme die Seele selbst ist, wird diese sehr viel stärker durch die Gesänge als durch die Körperhaltung geformt. Zur Vollendung des Mannes von Ehre bedarf es weniger der Etikette als der Musik: Militär- oder Hofleben, kriegerisches oder weltliches Ballett vermitteln eher die Kenntnis von Intonationen als bloße Verhaltensvorschriften. Wenn allerdings Schmähungen und Gebete die Bewegungen der Kämpfenden bestimmen, so kann es scheinen, daß diese Gesten (technisch gesehen) die hauptsächliche Rolle spielen. Nun sind die Vornehmen zuerst Krieger, die ihren Wert in Form ihres *Dienstes*, den sie für den Fürsten erbringen, unter Beweis stellen: deswegen sind Bogenschießen und Wagenlenken zeitlich die ersten unter den freien Künsten. Dennoch hat schließlich die Kunst der Beredsamkeit den ersten Rang unter den vornehmen Künsten erlangt und die *Beratung* den *Dienst* für den Fürsten ausgestochen. Das Leben am Hof spielte sich zwischen Zeremonien und Palavern ab, doch unter allen Wettkämpfen scheinen doch die Wortgefechte die wirkungsvollsten gewesen zu sein (die ebensogut im Singen ausgetragen werden können). 545 v. Chr. empfing der Fürst von Cheng den Chao Meng, einen mächtigen Mann aus Chin, dessen Wohlwollen Cheng zu erlangen hoffte, zu einem Festmahl[335]. Der Herzog von Cheng war von den bedeutendsten Vornehmen seines Hofstaats umgeben. Chao Meng bat sie, für ihn zu singen, »um die Gunst (die ihm der Herrscher von Cheng gewährte) vollkommen zu machen (dies würde eine besondere Ehrung darstellen) und um ihm ihre Gefühle sehen zu lassen«. Und in der Tat waren alle bereit, ihre Gesinnung offenzulegen, nicht, indem sie Lieder erfanden, sondern indem sie einige Strophen aus dem *Shih ching* auswählten, die der Sänger entsprechend seiner geheimen Absicht und seiner Intonation auf die Umstände der Zusammenkunft abstimmte. Chao Meng antwortete auf jedes Lied mit einem kurzen Kommentar, in dem er seine *persönliche* Interpretation dieser Huldigungsverse zu verstehen gibt. Als erster zollte Tzu-chan, die bedeutendste Persönlichkeit von Cheng, mit einem Lied seine Hochachtung: »Die Wiesenheuschrecke zirpt, – Die Bergheuschrecke springt! – Solange ich meinen Herrn nicht gesehen habe, – Wie schlägt da mein unruhiges Herz! – Doch sobald ich ihn sehe, – Sobald ich mit ihm vereint bin, – Dann wird mein Herz ruhig sein!‹ [Das ist zwar ein Liebeslied, doch soll es wie folgt verstanden werden: Das einzige, was Cheng will, ist ein Bündnis mit Chin, und es wird dem ersten Zeichen dieses reichen Landes gehorchen, daß Ihr, Herr, dessen Ruhm mein Herz verwirrt, regiert.] Darauf erwiderte Chao Meng: ›Vollendet fürwahr! Doch geht die Rede vom Herrscher eines Staates (der würdig ist zu regieren), während ich meinerseits sicher nichts vorweisen kann, worin ich ihm gleichzustellen wäre!‹ [= ich akzeptiere Euer Lob im Namen meines Landes, lehne es jedoch, was mich betrifft, ab.] Als nächster sang Po-yu (ein Vornehmer mit großer Macht, angesehener Verwandtschaft und von wildem Wesen): ›Wachteln kommen zu zweit – Und Elstern kommen paarweise. – Ein Mann ohne Güte (*liang*) – Soll ich ihn zu meinem Bruder machen? – Elstern gehen paarweise – Und Wachteln gehen zu zweit ... – Ein Mann ohne Güte – Soll ich ihn zu meinem Fürsten machen?‹ [Wieder ein Liebeslied. Auf der Ebene der diplomatischen Interpretation, wobei noch ein Nebensinn offenkundig ist, meint Po-yu, daß es passend wäre, ein richtiges Bündnis einzugehen (da das alles ist, was ich offiziell sagen kann, versteht mich, wenn ihr wollt, in diesem Sinn): Ich hoffe, daß die Verbindung zwischen Chin und Cheng (wie es augenblicklich regiert wird) gut wird! Doch wenn Ihr damit einverstanden seid, Euch insgeheim mit mir zu verbünden, dann sollt Ihr meine Worte wie folgt auffassen (verborgener Nebensinn): In Cheng regieren tugendlose Männer, deren Autorität ich nicht anerkenne.] Chao Meng [der kein Vertrauen in das Gelingen von Po-yus Intrigen hat] antwortete: ›Alles, was mit sexuellen Angelegenheiten zu tun hat, soll niemals über die Schwelle (der inneren Gemächer) nach außen dringen, noch viel weniger soll man darüber auf freiem Felde (sprechen)! Das sind einfach Dinge, denen man nicht zuhören darf!‹ [= ich höre gar nicht hin, um nicht in den Verdacht zu geraten, Eure Anspielungen auch nur zur Hälfte zu verstehen.] Dann kam die Reihe an Tzu-szu: ›Die ruhmreichen Arbeiten von Hsieh – Werden vom Herzog von Shao geleitet! – Die schrecklichen Heerführer – Werden vom Herzog von Shao beflügelt!‹ [Ein Militärlied, das den Anführer eines Kriegszuges rühmt: Würde Chao Meng unvorsichtig genug sein, alles Lob auf sich zu beziehen?] Er erwiderte: ›In Wahrheit handelt dieses Lied von einem Herrscher. [Diese ruhmreichen Verdienste können nur das Werk eines Herrschers sein; desgleichen muß der Ruhm der gegenwärtigen Erfolge von Chin (wo ich ja nur Minister bin) einzig und allein dem Fürsten von Chin angerechnet werden.] Was habe ich denn schon vollbracht?‹ [=

Ihr werdet mich nicht rumkriegen, indem Ihr meine Loyalität unterschätzt.] Darnach trug Tzu-ch'an sein Lied vor [Tzu-ch'an sollte später der Hauptratgeber von Cheng werden. Er steht in guten Beziehungen zu Tzu-chan und nimmt ein Motiv wieder auf, das dieser schon angesprochen hat, allerdings hält er sich eher zurück und schlägt, wenn ich so sagen kann, eine leisere Tonart an]: ›Die Maulbeerbäume in der Niederung sind mächtig – Ihre Blätter sind schön! – Wenn ich meinen Herrn sehe – Wie groß ist da meine Freude! – Ich liebe ihn von Herzen – Warum sollte ich es nicht sagen! – Ich schätze ihn in meinem tiefsten Herzen, – Wann sollte ich ihn je vergessen?‹ [= ich bin nicht berechtigt, meine Freude über ein Bündnis, das durch Eure Vermittlung zustande kommt, auszudrücken, doch möchte ich Euch gerne sagen, daß Ihr wahrhaftig ein Edler (*chün-tzu:* Herr) seid, an den ich mich immer erinnern werde.] Chao Meng [der seine Loyalität eindeutig gezeigt hat, gibt seine vorsichtige Haltung dennoch nicht auf, zieht sich aber auch nicht so weit zurück, als daß er diese unverbindliche Ehrung nicht annehmen würde und] antwortete dem Tzu-ch'an: ›Ich erlaube mir, die letzte Strophe [als Ausdruck ihrer persönlichen Freundschaft] für mich anzunehmen‹ [während ich mich sicherlich gegen jene Verse, in denen vom *chün-tzu* die Rede ist, verwahren muß]. Darnach sang Yin-tuan: ›Die Grille ist in der Halle – Und das Jahr nähert sich seinem Ende! – Wenn wir jetzt nicht feiern – Werden die Tage und Monate entfliehen. – Und dennoch: Laßt uns Maß halten – Und unsere Stellung bedenken! – Gehen wir nicht zu weit in unserer Freude am Vergnügen! – Ein tüchtiger Mann wahrt Umsichtigkeit!‹ Worauf Chao Meng ausrief: ›Fürwahr: vollkommen! Das ist ein Mann, der seinen Besitz behalten wird: und das ist es auch, was ich für mich erhoffe‹ [deshalb werde ich (unter allen Umständen) maßvoll und umsichtig handeln!] Schließlich sang Kung-sun Tuan: ›Die Goldammern des Maulbeerbaumes flattern – Wie strahlt ihr Gefieder! – Diese Edlen sind voll Freude – Der Himmel wird sie begünstigen!‹ (Dieses Tafellied war es wert, den Schlußpunkt des Abends zu setzen) und so erwiderte Chao Meng: ›Die Gäste sind weder aufbrausend noch hochmütig! Wie sollte da die Gunst des Himmels ein Ende nehmen?‹ ... (Damit war das Turnier beendet, und die Anwesenden zählten die Punkte. Nachdem die Verdienste ihrem Rang nach eingeordnet waren, konnte man daran gehen, das weitere Schicksal zu bestimmen:) ›Po-yu wird auf schändliche Weise umkommen. Die Lieder bringen die Gefühle der Seele zum Ausdruck – und sein Gefühl (hat ihn dazu getrieben), übel von seinem Herrscher zu sprechen ... Die Familien der sechs anderen (Sänger, die ihre loyale Gesinnung gezeigt haben) werden mehrere Generationen hindurch (blühen). Jene von Tzu-chan (der wie ein weiser Minister gesungen hat) wird als letzte untergehen, denn er hatte den höchsten

Rang inne und hat es dennoch verstanden, sich zu erniedrigen! Die Familie von Yin-tuan wird nur (von jener des Tzu-chan) überlebt werden, da er die Mäßigung in der Freude gerühmt hat.‹« [Erinnern wir uns: zu den Liedern von Yin-tuan und Tzu-chan hatte Chao Meng »Vollkommen!« gesagt.] Wenn die Vasallen in ihren Liedern ihren Herrscher und seinen Gast ehren, so tragen sie nicht nur mit dem Vertreter eines benachbarten Fürstentums einen ihre Bildung unter Beweis stellenden Wettkampf aus, sondern rivalisieren auch untereinander, niederträchtig oder loyal, gierig oder behutsam: und mit dem Abschluß des Turniers von anspielungsreichen Liedern hat jeder von ihnen seine Seele bloßgelegt und sein Schicksal und das seiner Familie festgelegt. Im Redewettstreit kann man seine Treue unter Beweis stellen und den Stand eines Vornehmen erwerben: So wird uns etwa in einem Kapitel des *Shu ching* (das zwar auf fragwürdige Weise redigiert wurde, jedoch wichtige Liedfragmente enthält) der Große Yü (der künftige Herrscher) als Sieger über Kao-yao (den künftigen Minister) vorgestellt. In einem unter Shuns Leitung durchgeführten Großpalaver hatten sich die beiden in ihrer Beredsamkeit gemessen[336].

Die Worte binden das Geschick. Nur wer sich auszudrücken weiß, ist vornehm und kann seinem Herrscher sowohl beim Fürstenrat als auch an den gegnerischen Höfen oder bei der Zusammenkunft von Fürsten dienen. »Sei nicht leichtfertig in Deinen Worten! – Sage nicht gleich: ›Pah! Was soll's!‹ – Niemand außer Dir kann Deine Zunge im Zaum halten: – Kein Wort darf Dir herausrutschen! – Jedes Wort zieht eine Erwiderung nach sich – Und jede Tugend wird belohnt!«[337] Sagen heißt: handeln, heißt sogar: bereits gehandelt haben, denn wer spricht, »ohne daß man ihm antworten könnte«[338], ist sicherlich unschuldig, während jener, der weder das Talent zu wohlgesetzter Rede noch einen Anwalt hat, der für ihn zu sprechen weiß, schuldig ist. Im Jahre 631 v. Chr. wird der Herrscher von Wei des Brudermords angeklagt – eine ziemlich erstaunliche Beschuldigung, wenn man die feudalzeitliche Rechtspraxis in Betracht zieht. Doch die Fürsten von Chin (die ein Auge auf Wei geworfen haben) führen sich als Hegemone auf und beanspruchen im Namen des obersten Lehnsherrn die Gerechtigkeit zu vertreten. So ergreifen sie den Angeklagten, um ihn zu verurteilen. Er wird jedoch nicht persönlich vor Gericht gestellt, sondern Loyalität oder Illoyalität der Vasallen genügen, um die Schuld oder Unschuld ihres Herrn zu beweisen. Ein Getreuer nimmt, umgeben von einem Verteidiger (*fu*) und einem Anwalt (*t'ai shih*), als Angeklagter (*tso*) den Platz des Herrschers ein. Als es nun den Dreien nicht gelingt, die Sache ihres Herrn erfolgreich durchzufechten, wird der Herrscher von Wei sofort als schuldig ins Gefängnis geworfen, doch werden noch zuvor seine Vertreter (als gerechte Belohnung) zum Tode verurteilt: An zweien wird das

Urteil auf der Stelle vollstreckt, während der Verteidiger in den Genuß eines Strafaufschubs kommt, da er noch Berufung einlegen und vor dem obersten Lehnsherrn plädieren muß[339]. Es ist gerecht, daß die Vasallen genauso für die Handlungen des Fürsten bezahlen, wie der Herr für die Worte seiner Getreuen bezahlt, denn die feudale Gruppe ist ein solidarisches Ganzes. Die Handlungen des Herrschers berühren die Ehre seiner Vasallen: Seine Tugenden verleihen ihrer Gesinnung Überzeugungskraft, seine Missetaten nehmen ihren Worten jegliche Autorität. Die Getreuen sind die Wortführer des Fürsten und repräsentieren ihn, und jeder von ihnen ist aufgerufen, mit allen ihren Gefahren die Rolle des Herolds zu spielen, und jener, in dem sich die Tugendkraft des Fürsten am stärksten widerspiegelt, ist befähigt, Herold des Fürstentums zu sein. Ch'i hat Lu eine Niederlage zugefügt und einige Territorien an sich gerissen; die beiden Herrscher treffen sich (499 v. Chr.)[340], um einander neuerlich Freundschaft zu schwören, doch Ch'i möchte Lu unter eine Art Lehenshoheit zwingen. Die Lager der Fürsten werden auf freiem Feld errichtet, dazu wird ein Erdhügel aufgehäuft, auf den drei Stufen führen: auf ihm soll der Vertragsschwur vollzogen werden. Ch'i ist der mächtigere Staat, und sein siegreicher Fürst soll auch als erster schwören; er ist für die Abfassung der Schwurformel verantwortlich. Sollte diese die Leute von Lu nicht zufriedenstellen, so müssen sie sofort eine Gegenklausel improvisieren. Es ist wichtig, daß sie vollkommen kaltes Blut bewahren: ein Herold von unerschütterlicher Loyalität muß ihren Fürsten unterstützen. Der Fürst von Lu wird von Konfuzius sekundiert, und auch der Fürst von Ch'i wird von einem berühmten Mann, Yen-tzu, begleitet. Dieser Yen-tzu ist ein äußerst geschickter Redner, aber auch ein durchtriebener Kerl von loser Loyalität: in der Tat ist er berüchtigt für seine Verschlagenheit und seine Kriegsfinten. [So war es ihm einst gelungen, den Herrscher von Ch'i auf einen Schlag von drei Haudegen zu befreien, die Unruhe hätten stiften können: Er versprach einfach den Tapfersten unter ihnen einen Pfirsich. Nun waren aber nur zwei Früchte als Preis zu vergeben: Natürlich hatte man dafür Sorge getragen, zunächst jene, deren Erfolge bescheidener waren, zum Reden einzuladen und sie dann auch sofort die Pfirsiche nehmen zulassen. Als der Tapferste merkte, daß er um die Ehre des Turniers betrogen worden war, tötete er sich selbst, und die beiden anderen folgten ihm alsbald aus Ehrgefühl.] Jeder der Herrscher hat den Begleiter, den er verdient. Der Herzog von Ch'i ist ein maßloser, prunksüchtiger Mensch, sein Gefolge wimmelt von Musikantinnen, Tänzerinnen und Possenreißern. Sein Günstling Yen-tzu, der sich darauf versteht, tragische Possen zu inszenieren, ist ein Zwerg, ein Krüppel, der die Riten verachtet, unerfahren in der Kunst, würdevoll die Treppen hinaufzusteigen und mit wie zum Fluge ausgespreizten Ellbogen seinem Herrn zu Diensten zu stehen: Er ist ein Vertreter von nüchterner Politik und nicht von religiösen Äußerlichkeiten. Hingegen hat der Staat Lu nur einen kleinen Hof, doch er versteht sich als das Zentrum ritueller Überlieferungen. Deshalb muß es auch ein Weiser, ein Gigant sein, der Sendbote der Aufrichtigkeit: Konfuzius selbst, der den Herrscher von Lu begleitet. Die beiden Herrscher steigen also auf den Vertragshügel, setzen sich einander gegenüber nieder – jeder für sich, ohne Waffen: Verkörperungen der nackten Autorität. Die Vasallen verharren in einiger Entfernung, während die beiden Sekundanten unmittelbar am Fuß der Stufen stehen. Bei einer ähnlichen Zusammenkunft in früherer Zeit, als Ch'i Lu einen vernichtenden Vertrag aufzwingen wollte, hatte sich im Lager von Lu ein tapferer Mann gefunden, der die Stufen des Hügels hinaufsprang, den Herzog von Ch'i mit seinem Dolch bedrohte und von ihm einen unverhofften Schwur erpreßte. Nun hatte Ch'i damals einen weisen Herrscher und demzufolge auch einen weisen Minister gehabt, die dann mit peinlicher Genauigkeit den Eid erfüllten, obwohl er ihnen abgenötigt worden war: das hatte Ch'i Glück gebracht. Doch die Zeiten haben sich geändert, und wenn auch der Sieg noch auf der Seite von Ch'i ist, so sind nun Redlichkeit und der loyale Ratgeber auf der Seite von Lu. Diesmal ist es also Ch'i, das mit Gewalt einen Sieg, den es nicht durch Weisheit erringen konnte, legitimieren will und den allein auf dem Hügel sitzenden Fürsten von Lu einzuschüchtern versucht: Als nun ein Offizier unter Zustimmung des Herrschers von Ch'i die Tänzer aufziehen läßt, da wogt urplötzlich ein Meer von Standarten, Piken und Hellebarden nach vorne, und das Getöse von Trommeln und Rufen braust auf. – Doch nichts kann die loyale Gesinnung von Konfuzius erschüttern: »Raschen Schrittes erklimmt er die (ersten) Stufen des Hügels, nicht die letzte, und hebt seine Ärmel in die Höhe.« Die Etikette erlaubt einem treuen Vasallen keine heftigere Bewegung. Doch wenn ein Vasall Haltung wahren kann, dann hat er auch die Gabe des Wortes: Von der zweiten Stufe aus hält Konfuzius eine Rede, auf die Yen-tzu nichts zu erwidern weiß. Dank der Talente seines Herolds trägt Lu den Sieg über Ch'i davon: In den Vertrag wird eine Gegenklausel eingefügt, die die Rückgabe der geraubten Territorien garantiert. Da jeder Wettstreit zwischen Herrschern um die Wirksamkeit ihres Prestiges notwendig die Bestrafung der Besiegten – die die Schuldigen sind – nach sich zieht, läßt Konfuzius Exekutionen vollziehen, die den Triumph des Rechts verkünden sollen. Der hagiographischen Überlieferung zufolge soll er Possenreißer und Wichte zerstückeln haben lassen: war dies nicht die beste Art, die Niederlage eines illoyalen und ritenfeindlichen Herrschers, dessen Minister nur ein Zwerg und Possenreißer sein konnte, ins rechte Licht zu rücken? Die Seele des Fürsten spricht mit der

Stimme seines Herolds, durch sie kann sich das Fürstentum beim Redewettstreit (denn nichts anderes sind die fürstlichen Zusammenkünfte) Ruhm oder Schande erwerben. In Zeiten, in denen in einer Schlacht nur ein halber Sieg errungen werden kann, ist der redegewandte Ratgeber von viel größerer Bedeutung als der General, er erobert das Prestige, er ist tatsächlich der zweite Mann hinter seinem Fürsten.

Die Solidarität in der feudalen Gruppe bildet sich bei den Versammlungen am Hof stärker noch als im Krieg heraus: Gerade bei diesen Ratssitzungen geben sich die Vasallen ihrem Fürsten hin. Was sie auch an Wissen haben, kommt vom Herrscher, und ihm erstatten sie es in Form von Ratschlägen wieder. Wenn nicht alle Vasallen und Ratgeber von der gleichen Tugendkraft durchdrungen sind, ist das Fürstentum verloren: »Einverständnis heucheln und andere verleumden – das ist das schlimmste Übel!« Es ist sinnlos, »die Zuhörer mit Reden zu überschütten«[341], wenn die Herzen nicht übereinstimmen; ganz im Gegenteil: jeder »muß bereit sein, die Veranwortung« (*chiu*: unheilbringende oder glückverheißende Wirkung) zu übernehmen für die Ratschläge, die er gegeben oder die andere befürwortet haben, denen jedoch der Fürst im Namen aller mit ›Ja!‹ zugestimmt hat. Wenn einmal ein Vorschlag angenommen wurde, sind alle Ratgeber gebunden, ihn auszuführen, es sei denn, sie hätten Sorge getragen, sich von der Verantwortung zu lösen. Doch wer eine Entscheidung, die im Prinzip nur einstimmig sein kann, ablehnt, schließt sich damit von der feudalen Gruppe aus, unterwirft sich dem Bann, verwünscht sich selbst und läuft dadurch Gefahr, auch seine Gefährten und seinen Fürsten zu verwünschen. Die Ablehnung (*chien*) – die gegenteilige Meinung – ist unvorstellbar in einem Fürstentum mit günstigem Geschick, sie ist jedoch eine Verpflichtung, eine unheilvolle Aufgabe in der Ratsversammlung eines Fürstentums, das dem Untergang geweiht ist. Der Vasall, der gegen die anderen plädiert, ist dazu verurteilt, für die schädliche Auswirkung der Entscheidungen, die er ablehnt, zu büßen. Wenn drei Ratgeber gleicher Meinung sind, ist die Einstimmigkeit des Beschlusses gegeben. Ein dreimal vorgebrachter Protest bedeutet für die Entscheidung eine Art aufschiebender Einspruch: er löst vorübergehend die Schicksalsbande, verpflichtet aber dafür das Geschick des Widersprechenden. Dieser muß sich zurückziehen, seine Ämter aufgeben und ins Exil gehen: für die Schuld, die er anderen anlastet, muß er büßen. In der Auseinandersetzung nachzugeben, würde nur bedeuten, daß er »um des Hassens willen bliebe« und der beschlossenen Handlung Unglück brächte[342]. Außer in ungewöhnlichen Fällen muß der Widersprechende vermeiden, die anderen zu verwünschen und sich selbst aus der Gemeinschaft auszuschließen. Wenn der Vasall, dessen Vorschlag zurückgewiesen wurde, sein Land verläßt, dann bricht er sowohl mit seinem Vaterland als auch mit seinen Ahnen, da er die sakralen Gefäße, die er für die überlieferten Kulte verwendet, nicht mitnehmen kann: Er verliert seine Götter. »Sobald er die Grenze überschritten hat, ebnet er ein Stück Boden ein und errichtet einen Erdhügel. Er wendet sein Gesicht nach seinem Land und stößt Wehklagen aus. Er ist mit einer Tunika und einem Untergewand bekleidet und trägt eine schmucklose, weiße Kappe, deren farbige Bordüren abgetrennt wurden [Trauerkleidung]. Er trägt Schuhe aus ungegerbtem Leder, und die Rükkenstütze seines Wagens ist mit einem weißen Hundefell abgedeckt. Schweif und Mähne des Pferdegespanns sind nicht gestutzt, und er selbst hört auf, Nägel, Bart und Haare zu schneiden. Wenn er Mahlzeiten zu sich nimmt, bringt er keine Trankspenden dar [er ist von der Verbindung mit den Göttern ausgeschlossen], und er versagt es sich auch, kundzutun, daß er nicht schuldig ist [wie er sich auch nicht für schuldig erklärt, denn nur Herrscher besitzen eine so umfassende Seele, daß sie ihre Schuld eingestehen können]. Seine Frauen (oder zumindest seine Hauptfrau) dürfen ihn nicht mehr besuchen [sein Sexualleben und seine Beziehungen zur Familie sind unterbrochen]. Erst nach drei Monaten kleidet er sich wieder wie gewöhnlich.«[343] In der Trauer um sein verlorenes Vaterland bringt der Vasall im Exil auch seinen eigenen Schmerz zum Ausdruck. Er zerreißt seine früheren Bindungen und macht Schluß mit der Persönlichkeit, die bislang die seine war: Wenn er nach drei Monaten die Zeichen der Trauer ablegt, ist er nicht mehr der Mann dieses Fürsten oder jenes Landes. Um kein Gegner mehr zu sein, muß er für sein Land sterben. Die ganze Zeit hindurch, in der er Trauerkleidung trägt und sich den Vorschriften der Enthaltsamkeit unterwirft, hängt über seinem Fürsten die ständige Drohung, er könne Selbstmord begehen. Diese Drohung hat eine fürchterliche Macht, und selbst an einen Wildfremden gerichtet, reicht sie aus, seinen Willen zu lähmen. Einem Vasallen von Ch'u gelingt es, für seinen besiegten Herrn die Unterstützung der Armeen von Ch'in zu erlangen, indem er sieben Tage lang, gegen eine Mauer des fürstlichen Palasts gelehnt, wehklagt, ohne daß jemals seine Stimme verstummt wäre oder er einen Löffelvoll Getränk zu sich genommen hätte[334]. Wenn der Vasall, der eine gegenteilige Meinung vertritt, ins Exil geht und fastet, versucht er seinen Fürsten zu zwingen, die Beschlüsse, mit denen er sich selbst nicht einverstanden erklärt, ebenfalls abzulehnen. In dringenden Fällen allerdings kann er auch brutaler vorgehen: Umgarnt von seiner aus Ch'in stammenden Frau, gibt der Herrscher von Chin einigen Ch'in-Generälen, die er besiegt und gefangengenommen hatte, die Freiheit. Da tritt ein Vasall vor, *tadelt* den Herrscher und »spuckt (dann), ohne sich abzuwenden, auf die Erde«[345]. Damit belegt er die Entscheidung des Herrschers mit der schlimmsten

Verwünschung, die möglich ist: Der Fürst ist nun einer schrecklichen Alternative ausgeliefert – entweder muß er sich von der verwünschten Entscheidung lossagen (was er dann schließlich tut), oder er muß seinen Vasallen hinrichten lassen und damit alle Verantwortung für eine Exekution, die dieser willentlich provoziert hat, auf sich nehmen. Doch kann ein treuer Vasall, auch ohne sich in solche Kalamitäten zu begeben, seinen Herrn dem unglücklichen Los entziehen, dem sich dieser durch unpassende Entscheidungen aussetzt: es genügt, daß der Opponent auf die Ratgeber der anderen Partei weist und ausruft: »Diese da haben es so gewollt!«[346] Wenn der Herrscher zwar ihrem Vorschlag folgt, jedoch die Klugheit besitzt, sich gewisse Einschränkungen vorzubehalten, so kann man im Falle des Mißlingens die unheilvolle Entscheidung wieder aufheben, indem man die schändlichen Ratgeber vernichtet und das Mißgeschick auf sie abwälzt[347]. Zweifellos würde es von der Größe des Fürsten zeugen, wenn er die Verantwortung voll und ganz auf sich nähme und sagte: »Meine Generäle und Minister sind nur meine Arme und Beine«, doch wenn das Fürstentum der Theorie nach nur eine Seele hat, nämlich die des Herrschers, und wenn im Prinzip der Beschluß einstimmig gefällt werden muß, so besteht in der Praxis der hauptsächliche Vorteil der Hofversammlung darin, für jeden Vorschlag einen Verantwortlichen festzumachen: So binden die vorgebrachten Äußerungen den weiteren Schicksalslauf nicht unabänderlich in eine einzige Bahn. Damit wird es möglich, Reue zu zeigen und von vornherein die Sühneopfer, die notwendig werden können, zu kennzeichnen. In den Beratungen wie in der Schlacht versucht man die Verantwortung zu verteilen, da man zögert, sich unwiderruflich festzulegen. Und genau deswegen, weil das Wort das Schicksal bindet und die Seele vollkommen offen zeigt, übt sich jeder Ratgeber darin, nicht zu reden, um nichts zu sagen, sondern sich zumindest nur mit Hilfe sprichwörtlicher Redewendungen auszudrücken. Wegen ihres überlieferten Charakters fordern sie Ehrfurcht; doch wenn sie auch von der Tradition geweiht sind, so haben sie andrerseits doch nur einen neutralen Wert und sind vor allem für verschiedene Deutungsmöglichkeiten offen. Im Idealfall nimmt die Ratsversammlung den Verlauf eines Wettbewerbes für Sprichwörter, als dessen Ergebnis die Entscheidung in Form eines Rebus getroffen wird. Im Jahre 659 v. Chr. läßt der Herzog Hsien von Chin beraten, ob er seinem ältesten Sohn, dem designierten Nachfolger, das Oberkommando über die Armee anvertrauen soll. Eine Gruppe am Hof steht auf seiner Seite, während sich eine andere Partei um eine Favoritin von Herzog Hsien schart, die den ältesten Sohn wie eine Stiefmutter haßt. Diese Partei schlägt nun vor, den jungen Prinzen zum General zu ernennen. – Die beste Methode, ihn loszuwerden: denn wenn er das Verbrechen begeht zu verlieren, dann ist er jedenfalls schuldig, er wird aber auch schuldig sein, ja er ist es bereits, wenn er sich als Sieger dem Verdacht aussetzt, das Prestige, das ihm der Sieg verleiht, gegen seinen Vater ausnutzen zu wollen. Die Freunde des jungen Prinzen versuchen, ihn dieser Prüfung zu entziehen. Dann fällt der Herzog von Chin seine Entscheidung: Er übergibt seinem ältesten Sohn den Befehl über die Truppen, doch als er ihm die Generalskleider verleiht, sieht man, daß der Kronprinz ein zweigeteiltes Gewand und eine halbe Gürtelschnalle aus Metall tragen soll. Fünf hervorragende Ratgeber bemühen sich, herauszufinden, welchen Sinn der Rebus dieser Aufmachung hat: Aus der Deutung der einen ergibt sich, daß der Prinz freiweg an der Spitze marschieren soll, während die anderen daraus schließen, er solle die Schlacht meiden. Die Subtilität, mit der damals die Diskussionen geführt wurden, zeigt, welch hohe Anforderungen an die rednerischen Fähigkeiten eines Ratgebers gestellt werden mußten[348]. Es ist ziemlich verwunderlich, festzustellen, daß die Intrige, die unter dem Deckmantel großartiger Erörterungen im Staatsrat betrieben wurde, im Geheimen von einem Possenreißer geführt wurde, der eine Art intimer Ratgeber war: Doch haben die Narren, Sänger und Komödianten[349] an den Feudalhöfen eine wichtige Rolle gespielt, deren Bedeutung in dem Maße wuchs, wie die Fürsten zu Potentaten wurden und sich mit anspruchsvollerem Gepränge umgaben. Die Herrscher wollten nur geheime und verbrämte Ratschläge dulden, und da es die Komödianten waren, die traditionellerweise die Kunst der Fabel beherrschten, konnten gerade diese ihre Vorhaltungen auf wirklich indirekte Weise anbringen. Und im übrigen sprechen sie weder im Namen einer feudalen Gruppe noch haben ihre Vorschläge jene schwere Belastung, die den Worten eines Vasallen, der zu absoluter Aufrichtigkeit verpflichtet ist, beigemessen werden. Wie im Krieg, so kam es auch am Hof dazu, daß die Spezialisten nach und nach die Vornehmen verdrängten: Männer von niedriger Herkunft, doch erfahren in der Technik des Gesangs und fähig, Geschichten zu erfinden, verdrängten die Vasallen in der Gunst des Herrschers, stachen jene Vornehmen aus, die allein auf Grund ihrer Geburt richtig zu reden verstanden und deren aufrechte Gesinnung sich im ausschließlichen Gebrauch von Sprichwortversen und rituellen Formeln manifestierte, in denen die Weisheit der Vorfahren aufbewahrt wurde.

Nur wenn man einen Teil der Seele seines Fürsten in sich aufgenommen hat, weiß man sich passend zu kleiden, sich richtig zu verhalten und richtig zu sprechen, nur dann ist man weise und vornehm. Der ist ein Edler, der viel ißt und zu speisen versteht, der die Überbleibsel vom Tisch des Herrschers ißt und darin schwelgt. Denn lediglich ein Fürst hat eine so große Seele, daß er Abneigung für die gewöhnliche Nahrung heucheln und sich mit der Wirkkraft der Opfergaben bescheiden kann. Jenen, die sich rühmten, einem Geschlecht anzugehören, das seit vielen Generationen ein Lehen besaß und von einem vornehmen Einkommen leben konnte, liebten es, das alte Sprichwort *»Szu erh pu hsiu«* zu wiederholen. Wahrscheinlich hatte diese Wendung in alter Zeit den Sinn gehabt von »Laßt nicht die Knochen eines Toten verfaulen!« Während nun aber Leute mit Feingefühl in ihr die ehrenwerte Aufforderung: »[Hinterlaßt nur weise Vorbilder], die selbst nach dem Tode nicht verderben!« sahen, wollten die Großen sie lieber verstanden haben als: »[In einem vornehmen Geschlecht] bringt nicht einmal der Tod Verwesung [da die Familie lebendig und stark bleibt]«; ihnen wäre es natürlich am liebsten gewesen, sie wortwörtlich zu verstehen, so daß man hätte sagen können: »[Der Körper einer Vornehmen] ist nach seinem Tode nicht der Verwesung unterworfen.«[350] – Woraus man erkennt, daß die gleichen Vorstellungen, die zur Erfindung von Riten führen, die dem Toten die Schrecken einer langsamen Zersetzung ersparen sollen, auch den Wunsch nach unbeschränkter Unversehrtheit der Leiche nach sich ziehen und sich (nach langsamen Verschiebungen) schließlich in einfache moralische Vorschriften umändern können. Körper und Seele der Vornehmen zur Feudalzeit waren schön und rein, da ihre Nahrung rein und reichhaltig war, da sie die nach Vorschrift richtig zubereiteten Speisen aßen und da sie diese an der Seite des Herrschers zu sich nahmen. Zahlreiche Speisen waren ihnen verboten: Wolfsgekröse, Hundsnieren, Hirn von Milchschweinen, Fischinnereien, Bürzel von Hausgänsen, Hirschmagen, Trappenkaumagen und Hühnerleber[351]. Im Frühling mischten sie Zwiebel zum Gehackten, im Herbst Senf; zur Wachtel- und Hühnerbouillon und zum Rebhuhnfleisch gaben sie Knöterich; zu Huhn und Fasan (wenn sie gebraten wurden) und zu Brasse und Barsch, die über Dampf gegart wurden, fügten sie wohlriechende Kräuter, niemals jedoch Knöterich hinzu; Rinderfilet würzten sie mit Ingwer. Das Fleisch von Elch, Hirsch, Wildschwein und Damhirsch wurde entweder in geklopften oder gedörrten Scheiben oder roh, doch dann in sehr dünnen Scheiben, auf den Tisch gebracht. Als Delikatessen kannte man gehacktes Schneckenfleisch, das in Essig eingelegt wurde, Reisbrei, der mit Fasanenbouillon gemischt wurde, einen Brei von grobgemahlenem Leimreis mit Hundeleberbouillon vermischt, mit Knöterich gefüllte Fische und in Salz eingelegte Fischeier. Neben vergorenen Getränken trank man noch mit Essig gesäuertes Wasser und Pflaumensaft. Pfirsichhaut schabte man ab, um die Früchte grünlich-glänzend zu machen wie die Galle, die als Sitz der Tapferkeit angesehen wurde. Zu besonders erlesenen Festmählern wurden gegrillte Schildkröten, Bambus- und Binsensprossen und gehackter Karpfen aufgetragen: Diese Speisen waren besonders für die Bewirtung eines militärischen Würdenträgers geeignet, dem man darüber hinaus ein

Stück Salz in Form eines Tigers anbot[352]. Die Speisen mußten nach einer bestimmten Ordnung serviert und verzehrt werden: So wurden die Fleischspeisen in fünf Reihen auf dem Tisch angeordnet, mit Fisch und Wild an letzter Stelle. Das Tafelzubehör wurde nach strengen Vorschriften aufgelegt. Gekochter Fisch wurde immer so serviert, daß der Schwanz zum Gast zeigte, doch mußte im Sommer der Rücken und im Winter der Bauch nach rechts gewendet sein. Der Schnabel der Amphoren war am Tisch des Herrschers diesem zugewandt, während er an jedem anderen Tisch jeweils auf den Hauptgast ausgerichtet war. Alle Saucen und Getränke, die sich aus verschiedenen Bestandteilen zusammensetzten, wurden mit der rechten Hand genommen und links hingestellt. Es war verboten, Hirse auf andere Weise als mit einem Löffel zu essen, die Bouillons zu trinken, ohne die Kräuter zu kauen, Salzsuppe so zu trinken, als wäre sie zu wenig gesalzen, (mit den Stäbchen) Reis in die Luft zu werfen, um ihn auskühlen zu lassen, oder ihn zu Bällchen zu rollen, um ihn schneller schlucken zu können. Auch hatte man nicht nach Stücken wie nach Beute zu gieren, und man durfte die Knochen nicht den Hunden vorwerfen[353]. Wenn der Herrscher eine Melone aß, so wurde sie halbiert und mit einer Serviette bedeckt; auch bei einem Großenwürdenträger machte man sich die Mühe des Teilens, doch sparte man die Serviette, während man sich bei einem einfachen Adeligen darauf beschränkte, den unteren Teil abzuschneiden. Was die Leute aus dem Volke betrifft, so teilten sie die Melonen mit ihren Zähnen[354]. Weiters muß man sich davor hüten, schweißnasse Hände zu haben, mit dem Munde Geräusche zu machen oder Grimassen zu schneiden. Während gekochtes Fleisch mit den Zähnen zerrissen wurde, bediente man sich bei Dörrfleisch seiner Finger. Stücke von Fisch, die man wieder aus dem Mund herausgeholt hatte, durften nicht wieder auf den Teller gelegt werden[355]. Niemals spülte man seinen Mund, bevor nicht der Hausherr von allen Speisen genommen hatte; man mußte vor ihm zu essen beginnen und durfte so lange nicht aufhören, als er nicht geendet hatte. An der Tafel eines Herrschers – das war besonders zu beachten –, mußte man jeden Eindruck von Gefräßigkeit vermeiden, und man trug Sorge, auf seiner Matte immer ein wenig nach hinten gerückt Platz zu nehmen[356]. Sobald der Gastgeber mit den Fingern die Mundwinkel abgewischt hatte, beendeten alle das Mahl, tranken aus, und nach dem Angebot, abzuräumen, bedankten sie sich mit den Worten: »Wir sind voll!« Wenn man sich zurückzog, ziemte es sich nicht, »Tänze oder Luftsprünge zu vollführen«. Jenen, die das Trinken nicht vertrugen, drohte man mit dem »Widder ohne Hörner«; ein Aufseher und ein Zensor erinnerten die Gäste an den Anstand. »Wenn unsere Gäste betrunken sind, – Dann schreit der eine, und der andere brüllt, – Sie stürzen unsre Gefäße und

Töpfe um – Sie tanzen mit taumelndem Körper!«[357] Wenn zum einen kein Geladener »sich erlauben darf, sich für nicht satt« zu erklären, müssen zum anderen alle so tun, als würden sie von den Speisen nur kosten. Das Fleisch, das bei den Mahlzeiten von großen Herrschern angeboten wird, ist nicht in kleine Stücke, sondern in Scheiben geschnitten. Nur mit Vorsicht, einer Mischung von Respekt und Argwohn, von Hochmut und Unterwürfigkeit, nimmt man diese Nahrungsgabe entgegen, die einen adelt, zugleich aber auch unterjocht und in feudale Abhängigkeit bringt. Bei dem, der als Vasall geboren wurde, ist der Respekt vorherrschend: Er kann es sich nicht versagen, reichlich von den Speisen zu essen, die ihm sein Herr anbietet. Dabei muß er jedoch einen perfekten äußeren Rahmen wahren: »Wenn Euch der Herrscher seine Reste gibt, so eßt diese aus seiner eigenen Schale (zumindest wenn man diese waschen kann, nachdem Ihr gegessen habt)«, denn die Bindung, die aus dieser [gemeinschaftlichen] Handlung entsteht, wird enger, wenn Ihr die Speise und das Eßgefäß geteilt habt. »Wenn Euch der Fürst eine Frucht, die einen Kern hat, überreichen läßt, dann bewahrt diesen an Eurer Brust auf«, denn er ist ein Zeichen seiner Gunst. Wenn Euch der Herrscher Verpflegung gibt, so eßt davon, vor allem aber hebt einen Teil für Eure Eltern auf: Ihr werdet sie damit stärken, ihr Leben bereichern und eine ältere Generation an den Ehren Eures vornehmen Standes teilhaben lassen[358].

Der Fürst ernährt den Vasallen: Der Rang seiner Vornehmheit und das Maß seiner Treue entsprechen genau der Nahrung, die ihm zuteil wird. Ein Verräter, der eine Rebellion schüren will, besticht die Palastköche und die Lakaien, den Großwürdenträgern nicht mehr jeden Tag das ihnen zustehende Huhn aufzutischen, und erreicht es gar, daß die Köche nur noch Enten braten und die Diener, um die Schande noch zu erhöhen, die Enten vollends entfernen und den Bratensaft allein servieren. Das genügt, daß eine Vendetta ausbricht und die Männer in wilder Wut entbrennen: »Ich möchte mir von ihrer Haut ein Lager bereiten!«[359] Der Herrscher hat von einem befreundeten Fürsten eine Riesenmeerschildkröte als ein prachtvolles Geschenk erhalten. Ein Vasall, der sich an seinen Hof begibt, spürt, daß sich sein Zeigefinger (mit dem man zu essen pflegt) bewegt, und meint: »Jedesmal, wenn mir das widerfährt, habe ich etwas ganz Großartiges gegessen.« Der Fürst aber, dem das hinterbracht wird und der sich ärgert, daß sich der Vasall im vorhinein der Teilnahme am Mahl sicher ist, lädt diesen nicht ein. Zum Mißvergnügen des Vasallen, der seinen Finger in den Kessel tunkt, daran schmeckt und hinausgeht. Sofort denken der Herrscher und der Getreue daran, jeweils den anderen zu töten, da die Gemeinschaft zwischen ihnen zerbrochen ist[360]. Als Konfuzius bemerkte, daß sein Fürst die unheilvollen Lieder von Musikantinnen, die ein durchtriebener Feind des Landes Lu geschickt hatte, seinen Ratschlägen vorzog, weigerte er sich zunächst, zu verzweifeln, sondern wollte erst einmal die Zeit der großen Opfer abwarten, wobei er sich sagte: »Wenn der Herrscher seinen Großwürdenträgern Opferfleisch schicken läßt, dann werde ich bleiben können!« Nachdem der Zeitpunkt der Opfer verstrichen war, ohne daß seine Treue neu genährt worden wäre, verließ Konfuzius als Ausgestoßener das Land und war verdammt, »ohne Ende hierhin und dorthin zu irren«[361]. Die Mahlzeit, die man Tag für Tag mit seinem Fürsten teilt, ist das Band, das die Vasallenschaft begründet, doch erst die Teilnahme an den fürstlichen Opfern – jenen an die Erde und vor allem jenen an die Ahnen des Herrschers – verleiht im eigentlichen Sinne mit dem Adel auch einen Platz in der Hierarchie. In prächtigen Hymnen wird der Ruhm des Fürsten besungen, dessen glückbringende Wirkkraft die Felder gedeihen läßt: er kann feierliche Opfer darbringen, zu denen die Ahnen, dargestellt von einem Mitglied der Familie, herbeieilen, um zu essen und ihren Anteil an der Ernte entgegenzunehmen; darnach erst feiern der Herrscher und seine Vasallen: »Achtet mit Sorgfalt auf das Feuer, – Errichtet mächtige Aufbauten: – Röstet! bratet! – Und Ihr, Herrscherin von majestätischer Haltung, – Stellt die zahlreichen Gefäße auf! – Hier sind Gastgeber und Geladene, – Becher werden angeboten und weitergereicht! – Die Riten und Bewegungen sind vollkommen! – Lachen und Reden sind korrekt! – Der heilige Geisterdarsteller – Wird mir großes Glück bringen: – Zehntausend Jahre zur Belohnung! – Ich habe mich gänzlich hingegeben: – In nichts habe ich die Riten verletzt! – Der Beschwörungspriester verkündet sein Orakel, – Den Lohn für den frommen Nachfahren: – ›Köstlich waren die frommen Gaben! – Die Geister haben gegessen und getrunken! – Sie prophezeien Dir alles Glück – Deinen Wünschen gemäß und wie es den Regeln entspricht! – Du warst würdevoll, Du warst rege, – Du warst achtsam, Du warst korrekt. – Nimm also für immer ihre Gaben entgegen – tausend- und abertausendmal!‹ – Wenn die rituellen Handlungen und Bewegungen abgeschlossen sind, – Dann, Glocken und Trommeln, verkündet das Ende! – Ich, der fromme Nachfahre, setze mich; – Der Beschwörungspriester verkündet sein Orakel: – ›Die Geister haben getrunken, was ihr Herz begehrte!‹ – Der Darsteller der Ahnen – Verläßt zum Klang der Trommeln und Glocken (die Halle), – Geht, Geisterdarsteller! – Auch ihr, Diener, Ihr, Herrscherin – Räumt alles unverzüglich und eilends ab! – Mit meinen Onkeln und Vettern – Werden wir alle vollzählig feiern! – Die Musikanten kommen herbei und spielen! – Damit bekräftigen sie das Glück! – Da sind die Speisen: – Nichts mißfällt, alles ist prächtig – Voll von Wein und vollgepropft mit Speisen, – Beugen Groß und Klein ihr Haupt und sagen: ›Die Geister haben gegessen und getrunken, – Sie gewähren dem Fürsten ein langes Leben! – Ihr wart höchst freigebig, und genau am richtigen Tag – Habt Ihr in allem ein gutes Maß gesetzt! – Söhne und nochmals Söhne und Enkel – Werden Euer Geschlecht ununterbrochen fortsetzen!‹«[362] Die Vasallen leisten ihren Beitrag zu den Opfergaben des Fürsten, der sie an seine Ahnen weiterleitet: durch diese höchste Weihe werden die Speisen und Getränke des Opfers mit erhabener Heiligkeit versehen. Nach dem Herrscher nehmen die Vasallen am gemeinschaftlichen Mahl mit den fürstlichen Ahnen teil und werden gemäß ihrem Rang mit Heiligkeit und Vornehmheit bedacht. »Nach der Darbringung des Opfers aß man die Überbleibsel ... (Zunächst) ißt der Ahnendarsteller die Reste (des Opfers). Wenn er (gesättigt ist und) sich erhebt, essen der Fürst und seine Minister, (im ganzen) *vier* Personen, das, was er übriggelassen hat. Wenn der Fürst (gesättigt ist und) sich erhebt, dann ist die Reihe an *sechs* Großwürdenträgern, die Reste zu essen: die Vasallen essen die Reste des Fürsten. Wenn die Großwürdenträger (gesättigt sind und) sich erheben, dann sind *acht* Offiziere (einfache Adelige) an der Reihe, das Übriggebliebene zu essen: die niedrigeren Adeligen essen das, was die höheren Adeligen (*kuei*) übriglassen. Wenn die Offiziere (gesättigt sind und) sich erheben, dann tragen sie die Gerichte an den Fuß der Stufen des Saales und stellen sie dort auf: nun eilen die Bediensteten zur Anrichte – die Niedrigen [*hsia* (unten): jene, die am Fuße der Stufen bleiben müssen] essen die Überbleibsel der Höheren [*shang* (oben): jene, die in der Empfangshalle zugelassen sind]. Das Prinzip, das den Verzehr der Reste regelt, besteht darin, daß mit jedem Mal die Zahl der Personen, die zum Mahl zugelassen sind, wächst und sich so ihre Rangstufe kundtut: das ist ein Symbol für das Ausstrahlen der fürstlichen Großzügigkeit.« »Die Vornehmsten (die nicht am meisten, aber am besten essen) erhalten (Fleisch von den) wertvollsten Knochen [den Schultern, wie man zur Chou-Zeit sagte]; Männer von geringerem Rang (die viel, aber nicht so gut essen dürfen) erhalten (Fleisch von) weniger wertvollen Knochen.«[363] Die Vasallen leisten entsprechend dem Rang ihres Lehens Tribut, und der Fürst wiederum verteilt an sie die Opfergaben, die durch die Darbringung an die Geister geweiht worden sind; alle werden sie von dieser heiligen Substanz erfüllt, doch bedenkt der Fürst jeden einzelnen von ihnen genau in dem Verhältnis und nach dem Rang, den das Protokoll vorschreibt. Jeder erhält entsprechend seiner Würde mit einem mehr oder weniger ausgezeichneten Stück Fleisch einen streng definierten Anteil an heiliger Wirkkraft und Vornehmheit. Auch wenn diese heilige Kraft in ihrer Eigenschaft und ihrem Ausmaß unterschiedlich ausfallen kann, so bleibt sie ihrem Wesen nach für alle doch die gleiche: Sie alle gemeinsam bilden das Korps der Vornehmen. Sie sind die Menschen von oben, denen es erlaubt ist, zwar erst *nach dem Herrscher, aber an seiner erhöhten Tafel,* jene Nahrung zu sich zu nehmen, von der sich die Seele der verstorbenen Fürsten ernährt. Wie die Seele ihres Herrschers wird sich auch ihre eigene nicht in den unterirdischen Bereichen verlieren, sondern ganz oben, in den himmlischen Regionen weiterleben, wo die verstorbenen Herrscher Hof halten und wohin das verbrannte Fett der Opfertiere im Rauch emporsteigt. Solange sie leben, werden sich ihre Familien durch die Heiligkeit eines Herrschers auszeichnen, werden sie all das Prestige haben, mit dem man eine Gruppe von Menschen führen kann, so wie die gesamte Wirkkraft, die die Fruchtbarkeit einer Domäne ihrer Macht unterstellt und das Recht auf Landbesitz verleiht. Beim ersten Pflügen im Jahr zieht der Herrscher allein nur wenige Furchen, und schon ist die ganze Erde befruchtet, und es stehen ihm, als heiligem Urheber, der den Boden vom sakralen Bann befreite, alle Erstlingsfrüchte zu[364]. Von dieser heiligen Kraft, die in ihrem Herrscher konzentriert ist, werden alle Vasallen, wenn auch in abgeschwächter Form, durchdrungen; doch sind sie zahlreicher, und jeder von ihnen zieht um so mehr Furchen, als er von niedrigerem Adel und wirkungsschwächerer Tugendkraft ist. Die Vasallen pflügen in der Rangfolge ihrer Würde nach ihrem Fürsten und erwerben nach ihm ein besonderes, dem des Herrschers untergeordnetes Recht auf die Felder, wo der Bauernpöbel nur noch die Schwerarbeit zu verrichten hat – gemeine Arbeit, die nur gemeine Rechte verleiht.

Jeder Adelige ist ein Herrscher mit abgeschwächter Tugendkraft: Im Fürsten und im Körper der Edlen wohnt eine gleiche Seele. Daher geht der Wille jedes einzelnen im Band der Vasallenschaft auf. Da sich dieses nicht von der Verwandtschaftsbindung, wie sie zu dieser Zeit zwischen Vater und Sohn besteht, unterscheidet, trägt der Vasall mit derselben Strenge für seinen Fürsten wie für seinen eigenen Vater Trauer. Die feudale Gruppe ist eine Art Familie, ebenso wie die Familie (wie noch zu zeigen sein wird) eine Art feudale Gruppe ist. Beide, häusliche und feudale Einheit, basieren auf gemeinschaftlichen Handlungen. Die Mitglieder der Gruppe sind Träger der gleichen Wesenskraft, an der sie alle teilhaben, jedoch auf unterschiedliche Weise, da die Gruppe hierarchisch gegliedert ist. Es geschieht immer wieder, daß ein Bruder an die Stelle eines anderen zu treten versucht oder ein Vasall seinen Fürsten um den Thron bringen will, doch stellen diese Handlungen sie nicht außerhalb der Gesetze der Gruppe, sondern greifen nur die bestehende Rangordnung an. Sie zerreißen keine Bindung, sie machen sich auch keines Verbrechens gegen das Vaterland oder die Familie, sondern nur der Majestätsbeleidigung schuldig, und auch das nur im Falle des Mißlingens, denn ihr Erfolg würde ihre Machtposition gegenüber ihren Opfern, die dann die wahren Schuldigen wären, erhöhen. Daher bemüht sich die feudale Gruppe viel augenscheinlicher, die hierarchische Struktur, die sie sich gegeben hat, aufrechtzuerhalten, während eine homogene Gruppe nur darnach zu streben braucht, die Einheit der gemeinschaftlichen Handlungen herzustellen und zu verstärken: Aus diesem Grunde sind die Zeremonien, die periodisch die gemeinschaftliche Bindung unter den Treuepflichtigen wiederherstellen, so geregelt, daß sich darin der Anteil an Prestige manifestiert, der dem Protokoll nach jedem einzelnen zusteht. Der gesamte Aufwand an sozialen Symbolen dient dazu, den Sinn für Disziplin zu stärken: Disziplin ist das Ideal, weil der Widerstand gegen die Unterordnung Realität ist. Zwar glaubt niemand, daß das Leben außerhalb einer sozialen Gemeinschaft möglich ist, doch sobald man einer solchen Gemeinschaft angehört, wird man auch zum Mitträger der sich verbreitenden Wirkkraft, die die Heiligkeit des legitimen Herrschers ausmacht. Die einzige Aufgabe des Herrschers ist es, Prestige in sich zu konzentrieren. Um die Erhabenheit seiner Position zu wahren, muß er ein passiver Herrscher sein: wenn jedoch eine Handlung notwendig wird, darf sie nur ein Vasall vollziehen – und nur kraft der ihm übertragenen fürstlichen Wirkkraft. Ob er nun durch einen Mißerfolg die Heiligkeit des Fürsten kompromittiert oder ob er nur zu erfolgreich ist und sich selbst unverhältnismäßig heiligt, er wird immer eine Bedrohung für die Würde seines Fürsten sein. Wenn sich der Vasall tatsächlich zu einer Handlung entschließt, dann ist er – als Herold oder General – dazu verdammt zu büßen, denn vollkommene Hingabe unterscheidet sich in nichts von aufrührerischer Gesinnung. Wer seinen Glanz als loyaler Diener strahlen lassen will, darf sich keineswegs ausschließlich dem Nichtstun hingeben, sondern muß in seinen Handlungen aufs genaueste die Form wahren und durchsetzen. Die Aufrichtigkeit (*ch'eng*) als erste Vasallenpflicht ist als das Verhalten definiert, das vollkommen den Gesetzen der Etikette entspricht. Wem daran liegt, seine Treue zu beweisen, der muß klar zu erkennen geben, daß er nur so handelt, denkt und fühlt, wie es die protokollarischen Vorschriften gestatten. Alles im öffentlichen Leben ist nur Parade, geregeltes Zurschautragen, und so bleibt es, bis die Techniker dem alten Adel den Rang in der Gunst der Herrscher ablaufen. Doch wenn der Privatrat, oder schlimmer noch, die legalistischen Ratgeber den Hofstaat der Vasallen mit seinen Turnieren und Palavern ersetzen, dann sind auch die Tage des Feudaladels gezählt: der Ehrenhafte löst den Edlen ab – dieser war noch fähig, alle Dienste zu verrichten, während sich jener nun rühmt, alles zu wissen. Die feudalzeitliche Disziplin hat den Chinesen durch die langen Jahrhunderte ihrer Herrschaft wertvolle Tugenden vermittelt. Sie haben die Vorzüge des Formalismus, der vorgeschriebenen Bewegungen und der vorgegebenen Formulierungen erkannt und den moralischen Wert des Konformismus verstanden. Als wesentliche Aufgabe haben sie sich die Ausübung der umfassendsten und wahrhaftigsten Loyalität gestellt und waren weise genug, diese Loyalität im formalen Rahmen des geschlossenen Ganzen von geweihten Konventionen, etablierten Hierarchien und für gut befundenen Traditionen zu definieren. Sie haben aus Aufrichtigkeit und Ehre die fundamentalen Prinzipien ihres Verhaltens und Denkens gemacht. Die Ausübung dieser Tugenden haben sie genau kodifiziert, und indem sie sich entschieden haben, ihr Leben dem Kult der Etikette zu weihen, gelang es ihnen, die Verwirrung zu vermeiden, in die man durch die anarchische Suche nach dem Rechten und Wahren geraten kann.

Viertes Kapitel

Das Leben in der Familie

Wenn man den Chinesen glauben will, war bei ihnen die kindliche Pietät von frühester Zeit an die Grundlage der häuslichen und sogar der zivilen Moral. Die der väterlichen Autorität geschuldete Ehrerbietung wird als die höchste Pflicht erachtet, als die grundlegende Pflicht, aus der alle weiteren sozialen Verpflichtungen entspringen. Wenn also dem Herrscher Gehorsam geschuldet ist, dann deshalb, weil das Volk in ihm einen Vater sieht. Wie auch immer die Regierung sein mag, ihre Autorität ist dem Wesen nach immer patriarchalisch, denn die Pflichten gegenüber dem Staat sind nur als Ausweitung der familiären Verpflichtungen vorstellbar: aus dem frommen Sohn entsteht der loyale Untertan. Sobald der Vater seinen Sohn in Pietät (*hsiao*) unterrichtet hat, hat er ihn auch Loyalität (*chung*) gelehrt. Der Vater ist demnach der erste Beamte, und die Funktion, die er ausübt, wird nach klassischer Theorie nicht an ihn delegiert, sondern ist sogar ein Recht, das ihm von Natur aus verliehen wurde.

Die Gefühle, die diesen Vorstellungen entsprechen, sind heute derart verfestigt, daß die Chinesen diese berechtigterweise als angeboren empfinden können. Doch diese Gefühle haben eine Geschichte. Sie wurden der Nation durch die propagandistischen Anstrengungen einer Schule von Ritualisten und Zeremonienmeistern eingetrichtert, die die Prinzipien der nationalen Moral aus der Analyse der im feudalen Adel geübten Gebräuche entwickelten. Aus dieser Arbeit entstanden zwei Ritualbücher: das *Yi Li* und das *Li Chi*, die durch zahlreiche Beispiele aus Anekdotensammlungen illustriert werden. Diese Sammlungen stellen sich als historische Berichte dar, während die Rituale selbst unter der – allerdings fernen – Schirmherrschaft von Konfuzius stehen. Ihre endgültige Fassung ist indessen mit der Han-Zeit anzusetzen, doch wird ihnen schon damals eine Art kanonische Verbindlichkeit zugemessen. Man liest sie, um in ihnen die Normen des richtigen Verhaltens zu finden, und keiner hätte sich vorzustellen gewagt, daß dies etwa nicht das Brauchtum der Alten gewesen wäre.

Sobald man hingegen die historischen Gegebenheiten in Betracht zieht, so stellt man fest, daß sich die Vorschriften über die kindliche Pietät keineswegs von einer einfachen Kodifizierung der natürlichen Gefühle herleiten, sondern auf alten Riten basieren, die ursprünglich die agnatische Nachfolge regelten. So brauchte es erst eine lange Entwicklung, bis sich Vater und Sohn als Verwandte betrachtet haben. Die erste Bindung zwischen ihnen ist jene der Belehnung, die eine juristische und keine natürliche Beziehung anzeigt und darüber hinaus ihrem Wesen nach außerhalb der Familie existiert. Zunächst hat der Sohn seinen Vater als Lehnsherrn anerkannt, und erst darnach hat er in ihm einen Verwandten gesehen.

Wir müssen also das historische Postulat, das die Grundlage der chinesischen Theorien darstellt, umdrehen. Zivilmoral ist keine Projektion der häuslichen Moral, sondern ganz im Gegenteil das Recht der feudalen Stadt, das das häusliche Leben durchdringt. Als unter dem Einfluß der Rituale nur das agnatische Prinzip die Organisation der Familie bestimmte, schien die Pietät des Sohnes für den Vater – als ein besonderer Aspekt der Loyalität gegenüber dem Lehnsherrn – über alle Beziehungen innerhalb der Familie ausgedehnt und so die Grundlage der verwandtschaftlichen Bindung selbst zu sein. Von daher rührt ein charakteristischer Zug des privaten Lebens der Chinesen, der so bedeutend ist, daß wir uns länger mit ihm auseinanderzusetzen haben werden. Da die häusliche Ordnung völlig auf der väterlichen Autorität zu beruhen scheint, kommt innerhalb der Familienbeziehungen dem Begriff der Ehrerbietung der absolute Vorrang über den Begriff der Zuneigung zu. Das nach dem Vorbild der Hofversammlungen reglementierte häusliche Leben ächtet jede Vertraulichkeit, nicht Intimität, sondern die Etikette herrscht.

1 Die adeligen Familien

Der Organisation der adeligen Familie im feudalen China kommt – wegen ihres Einflusses, den sie auf die Entwicklung der chinesischen Sitten ausgeübt hat – über das historische Interesse hinaus ein beträchtliches soziologisches Interesse zu. Da es sich um einen Übergangstypus handelt, ist diese Art von Familie nicht häufig anzutreffen und zeigt sehr seltsame Merkmale. Der Platz, den sie einnimmt, ist ziemlich genau in der Mitte zwischen der ungeteilten agnatischen Familie und der eigentlich patriarchalischen Familie[365].

Obwohl sie umfassender als die patriarchalische Familie ist, gehört ihr dennoch nicht die Gesamtzahl der Agnaten an, und sie ist darüber hinaus auch nicht ungeteilt. Über eine gewisse Zahl von Verwandtschaftsgraden hinaus wird die Zusammengehörigkeit immer schwächer. Bestimmte Verpflichtungen sind außerhalb eines festgelegten Kreises von Verwandten nicht mehr wirksam, wieder andere beschränken sich auf einen noch engeren Kreis: doch auch die kleinste Einheit umfaßt kollaterale Verwandte und niemals einen Vater mit seinen alleinigen Nachkommen. Wenn der Vater stirbt, geht seine Autorität keineswegs auf alle seine Söhne über, nur der älteste kann sie sofort übernehmen. Das heißt, daß die Familie nicht nur nicht ungeteilt, sondern im strengen Sinne des Wortes auch nicht patriarchalisch ist: Zwar wird die väterliche Autorität anerkannt, doch ist sie beschränkt und anderen Autoritäten untergeordnet. Die Rechte des älteren Onkels treten mit denen des Vaters in Konkurrenz. Auch die Pflichten der Kinder unterscheiden sich nach ihrem relativen Alter zueinander. Und schließlich wird die Autorität nicht in allen Bereichen zugleich von einer einzigen Person ausgeübt. Die Gesamtheit der Verwandten ist in genau abgegrenzte Gruppen aufgeteilt, deren Funktionen verschieden sind, deren Oberhäupter jedoch zueinander in feudalen Abhängigkeitsbeziehungen stehen. Als eine ausgedehnte Gruppe von agnatischen Verwandten, die sich auf hierarchisierte soziale Gemeinschaften verteilen, stellt die adelige Familie eine gegliederte Körperschaft dar, innerhalb derer allerdings keine Autorität über eine wahrhaft monarchische Machtstellung verfügt.

a) Die Organisation der Familie

Während die Namensgemeinschaft (*t'ung hsing*) das wesentliche Element für die Verwandtschaft darstellt, ist die Kultgemeinschaft (*t'ung tsung*) die Grundlage der Familienorganisation[366].

Alle Träger des gleichen Namens sind miteinander verwandt und sind als Mitglieder einer Familie (*hsing*) zur Erfüllung bestimmter Pflichten angehalten. Zum anderen finden sich die Verwandten in einer gewissen Zahl von Kultgemeinschaften (*tsung*) wieder, die mehr oder minder ausgedehnt sein können. Diese *tsung* umfassen jedoch nur solche Verwandte, die sich durch bestimmte Beziehungen von einem gemeinsamen Ahnen herleiten, dem zu Ehren die Gemeinschaft den Kult feiert. Während also Verwandtschaft nicht auf Verhältnissen natürlicher Nähe oder Ferne beruht, bilden sich die religiösen Gemeinschaften, deren Vereinigung den großen Familienverband ergibt, auf der Basis von individuellen Bindungen.

Wir erinnern uns, daß in der bäuerlichen Familie, die ja ungeteilt ist, der Name das Zeichen der Verwandtschaft ist: ein Zeichen, beladen mit Realität, ein Symbol voll von Gefühlen, das auf eine spezifische Tugend (*te*) verweist und eine bestimmte Art (*lei*) charakterisiert. In der adeligen Familie (und darin liegt ein erster Grund für die Annahme, daß sie sich auf evolutionärem Wege von der ungeteilten Familie herleitet) wird Verwandtschaft auch als Namensgleichheit (*hsing*: Name) definiert. Zwei adelige

Familiengruppen sind miteinander verwandt, wenn ihre Mitglieder den gleichen Namen tragen, und das sogar für den Fall, daß sie keinen gemeinsamen Ahnen kennen. Der Name hängt in keiner Weise von Blutsbanden ab: die Macht des Namens, Verwandtschaft zu setzen, kann weder durch Entfernung noch durch Bündniskomplikationen verlorengehen. Wenn einer Barbarengruppe ein chinesischer Familienname verliehen wird, dann werden alle Barbaren dieser Gruppe zu Verwandten der chinesischen Familien, die diesen Namen tragen[367]. Der Name besitzt das Individuum stärker, als das Individuum ihn besitzt: er ist unveräußerlich. Auch wenn die verheiratete Frau nicht mehr völlig vom Oberhaupt ihrer Familie abhängig ist und auch ihre Pflichten der Kindespietät auf Grund ihrer Heirat, wenn schon nicht aufgehoben, so doch stark abgeschwächt sind, so behält sie dennoch ihren Namen. Der Waise, der seine Mutter zum zweiten Ehemann begleitet, geht ihm gegenüber Abhängigkeitsbeziehungen ein, die ihn zur Kindespietät verpflichten. Wenn sie über längere Zeit unter demselben Dach wohnen, kann es dazu kommen, daß er den Ahnenkult für seinen Stiefvater fortsetzt. Dennoch kann er nicht seinen Namen übernehmen[368]. Diese Regel läßt deutlich erkennen, daß innerhalb der Adelsschicht die Grundlagen der Verwandtschaft und die der Familienorganisation zwei verschiedenen Bereichen angehören. Der Primat der Verwandtschaft wird durch ein weiteres, parallellaufendes Argument bestärkt: Unter normalen Bedingungen kann nur der als Nachfolger adoptiert werden, der schon im voraus den Namen des Adoptierenden trägt[369].

Die Namensgemeinschaft zieht eine Reihe von charakteristischen Verpflichtungen nach sich, so daß es unter Verwandten weder Heiraten noch Vendetten geben darf. Racheduelle wie auch die Wettkämpfe zwischen jungen Männern und Frauen stellen für jene, die nicht durch die Identität des Namens und der Natur vereint sind, Mittel dar, sich zu messen und zu verbünden, sich zu nähern und zu widersetzen; Identität hingegen verpflichtet zur Teilnahme an den gleichen Kämpfen und Bündnissen. Alle Verwandten müssen den Hauptbetroffenen in seiner Rache für einen getöteten Verwandten unterstützen[370]. Wenn ein Ehebündnis geschlossen wird, nehmen alle Gruppen des gleichen Namens daran teil: Die Dienerinnen, die die Braut zu ihrem Mann begleiten, werden von zwei verschiedenen Gruppen gestellt. Insgesamt sind also drei Gruppen an den Hochzeitsgelöbnissen beteiligt. Drei ist ein Ganzes, und durch das dreifache Gelöbnis wird das Einbezogensein der gesamten Verwandtschaft bestätigt. Bezeichnenderweise muß das Gelöbnis der Dienerinnen spontan sein: es ist ebensosehr ein Recht wie eine Verpflichtung[371]. Die Verwandtschaftsbindungen beinhalten Gleichheit und Gemeinschaft.

Ganz anders verhält es sich mit den Bindungen, die sich aus der Zugehörigkeit zu einer Kultgemeinschaft (*t'ung tsung*) ergeben: Diese sind Abstufungen unterworfen und schließen eine Hierarchie mit ein. Die Mitglieder einer einzelnen Familie (*shu hsing*) tragen einen Namen (*cognomen: shih*), der ihnen als Eigentum zugehört: das heißt, daß sich – in der Theorie – Verwandte, die nicht von einem gemeinsamem Ururgroßvater abstammen, durch die Annahme eines zweiten Namens (*shih*) unterscheiden können. Diese Namen sind keineswegs Familiennamen (*hsing*). Familiennamen stellen sogar dann ein Ehehindernis dar, wenn noch nicht einmal der Anschein einer Aszendenzgemeinschaft gegeben ist. Die Träger eines gleichen *cognomen* können sehr wohl Ehebindungen eingehen, auch wenn sie verschiedene *hsing* haben, dürfen aber in einem solchen Fall nicht an den großen Festessen der Familie teilnehmen, die den Trägern eines gleichen *hsing* vorbehalten sind und bei denen die Rangordnung nach dem Alter (wörtlich: nach den Zähnen) festgelegt ist[372]. Diese egalitären Gemeinschaftsessen sind charakteristisch für ein System von Verwandtschaft, die von Natur aus ungeteilt ist und auf der Vorstellung der Konsubstantialität beruht. Menschen, die den gleichen *cognomen* führen, sind zwar auch »durch die Nahrung verbunden«, aber auf ganz andere Weise: Als Angehörige derselben Kultorganisation kommen sie zusammen, um an den Banketten des Ahnenkults teilzunehmen. Diese ihrer Funktion nach gemeinschaftlich gefeierten Festmahle gleichen allerdings in nichts den egalitären Familienessen. Jeder liefert zwar seinen Beitrag, doch anstatt diesen zur allgemeinen Masse hinzuzufügen, übergibt er ihn dem Kultleiter. Von diesem wiederum erhält jeder seinen Anteil an den Speisen, der, wie die Beiträge auch, durch protokollarische Regeln festgelegt ist. Das Oberhaupt richtet die Speisen an und verteilt sie an die Teilnehmer, die diese wie ein Geschenk entgegennehmen: Es gibt zwar ein gemeinsames, doch hierarchisch strukturiertes Mahl.

Eine einzelne Familie (*shu hsing*) ist in verschiedene Kultgemeinschaften von unterschiedlichem Rang aufgeteilt. Zuunterst sind die Gemeinschaften, die von einer Gruppe von Brüdern gebildet werden, die sich mit ihren Nachkommen unter der Leitung des Ältesten versammeln, um den Kult für den verstorbenen Vater zu vollziehen. Bereits diese brüderlichen Gemeinschaften, die die kleinste Familieneinheit darstellen, sind, indem sie das Vorrecht der Erstgeburt anerkennen, hierarchisch aufgebaut. Ein Sohn, der nicht der Haupterbe seines Vaters ist, kann ihm von sich aus keine Opfer darbringen, sondern darf nur an den Kulthandlungen seines ältesten Bruders teilnehmen[373]. Auf der nächsthöheren Stufe umfaßt die Gemeinschaft, die vom ältesten Onkel geleitet wird, die Nachkommen eines gemeinsamen Großvaters: in ihr sind die Gemeinschaften der Brüder, deren Rang sich nach dem ihres Oberhaupts richtet, eingeschlossen. Darüber steht die Gruppe, die sich von einem gemeinsamen Urgroßvater herleitet, und noch höher jene, in der der Kult für einen gemeinsamen Ururgroßvater vollzogen wird. Diese vier Arten von Kultgemeinschaften können sich mit ähnlichen Gemeinschaften zusammentun, um den Kult für einen noch ferneren Ahnen zu feiern, den ältesten Vorfahren, den alle Gruppen kennen, die noch das gleiche *cognomen* tragen und sich nicht in verschiedene Einzelfamilien (*shu hsing*) geteilt haben. Der Vorsteher dieser großen Kultgemeinschaft (*ta tsung*) ist das Oberhaupt der höchsten Gemeinschaft in direkter Nachfolge. Diese Familienorganisation, die sich von einer auf Ungeteiltheit basierenden Verwandtschaftskonzeption abhebt, steht in enger Beziehung zum Ahnenkult. Dieser ist das Privileg der Adeligen, die allein das Recht haben, einen Ahnentempel zu besitzen. Nun zeigt aber die Anordnung dieses Tempels Merkmale einer früheren, ungeteilten Organisation, über die sich die Organisation in hierarchisierte Gruppen gelagert zu haben scheint. Wir haben weiter oben zahlreiche Gründe für die berechtigte Vorstellung angegeben, daß das uterine Prinzip, welches ursprünglich den Vorrang vor dem agnatischen hatte, zu der Zeit an Stärke zunahm, als innerhalb der ungeteilten Organisation ein rechtlich festgelegter Begriff von Filiation eine gewisse Bedeutung erlangte. Hier verdient ein geflügeltes Wort aus den chinesischen Ritualen zitiert zu werden: »Die Tiere kennen ihre Mutter, aber nicht ihren Vater. Die Leute auf dem Lande sagen: ›Warum soll man Vater und Mutter unterscheiden?‹ Aber die Vornehmen in den Städten verstehen es, ihren verstorbenen Vater zu ehren.«[374] Wenn die Frauen als Mütter des Dorfes, in dem ihre Männer nur eingegliederte Lebensgefährten waren, ursprünglich die Mütter der Dorfkinder waren, wird verständlich, daß der Begriff, der die Zuneigung der Kinder für ihre Mütter (*ch'in*) ausdrückte, zur Bezeichnung der Eltern diente und weiterhin Gefühle, die durch Verwandtschaftsbindungen zum Tragen kommen, beschrieben hat, während er nicht für Gefühle, die die Beziehung zum Vater hervorrufen, verwendet werden konnte. Ein Vater kann nicht *ch'in*, nahestehend sein, sondern ist *tsun*, ehrwürdig, ein Begriff, der exakt die in China herrschende Beziehung zwischen Vater und Sohn zum Ausdruck bringt und die Vorstellung von Verehrung, die durch Distanz gefordert wird und die der Niedrigere dem Höheren *(tsun)* entgegenbringen muß, hervorruft[375]. Doch bezeichnenderweise sagt man vom Großvater, obwohl er stärker noch als der Vater als Höherer verehrt zu werden verdiente, daß er *ch'in* ist, ein Nahestehender und Verwandter, und es sind ihm in der Tat Vertrautheiten erlaubt, die von Seiten des Vaters als unpassend verurteilt würden. Diese privilegierte Stellung erklärt sich aus der Tatsache, daß der Großvater, bevor er, wie wir oben gesehen haben, in die agnatische Linie aufgenommen wurde, ursprünglich als Onkel mütterlicherseits der Mutter zu den uterinen Verwandten gezählt wurde. Genauso verhält es sich mit dem Ururgroßvater, während der Urgroßvater (wie der Vater) erst dann als Verwandter gelten konnte, nachdem das agnatische Prinzip dem uterinen den Rang abgelaufen hatte. Nun ist genau diese Konzeption – daß die Mitglieder zweier folgender agnatischer Generationen einander fernstehen, während die Vertreter von alternierenden Generationen einander nahestehen – die Erklärung, und zwar die einzige, für die Anordnung innerhalb des nur Agnaten und ihren Frauen vorbehaltenen Ahnentempels. Dieser *chao-mu* genannten Anordnung zufolge müssen die Ahnentafeln von Vater und Sohn, Urgroßvater und Urenkel an den beiden gegenüberliegenden Seiten aufgestellt werden, während die Tafeln des Enkels und Großvaters auf der gleichen Seite stehen. Ebenso müssen sich die Lebenden zur Feier des Kults in zwei einander gegenüberstehenden Gruppen versammeln, wobei sich zwei aufeinanderfolgende Generationen frontal anblicken, während alternierende Generationen jeweils in einer Gruppe zu finden sind[376]. Und schließlich, wenn ein Kind für würdig erachtet wird, einer religiösen Zeremonie vorzustehen, und es, da es zu jung ist, getragen werden muß, darf kein Vertreter aus der Vater-, sondern nur aus der Großvatergeneration dieses Amt übernehmen. Mit dieser Regelung, deren ursprünglich ritueller Sinn ins gänzlich Moralische gewendet wurde, rechtfertigt man die Vertraulichkeit, die zwischen Großvater und Enkel erlaubt, zwischen Vater und Sohn jedoch verboten ist[377].

Aus der Organisation in Kultgemeinschaften ist eine neue Auffassung der Verwandtschaftskonzeption entstanden. Verwandtschaft hatte, solange die Familie ungeteilt war, der Vorstellung einer gemeinsamen Wesenskraft entsprochen. Doch bei den Vornehmen, die berechtigt waren, einen Ahnenkult zu feiern, wurden die Bankette im Ahnentempel häufiger abgehalten und vermittelten größeres Prestige als die Festessen, zu denen sich alle Träger gleichen Namens versammelten. Die durch gemeinsame Opfermahlzeiten geschaffene Verwandtschaftsbindung scheint sich unter jenen, die häufiger gemeinsam schmausen, noch stärker herauszubilden. Und in der Tat, so wie es bei den Vornehmen (außer dem großen *tsung*) vier Kultgemeinschaften gibt, existieren auch vier Trauerklassen, an denen der kollaterale Verwandtschaftsgrad abzulesen ist. Je seltener sich die einer weiteren Kultgemeinde kollateralen Verwandten zu den Gemeinschaftskulten im Ahnentempel treffen, desto schwächer ist der Verwandtschaftsgrad und desto einfacher sind die zu beobachtenden Trauervorschriften. Obwohl die Verwandtschaftsbindungen noch aus der Zugehörigkeit zu einer Gruppe resultieren, scheinen sie sich von der verwandtschaftlichen Nähe abzuleiten, da sie im Zusammenhang mit ihr variieren. Doch die gemeinschaftlichen Opfermahlzeiten im Ahnentempel unterscheiden sich durch ihre Andersartigkeit von den egalitären Festessen der ungeteilten Familie. Als Kultleiter spielt jeder Vorstand einer Kultgemeinschaft eine Rolle allerersten Ranges, da durch seine Vermittlung die Mitglieder der Gemeinschaft mit den Ahnen und untereinander in Beziehung treten. Das der gemeinschaftlichen Handlung vorangehende Opfer scheint dazu zu dienen, im Kultleiter eine Wirkkraft zu konzentrieren, die sich in der Folge unter den Gläubigen ausbreiten soll. Diese Tugendkraft, die sich ja nicht von der Wesenskraft der Familie unterscheidet, scheint jedoch im Oberhaupt, dem Kultmittelpunkt, in dem sie sich gesteigert manifestiert, einen besonders erhabenen und in gewisser Weise geläuterten Charakter anzunehmen. Wenn sie vom Leiter wieder zu den Gläubigen zurückkehrt, bringt sie mehr als ein einfaches Prinzip von gemeinsamer Wesenhaftigkeit: Das mit dem Opferfleisch verteilte Glück (*fu*) wird den Empfängern als ein Anteil am Prestige, als ein Maß von Autorität und Macht übergeben. Niemand würde glauben, daß diese Tugendkraft, durch die er sich bereichert fühlt, einfach aus ihm herausströmte oder sich in ihm wie in jedem der Seinen zusammenziehen könnte, sondern jeder sieht darin ein Wiederaufbrechen einer erhabenen Quelle an Autorität, die allein der Vollzieher des Kults zum Fließen bringen kann. Der Kult scheint auch der Urheber des Verwandtschaftsprinzips zu sein, das die Mitglieder der Familiengemeinschaft verbindet. Wenn die Familienbindungen unter den Verwandten weiterhin ein immanentes Wesen voraussetzen, dann bewirken sie auf fühlbarere Weise die Vorstellung eines Prestigeprinzips, dessen Transzendenz man voraussetzt und dem man schöpferische Handlungskraft zuschreibt. Man gesteht also dem Kultoberhaupt eine Art hervorragender Stellung zu, die dazu verpflichtet, für ihn Trauer höheren Grades – nämlich der ersten Klasse – zu tragen. Verwandte in aufsteigender Linie und Erstgeborene erscheinen abgesondert vom Rest der Verwandten als Urheber von Verwandtschaft. Die miteinander verknüpften Begriffe von Familienmacht und Filiation haben als nuanciertere und der Analyse zugängliche Vorstellungen den Vorrang vor dem undeutlicheren Gefühl von Wesensübereinstimmungen.

Solange indessen die feudale Ordnung herrscht, kann es nicht dazu kommen, daß sich die Begriffe von Familienmacht und Filiation so eng miteinander verbinden, daß die Vorstellung von väterlicher Autorität entsteht. Das Recht, einer Kultgemeinschaft vorzustehen, stellt eine Art Sakrifizialautorität dar, die vom Lehnsherrn gemeinsam mit dem Adel verliehen und genauso wie die Herrschaftsgewalt dem Erstgeborenen ungeteilt vererbt wird. Ein jüngerer Bruder kann – zumindest zu seinen Lebzeiten – keine solche Autorität besitzen. Wenn nun aber jeder Vater – auch wenn er später als seine Brüder geboren wurde – das Recht beanspruchen darf, daß alle seine Söhne für ihn die höchste Trauer tragen, so aus dem Grunde, weil er durch seinen Tod zu einem Ahnen wird, dem zu Ehren eine Gemeinschaft von Brüdern den Kult vollzieht. Dagegen hat ein jüngerer Bruder, der seinen ältesten Sohn vor sich sterben sieht, nicht das Recht, ihn mit den Ehren zu beklagen, die zugestanden werden, wenn man als Kultoberhaupt einen möglichen Nachfolger betrauert. Ein jüngerer Bruder kann somit keinen seiner Söhne, nicht einmal den ältesten, vor seinen Neffen besonders auszeichnen. Diese Vorschriften zeigen, daß die für die Adelsfamilie charakteristische Hierarchie die Errichtung des Ahnenkults zur Grundlage hat, nicht eine natürliche Autorität, die aus der Verwandtschaft resultiert. Sie zeigen aber auch die Widerstandskraft der alten, ungeteilten Familienorganisation, denn obwohl ein Vorsteher die Kultgemeinschaften leitet und sich die Verwandtschaft aus der gemeinsamen Abhängigkeit von diesem Vorsteher abzuleiten scheint, bewahrt das Prinzip der Ungeteiltheit dennoch seine Kraft. So sind in einer Gemeinschaft von Brüdern (der *t'ung-ts'ai*-Gruppe) im Prinzip alle Güter (*ts'ai*) gemeinsam (*t'ung*), und nach der Vorschrift muß der Überschuß eines jüngeren Bruders an den ältesten abgegeben werden. Dafür muß dieser den Bedürfnissen der jüngeren Brüder, wenn sie Not leiden sollten, zu Hilfe kommen[378]. Desgleichen bleibt das Recht und die Verpflichtung der Vormundschaft der Gruppe der Vettern ungeteilt erhalten: Solange jemand noch selbst Vettern hat, kann er nicht die Vormundschaft für einen Fremden übernehmen[379]. Die Autorität des Kultleiters wird durch die übergeordneten Rechte der Gemeinschaft beschränkt: Wenn der Vorsteher eines *tsung* keine Kinder hat, kann und muß er einen Nachfolger adoptieren. Doch obgleich er die Adoptionsverpflichtung hat, besitzt er keineswegs die Freiheit, zu adoptieren, wen immer er will: Die Wahl seines Nachfolgers steht nicht in seinem Belieben, sondern wird durch zwingende Vorschriften diktiert[380]: der Nachfolger muß aus der nächststehenden Kultgruppe stammen.

Wie das öffentliche Recht ist auch das Familienrecht der Feudalzeit ein Recht des Übergangs, schlecht festgelegt und variabel. Selbst in den Fürstenfamilien sind die Nachfolgeregeln fließend, und das häufig bestrittene Majoratsprinzip gewinnt längst nicht immer die Oberhand über das Prinzip der Brudernachfolge. Oft wird die Wahl des Erben durch die Intervention von Verwandten oder Vasallen beeinflußt, deren Bevorzugung von Gesichtspunkten ihrer Nebenbuhlerschaft bestimmt wird[381]. So kann es zum Beispiel geschehen, daß die Nachfolge erst dann dem Sohn, als dem Vertreter des früher geborenen Familienzweiges, zufällt, nachdem sie die gesamte Reihe der jüngeren Brüder des Vaters bis hin zum Jüngsten durchlaufen hatte[382]. Weiter kann es vorkommen, daß nicht jener

Sohn, der den Titel des Ältesten verdient, das Erbe antritt, sondern daß die Wahl auf jenen Sohn fällt, dessen Mutter am meisten Prestige besitzt. Auf Schritt und Tritt stößt man in den alten Chroniken auf Hinweise für die Lebenskraft der Rechte, die in den alten, ungeteilten Gemeinschaften gültig waren, und sogar der Vorschriften, die noch für das alte, uterine Prinzip zeugen. So wie die Organisation der Familie in den Ritualbüchern beschrieben wird, erscheint sie eher als ein Rechtsideal, denn als Realität. Die patriarchalischen Institutionen haben in der feudalen Ordnung ein günstiges Milieu angetroffen, und wenn sie sich darin auch nur zur Hälfte realisieren konnten, so war dies doch ausreichend, daß die Rechtsgelehrten, die Regeln für die Organisation der Kultgemeinschaft entwickelten, daraus die Grundsätze des Familienrechts ziehen konnten. Diese Grundsätze sollten nach Verschwinden des feudalen Adels, wenn schon nicht für die gesamte Nation, so zumindest für alle oberen Klassen der Gesellschaft, verbindlich werden. Doch seit der Feudalzeit scheint die Vorstellung, daß Verwandtschaft als Folge der Kultgemeinschaft eine Abhängigkeitsbeziehung gegenüber dem Kultvorsteher beinhaltet, definitiv festzustehen. Diese Vorstellung ist die Grundlage der Macht, die dem Vater der Familie zugefallen ist.

b) Die väterliche Autorität

Die Autorität des Vaters leitet sich nicht von einem Befehlsrecht her, das er auf Grund seiner Vaterschaft innehat, sondern von der Tatsache, daß der Sohn, genauer der älteste Sohn, in ihm einen künftigen Ahnen sieht. Da er dazu bestimmt ist, dem Kult für seinen Vater vorzustehen und in dieser Stellung Autorität über seine jüngeren Brüder auszuüben, ist er bestrebt, in seinem Vater zu dessen Lebzeiten jene heilige Kraft aufzubauen, die diesen befähigt, die Position eines Ahnen einzunehmen. Er sorgt dafür, daß sein Vater das Leben eines Vornehmen führen kann; er behandelt ihn als Oberhaupt; er bringt ihm Ehren dar, die ihm die Würde eines Fürsten verleihen. Während er zunächst sein gläubiger Anhänger ist, rüstet er sich, wenn ich so sagen darf, sein Priester zu werden. Das Leben des Sohnes (des ältesten, denn in Wahrheit hat der Vater nur einen Sohn, der dann seinerseits Brüder hat) ist eine einzige, lange Bemühung, sich seinem Vater anzuschließen. Diese Kontinuität herzustellen ist um so schwieriger, als Reste des uterinen Rechts weiterbestehen und Vater und Sohn aus diesem Grunde zwei verschiedene Wesenskräfte verkörpern[383]. Es ist unmöglich, daß zwischen ihnen Vertraulichkeit herrscht: Ihre Ahnentafeln werden niemals nebeneinander, sondern immer an den beiden gegenüberliegenden Seiten des Ahnentempels stehen. Doch genau dieses

Fehlen von Verwandtschaft ermöglicht es dem Sohn, sich der feudalen Abhängigkeit zu unterwerfen, und dem Vater, sich die Gewalt eines Lehnsherrn anzumaßen. Um die Autorität des Vaters zu definieren, sagen die Chinesen von ihm, daß er wie der Lehnsherr *tsun*, ehrgebietend sei, daß er streng sein solle und Abstand wahrend *(yen)*; er ist »der Himmel«, und er beherrscht seinen Sohn, wie das *yang* das *yin* beherrscht. Der Sohn verhält sich in Anwesenheit des Vaters wie der Vasall in Anwesenheit des Lehnsherrn und – nichts könnte die feudalen Ursprünge der väterlichen Autorität besser zeigen – alle Riten, mit denen sich der Sohn seinem Vater nähert, alle Riten, in denen die agnatische Zugehörigkeit geschaffen wird, unterscheiden sich nicht von denen, die die Vasallenschaft verleihen.

Das Faktum der Vaterschaft für sich selbst erzeugt noch keine Bindung. Ein Mann kann das Kind seiner Frau, selbst wenn er es nicht gezeugt hat, es beispielsweise empfangen wurde, nachdem er seinen Harem seinen Anhängern geöffnet hatte, als Sohn behandeln[384]. Dagegen bewirkt die Tatsache, daß man das Kind der Ehefrau ist, niemals das Recht, auch als Sohn des Ehemanns gehalten zu werden. Schon von allem Anfang an besteht zwischen dem Kind und dem Vater eine so große Distanz, daß etwa die Schwangerschaft die Ehegatten einander keineswegs näher bringt, sondern sie entfremdet. Drei Monate vor der Niederkunft, sobald das Embryo voll ausgebildet ist *(ch'eng)*, trennen sich Mann und Frau und leben bis zum Zeitpunkt, an dem das Kind seinem Vater vorgestellt werden kann (im dritten Monat nach der Geburt), getrennt voneinander[385]. Diese krönende Zeremonie des dritten Monats wird von zahlreichen Annäherungsriten eingeleitet. Der Vater nimmt an den Mühen der Mutter teil, und wenn es ihm auch verboten ist, sie zu sehen, so läßt er – desto häufiger, je näher ihre Stunde kommt – nach ihrem Befinden fragen. Während der letzten Tage fastet er, und obgleich er an der Geburt nicht teilnimmt, ist er doch an der Tür der Wöchnerin durch zwei Vasallen, dem Musikmeister und dem Küchenchef, vertreten, die die zahlreichen Verbote überwachen müssen, denen die Mutter bezüglich Ernährung, Kleidung und Melodien, die sie sich vorspielen läßt, unterworfen ist[386]. Diese Vasallen beobachten auch die ersten Bewegungen des Neugeborenen, wobei insbesondere der Musikmeister mit Hilfe einer Art Stimmgabel die Tonart bestimmt, in der das Kind seine ersten Schreie ausstößt[387]. Diese Stimmenkontrolle ist eine bedeutsame Angelegenheit, und so gibt neben den Vasallen des Vaters die ganze Familie acht. Als Tzu-wen von Cheng einen Sohn bekommt (604 v. Chr.), dessen Stimme dem Heulen eines Wolfs ähnelt, verlangt der älteste Bruder von Tzu-wen, daß dieses Kind getötet werde[388]. Nur ein Freidenker würde ein Kind nicht töten lassen, das unglücklicherweise im ersten oder fünften Monat des Jahres, den Monaten der Sonnenwende, oder, schlimmer noch, am Fünften des fünften Monats, dem Tag, der der Eule geweiht ist und an dem das *Yang*-Prinzip seinen Höhepunkt erreicht, geboren wurde. Ein Sohn, der zur Zeit hoher Feiertage geboren wird, muß auch auf seltsame Weise groß werden: er ist vom Schicksal bestimmt, sobald sein Wuchs die Höhe einer Tür erreicht, seinen Vater zu töten, da er an der vatermörderischen Natur der Eulen teilhat, die sich bekanntlich kannibalisch verhalten[389]. Unter unheilvollen Umständen geborene Kinder wurden in der Wildnis ausgesetzt: doch so offenkundig war das animalische Wesen, das bei der Untersuchung in den ersten Tagen an ihnen befunden wurde, daß es manchmal geschah, daß sie von einem wilden Tier aufgenommen und gesäugt wurden[390]. Die Mütter waren die ersten, die die Aussetzung der vom Unheil gezeichneten Neugeborenen forderten, während der Vater manchmal Mühe hatte, sich gegen den Willen der Mutter durchzusetzen. In alter Zeit hing die Aussetzung des Kindes ohne Zweifel allein von der Mutter ab. Diese Aussetzung kam eher einer Prüfung als einem Todesurteil gleich. Manchmal erzwang ein auf den Boden gelegter und dort zurückgelassener Neugeborener, der aus voller Kehle brüllte, nicht nur das Mitgefühl von Tieren, sondern auch das der Menschen (»Wie weit er zu hören ist! Wie weit er zu hören ist! – Sein Schreien erfüllt den Weg!«)[391] Darnach nahm ihn seine Mutter wieder auf und gab ihm einen Namen: dies war das Schicksal von Hou-chi, dem Ahnen der Chou-Könige. Doch sogar im Falle einer normalen Geburt mußte das Kind die ersten drei Tage seines Lebens ohne Nahrung in unmittelbarem Kontakt mit dem Boden verbringen, denn »Lebensgeist und Atem eines Kindes sind kraftlos«[392], und erst durch die Berührung mit der Mutter Erde kann das Leben in ihm stärker werden. Für die Mädchen, die niemals vollkommen aus der mütterlichen Abhängigkeit entlassen wurden, scheint die Aussetzung auf dem Boden als Prüfung zu genügen, während die Knaben noch auf dem Bett des Vaters niedergelegt werden müssen: der erste Ritus der Annäherung, die erste Ermächtigung zur Nachfolge[393]. Bei dieser Gelegenheit werden sie auf den Befehl des Vaters hin von einem seiner Vasallen vom Boden aufgehoben[394].. Dieser Vorgang muß in Zusammenhang mit den Vorschriften der Etikette gesehen werden, die jedem auferlegt werden, der sich der Fürbitte eines Fremden anheimstellt, indem er ihm ein Geschenk macht: Das Geschenk wird nicht von Hand zu Hand übergeben, sondern muß auf den Boden gelegt und dann wieder aufgehoben werden. Es ist bemerkenswert, daß dann, wenn die Gattin durch einen analogen Ritus dem Ehemann sein Kind übergeben will, der Vater diese Gabe nicht direkt entgegennimmt, sondern sich eines Vermittlers bedient: die gemeinschaftlichen Kontakte zwischen Vater und Neugeborenem wie auch die zwischen Ehemann und Wöchnerin sind schwierig herzustellen oder wiederaufzunehmen. Sobald der Sohn vom Boden aufgehoben wurde, schießt der damit beauftragte Vasall Pfeile in alle Himmelsrichtungen. Dadurch soll die durch die Geburt bewirkte Verschmutzung in der Ferne verstreut werden, denn dieser Ritus erscheint im Zusammenhang mit dem Reinigungsbad, dem man das Kind unterzieht[395]. Zugleich soll aber auch zwischen dem Neugeborenen und der väterlichen Erde, die das nährende Getreide liefert, eine Verbindung hergestellt werden: sobald die Pfeile abgeschossen wurden, kann das Kind endlich Nahrung erhalten[396]. Das Schießen wird nur für Knaben abgehalten: Pfeile sind ein Emblem der Männlichkeit. Festzustellen ist der kriegerische Aspekt dieser Zeremonie, ein um so bemerkenswerterer Zug, als der dritte Tag, an dem die Pfeile geschossen werden müssen, in alter Zeit der Tag der Namensgebung gewesen zu sein scheint, der später auf den dritten Monat verschoben wurde[397]. Nun nimmt der Vater den Sohn, der ihm dargeboten wird, tatsächlich erst zu dem Zeitpunkt entgegen, da er diesem Sohn einen Namen gibt. Andrerseits weiß man, daß ein Mann, der einen Feind tötet und dessen Kopf unter einer Tür vergräbt, durch diese Tat einen Namen für seinen Sohn erwerben kann[398]. Darnach geht der Name des Opfers auf den Neugeborenen über: Mit dem Namen des Besiegten übertrug der Vater auch dessen Seele, die er sich erobert und angeeignet hatte, auf den Neugeborenen und band ihn dadurch als Sohn an sich. Von da an waren die auf diese Weise erkauften Rechte des Vaters über das Kind stärker als die Rechte der Mutter. Nach der chinesischen Theorie haben Kinder bei ihrer Geburt zunächst nur eine niedere Seele (die *p'o*-Seele, die Seele des Blutes): deshalb ist es nackt, ohne Behaarung und rot (das Wort *rot* beschreibt sowohl die Neugeborenen als auch die Wesen ohne Behaarung). Um die Art, in der die Kinder an ihre Eltern gebunden sind, genauer zu kennzeichnen, sagt man auch, daß sie mit ihrer Mutter durch den Bauch und mit ihrem Vater durch die Behaarung zusammenhängen[399], und man glaubt, daß, physiologisch gesehen, Haare an der Natur des Atems (*ch'i*) teilhaben. Die höhere Seele (*hun*), eine Atemseele, erscheint erst nach der niederen Seele und manifestiert sich zuerst im Schreien des Neugeborenen, dessen lauttönendes Klagen, mit dem es das Leben begrüßt, seine Vitalität beweist: deshalb konnte es ursprünglich bereits am dritten Tag einen Namen erhalten. Doch erst wenn das Kind fähig ist zu lachen, ist es wirklich in der Lage, eine höhere Seele zu besitzen. Es ist der Vater, der es das Lachen lehrt und ihm dann auch sofort einen persönlichen Namen (*ming*) gibt: dieser ist, wie die chinesischen Riten zeigen, mit der höheren Seele, dem Schicksal und dem Leben selbst identisch. Im dritten Monat[400] schließlich wird das Kind, das bis dahin abgeschirmt worden war, dem Vater vorgestellt, der es mit einem Lächeln begrüßt. Diese feierliche Zeremonie fällt zusammen mit dem ersten Ordnen der Haare des Kindes und der Wiederaufnahme der Mutter in die rituelle Gemeinschaft. Die Mutter ist nach dreimonatiger Enthaltsamkeit von der blutigen Beschmutzung des Gebärens wieder gereinigt[401]. Aus diesem Anlaß müssen der Vater und die Mutter Waschungen vollziehen und sich in neue Gewänder kleiden. Sie nehmen einander gegenüber Platz, die Mutter mit dem Kind auf dem Arm. Sie sprechen nicht direkt miteinander, sondern eine Gouvernante dient als Vermittlerin und sagt: »Die Mutter des Kindes, deren Name... ist, erlaubt sich heute, dieses seinem Vater vorzustellen.« Der Ehemann ergreift mit den Worten »Tragt Sorge für das Kind« die rechte Hand seines Sohnes, lacht ihn in der Art eines Kindes an und gibt ihm einen Namen. Daraufhin nimmt die Frau das Wort, um den Anordnungen des Mannes zuzustimmen: Von jetzt an kann sie mit ihrem Mann die ehelichen Beziehungen wieder aufnehmen. Zuvor jedoch erhält sie von ihm eine Mahlzeit, die mit dem Hochzeitsessen identisch ist, gerade so, als ob sie durch Scheidung getrennt gewesen wären. Auf diese Weise wird die Übergabe des Kindes vollzogen. Halten wir fest, daß die Verbindung zwischen Vater und Sohn über die Handflächen geschlossen wurde: Dieser Ritus ist charakteristisch für die militärische Gefolgschaftspflicht und den Ehekontrakt (in diesem Fall kann er durch einen Bündnisritus mit Blut, das aus dem Arm genommen wird, vervollständigt werden). – Handberührung soll also Fremde einander nahe bringen. Die Verwandtschaft zwischen Vater und Sohn ist keine Verwandtschaft in der ursprünglichen Bedeutung des Wortes, sondern ist eher dem Typus der künstlichen Verwandtschaft zuzurechnen[402].

Der Sohn, der seinem Vater wie ein Freund dem anderen verbunden ist, muß seine ganze Kindheit außerhalb des väterlichen Einflusses verbringen. Die Zeremonie des dritten Monats, eine einfache Annäherungszeremonie, läuft so ab, als ob der Vater die Aufforderung der Mutter, das Kind entgegenzunehmen, zurückweist, während er sich gleichzeitig verpflichtet anzunehmen. Wenn das Kind mit dem Ende der Zeremonie in die Frauengemächer zurückgebracht wird, ist keine Vertraulichkeit zwischen ihm und seinem Vater entstanden. Da es so jedoch schwierig ist, die künstliche Verwandtschaft, die sie schließlich verbinden soll, aufzubauen, muß sich der Vater das Kind alle zehn Tage einmal vorstellen lassen, um das Handberühren zu wiederholen. Bei seinen Nebensöhnen beschränkt sich der Vater darauf, nur den Kopf zu berühren, während er sich nur mit dem ältesten Sohn, dem einzigen im strengen Sinne des Wortes, durch die Berührung der rechten Hand verbindet[403]. Bis zum siebenten Lebensjahr verlassen die Knaben nicht die Frauengemächer und verbringen ihr Leben bei den Frauen, obwohl man ihnen schon männliches Benehmen beibringt und sie lehrt, mit entschiedener Stimme ›Ja‹ zu sagen[404]. Im Alter von zehn Jahren müssen sie das Haus ihrer Geburt verlassen und Tag und Nacht bei einem Meister wohnen, der sie in der Kunst der Höflichkeitsriten und der aufrechten Rede unterweist. Theoretisch müssen sie bis zu ihrem zwanzigsten Jahr in dieser Schule bleiben und sich im Tanzen, Bogenschießen und Wagenlenken üben. Der Überlieferung zufolge sollen die jungen Männer von Adel seit der Feudalzeit am Herrscherhof in Pagenschulen vereint gewesen sein, während im Unterschied dazu die Chroniken zu bestätigen scheinen, daß die Zeit des Erwachsenwerdens bei den Verwandten mütterlicherseits verbracht wurde: Es ist kaum zweifelhaft, daß dieser Brauch der Pflegeelternschaft[405] die allgemeine Regel war. Ein Autor, der erklären will, warum der Vater nicht selbst die Erziehung für seinen Sohn übernehmen kann, gibt einen seltsamen und sicherlich tiefen Grund dafür an[406]. Vater und Sohn dürfen ihre Kleider nicht auf denselben Haken hängen, so wie dies auch Personen verschiedenen Geschlechts wegen sexueller Tabus nicht machen dürfen. Auch über sexuelle Fragen dürfen sich Vater und Sohn nicht miteinander unterhalten. Die Erziehung des Sohnes kann also nur fern vom Vater geschehen, in einer Umgebung, wo es nicht unpassend ist, solche Fragen zur Sprache zu bringen. Wenn man sich überlegt, daß der Brauch, die Söhne in die Familie der Mutter zu verheiraten, zum Grundprinzip der Familienorganisation gehört, wird man leicht einsehen, warum die Pflicht, die jungen Männer zu erziehen, den Onkeln mütterlicherseits zufiel. Ihre Neffen lebten als Gäste oder, wenn man will, als Geiseln bei ihnen und machten dort eine Art vorehelicher Prüfungszeit durch, bevor sie ihre Basen heimführen konnten, die ihrerseits Gäste oder Geiseln in ihrem Vaterhaus geworden waren. Ein anderer charakteristischer Zug der chinesischen Sitten (der als ein Überbleibsel von der ungeteilten Familie gelten kann) bezeugt die sexuelle Rivalität, die neben anderen Rivalitäten durch das Verhältnis zwischen Vater und Sohn hervorgerufen wird: Häufig versucht der Vater, die Braut des Sohnes zu entführen, und in den Fällen, wo ihm das gelingt, sieht sich der Sohn im allgemeinen auch um die Nachfolge des Vaters gebracht[407]. Die Erziehung in einer Pagenschule hat sich zweifellos aus der Zeit entwickelt, die man in der Obhut von Pflegeeltern verbrachte: Der Lehnsherr eignet sich die Geiseln an (zugleich, wie man wohl vermuten kann, mit ihren verschiedenen sexuellen Diensten), die ursprünglich jede Familie, die mit einer anderen Familiengruppe durch Heiratsallianzen verbunden war, von dieser Gruppe rechtmäßig fordern konnte. Auch um die Großjährigkeitsriten zu erklären, muß man vom

Brauch der Pflegeelternschaft ausgehen[408]. Diese Riten, die unter der Bezeichnung ›Annahme der Manneskappe‹ bekannt sind, beenden das Adoleszenzstadium. Dabei erhält der Empfänger Haartracht und Kleidung, die ihn als erwachsenen Mann ausweisen, und ist von da ab in das öffentliche Leben aufgenommen. Diese Zeremonie vervollständigt die Wirkung der Riten des dritten Monats nach der Geburt: dem jungen Mann wird nun ein Erwachsenenname verliehen, ein Großjährigkeitsname (*tzu*), der auch der öffentliche Name ist, während der im dritten Monat gegebene, persönliche Name *(ming)* nur für den privaten und geheimen Gebrauch dient. Mit der Großjährigkeitserklärung ist der Sohn berechtigt, seinem Vater die einem Lehnsherrn geschuldeten Ehren zu erweisen. Er stellt sich seinen agnatischen Verwandten vor. Von seiner Mutter nimmt er auf bezeichnende Weise Abschied: Mutter und Sohn stehen an der Innen- und Außenseite einer halb geöffneten Tür. Der Großjährige begibt sich aus der Abhängigkeit seiner Mutter und ist damit von den Frauengemächern ausgeschlossen. Es ist jedoch bemerkenswert, daß der Großjährigkeitsritus, durch den man zum Mann wird und unwiderruflich Zutritt zur agnatischen Gruppe erhält, nur ein Sonderritus einer komplexeren Zeremonie ist. Für die Mädchen bleibt der analoge Ritus, die Annahme der Haarspange, an die Verlobung gebunden[409]. Nun wurden aber im bäuerlichen Brauchtum Initiation und Verlobung für beide Geschlechter zum gleichen Zeitpunkt während der Frühlingsfeste abgehalten, wobei den Saufgelagen große Bedeutung zukam. Das Anbieten einer Schale zum Trinken ist einer der wichtigsten Riten, den die Vornehmen bei der Großjährigkeitszeremonie vollziehen. Auch die Hochzeitsriten kann der Sohn von Vornehmen erst durchführen, nachdem er von seinem Vater einen Becher zu trinken erhalten hat. Bei den Bauern fand die Initiation während eines Kollektivfestes an den lokalen heiligen Orten statt. Bei den Vornehmen dagegen wird sie im Haus des Vaters abgehalten: Das ist der Beweis für die neue Würde und Unabhängigkeit, die die feudale Ordnung den eigentlichen familiären Institutionen zugestanden hat. Wenn auch während der Großjährigkeitszeremonie der Vater (oder das *tsung*-Oberhaupt) den Ehrenplatz einnimmt, spielt er dennoch keine aktive Rolle dabei. Alle rituellen Handlungen werden auf Geheiß einer als Gastgeber bezeichneten Person vollzogen, die nicht zur Familie des Vaters gehören darf. Wir dürfen wohl zu Recht annehmen, daß der Gastgeber prinzipiell Mitglied jener Familie war, aus der die agnatische Gruppe des Initianden ihre Frauen holen mußte, aus der bereits seine Mutter stammte und aus der auch seine Verlobte kommen sollte. Die gesamte Initiation verläuft demnach so, als ob der Sohn die Familiengruppe mütterlicherseits (die, nachdem sie ihn erzogen hat, ihn nun wieder zurückbringt) verläßt, um sich der agnatischen Gruppe anzuschließen und zugleich seinem Vater das Versprechen gibt, eine Schwiegertochter heimzuführen.

Wenn der junge Mann einmal großjährig ist, dann ist er imstande, die zahlreichen Pietätspflichten zu erfüllen, die ihn seinem Vater verbinden werden. Doch obgleich die Vornehmen, wohl als Folge der Militärpflicht, nicht vor dem dreißigsten Lebensjahr heiraten dürfen (während die Großjährigkeit mit zwanzig verliehen wird), kann nur ein verheirateter Sohn sich wahrhaft pietätvoll verhalten. Um einen Staat zu regieren, bedarf es eines Fürsten und einer Fürstin, deren Prestige durch die Huldigungen eines Hofes von Vasallen und eines Hofes von Vasallinnen gestärkt wird. Genauso gibt es in der Familie eine zweifache Rechtsautorität, die des Herrn und die der Frau des Hauses: dieses Paar ist Träger einer fürstlichen Autorität, die den gemeinsamen Dienst der in feudaler Abhängigkeit stehenden Paare fordert. Ein Familienoberhaupt muß eine Ehefrau haben, denn er betreut einen Ahnentempel, der die Ahnentafeln von Ehemännern und -frauen vereint; deshalb muß er, wenn er von allen seinen Frauen Witwer geworden ist und unter siebzig ist, wieder heiraten oder sich, wenn er über siebzig ist, zurückziehen und das Amt des Kultvorstehers dem Nachfolger übergeben[410]. Wie man für die Erfüllung der Pflichten eines Oberhauptes eine Frau benötigt, so braucht man sie auch, um als Sohn die Tugend der Pietät auszuüben. Diese ermöglicht zunächst den Zugang zu den Oberhäuptern der Familie und läßt einen schließlich deren Tugend erwerben. Der älteste Sohn – erster Vasall des Vaters – und seine Frau – erste Vasallin der Mutter – fungieren als Ministerpaar, das diesen Hofstaat von Vasallen lenkt, den die Söhne und Schwiegertöchter bilden[411]. Ihre Pflichten sind die der Getreuen am Hofe: Huldigung, Rat und Dienst. Wie am Hofe des Fürsten besteht die Huldigung auch in der Familie im täglich erneuerten Morgen- und Abendgruß. Aus der Huldigungspflicht ergeben sich die Regeln für Verhalten und Sauberkeit: Söhne und Schwiegertöchter waschen und schmücken sich, um den Eltern Ehre zu erweisen. Mit dem ersten Hahnenschrei waschen sich die Söhne und Schwiegertöchter die Hände, spülen den Mund, kämmen ihre Haare und umwinden sie mit einem Stoffband; die Männer bürsten sorgfältig die Haare, die frei über ihre Schläfen fallen, und achten auf den festen Sitz der Kappen mit den hängenden Schnüren auf dem Kopf. Darnach richten sie ihre Kleider und versehen ihre Gürtel mit den kleinen Gegenständen, die sie zum täglichen Gebrauch benötigen: Tücher, um Gegenstände und die Hände zu trocknen, Messer, Schleifstein, Stechnadel usw. Frauen versäumen nicht, auch ein Riechkissen am Gürtel zu befestigen. Alle ordnen sie sorgfältig die Schnüre an ihren Schuhen. Ihre schöne Kleidung ist für sich eine Huldigung, und ihre vorzügliche Haltung wird einer Ehrbezeugung gleichkommen. Vor den Eltern ist ein ernsthaftes Benehmen vorgeschrieben: Man vermeidet also zu rülpsen, zu niesen, zu husten, zu gähnen, sich zu schneuzen oder zu spucken. Jeder Schleimauswurf könnte die Heiligkeit des Vaters beschmutzen. Die Innenseite der Kleider zu zeigen, käme einem Attentat gleich. Um dem Vater zu bezeugen, daß man ihn als Oberhaupt behandelt, muß man in seiner Gegenwart immer stehen, den Blick geradeaus gerichtet, mit dem Körper beide Beine belasten, ohne es jemals zu wagen, sich auf einen Gegenstand zu stützen, sich gebückt zu halten oder auf einem Bein zu stehn. Mit demutsvoller, sanfter Stimme, wie sie dem Getreuen ansteht, bringt man morgens und abends die Huldigung dar und erwartet die Befehle. Auch wenn man sich nicht der Ausführung dieser Befehle entziehen kann, ist man doch gehalten, seine Meinung dazu zu äußern. Wie der Vasall muß auch der Sohn in aller Aufrichtigkeit seinen Rat geben und darf auch nicht vor einem Tadel zurückschrecken: doch muß er, was auch immer eintreten mag, einen Ton voll Sanftmut, eine freundliche Miene und eine bescheidene Haltung wahren. Wenn die Eltern auf ihrer Entscheidung beharren, dann brauchen die Kinder nur doppelt freundlich zu sein, um wieder in Gnaden aufgenommen zu werden: denn dann werden sie ihre Warnungen erneut vorbringen können. Und selbst wenn sie blutig geschlagen wurden, empfinden sie weder Unwillen noch Verbitterung. Und sollte es sich um ihre eigene Ehe handeln, zögern sie nicht zu gehorchen und schenken dann ihre Gunst derjenigen ihrer Frauen, die eher ihrem Vater als ihnen selbst gefällt[412]. Gehorsam ist in kleinen und großen Dingen notwendig: Die Pflicht des Sohnes besteht gerade darin, in kleinen Dingen dienstbar zu sein und in ihnen seine Ehrerbietung auszudrücken. Sobald die Söhne ein Loch in den Kleidern der Eltern entdecken, bitten sie um die Erlaubnis, es zu stopfen. Sie bitten auch um die Erlaubnis, mit in Wasser aufgelöster Asche die Flecken aus der Kappe, dem Gürtel, der Tunika und dem Unterkleid zu waschen. Alle fünf Tage lassen sie Wasser heißmachen und laden die Eltern ein, ein Bad zu nehmen; alle drei Tage bereiten sie Wasser vor, damit sich die Eltern das Gesicht waschen, und wenn die Eltern zwischen diesen regelmäßigen Waschungen ein schmutziges Gesicht haben sollten, dann holen sie zu diesem Zweck eilends Wasser, das bereits zum Reiswaschen gedient hat. Wenn sie die Füße der Eltern waschen, dann trocknen sie diese mit großer Hast ab, damit niemand etwas wie Rotz oder Speichel der Familienoberen daran erkennen kann[413]. Doch wenn ein Kultleiter rein sein muß, so muß ein künftiger Ahne wohlgenährt sein. Die erste Pflicht des pietätvollen Sohnes ist es, die Nahrung zu überwachen, die das Wesen seiner Eltern stärken soll. Tseng-tzu hat gesagt, daß ein guter Sohn »dafür sorgt, daß es im Schlafzimmer der Eltern an nichts mangle (vor allem kann man im Alter, wenn man leicht fröstelt, nicht allein schlafen) und daß man ihnen Speisen und Getränke mit aufrichtiger Zuneigung anbietet«[414]. Er bereitet ihnen Gerichte, die, nach Vorschrift gewürzt, den verschiedenen Jahreszeiten und Lebensaltern entsprechen. Je älter die Eltern sind, desto ausgesuchter muß die Nahrung sein, die man ihnen anbietet: mit siebzig brauchen sie beständig köstliche Speisen, mit achtzig Leckerbissen. Jeder Sohn muß sich darauf verstehen, *die acht Wahlspeisen* und insbesondere *den gehaltvollen Braten* und den gewürzten Wein zuzubereiten, die die Kräfte der Alten stützen und ihnen Lebensstärke geben[415]. Doch die gute Küche allein genügt nicht, man muß auch die Speisen auftragen und ihre Anordnung überwachen. Das Essen findet nicht innerhalb der Familie statt, sondern in jedem Haus trifft sich der gesamte Hofstaat zu den Mahlzeiten, ein Vorwand, die hierarchische Gliederung der Gemeinschaft zu bestätigen. Der älteste Sohn und seine Frau (die älteste Schwiegertochter) sind morgens und abends bei den Mahlzeiten der Eltern anwesend, doch nur, um sie zu ermuntern, fest zuzulangen. Sohn und Schwiegertochter wiederum erhalten das, was übrigbleibt (so wie die Überbleibsel des Fürsten für die Vasallen bestimmt sind), allerdings mit Ausnahme der süßen, zarten und wohlschmeckenden Speisen, die sie ihren eigenen Kindern vorbehalten müssen[416]. Denn auch die Kinder benötigen ausgesuchte Nahrung, und wie wir ja gesehen haben, besteht zwischen Großeltern und Enkeln eine besondere enge verwandtschaftliche Beziehung. Entferntere Vasallen, Nebensöhne und deren Frauen verzehren als letzte die Speisereste ihrer älteren Verwandten. Auf diese Weise etabliert sich im alltäglichen Leben die Wesenshierarchie, die die Grundlage der Familienordnung bildet.

Wenn der Vater stirbt, werden dem Sohn außergewöhnlich schwere Pflichten auferlegt. Der Tod ist eine Prüfung, der man sich unterwirft und auf die man sich ab dem siebzigsten Lebensjahr vorbereiten muß. Siebzig ist das Alter, in dem sich der Adelige zurückzieht und mit dem Verlassen des Fürstenhofes – so stark sind zivile und feudale Organisation miteinander verbunden – auch die Leitung seiner Familiengruppe aufgeben muß. Sobald der Vater von den aufreibenden Anforderungen, den mühsamen Trauervorschriften wie auch Ehepflichten befreit ist und er besser essen und trinken kann, befolgt er auch schon mit Hilfe seines Sohnes die Lebensweise, die ihn einen ehrwürdigen Ahnen werden läßt. Es ist für seinen Ruhm und den seiner Familie wichtig, daß er so alt wird wie möglich – hundert Jahre, wenn er es verdient[417]. Um in den Kreis der Ahnen aufgenommen zu werden, sind dreißig Jahre Vorbereitungszeit das Optimum. Während dieser Zeit gibt sich der Sohn Mühe, auf jede erdenkliche Weise am Leben des Vaters teilzunehmen[418]: Er ist fröhlich, wenn es seinem Vater gut geht, und traurig, wenn er sich schlecht fühlt, er ißt, wenn der Vater Appetit hat, fastet jedoch, wenn er krank ist (und nimmt zugleich mit ihm Medizin) – der Sohn gibt sich Mühe, daß es im Falle des Todes an nichts fehle, vor allem nicht an einem schönen Sarg; denn, »wenn es auch besser ist, sofort mit dem Tode zu verfaulen, als Geld zu verschleudern« für die Anfertigung eines Luxussarges, so wird kein Sarg prächtig genug erscheinen, wenn es sich um den eigenen Vater handelt[419]. Pflicht des Sohnes ist es vor allem, mit aller Aufmerksamkeit dafür zu sorgen, daß der Vater eines guten Todes sterben kann. So wäre es in der Tat unheilvoll, wenn er unerwartet und außerhalb seines Hauses stürbe: der Tod darf ihn nur in einer den Riten gemäßen Situation und in einem dem Hausherrn reservierten Zimmer ereilen. Es wäre auch unpassend, wenn die Matte, auf der er seine letzten Augenblicke verbringt, nicht genau dem Grad seiner Vornehmheit entspräche[420]. Man würde es weiterhin als ein Unglück betrachten, wenn man sich überraschen ließe und nicht die Zeit fände, den Sterbenden von seinem Bett zu heben und auf den Boden zu legen, wo er sein Leben aushauchen muß (wie er als Neugeborener seine ersten Schreie in unmittelbarem Kontakt mit dem Boden ausgestoßen hat). Watte muß vorbereitet werden, um den erlöschenden Atem aufzunehmen, und vor allem ist es notwendig, daß alle Verwandten herbeigerufen werden und sich für das Rufen bereithalten, das das Scheiden der Seele begleitet. Als Vorstand des Sakralchors der Familie ist der älteste Sohn für die Riten verantwortlich, durch die der Tod endgültig wird, nachdem man sich vergewissert hat, daß er tatsächlich eingetreten ist: Der Sohn läßt das Zurückrufen der Atemseele (*hun*) durchführen, das heißt, daß vom Dach aus die Kleider des Verstorbenen geschwenkt werden und man dabei seinen persönlichen Namen ruft. Wenn sich die Seele in diesen vertrauten Kleidern nicht einfangen läßt und der Körper – wirft man die Kleider über ihn – nicht wieder zum Leben erwacht, dann läßt der Sohn den Mund des Toten, der bis dahin durch einen Hornlöffel offen gehalten wurde, mit einer Mischung von Reis und Kaurimuscheln (oder Jade) füllen[421]. Dem für die Trauerzeremonien verantwortlichen Leiter kommt es auch zu, den Verstorbenen zum Schließen der Augen zu bewegen, worin er manchmal erst einwilligt, nachdem man sich durch einen Schwur verpflichtet hat, seinem letzten Willen zu gehorchen. Schließlich wird der gewaschene Leichnam auf dem Sterbebett aufgebahrt, und nachdem man, wie es scheint, auf alle Körperöffnungen Jadestücke gelegt hat, deckt man ihn mit den Kleidern zu. Nun kann keine Seele mehr in diesen hermetisch abgeschlossenen Körper eindringen und aus ihm einen Vampir machen, und weiterhin werden die Jade, dank der ihr eigenen Wirkkraft, sowie die aufgeschichteten Kleider ein zu schnelles Verwesen verhindern. Darin liegt nämlich das große Problem: weder soll die Zersetzung zu langsam noch zu schnell verlaufen, sie muß vielmehr genau nach den protokollarischen Vorschriften voranschreiten. Der nur provisorisch begrabene Körper muß dann mehrere Monate im Haus bleiben: drei Monate bei einem gewöhnlichen Vornehmen, länger, wenn der Verstorbene mit einem höheren Rang in der Hierarchie auch eine reicher genährte Substanz besaß. Man würde sich der Vermessenheit schuldig machen, wollte man die Zersetzung des Fleisches zu lange verzögern oder sie zu verhindern suchen; das schlimmste Verbrechen wäre es jedoch, wenn die Gäste, die gekommen sind, ihren Trauertribut zu zollen, sehen könnten, wie aus dem schlecht versorgten Leichnam die Würmer hervorkriechen und durch die Tür das Haus verlassen und damit dem Boden der Familie eine ihm zustehende Substanz entziehen[422]. Solange die Gebeine unrein sind und man nicht auf den Friedhof der Familie gehen kann, um sie mit den Gebeinen der Ahnen zu vereinen, helfen die Verwandten dem Toten, den fürchterlichen Schritt zu wagen, und befreien sich dadurch selbst von der Beschmutzung, von der sie erfaßt waren: Sie brüllen und stampfen, verfallen jedoch nicht wie die Wilden in unkontrollierte Schreie oder Bewegungen, noch äußern sie einfach ihren Schmerz »wie ein Kind, das über einen verlorenen Gegenstand traurig ist«[423]. Das Brüllen und Stampfen der Verwandten läuft in aller Ordnung und auf Befehl ab, jeweils zum rituellen Zeitpunkt, wenn der Kummer der Familie zum Ausdruck kommen soll, und auf ein Zeichen, das der Leiter des Trauerchors gibt: »Dann setzen (alle) ihre Gliedmaßen in Bewegung« und lassen ihre Stimme ertönen, »um den Schmerz zu beruhigen und die Angst zu mindern.«[424] Die Zahl der Sprünge und Rufe ist festgelegt, ihr Rhythmus richtet sich nach der verwandtschaftlichen Beziehung mit dem Verstorbenen: Nur die Männer entblößen den rechten Arm und springen frei in die Luft, die Frauen hingegen, die ihre Arme nicht entblößen und mit den Zehenspitzen immer am Boden bleiben, schlagen sich auf die Brust. Der Sohn wimmert, ohne je zu verstummen wie ein Neugeborenes, während die entfernteren Verwandten, die ihre Stimme nach drei Modulationen langsam verhallen lassen, nur einen klagenden Ton anschlagen dürfen[425]. Doch die Sprünge und Schreie dienen nicht nur dazu, den Grad des Schmerzes anzugeben und die Verwandtschaftshierarchie zu manifestieren, sondern sie sind, wenn sie das Leid der Familie läutern, zugleich noch für den Verstorbenen von Nutzen und müssen desto zahlreicher sein, je vornehmer seine Substanz war. Die Zahl der Sprünge ist mit der Zahl der Monate identisch, die das provisorische Begräbnis im Haus dauern muß[426]. Die Verwandten können durch ihr Stampfen und Im-Chor-Heulen einen Lärm hervorrufen, der dem Grollen des unterirdischen Donners gleicht: Durch diese Art von unregelmäßigen, wirbelnden Geräuschen erschrecken und vertreiben sie die bösartigen Monster, die sich unter der Erde bereithalten, den Leichnam zu verschlingen. Auf diese Weise helfen die Verwandten aktiv dem Verstorbenen, siegreich aus der ihm auferlegten Reinigungsprüfung hervorzugehen, doch müssen sie noch auf zahlreiche andere Weisen am Zustand des Toten teilnehmen. Gerade dank dieser totalen Teilnahme gewinnt der pietätvolle Sohn für sich den Titel eines Kultvorstehers und Familienoberhauptes, während er seinem Vater die Ahnenwürde zuteil werden läßt, die ihn zum Empfänger eines Kultes macht. Solange der Tote nicht mit den Ahnen vereint werden kann und solange die aktive Trauerperiode (die man die Zeit der fortwährenden Tränen nennt) dauert, bleibt der Verstorbene der Herr des Hauses, wo sein Leichnam ruht. Während dieses Interregnums ist die Gruppe der Verwandten außerhalb des Hauses versammelt; jeder Sohn wohnt jeweils in einer abgetrennten Hütte für sich, die an einem abgeschlossenen und zurückgezogenen Ort errichtet wird. Für den Hauptsohn stellt man, an die Einfriedigungsmauer des Familienbesitzes gelehnt, eine Art Schutzdach gegen das Wetter auf[427]. Da der Tote in den ersten Tagen der Trauer noch nicht begraben, sondern nur in einen Sarg gelegt wird, darf die aus Zweigen geflochtene Hütte nicht verputzt werden: erst nach dem endgültigen Begräbnis, wenn der Leichnam tief im Boden versenkt wird, darf man die Spalten mit Lehm verschmieren. In dieser Hütte muß der Sohn zunächst auf Stroh schlafen (anscheinend wurde der Tote in sehr alter Zeit in Stroh gehüllt), das Haupt auf einen Erdklumpen gestützt, »voll Trauer, daß sein Vater in der Erde ist«[428]. Ebenso wie der Tod den Verstorbenen von der Gemeinschaft mit den Lebenden ausschließt, wird der Sohn durch die Trauer von ihr getrennt. Er lebt in ritueller Isolierung, und je angesehener die anzutretende Nachfolge ist, desto geringer ist sein Recht, zu sprechen (man erwirbt die Berechtigung, König zu sein, wenn man während der drei Jahre des Trauerns für den Vater den Mund nicht öffnet)[429]. Gleichsam nur mit schwerem Herzen nimmt der Sohn während der ersten Tage eine einzige Handvoll Reis zu sich, und dann muß er noch durch das Drängen fremder Familien gezwungen werden, die Nahrung entgegenzunehmen, die ihm als Geschenk angeboten werden muß[430]. Solange der Tote selbst nicht als Ahne Speisen empfangen kann, ist es auch unmöglich, daß in seinem Haus gekocht wird. Der pietätvolle Sohn muß fasten und so abgezehrt werden, daß er gerade die Kräfte zur Durchführung der Zeremonien bewahrt. Wenn ihm jedoch eine große Anzahl von Vasallen (die ihm schon jetzt helfen können) als Erbe zufallen soll, muß er so schwach werden, daß er sich, wie eine Leiche, nicht mehr ohne fremde Hilfe bewegen kann[431]. Nur der kann das Oberhaupt einer Familiengruppe werden, der sich würdig gezeigt hat, Kultvorsteher zu sein. Dazu muß man als Leiter der Trauerriten die harten Vorschriften zur Läuterung der Unreinheit des Begräbnisses auf sich nehmen und dadurch den Toten aus seiner kritischen Lage und die Verwandten aus ihrer rituellen Isolierung befreien. Daher fühlt sich ein Sohn, der nicht die Trauerriten für seinen Vater geleitet hat, nicht berechtigt, sein Nachfolger zu werden[432].

Am Ende des vorläufigen Begräbnisses und der Zeit der fortwährenden Tränen führt der Hauptsohn als Leiter der Trauerriten den Trauerzug an, der die Gebeine des Toten zur Vereinigung mit den Gebeinen der Ahnen geleitet. Dabei vollzieht er einen Ritus, der der Ausgangspunkt eines neuen Kultes ist, dessen Ausführender er wird. Sobald die sterbliche Hülle der Erde zurückgegeben worden ist, umwandelt der pietätvolle Sohn mit entblößter Schulter und unter klagenden Rufen dreimal von links nach rechts das Grab. Während er auf diese Weise die sterbliche Hülle im Grab verschließt und versiegelt, trennt er von ihr das ab, was den höchsten Bestandteil der Persönlichkeit des Verstorbenen darstellte: »Fleisch und Gebein kehren erneut zur Erde zurück: das ist das Schicksal! Doch für die *hun*-Seele und den Atem gibt es keinen Ort, an den sie ziehen können!« – mit diesen Worten beschreitet der Sohn den Weg zum Familiensitz, gefolgt von der höheren Seele, die künftig in einer Tafel, dem Mittelpunkt des Kultes, fixiert sein wird[433]. Solange die sterbliche Hülle das Haus nicht verlassen hatte, war dort eine Art vorläufiger Tafel aufgestellt, ein einfacher Holzpfahl – gleichsam der grobe Umriß des Toten –, der auf Reiskrügen befestigt ist und vom Banner des Verstorbenen überragt wird. Sobald die Periode der größten Unreinheit zu Ende ist, dient dann anstelle des Holzpfahls eine ganz einfache Holztafel als Stütze für die Geistseele des Verstorbenen: Da sein Name auf ihr steht, genügt sie zu seiner Darstellung. Doch wird diese Tafel nicht sofort zum Zentrum eines Kultes. Bevor der Tote die Eigenschaft eines Ahnen erlangt, muß er unter dem Beistand seines Großvaters (und nicht des Vaters) eine Probezeit leisten. In dieser Zeit erhält der Neuankömmling in der Gruppe der Ahnen die Opfernahrung nur durch die Vermittlung eines älteren Mitglieds jener (*chao*- oder *mu*-)Abteilung der agnatischee Gruppe, der sich beizugesellen er berechtigt ist[434]. Er muß das Ende der Trauerzeit zu Beginn des dritten Jahres erwarten, bevor er einen persönlichen Kult erhält und den ihm zustehenden Platz im Ahnentempel einnehmen kann. Durch das Aufstellen der neuen Ahnentafel in einem besonderen Raum muß die Tafel des Ururgroßvaters oder des Großvaters weichen und mit den Tafeln noch früherer Ahnen in einem Steinkoffer abgelegt werden, denn jede Familie hat nur das Recht, eine bestimmte Zahl von Ahnen durch den Kult aus der übrigen Masse der Vorfahren hervorzuheben. Die Anzahl der Tafeln, die gesondert aufbewahrt werden dürfen, ohne in der Menge der übrigen zu verschwinden, gibt den Rang der Familie an. Der Tote behält seine Persönlichkeit genau so lange, als seiner Tafel individuelle Opfer dargebracht werden, doch sobald diese in den Steinkoffer gelegt werden, kann der Name des Toten von Verwandten wieder angenommen werden[435]. Es wird deutlich, daß Adel nicht aus dem Besitz einer langen Reihe von Ahnen resultiert, sondern daß die Funktion des Adels darin besteht, die Ahnen am Leben zu erhalten. Darin liegt auch der Grund dafür, daß die Ahnen am Schicksal ihrer Nachkommen interessiert sind: Je länger ihre unmittelbaren Erben leben, desto mehr Jahre werden auch sie durch Opfer genährt. Der Ahnenkult ist ein Austausch von Gütern, die von den beiden Teilen, die die Verwandtschaft bilden – den Lebenden auf der einen und den Ahnen, deren Seele noch am Leben ist, auf der anderen Seite –, angeboten werden. Dieser Austausch findet zwischen den Gruppen, jedoch durch Vermittlung ihrer Oberhäupter, statt: Während das Familienoberhaupt im Namen seiner Brüder oder Vettern die Opfernahrung darbringt, wird diese vom verstorbenen Vater oder Vorfahren entgegengenommen, die die toten Onkel oder Großonkel daran teilhaben lassen. – In der Tat bleiben im Ahnentempel die Tafeln der Nebensöhne der Tafel des Hauptsohnes beigesellt. Wer zu Lebzeiten eine untergeordnete Position in der Familiengruppe einnimmt, wird auch während seiner Zeit als Ahne ein einfacher Statist bleiben[436]. Nur die Vorreihung eines jüngeren Bruders in der Adelshierarchie kann das Opferprotokoll komplizieren. Wenn einem jüngeren Bruder ein höherer Rang als seinem ältesten Bruder zuerkannt wurde, so leitet er aus dieser Beförderung das Recht ab, seine Eltern besser zu ernähren und ihnen zum Beispiel anstatt eines Tieres zwei zu opfern – allerdings ist es immer noch der älteste Bruder, der das Opfer leiten muß.

Wenn man die Trauerriten für das Familienoberhaupt angeleitet hat, nachdem man ihm als Hauptsohn während seines ganzen Lebens gedient hatte, erhält man von ihm als Oberhaupt seines Kultes eine Autorität, die sich auf seine Untergebenen erstreckt wie auch auf jene, die dies mittelbar durch sie gewesen wären. Diese Autorität bekräftigt sich anläßlich der Opfer, durch die die ganze Familie mit den Ahnen Verbindung aufnimmt, wobei der Kultleiter dieser Gemeinschaft vorsteht. Er ist es, der die Zeremonien vollzieht, und aus diesem Amt, das ihm Pflichten auferlegt, zieht er die Grundlage seiner Überlegenheit. Vor allem anderen ist er der Verpflichtung unterworfen, rein zu sein, was soviel bedeutet wie, daß er wie ein Vornehmer leben und die Riten kennen muß. Mit Hilfe der Dienste seiner Söhne muß er, wie wir gesehen haben, auf die Sauberkeit seiner äußeren Erscheinung und die Aufrichtigkeit in seinen Worten achten. Er muß den Ablauf und die Sprache der Riten in seinem Bereich genauso vollkommen beherrschen wie ein Staatsmann. Seine umfassende, vom Kult geforderte Qualifikation wäre mangelhaft, wenn er den Ahnen nicht gemäß den Jahreszeiten zur vorgeschriebenen Zeit Kresse, Seerosen, Ameiseneier oder Grillen darzubringen wüßte. Er würde seine Stellung unhaltbar machen, wenn er Lauch, einen Fisch oder einen Hasen als »Lauch«, »Fisch« oder »Hase« anbieten würde und sie nicht mit den Worten »überreiche Wurzel«, »erstarrte Opfergabe« oder »Klarsichtiger« benennen würde[437]. Es geht jedoch nicht nur darum, die passende Opfergabe und das treffende Wort zu wählen, sondern man muß sich auch in einen Zustand der Läuterung versetzen[438]. Vor dem Opfer muß der ehrfurchtsvolle Sohn zehn Tage lang in Abgeschiedenheit leben, die während der letzten drei Tage am strengsten ist: Er zieht sich von seinen Frauen zurück, hört keine Musik, vermeidet jede unkontrollierte Bewegung von Füßen und Händen; er unterbricht das Streben seiner Neigungen und Wünsche und hält sich fern von persönlichen Überlegungen und von Zerstreuungen. Sein ganzes Denken ist auf das erhabene Wesen gerichtet, mit dem er sich in einer gemeinschaftlichen Handlung verbinden wird. Wenn er schließlich mit der vergöttlichten Seele des Vorfahren in Verbindung getreten ist, dann verklärt sich seine geläuterte Seele, und sein ganzes Wesen wird von einer Heiligkeit durchdrungen, die im heiligen Opfermahl bekräftigt wird. Seine Hauptfrau, die sich gleich ihm auf das Opfer vorbereitet hat, steht ihm bei: ihre Aufgabe ist es, den Kult für eine Vorfahrin, die wie sie als Schwiegertochter in die Familie eingegliedert wurde, feierlich zu vollziehen. Auf die Einladung dieses reinen Paares kommen die Seelen der Ahnen herbei, geweckt durch das Klingen der Schellen am Opfermesser, angelockt durch die ersten Blutstropfen, die man dem Opfertier nahe am Ohr entnimmt. Um ihrer Anwesenheit sicher zu sein, gibt man ihnen die Möglichkeit, sich für kurze Zeit zu reinkarnieren. So ist der Ahne für die Dauer der gesamten Zeremonie aufgefordert, mit seiner Seele eine Person, die ihn darstellen soll, in Besitz zu nehmen. Dieser archaische Brauch wurde schon früh von den Ritualisten kritisiert: Wenn sich die Opfer gleichzeitig an mehrere Ahnen richteten, von denen jeder dargestellt wurde, bekam die Zeremonie in der Tat den unleidlichen Charakter eines Picknicks[439]. Doch aus einem noch stärkeren Grund mußte dieser Brauch die Ablehnung von Leuten hervorrufen, die in der Autorität des Vaters eine naturrechtliche Institution sehen wollten. Wegen der Vorschriften, die für die Kultorganisation die *chao-mu*-Ordnung forderten, mußte der Darsteller der gleichen Verwandtschaftsgruppe wie der Ahne angehören: Es war üblich, ihn aus der Enkelgeneration auszuwählen, und gewöhnlich war es auch der Enkel selbst. Diese Vorschrift, die durch die Geschichte der chinesischen Familie vollkommen erklärt wird, macht den Sinn des Ahnenkultes deutlich:

Ein Hauptzweck der Zeremonien bestand gerade darin, die Reinkarnation des Ahnen in der Person des Enkels zu erlangen. Im übrigen haben sich in den Trauervorschriften Spuren dieser Art, die *sacra* zu übertragen, erhalten, wenn nämlich der Großvater für einen Enkel, der sein Nachfolger gewesen wäre, besonders schwere Trauer tragen muß. Doch in einer Familie, die, wie es scheinen konnte, auf agnatischer Filiation begründet war, und in einer Klasse wie der adligen, in der der Kult für den verstorbenen Vater als der wesentliche erschien, implizierte dieser Brauch Konsequenzen, die nur als empörend aufzufassen waren: Wenn der Kultvorsteher seinem Vater opferte, war es notwendig einer seiner Söhne, der den Ahnen darstellte[440]. Der Vater, der vor seinem Sohn in demütiger Haltung erschien, durfte nicht direkt, sondern nur – wie bei den Göttern – über einen Beschwörungspriester das Wort an ihn richten. Nach der Vollendung der Opfer aß der Sohn für den Ahnen als erster, und nur nach ihm nahm der Vater vom Fleisch, das durch dieses erste Kosten geheiligt worden war: er schien nur durch die Vermittlung seines Sohnes das in den Opfergaben verkörperte Glück (*fu*) der Familie erlangen zu können. Diese Umkehrung der hierarchischen Ordnung vollzog sich zum gleichen Zeitpunkt, an dem der Vorsteher des Kultes durch das Verteilen der heiligen Nahrung seine Familienautorität begründete. Tatsächlich fanden alle gemeinschaftlichen Handlungen der Verwandten, mit Ausnahme dieser privilegierten heiligen Handlung des Enkels, die aus der Norm fällt und bezeichnend ist, unter Einhaltung der Familienhierarchie statt. Sie hatten den Charakter von Belehnungsfeiern, wie jene, die im feudalen Kult den Vasallen an den Lehnsherrn banden.

Die Autorität, die der Kultvorsteher innehat, wird ihm durch den Lehnsherrn zuteil, der ihm, entsprechend seiner Rangstufe, das Recht verleiht, einer bestimmten Zahl von Ahnen zu opfern. Doch der Lehnsherr, der die Ahnen gibt, kann auch das Recht, einen Ahnentempel zu besitzen, wieder entziehen: Wer keine Ahnen mehr hat, ist nicht mehr Familienoberhaupt. Die Macht über die Familie wird durch die Autorität des Lehnsherrn delegiert und ist ihrem Wesen nach Lehnsmacht, die sich auch über die Brüder und Vettern erstreckt. Für die Ritualisten selbst ist die Ehrfurcht vor dem ältesten Bruder (*ti*) eine genauso bedeutende Verpflichtung wie die Ehrfurcht vor dem Vater (*hsiao*), doch sehen sie im pietätvollen Verhalten zwischen Brüdern nur eine Folge der durch die Ehrfurcht vor dem Vater auferlegten Pflichten. Doch das hieße die Abfolge der Tatsachen auf den Kopf stellen: Schon in der ungeteilten Organisationsform der Familie übte der älteste Bruder eine gewisse Macht aus, denn in seiner Eigenschaft als Ältester repräsentierte er alle seine Brüder. In Reaktion auf die Familienorganisation hat die Feudalordnung diese einfache Repräsentationsmacht in eine lehnsherrschaftliche Autorität umgewandelt. Diese erstreckte sich nicht ohne Schwierigkeit auf die Mitglieder der Generation nach ihm. Die Familienautorität, die bereits durch Überbleibsel der ungeteilten Organisation von Brüdern und Vettern beschränkt ist, wird gegenüber den Söhnen noch stärker durch Überbleibsel des uterinen Rechts und einer alten Organisation eingeengt, in der die Generation für wichtiger als die Filiation gehalten wurde. Langwierige Annäherungsriten, die den Sohn befähigen, Kultnachfolger zu werden, machen ihn zum Vasall seines Vaters. Doch ein Band bleibt weiterhin stärker als dieses künstlich zwischen Vater und Sohn hergestellte, nämlich das Band, das den Enkel mit dem Großvater vereint. Der Vater muß in seinem Sohn den Vertreter seines eigenen Vaters respektieren. Die Macht der rituellen Mittel, die verwendet werden, um die Vertreter zweier aufeinanderfolgender agnatischer Generationen einander näher zu bringen, vermittelt einen Eindruck von ihrer früheren Unabhängigkeit und ihrem ursprünglichen Gegensatz. Vater und Sohn bilden zunächst eine Gruppe von zwei rivalisierenden Kräften, deren grundsätzliche Gegnerschaft in bezeichnenden Spuren, insbesondere in den Heiratssitten, erhalten bleibt. Es zeigt sich, daß sich die Söhne (und darin liegt zum Teil das Prinzip der mütterlichen Autorität) ihrem Vater gegenüber auf die Familie ihrer Mutter stützen, aus der sie, wie schon ihr Vater, ihre Frauen holen. Für gewöhnlich jedoch haben Vater und Sohn nur das Recht, aus einer Generation der verbündeten Familie ihre Frauen zu nehmen, und zwar aus der ihnen (auf Grund der durch frühere Eheschließungen etablierten Korrelation) entsprechenden Generation. Nun beschränkte sich ein Mann aus Adelskreisen nicht darauf – vor allem aus den höchsten Schichten, in denen das hierarchische Prinzip bereits am stärksten integriert wurde –, nur eine Gruppe von Schwestern zu heiraten, sondern er nahm gemeinsam mit ihnen eine ihrer Nichten zu sich: Diese Nichte muß die Tochter des ältesten Bruders sein, also genau jene Tochter aus der folgenden Generation, die für den Hauptsohn aus der auf diese Weise geschlossenen Ehe bestimmt sein sollte. So verbündet sich der Vater im vorhinein (und in der bestmöglichen Verbindung) mit der Generation der Familie mütterlicherseits, in der der Sohn die Frau und Unterstützung finden soll. Selbst wenn der Sohn im Alter ist, eine Eheverbindung einzugehen, und ihm eine Anzahl von Ehefrauen gewährt wurde, kann es immer wieder geschehen, daß der Vater sie ihm wieder raubt. Gewöhnlich wird dann in diesem Fall der Sohn vom Vater geopfert: Der Vater setzt jenes Kind zum neuen Erben ein, das ihm die Frau gebiert, die ursprünglich als Gattin des Sohnes, dessen Stiefmutter sie nun wird, vorherbestimmt war und die ihrem tatsächlichen Ehemann Enkel und nicht Kinder hätte schenken müssen. Umgekehrt geschieht es, daß beim Tode des Vaters ein Sohn aus erster Ehe anstelle des geopferten ältesten Bruders die verwitwete Stiefmutter heiratet. So hatte zum Beispiel Herzog Hsüan von Wei (718–700 v. Chr.) Yi Chiang, eine der Gemahlinnen seines Vaters, zur Frau genommen (man weiß allerdings nicht, ob ihm diese Stiefmutter ursprünglich als Ehefrau bestimmt war). Dieser Verbindung entstammte ein Sohn namens Chi, für den man eine Gemahlin aus der Familie Chiang suchte, der Familie seiner Mutter. Hierauf verließ Herzog Hsüan die Gemahlin, die er in der Nachfolge seines Vaters übernommen hatte, und eignete sich die für seinen Sohn Chi vorgesehene Braut an. Dann ließ er Chi, den Sohn, den er von Yi Chiang, seiner Stiefmutter und ersten Ehefrau, hatte, töten, um das Erbe auf den Sohn zu übertragen, den die Frau, die seine Schwiegertochter hätte sein sollen, geboren hatte. Und es war die ehemalige Verlobte von Chi, die – unter dem Namen Hsüan Chiang zu seiner Stiefmutter geworden – den Mord an diesem ältesten Sohn betrieben hatte. Doch als mit dem Tode von Herzog Hsüan zunächst der älteste Sohn der Stiefmutter zum Nachteil der nachfolgenden Brüder jenes Sohnes aus erster Ehe die Macht übernehmen wollte, konnte er sich nur durch Flucht ins Exil dem Tode entziehen. Erst nach blutigen Auseinandersetzungen, in denen die Familie mütterlicherseits (Chiang) eine wesentliche Rolle spielte, mußte Hsüan Chiang unter dem Druck der Vertreter eben dieser Familie einen der jüngeren, am Leben gebliebenen Brüder ihres ehemaligen Verlobten heiraten. Dieser Bruder von Chi namens Chao-po hatte zwar nicht die Zeit gefunden, selbst die Macht zu übernehmen, doch fiel das Erbe einem Kinde zu, das er (anstelle seines ältesten Bruders, der verdrängt und geopfert worden war) mit seiner Stiefmutter Hsüan Chiang zeugte[441]. Neben dem Motiv des Inzestes mit der Stiefmutter oder der Schwiegertochter spielen in diese Nachfolgekomplikationen auch Motive des Levirats und des mit der Opferung des ältesten Sohnes gekoppelten Minorats hinein, vor allem bezeugen sie jedoch die Widerstände, auf die die agnatische Filiation gestoßen ist, bevor sie sich als regelmäßige Praxis etablieren konnte. Weiterhin bleibt der Einfluß der Rolle der Frauen und ihrer Verwandten beherrschend. Wenn sich Väter und Söhne über die Frauen als Widersacher gegenüberstehen, so können sie sich gerade auch durch sie miteinander verbinden: Um sich einander zu nähern, versuchen diese Vertreter zweier antagonistischer Generationen, sie – wenn ich so sagen kann – in einer Art Zwischengeneration zu verschmelzen: nämlich im Kind einer Frau, die als Ehefrau von einer Generation auf die andere übergeht und die an den gegensätzlichen Rechten dieser rivalisierenden Gruppierungen teilhat. Der Ursprung der väterlichen Autorität liegt in diesen einzigartigen Beziehungen zwischen Vater und Sohn, die aus einer Art der Annäherung, die ungeheuerlich erscheint, entstanden sind: Wenn sie zunächst wegen der Wesensheterogenität, die zwischen zwei aufeinanderfolgenden agnatischen Generationen herrscht, untersagt war, so schien sie später wegen des Gefühls, das eigentlich als Basis der Verwandtschaft galt – der Ehrfurcht des Sohnes vor dem Vater –, verboten zu sein. Es wird deutlich, daß diese Ehrfurcht, die weit davon entfernt ist, charakteristisch für die eigentlichen Familienbeziehungen zu sein, ihren Ursprung im außerfamiliären Bereich hat und den Beziehungen der Vendetta und feudalen Abhängigkeit nahesteht. Der älteste Sohn steht zum einen unter der Lehnshoheit des Vaters, wie dieser unter der des Großvaters stand, ist aber zum anderen der Nachfolger des Großvaters, der Lehnsherr des Vaters war. In dieser Position ist er einer aus Überschreitungen entstandenen fürstlichen Autorität unterworfen, die im Prinzip unbegrenzt, immer jedoch unbeständig ist. Eine kleine Geschichte soll dies illustrieren[442]: Einer der jüngeren Söhne des ehrenwerten Chu ist eines Verbrechens angeklagt, auf das die Todesstrafe steht. Der Vater will seinen Sohn retten und ist sicher, daß es ihm gelinge, wenn er dem Richter ein schönes Geschenk übersendet. Als er daran denkt, diese Mission seinem fähigsten Sohn, der nicht der älteste ist, zu übertragen, protestiert der älteste: »Wenn es in einer Familie einen ältesten Sohn gibt, so wird dieser Leiter der Familie genannt. Schicken Eure Exzellenz nun, da mein jüngerer Bruder ein Verbrechen begangen hat, nicht mich, sondern meinen jüngsten Bruder, dann werde ich mich töten.« Obgleich der Auftrag bei ihm in schlechteren Händen zu liegen schien, unterstützte auch die Mutter den Einspruch des ältesten Sohnes, und der Vater mußte sich beugen. Festzuhalten ist die Selbstmorddrohung, die charakteristisch für die Beziehung zwischen Vasall und Lehnsherr ist: Sie schwingt, wenn auch unterschwellig, bei dieser Äußerung der Mißbilligung und des Protests, die wesentliche Pflicht des Sohnes wie des Vasallen ist, immer mit. Besonders bemerkenswert ist auch die aus dieser Geschichte erkennbare Tatsache, daß die Rechte des ältesten über seine jüngeren Brüder gewichtiger sind als die des Vaters über seine Söhne. Im ersten Fall entstanden sie aus einer geregelten Entwicklung des ungeteilten Rechts unter Einfluß der feudalen Gesellschaftsordnung; im zweiten Fall hat derselbe Einfluß die ungeteilte Organisation revolutioniert. Seit der Feudalzeit herrschen sie nicht ohne Widerstände.

Der Vater ist der Lehnsherr über einen ältesten Sohn, der sich und damit die ganze Gruppe seiner jüngeren Brüder belehnen läßt, um die väterliche Würde zu erben und Oberhaupt des Ahnenkultes zu werden: dadurch verfügt der Vater gegenüber seinen Söhnen, insbesondere dem ältesten, über eine Art militärische Autorität. Wie der Lehnsherr verleiht er den Rang, doch unter der Bedingung, über das Leben des Ausgezeichneten zu verfügen, und genausowenig wie der Vasall ist der Sohn Herr seines

Körpers. Er muß all seine Kräfte einsetzen, um die Ehre seines Vaters zu stärken; durch einen Lehnseid gebunden, hat er nicht das Recht, sich einem anderen, wer es auch sei, freiwillig anzuschließen. Er kann keine Freunde haben, denn das würde das Versprechen beinhalten, daß er sogar sein Leben für andere hingeben würde. Er besitzt also nichts für sich und schon gar nicht sein Leben[443]. Die erste Vorschrift der Ehrfurcht gegenüber dem Vater besteht darin, daß der Sohn nichts machen darf, das ihn dem Verdacht aussetzen könnte, die Unversehrtheit seines Körpers zu gefährden, dessen einziger Herr der Vater ist: er darf nicht auf Wälle steigen, auf dünnes Eis gehen oder sich einem Abgrund nähern. Der Sohn achtet darauf, sich für seinen Vater wie ein Soldat für seinen Kommandanten gesund zu erhalten. Genau in dieser grundlegenden Verpflichtung suchen die Theoretiker die Basis der zivilen Moral: Jeder ist gehalten, sich gut zu führen, er muß Bestrafungen vermeiden, die seinen Körper schwächen und damit seinem Vater einen Teil seiner Güter und seiner Ehre entziehen würden. Der ehrfürchtige Sohn setzt sich der Gefahr nur dann, und mit größter Vorsicht, aus, wenn der Vater mit ihm in den Krieg zieht oder ihm befiehlt, seinem eigenen Fürsten zu folgen. Wir haben gesehen, daß der Soldat dann für seinen Vater und dessen Ehre kämpft, die sich verringert, wenn der Sohn die Riten der Tapferkeit verletzt. Wenn er aus der Gefangenschaft des Feindes freigelassen wird, muß er nach seiner Begnadigung durch den Herrscher auch die Verzeihung seines Vaters erlangen, der ihn im Ahnentempel töten könnte[444]. Der Ausschluß aus der Familie ist eine Sanktion, die gegen Söhne angewendet zu werden scheint, die sich in den Übungen des Bogenschießens nachlässig und unbelehrbar gezeigt haben[445].

Diese beiden Beispiele, die als einzige die väterliche Rechtsgewalt für diese Zeit bezeugen, weisen darauf hin, daß diese Gewalt ursprünglich militärischen Charakter hatte. Wie bereits gesagt wurde, entspricht die feudale und agnatische Ordnung in der Familie und in der Stadt dem Aufkommen dieser ersten Form des Strafrechts, das Kriegsrecht war. Der Sohn vertritt seinen Vater in der Armee wie vor den Strafgerichten – dieser zweifache Aspekt einer Sitte ist durch die gesamte chinesische Geschichte hindurch zu beobachten: er beweist, daß der Sohn im feudalzeitlichen Sinne des Wortes dem Wesen nach der *Gefolgsmann* seines Vaters ist. Deshalb ist er im Fall einer Vendetta auch sein Rächer, und seine Trauerzeit ist erst mit dem Tode des Mörders beendet. Vorher legt der Sohn nie seine Waffen ab, nicht einmal an einem Ort des Friedens wie dem Marktplatz oder dem Palast des Fürsten, und Nacht für Nacht schläft er, den Kopf auf einem Schild, auf einer Trauermatte[446]. Doch genügt es nicht nur, die väterliche Ehre zu verteidigen oder wiederherzustellen, man muß sie auch vergrößern. Der Sohn bringt seinem Vater alle Belohnungen, die ihm zuteil werden, vor allem, wenn es sich dabei um etwas so Substanzhaftes wie eine Nahrungsgabe handelt. Doch die hervorragendste Belohnung ist jene, die dem Vater unmittelbar über den verdienstvollen Sohn zukommt: das war das Prinzip, nach dem in China beständig die Adelsränge verliehen wurden. All diese Richtlinien stehen in bemerkenswertem Gegensatz zu jener zwingenden Vorschrift, die jede Art von familiärem Umgang und zärtlicher Vertrautheit zwischen Vater und Sohn verbietet. Ihre Beziehungen gehören nicht in den Bereich liebevoller Zuneigung, sondern in den von Etikette und Ehre, präziser ausgedrückt: Zwischen Vater und Sohn herrschen Beziehungen von Ehre zu Ehre. Wie wir noch sehen werden, hat dieser Typus von Beziehungen, der sich zunächst auf das Verhältnis zwischen Brüdern erstreckte, schließlich das Privatleben in seiner Gesamtheit erfaßt.

2 *Das Leben zu Hause und die Rolle der Frauen*

Zu einer unbestimmten Zeit der chinesischen Geschichte war das Brauchtum wohl als matriarchalisch zu bezeichnen: Es war der Name der Frauen, der auf ihre Kinder übertragen wurde, und die Ehemänner waren lediglich in die Gruppe der Frauen eingegliedert. Dagegen entwickelte sich mit dem Feudaladel eine gänzlich entgegengesetzte Moral: Nun erscheint die Ehe als eine Institution, die die Frau in die Abhängigkeit des Mannes bringt. Andrerseits besitzt die Mutter eine Macht, die zwar einige ihrer alten Eigentümlichkeiten bewahrt, dennoch mehr und mehr die der väterlichen Autorität eigenen Züge annimmt.

a) Das Leben zu Hause

Die Töchter der Vornehmen werden dazu erzogen, eines Tages als Schwiegertöchter in eine fremde Familie überzugehen. Von klein auf unterweist man sie in den Künsten, die es ihnen ermöglichen werden, für das Prestige ihrer Familie zu wirken, und prägt ihnen daneben die Bescheidenheit ein, die ihre Eltern davor bewahren wird, sich an grausamen Vendetten zu beteiligen: Denn während man in der Geburt eines Knaben ein Prinzip von Ehre sieht, erscheint eine Tochter als Ausgangspunkt von Einfluß. Die kleinen Mädchen werden bei ihrer Geburt, genau wie ihre Brüder, auf den Boden gelegt[447]. Doch anstelle eines Jadezepters erhalten sie eine Spindel als Spielklapper, und das erste Gewand, das man ihnen gibt, ist für die Nacht und nicht für öffentliche Zeremonien bestimmt; und um ihre Geburt zu verkünden, hängt man an der Tür nicht Pfeil und Bogen, sondern ein Stück Stoff oder ein Handtuch auf. Die Töchter sind nicht für das öffentliche Leben oder den Krieg bestimmt, ihr Bereich sind die Arbeiten und Dienste des Frauengemachs, sie sollen Ehefrauen und Weberinnen werden. Ein Mädchen mit unheilvollem Aussehen – wenn sie zum Beispiel rot ist oder behaart – muß im freien Feld ausgesetzt werden[448]. Wenn die Geburt des Mädchens von glückbringenden Zeichen begleitet war, dann hebt man es wieder von der Erde auf, wo man erwartet, daß es Demut lerne, legt es jedoch nicht auf das Bett des Vaters, um es von jeder Versuchung des Hochmuts zu bewahren. Darüber hinaus gibt der Vater keine Anordnungen für weitere Zeremonien, doch wenn es noch eine weitere gibt – wie es sehr wohl den Anschein hat –, so nehmen nur die Frauen an ihr teil, und die Ritualbücher verlieren kein Wort darüber. Auch wird dort nicht festgelegt, daß sich der Vater das Mädchen vorstellen läßt: zwischen ihnen scheint es keinen Annäherungsritus zu geben. Den Namen, der besonders geheimgehalten wird, verleiht zweifellos die Mutter. Eine Tochter darf nicht in die agnatische Gruppe eingegliedert werden, und solange sie dort lebt, ist sie nur von ihrer Mutter abhängig. Sobald sie sprechen kann, wird sie auf ein Schicksal der Unterwerfung vorbereitet, indem man sie lehrt, in der untertänigen Weise, wie sie Frauen zukommt, ja zu sagen[449]. Mit dem siebenten Lebensjahr trennt man sie von ihren Brüdern: Dieses Alter, in dem die neuen Zähne wachsen, markiert den Anfang eines ersten Lebensabschnittes (es gab einmal ein Mädchen, das schon ab ihrem siebenten Lebensjahr fähig zur Empfängnis war). Jetzt beginnen Sexualtabus eine Rolle zu spielen: das Mädchen darf sich mit ihren Brüdern nicht auf dieselbe Matte setzen, auch nicht mit ihnen essen. Diese Verbote, die für die Zehnjährigen wirksam werden, verlangen eine vollkommen abgeschlossene Lebensweise, die mit der Zeit zusammenfällt, in der die Frauen ihre eigene Arbeit, Sprache, Kleiderordnung und Tugend erlernen. Diese Lehrzeit steht unter der Aufsicht einer Gouvernante. Unsere Autoren hüten sich, darüber Genaueres zu sagen; man weiß nur, daß das Mädchen lernt, mit freundlicher Miene zu gehorchen, Hanf zu pochen, Kokons abzuhaspeln, Garn zu spinnen, Stoffe zu weben, Schnüre zu flechten und Kleider zu schneidern, Weiters wird es in die Kunst eingeweiht, die Zeremonialgerichte, die den Ahnen angeboten werden, vorzubereiten und anzurichten[450]. Die Heiratsfähigkeit ist für das fünfzehnte Jahr festgelegt, obgleich in der Theorie das Leben der Frauen durch die Siebenzahl bestimmt wird und die Mädchen mit dem vierzehnten Lebensjahr in die Pubertät eintreten müssen. Mit der Heiratsfähigkeit wird das Mädchen, im Unterschied zu den Knaben, sofort großjährig erklärt, und im Verlauf einer Zeremonie, in der es eine Haarspange erhält und seine Frisur hochstecken muß, wird ihm auch ein neuer Name vorgeschrieben[451]. Über dieses Frauenfest wird uns nichts mitgeteilt, doch leitet es aller Wahrscheinlichkeit nach eine Periode besondes strenger Zurückgezogenheit ein, da angenommen wird, daß es mit der Verlobung zusammenfallen soll: die Verlobte aus vornehmem Haus nämlich muß in vollkommener Abgeschlossenheit leben und darf von keinem Mann, von außergewöhnlichen Fällen abgesehen, erblickt werden[452]. Um den Zustand des Verlobtseins zu kennzeichnen, muß sie eine Art Halsband tragen. Gewisse Motive aus Berichten über eine wunderbare Empfängnis lassen vermuten, daß sich das heiratsfähige Mädchen während seiner Zeit der vorehelichen Abgeschlossenheit zwischen Himmel und Erde aufhalten mußte, zum Beispiel in einem hohen Turm, in dem sie vollkommen von Sonnenstrahlen abgeschirmt ist[453]. Die Töchter aus dem Hochadel lebten drei Monate lang zurückgezogen im Ahnentempel oder, wie es zumindest für die Herrscherfamilien den Anschein hat, im Tempel der Großen Ahnfrau, einem Ort tiefster Abgeschiedenheit[454]. Die Mädchen, die in Zurückgezogenheit leben, werden als »reine Mädchen« bezeichnet, und es versteht sich von selbst, daß sie sich dabei in Keuschheit üben – nur: Ausdrücke wie ›reine Mädchen‹ oder ähnliche finden sich gerade in Liedern, die Verabredungen zwischen Jungen und Mädchen besingen[455]. Aber auch die Legenden von den Großen Ahnfrauen erinnern an die ländlichen Initiationsfeiern im Frühling, darüber hinaus wird ihr Tempel manchmal als der des Großen Ehestifters bezeichnet, der, wie man versichert, diesen Festen vorstand. Diese Hinweise lassen vermuten, daß ganz am Anfang die voreheliche Zurückgezogenheit der vornehmen Jungfrauen keineswegs unvereinbar war mit den Riten vorehelicher Vereinigung, wie sie bei den Bauern üblich sind. Wie wir gesehen haben, wurden die jungen Männer häufig in die Familien ihrer Mütter geschickt, wo sie als Gäste aufgenommen wurden, um sich dort ihre Frauen zu holen. Nun war es Brauch, dem Gast eine Tochter der Familie anzubieten, in der Hoffnung, daß »sie sein Herz fesselt, wenn sie sich als Dienerin in seiner Nähe aufhält«[456]. Dieser Typus von Ehe mit dem Gast oder der Geisel hat immer einen unbeständigen Charakter bewahrt und erscheint als eine Art Probeheirat[457]. Es gab eine Zeit, da sich die jungen Mädchen – wenn sie sich unter der Aufsicht einer erfahrenen Gouvernante und der Familienmutter zurückzogen – übten, das Herz der ihnen bestimmten und von ihrer Mutter befürworteten Verlobten – ihren jungen Vettern – an sich zu fesseln. Doch unter den Bemühungen der Ritualisten bekam die voreheliche Zurückgezogenheit eine sittenstrengere Bedeutung, und das Tabu zwischen den Verlobten wurde auf ganz andere Weise verstanden: »Solange der Heiratsvermittler nicht eingeschaltet wurde, wissen die jungen Männer und Mädchen nicht die Namen voneinander, und ehe die

Hochzeitsgeschenke überreicht sind, haben sie keinen Verkehr und kein Liebesverhältnis.«[458] Die Ritualbücher schreiben auch vor, daß der junge Mann erst nach den Hochzeitsfeiern das Gesicht seiner Braut sieht, eine Regel der Sittsamkeit, die Anlaß für anmutige Abenteuer sein mag: Als 505 v. Chr. ein Herrscher von Ch'u geschlagen wurde und mit den Frauen aus den hinteren Gemächern fliehen mußte, wollte er inmitten eines Sumpfgebiets lagern. Bei diesem schwierigen Übergang erbot sich Chung Chien, ein treuer Vasall, die Tochter seines Herrn auf dem Rücken zu tragen. Nachdem der Fürst schließlich den Sumpf wieder verlassen hatte und in die Hauptstadt zurückgekehrt war, fand er für seine Tochter einen Ehemann. Doch mit aller gebührenden Unterwürfigkeit erklärte sie: »Das richtige Verhalten erfordert von einem Mädchen, daß es sich von den Männern fernhält... Chung Chien hat mich auf dem Rücken getragen!« Sie brauchte nur diese Worte zu sagen, und schon vermählte sie ihr Vater mit dem Mann aus dem Sumpf[459].

Die Heirat eines vornehmen Mädchens ist ein quasi diplomatisches Unternehmen: Sie soll entweder ein altes Bündnis aufrechterhalten oder ein neues begründen, denn in der Unbeständigkeit der feudalen Welt geschieht es immer häufiger, daß die Familien »die alten Beziehungen« verwerfen und sich auf der Suche nach »Vermögen« (*li*) einem anderen Bündnissystem zuwenden[460]. Doch um ins Geschäft zu kommen, muß man sich der Dienste eines Vermittlers versichern. Wie er einst mit der Durchführung der Reinigungsriten vor der Hochzeit beauftragt war, wird er nun eine Art Gesandter: In der Folge wird aus dem gefälligen Mittelsmann ein wirklicher Heiratsvermittler werden, der Ehepartner liefert und passende Verbindungen knüpft. Auch in der Feudalzeit erscheint sein Dazwischentreten noch notwendig, da die alte Vorschrift (die weiterhin in der Theorie, wenn schon nicht in der Praxis beachtet wird)[461], daß ein Ehebündnis nur zwischen Familien, die der Tradition entsprechend einander zum Tausch der jungen Männer und Mädchen verpflichtet sind, glückbringend sein kann, lebendig geblieben ist: allerdings unter einem anderen Aspekt, nämlich, daß die Ehe kein freier Vertrag ist: die Ablehnung, eine Tochter als Gemahlin ziehen zu lassen, setzt ihre Familie unweigerlich einer Vendetta aus[462]. Solches Unheil können beide Familien vermeiden, wenn sie sich vor der vorgeschriebenen Werbung über einen Heiratsvermittler miteinander verständigen. Erst nachdem diese Übereinstimmung erzielt wurde, treten die offiziellen Riten auf den Plan, und der Vermittler macht einem befähigten Gesandten Platz, den das Familienoberhaupt des Bewerbers an die Familie des Mädchens schickt[463]. Dieser vollzieht dann die rituellen Schritte für eine Verlobung, bei denen weder der Verlobte noch sein Vater in Erscheinung treten dürfen. Bei jedem dieser Schritte wechselt er mit dem Oberhaupt der Familie des Mädchens eine bestimmte Anzahl von feierlichen Formeln. Im ersten Zug zum Beispiel, wenn er die Werbung unterbreitet, erhält er die folgende vorgeschriebene Antwort: »Die Tochter des Soundso ist dumm. Es war unmöglich, sie richtig zu erziehen. Mein Herr, Ihr übermittelt mir einen Autrag: (Ich), der Soundso, besitze nicht die Kühnheit abzulehnen.«[264] Die geziemende Bescheidenheit dieser Worte soll von vornherein jede Verantwortung ablehnen, wenn sich die Verbindung als schlecht herausstellt, doch bezeugt der Wortlaut auch noch den verpflichtenden Charakter, den in alter Zeit die Übergabe einer Gemahlin hatte. Eine zweite Gesandtschaft ist notwendig, um den persönlichen Namen der Braut – den man kennen muß, um das Orakel zu befragen – in Erfahrung zu bringen[465], eine dritte, um den Spruch des Orakels zu berichten, eine vierte, um die rituellen Geschenke: ein doppeltes Hirschfell und Seidenstoffe, zu überbringen – damit wird die Verlobung als abgeschlossen betrachtet –, und schließlich eine fünfte, um den Tag der Hochzeitsfeiern festzulegen. Diese protokollarischen Vorbereitungen sind keineswegs zu aufwendig, denn man muß sich sorgfältig mit dem Ehrenstandpunkt der Vertragspartner auseinandersetzen und den Eindruck des Zwangscharakters, der Eheverträgen eigen ist, zu verbergen suchen. Dieser Zwangscharakter bleibt besonders in den Fürstenhochzeiten spürbar, in denen der Übergabe der Frauen sehr häufig die Bedeutung eines gütlichen Vergleichs zukommt, der die Vendetta vorläufig beendet.

Herzog P'ing von Chin hatte nach Abschluß der kriegerischen Auseinandersetzungen mit Ch'i eine Tochter des Landes, Chao Chiang, geheiratet. Beinahe wäre wegen der Hochzeit erneut eine Vendetta ausgebrochen, da Chao Chiang mit geringeren Ehren nach Chin geschickt wurde, als Herzog P'ing für ihre Werbung aufgewendet hatte. Als sie kurze Zeit nach der Heirat starb[466], war Ch'i verpflichtet, eine neue Gemahlin zu liefern, und niemand zweifelte, daß der Herrscher seiner Schuld nachkommen würde. Er bot von sich aus an: »Es bleiben mir noch die Töchter meines Vaters und seiner Hauptgemahlin ... Sie haben nichts Außergewöhnliches an sich ... Wenn Ihr geruht, aus ihnen zu wählen, damit Eure Frauengemächer sich wieder füllen, dann werde ich erneut Hoffnung schöpfen.«[467] An anderer Stelle findet sich eine vollständigere Formel als Antwort auf eine Heiratswerbung: »Meine Frau hat mir so und so viele Töchter gegeben; meine Nebenfrauen so und so viele ... es bleiben mir so und so viele Schwestern und Tanten väterlicherseits.«[468] Diese Formeln bekommen ihre besondere Bedeutung, wenn man sie im Zusammenhang mit den schweren Vorhaltungen sieht, die gegenüber Herzog Huan von Ch'i geäußert wurden, weil er sich beharrlich geweigert hatte, seine

Schwestern und Tanten zu verheiraten[469]. Die Geschichtsschreibung unterstellt, daß dieser Hegemon[470] inzestuöse Beziehungen zu ihnen unterhielt. Im übrigen ist Inzest zwischen Bruder und Schwester eine häufig vorgebrachte Anschuldigung gegen die Herrscher von Ch'i (doch keineswegs ausschließlich gegen sie). Bloß stellten diese Beziehungen (ob sie nun vor der Heirat begonnen wurden oder nicht) keine Schwierigkeiten dar, wenn sie sich nach einer Hochzeit fortsetzten[471]. Huan von Ch'i jedoch wird der besonderen Niedertracht bezichtigt, weil er in seiner Überheblichkeit als Hegemon die rivalisierenden Familien um jene Sicherheit bringen wollte, die der Besitz einer solchen Art von Geisel, wie sie eine verheiratete Frau ist, garantiert. Wir haben hier ein eigenartiges Endogamieprinzip vor uns, doch die Tatsache, daß es gerade auf die Familien der Potentaten beschränkt zu sein scheint, läßt die Bedeutung einer exogamen Regel erkennen. Die Töchter müssen außerhalb der Familie verheiratet werden, weil die rivalisierenden Familien Rechte auf sie haben. Wenn man sie im allgemeinen dazu erzieht, Ehefrauen zu werden, dann aus dem Grund, weil man lieber die Töchter und nicht die Söhne als Geiseln stellen wollte. Oder genauer: weil in alter Zeit die Söhne am Ende ihres Aufenthalts bei den Pflegeeltern nur gegen eine Kompensation – in Form ihrer Schwestern als Ehefrauen – wieder ausgelöst werden konnten. Während also in der vornehmen Familie die Knaben als Pfand der Familienehre gelten, liegt der Wert des Mädchens vor allem in seiner Ersatzfunktion.

Doch stellen die Mädchen darüber hinaus auch eine Prestigequelle dar: Wenn eine Familie mit Hilfe der Verlobungsriten ihr Recht geltend gemacht hat, wonach sie von einer anderen Familie die Herausgabe einer Frau fordern kann, wird diese ihre Ehre daransetzen, großzügig dafür zu bezahlen. Die Pracht der Hochzeitsfeier trägt zum Ruhm des Schwiegersohnes bei – ein sich lohnender Beitrag allerdings, wie schon aus dem Ton der Hochzeitshymnen spürbar ist: »Der Herrscher von Han vermählt sich – Mit der Tochter des Königs vom Fen-Fluß! – Mit der Tochter des Fürsten von Kuei! – Der Herrscher von Han kommt ihr entgegen! – Er kommt in das Dorf Kuei! – Einhundert Wagen rollen mit großem Getöse dahin! – Ihre acht Glocken klingen laut! – Hat man je Prachtvolleres gesehen? – Die jüngeren Schwestern geben das Geleit, – Wolkengleich schreiten sie voran! – Der Herrscher von Han betrachtet sie! – Ihr Glanz erfüllt den Palast!«[472] Über die Mitgift der Braut sind wir schlecht informiert, doch bestand sie in der Hauptsache sicher aus dem Gefolge an Dienern und Dienerinnen, die sie wie ein Hofstaat begleiteten. Es kam vor – wir haben es gesehen –, daß die Fürsten ihre Ratgeber unter den Dienern der Braut auswählten[473]; eine Hochzeitshymne verrät uns als Grund, daß die Schönheit der Dienerinnen ihre Augen blendeten. Die Zahl der Dienerinnen war durch das Protokoll gemäß dem Rang des Bräutigams festgelegt: In gewissen Fällen kann diese Zahl erhöht werden, um dem Gemahl, aber auch der Gemahlin besondere Ehre zu erweisen, denn »für eine Frau stellt ein großes Gefolge an Dienerinnen eine Prestige vermittelnde Pracht dar«. Diese Zahl darf jedoch nicht so groß werden, daß die Möglichkeiten für weitere Ehen in einer Generation der Familiengruppe erschöpft werden. Aus jeder der Familiengruppen, die zum Gefolge des Hochzeitszuges beitragen, dürfen nicht mehr als zwei Schwestern kommen, denn die Drei stellt ein Ganzes dar. Mit dieser Vorschrift rechtfertigt man die Sitte, daß man den beiden Schwestern eine ihrer Nichten als Gefährtin mitgibt. Doch wie wir wissen, sollte die Nichte schon im vorhinein den Ehemann auch an die nächste Generation der verbündeten Familie binden: Und in der Tat, wenn diese Familie ohne Zögern ihre Töchter mit aller Aufwendigkeit hergibt, dann aus dem Grund, daß sich der Schwiegersohn, wenn er erst einmal in einer einzigen Hochzeitszeremonie eine Unzahl von Frauen geheiratet hat, endgültig an die Familie seiner Frau bindet. Ein Fürst, der auf einen Schlag neun Frauen heiratet, hat kein Recht, weitere Ehen einzugehen. Diese Polygynie impliziert Monogamie, selbst für den einfachen Adeligen, der nur zwei Frauen nehmen darf: auch wenn er dem Recht nach, und wie es in der Praxis häufig geschieht, eine zweite Ehe eingehen könnte (wegen der feudalzeitlichen unbeständigen Verhältnisse können auch Fürsten das Monogamiegebot überschreiten), würde er von der öffentlichen Meinung immer verurteilt werden. Ein Schwiegersohn, dem seine Frauen der Reihe nach wegsterben, hat das Recht, daß sie ihm ersetzt werden, ohne daß es sich dabei um eine zweite Heirat im eigentlichen Sinn handelt: Die Familie seiner Gemahlin ist bemüht, erneut Frauen zu schicken, die dann einfach als Ersatz für eine erste Gruppe gelten, die sich nicht als genügend dauerhaft erwiesen hat. Die Funktion der polygynen Monogamie besteht darin, die zukünftigen Ehen des Gemahls einzugrenzen: Die Familie seiner Frau hat seine Treue für die einmal geschlossene Verbindung für sein ganzes Leben gekauft. Zugleich hat sie auch gewisse Rechte auf die Kinder aus dieser Ehe erworben: alle werden sie unter einem einzigen und starken Einfluß stehen, denn jede Frau ist während ihres ganzen Lebens als Ehefrau und Mutter verpflichtet, für die Ihren eine treue Tochter zu bleiben[474].

Wenn die Braut ihrem Gatten übergeben wird, findet keine tatsächliche und vollständige Verlagerung der Autorität statt: Der Ehemann wird nicht gänzlich in die Rechte des Oberhaupts der Herkunftsfamilie eingesetzt. Die Gehorsamspflicht *(ts'ung)* der Frau geht von diesem Oberhaupt auf den Ehemann über. Ohne Zweifel tendiert die Autorität des Ehemannes (›Herr‹ genannt) dazu, nach dem Vorbild der väterlichen Autorität herrschaftlichen Charakter anzunehmen, doch muß man unter Gehorsam *(ts'ung)* vor allem verstehen, daß die Frau als eine Art minderwertiges Wesen ihren Platz in der Gesellschaft nur als Tochter oder Ehefrau finden kann. Wenn sie Witwe wird, ist sie ihrem Sohn zum Gehorsam *(ts'ung)* verpflichtet, was nicht heißt, daß dieser auch nur die geringste Befehlsgewalt über sie besitzt, sondern lediglich, daß er nach dem Vater und dem Ehemann eine Art verantwortlicher Vormund wird. Die Übertragung der Vormundschaft auf den Ehemann hebt keineswegs die Rechte, geschweige denn die Verantwortung des Vaters auf. So vollzieht zum Beispiel ein Vater seine Gerichtsbarkeit gegenüber der verheirateten Tochter, um seiner Verantwortung nachzukommen. Allerdings erklären die Ritualisten, daß in einem solchen Fall die Rechte und Pflichten des Ehemannes beeinträchtigt werden[475]. Zum anderen hat die Übertragung der Vormundschaft keinesfalls endgültigen Charakter, und die Tochter kehrt, wenn sie verwitwet, immer jedoch, wenn sie verstoßen wird, wieder unter den Schutz der Ihren zurück. Eine bemerkenswerte Rechtsbestimmung verbietet, eine Frau zu verstoßen, die keine Verwandten mehr hat, unter deren Vormundschaft sie sich begeben kann[476]. Das Zurückschicken der Ehefrau findet auf die gleiche Weise wie die Hochzeitsfeier statt: Die verstoßene Frau wird von einem Gefolge begleitet, der Botschafter des Ehemannes und das Oberhaupt der Herkunftsfamilie tauschen Redewendungen ritueller Höflichkeit aus, die verhindern sollen, daß der Bruch der Eheverbindung eine Vendetta auslöst[477]. Auch die zeremoniellen Wendungen, die der Vater und die Mutter der Braut gebrauchen müssen, wenn der künftige Ehemann sie holen kommt, implizieren weder die Aufgabe noch die Verlagerung der Autorität: Es sind gebieterische Ratschläge, die der Tochter gegeben werden, damit sie in der neuen Rolle als Ehefrau und Schwiegertochter alles vermeidet, was die Verantwortlichkeit und Ehre ihrer Herkunftsfamilie in Mitleidenschaft ziehen könnte. Die Ehefrau, die übergeben wurde, um die Vendetta zu kompensieren oder abzuwenden, gehört beiden vertraglich gebundenen Familien wie ein Pfand, auf das zwei Parteien Rechte haben. Die Stellung der Frau ist die einer Sabinerin, doch es ist klar, daß ihr die Belange ihres Vaters mehr am Herzen liegen als die ihres Mannes. So wissen wir von Töchtern, die ihren Vater vor einem Hinterhalt warnten, den ihm ihr Ehemann stellt[478], und von anderen, die in solchem Falle ihre Mutter zu Rate ziehen: »Wer steht am nächsten und muß am teuersten sein, der Vater oder der Ehemann?« – »Ehemann kann irgendeiner sein, aber Vater kann man nur einen haben!« antwortet die Mutter, die keinen Zweifel an der zu wählenden Pflicht läßt. Aber die

Ehefrau hatte sich bereits als Tochter ihres Vaters entschieden; denn nur dadurch, daß sie ihren Mann verführte und ›unterhielt‹, hatte sie in den Besitz der Information gelangen können, die ihren Vater retten und ihrem Mann das Leben kosten würde[479]. Auch im Dienste ihres Mannes muß die Ehefrau bedacht sein, ihren Eltern zu dienen. Deshalb leben Mann und Frau nach der Friedensstiftung, die die Hochzeit darstellt, in einem Zustand bewaffneten Friedens, wobei sie bei ihren Vergnügungen versuchen, zugunsten der eigenen Familie und auf Kosten des anderen Prestige zu gewinnen. Es sind jedoch heikle Spiele, in denen man nicht zu sehr triumphieren darf: Ts'ai Chi und ihr Ehemann machen eine Kahnpartie, und nach einem alten Ritus belustigen sie sich daran, das Boot so weit wie möglich zur Seite zu neigen. Während sich die Frau als sehr kühn erweist, gibt der Mann seine Angst zu erkennen und schickt hierauf diese für ihn zu verwegene Frau zu den Ihren zurück. Diese sind verärgert, verheiraten erneut ihre Tochter, und zwischen den ehemaligen Verbündeten bricht die Vendetta aus[480].

Bereits zu den Hochzeitsfeierlichkeiten – denn auf den Beginn kommt es an! – ist alles so geregelt, daß keiner zu offenkundig den Vorrang vor seinem Partner haben kann. Für den Bräutigam, der persönlich kommen muß, um seine Braut zu holen, wird nahe ihrem Haus eine provisorische Unterkunft vorbereitet – wahrscheinlich ein Relikt aus den Zeiten, in denen er sich bei seinem Schwiegervater zu verdingen hatte. Nachdem er als Gast empfangen worden ist. Legt er zu Füßen des Schwiegervaters eine Wildgans nieder und erweist ihm durch zweimaliges Niederknien, wobei er mit der Stirn die Erde berührt, seine Ehrerbietung. Diese Begrüßung wird nicht erwidert, und der Schwiegervater begleitet ihn nicht zurück, doch ohne ein Wort zu sagen folgt ihm die Verlobte unter der Führung einer Zeremonienmeisterin[481]. Obwohl der Bräutigam von nun an als Schwiegersohn betrachtet wird, zeigt er gegenüber der Braut nicht weniger Unterwürfigkeit als gegenüber dem Schwiegervater. Er führt den Hochzeitswagen herbei und fordert sie auf, indem er ihr ein Seil reicht, ihn zu besteigen. Doch die Zeremonienmeisterin weist (da eine Braut nicht spricht) diese Ehrung sogleich zurück. Dann fährt der Schwiegersohn an, bleibt aber nach drei Radumdrehungen wieder stehen und läßt, während er auf einen anderen Wagen steigt, einen Vasallen den Platz einnehmen. War er zunächst Wagenlenker, so fährt er nun voraus, um den Weg zu zeigen. Er empfängt die Braut, wie man einen Gast empfängt, auf der Schwelle des Hauses und verneigt sich, um sie eintreten zu lassen. Bevor sie zusammen das gemeinschaftliche Mahl einnehmen, müssen sie sich reinigen, indem sie mit Hilfe der Diener die Hände waschen[482]. Ch'ung-erh von Chin erhielt von seinem Gastgeber, dem Herzog von Ch'in, fünf Frauen (anstelle der angemessenen drei) als Geschenk, ein Geschenk, das zu groß war und ihn zu sehr verpflichtete. Darüber hinaus stellte er fest, daß eine dieser Frauen vorübergehend als Ehefrau eines seiner Verwandten fungiert hatte, der als Geisel in Ch'in war. Gerade diese Frau hielt die Wasserkanne, um Ch'ung-erh bei der einleitenden Reinigungszeremonie zu helfen. Ch'ung-erh nahm die Gelegenheit wahr, um auf sich aufmerksam zu machen und die Initiative an sich zu reißen, und während er ihr ein Zeichen gab, sich zurückzuziehen, war er darauf bedacht, sie mit der nassen Hand zu bespritzen. Doch sie erwiderte »wutentbrannt: ›Ch'in und Chin sind von gleichem Rang! Warum wollt Ihr mich demütigen?‹ Sofort ließ Ch'ung-erh sein (Zeremonial-)Gewand (von der Schulter) fallen und nahm vor ihr die Haltung eines Kriegsgefangenen ein.« Nachdem sie aus diesem ersten ehelichen Wettstreit – der sehr wohl eine Vendetta ausgelöst hätte, wäre er zu weit getrieben worden – als Siegerin hervorgegangen war, wurde sie sogleich als Hauptfrau behandelt, obwohl sie in der Gruppe der Frauen nur als eine der Dienerinnen aufgetreten war. Später, als blutige Kämpfe zwischen Ch'in und Chin ausgebrochen waren, sollte sich erweisen, wie groß ihr Ansehen war: inzwischen eine vornehme Witwe, konnte sie erreichen, daß die drei tapferen Heerführer, die Chin gefangengenommen hatte, ihrem Vater wieder zurückgegeben wurden[483].

Die Frau, die in ihr neues Heim eingeführt wird, bleibt in ihrer Seele eine Fremde, doch ist sie von ihrem Ehemann nicht nur durch die divergierenden Interessen ihrer Familien, sondern noch stärker durch die Schranken der sexuellen Tabus getrennt, die zwar durch die sakrale Verbindung der Ehe gemildert, nicht jedoch aufgehoben sind. Als Folge der mit Tücke geführten Auseinandersetzungen der Partner, an denen sich die Gefühle der Familien- und Geschlechtsehre entzünden, fehlt dem Leben in der Ehe die Vertraulichkeit. Dieses Leben wird schon mit einem gemeinschaftlichen Mahl eingeleitet, das Mann und Frau Seite an Seite und nicht einander gegenübersitzend einnehmen, und dann läuft alles derart ab, daß sie von nun an die Hälften desselben Körpers, allerdings voneinander getrennte Hälften sind: Jeder sitzt auf seiner Matte, und beide essen sie die gleichen Speisen, ohne dieselbe Schale zu benutzen; jeder für sich bringt die Trankopfer an die Geister dar, und jeder kostet von dem Teil des Lungenpaares, den man ihm aufträgt, und von dem der zwei Rippen, die aus den beiden Seiten des Schweinerückens stammen und für ihn bestimmt sind; jeder der beiden hat seine eigene Schale mit Hirse, seine sieben Fische, und wenn sie jeweils dreimal von den Speisen gekostet haben, dann trinken sie, wiederum je dreimal – beim letzten Mal (als höchstem Ritus) aus zwei Schalen, von denen jede aus der Hälfte einer einzigen Kalebasse gefertigt wurde. Beim Essen und Trinken tauschen sie nur förmliche Begrüßungen aus. Darnach können sie sich, jeder in seinem Zimmer, entkleiden, und wieder beisammen, verbringt jeder die Nacht auf seiner Matte[484]. Diener und Dienerinnen wachen in der Nähe des Brautgemachs, Fackeln werden entzündet. Auch im Haus der Braut brennen die Fackeln drei Tage lang. Es scheint, daß die Ehe erst am dritten Tag vollzogen wurde, und wie die Gelehrten bestätigen, mußten die Großwürdenträger gar drei Monate lang warten: die Wichtigkeit der sexuellen Vereinigung wächst mit dem Rang[485]. Diese Vereinigung erfordert in der Tat große Vorsichtsmaßnahmen. Während der Hochzeitsfeier muß die Braut verschleiert sein, Verlobungs- und Hochzeitsriten dürfen nicht im vollen Tageslicht, sondern nur in den Stunden der Dämmerung stattfinden: erstere am Morgen, wenn das *Yang* über das *Yin* triumphiert, und letztere in der Abenddämmerung, wenn das männliche Prinzip durch das weibliche besiegt wird. Das Wort *hun* (Dämmerung) bedeutet auch heiraten und bezeichnet zugleich die Familie der Frau. Diese verschiedenen Bedeutungen des Worts legen den Gedanken nahe, daß in alter Zeit die Ehe im Haus der Braut vollzogen wurde. Während sich die Braut eines einfachen Adeligen bereits am dritten Tag den Schwiegereltern vorstellte, die sie von da an als Schwiegertochter (*fu*) behandelten, fand die Vorstellung vor den Ahnen des Ehemannes (zumindest bei den Großwürdenträgern, die, wie es heißt, mit dem Vollzug der Ehe drei Monate warteten) erst im dritten Monat statt. Die Frau ist übrigens erst nach dieser dreimonatigen Probezeit berechtigt, den Titel Schwiegertochter (*fu*), zu tragen, der zur Bezeichnung der verheirateten Frau dient. Stirbt sie früher, bleibt ihr Anrecht, als Ehefrau betrauert zu werden, auf die Familie des Mannes beschränkt. Nach klassischem Brauch kehrt die Eskorte der Braut im dritten Monat zu ihren Eltern zurück, doch auch im gleichen Monat muß der Schwiegersohn den Schwiegereltern einen Besuch abstatten, der alle Merkmale einer Abschiedszeremonie hat[486].

In der agnatischen Organisation ist diese Probezeit von drei Monaten und von drei Tagen unerläßlich, um die Ehefrau in die Familie des Mannes einzugliedern. Möglicherweise entsprechen sie der Prüfungsperiode, die früher verstreichen mußte, bevor die Braut mit ihrem Mann das Elternhaus verlassen konnte, doch im einen wie im andern Fall wird diese Prüfungszeit durch die Schwierigkeiten der ehelichen Anpassung gerechtfertigt. In alter Zeit durfte die Neuvermählte nicht vor dem dritten Monat arbeiten, und noch heute ist es Brauch, daß sie erst am dritten Tag mit dem Kochen beginnt[487]. Desgleichen war der Ehemann von vornehmem Rang auf Grund seiner Heirat beurlaubt und brauchte ein ganzes Jahr nicht am Hof zu erscheinen[488]. Während der Prüfungsperiode, die am Anfang des Ehelebens steht, leben Mann und Frau, wie von Unreinheit geschlagen, in der rituellen Isolierung, die gerade zu Beginn besonders streng ist. Doch dauerte sie zweifellos nicht länger als drei Jahre, denn die Vorstellung, daß das Verstoßen der Frau erst nach dreijährigem Zusammenleben eine ernsthafte Sache würde, ist sehr lebendig geblieben[489]. Drei Jahre sind in der Tat keine zu lange Zeit, als daß es dem Ehemann nicht gelingen könnte, seine Frau zu verführen oder für sich zu gewinnen. Einige Anekdoten lassen die Schwierigkeiten dieser langen anfänglichen Auseinandersetzungen erkennen: Eine Frau (die allerdings von ihrem Mann entführt worden war) weigerte sich, mit ihm zu sprechen, bevor sie zwei Kinder hatte[490]. Eine andere in geordneten Eheverhältnissen (die jedoch, im Gegensatz zu ihrem Ehemann, eine Schönheit gewesen sein soll) versteifte sich ebenfalls aufs Schweigen[491]. In ihrem dritten Ehejahr gelang es dem unwillkommenen Ehemann schließlich doch, seiner Frau ein erstes Wort und erstes Lächeln zu entlocken, als er sein Geschick in der Jagd unter Beweis stellen konnte.

Doch wird der Verkehr unter ihnen auch nicht vertraulicher, wenn die Frau geselliger wurde. Zwar mögen die Gefühle der Geschlechts- und Familienehre nachlassen, aber die Etikette behauptet ihre Rechte. Aus gegenseitigem Respekt sprechen sich Mann und Frau nie bei ihren Namen an[492]. Sie geben sich auch nichts von Hand zu Hand, und sogar dann, wenn einer einen Gegenstand, den der andere vor ihm niedergelegt hat, aufheben will, achtet er, jeden, auch indirekten Kontakt zu vermeiden und den Gegenstand nicht an denselben Stellen wie der Partner zu berühren[493]. Wenn die Frau ihrem Mann eine Schale zu trinken anbietet, dann trinkt er, wie es sich gehört, jedoch aus einer anderen Schale. Ebenso darf es in den persönlichen Dingen keine Berührung geben. Auch durch die Ehe ist es Mann und Frau nicht erlaubt, ihre Kleider auf denselben Haken zu hängen oder im selben Korb aufzubewahren. Sie dürfen auch nicht dasselbe Handtuch oder denselben Kamm benützen, geschweige denn – das anrüchigste Vergehen von allen – gemeinsam ihr Bad nehmen[494]. Der feierliche Aufwand ihrer Beziehung wird noch gesteigert, wenn sie sich vereinigen müssen (denn ihre sexuellen Kontakte sind nicht frei, sondern streng reglementiert). Die eheliche Pflicht, die der Ehemann gegen jede seiner Frauen erfüllen muß, ist von den Ritualisten nach einem festgelegten Protokoll bis ins letzte Detail geregelt[495]. Die Ritualisten geben auch genaueste Anweisungen bezüglich der Kleidung, die die jeweilige Gemahlin in einem solchen Fall zu tragen hat, gemäß der Adelsklasse des Mannes und ihrer Rangstufe innerhalb der Frauengemächer. So muß sich zum Beispiel die Nebenfrau eines Großwürdenträgers[496], bevor sie sich zu ihrem Herrn begibt, durch Fasten reinigen, den Mund spülen, frisch gewaschene Kleider anziehen, ihr Haar in einer bestimmten

Weise anordnen, an ihrem Gürtel ein Riechkissen befestigen und vor allem ihre Schuhe fest schnüren. Die Häufigkeit der sexuellen Beziehungen hängt vom Adelsrang des Mannes und seiner Gemahlin ab, doch wenn sich der Ehemann an einem bestimmten Tag zu dieser oder jener seiner Frauen begeben muß, dann besteht die Hauptaufgabe seiner ersten Frau darin, für die Durchführung der protokollarischen Ordnung zu sorgen, die das Leben in den Frauengemächern regelt[497]. Es ist ein schwerwiegendes Vergehen (mit Folgen für die Gesellschaft wie auch die Natur), eine seiner Frauen zu vernachlässigen, wie es auch ein Verstoß ist, eine Tochter der Familie unverheiratet zu lassen. Da die chinesische Physiologie lehrt, daß die Produktion der Geschlechtssekrete beim Mann mit siebzig und bei der Frau mit fünfzig Jahren aufhört, entfallen für den Mann die ehelichen Pflichten gegenüber Frauen, die das fünfzigste Lebensjahr erreicht haben, während er selbst mit dem siebzigsten Lebensjahr jeglicher sexuellen Verpflichtung ledig ist[498]. Dann fallen auch die sexuellen Tabus weg: ein Ehemann von siebzig und eine Frau von fünfzig brauchen sich nicht mehr voneinander abzuschirmen, sie können ihre persönlichen Dinge, ohne sie voneinander zu trennen, am selben Ort verwahren. Vertrauliches Verhalten in der Ehe wird erst dann möglich, wenn sich die sexuellen Unterscheidungen verwischen und für Mann und Frau eine Zeit der Zurückgezogenheit beginnt, in der sie sich gemeinsam auf den Tod vorbereiten. Wenn dann ihre Körper vereint im selben Grab liegen und ihre Tafeln im selben Raum aufgestellt werden, bilden sie eng verbunden ein Ahnenpaar. Dann, und wirklich erst dann, wird die Ehefrau endgültig in die Familiengruppe aufgenommen werden, in der sie durch ihre Heirat zunächst den Rang der Schwiegertochter und später den der Familienmutter innegehabt hat.

b) Die Familienmutter

Eine Tochter, die an der Spitze einer Gruppe von Bräuten in den Hochzeitsriten die Hauptträgerin der weiblichen Rolle ist, nimmt im Harem des Ehemannes den Platz einer ersten Gemahlin ein. Wenn ihr Ehemann noch dazu der Hauptsohn ist, dann kommt ihr in der Generation, der er angehört, der Rang der Hauptfrau zu. Wie wir gesehen haben, muß sich der Hauptsohn, wenn er den Pietätszeremonien in der Familie vorsteht und alle seine Brüder anführt, von seiner Frau assistieren lassen, die ihrerseits alle ihre Schwägerinnen leitet. Indem die Hauptschwiegertochter ihren Pflichten kindlicher Ehrerbietung nachkommt, bereitet sie sich auf die Rolle der Familienmutter vor, die ihr zufallen muß, sobald ihr Ehemann die Autorität als Familienoberhaupt selbst übernommen hat. In einem chinesischen geflügelten Wort wird dieser Sachverhalt einfach so dargestellt, daß die (erste) Gemahlin allein wegen ihrer Heirat in der Familie des Mannes einen Status erhält, der dem ihres Gemahls entspricht. Diese Formulierung trifft im strengen Sinne nur soweit zu, als das in den vornehmen Kreisen entwickelte Sittenideal verwirklicht wird. Seit der Zeit, da die Frau als Abhängige ihres Ehemannes betrachtet wird und sie in ihm den Herrn anerkennt, erscheint die Autorität der Herrin des Hauses durch die Autorität des Familienoberhauptes delegiert. Damit nimmt auch ihre Autorität einen herrschaftlichen Charakter an. In der Folge verändern sich auch alle Beziehungen im Harem, denn im Prinzip waren sie davon bestimmt gewesen, daß die Rechtsgewalt, die die erste Gemahlin über die Dienerinnen und die Hauptfrau über ihre Schwägerinnen ausübt, von ihr selbst ausging und nicht an sie delegiert wurde.

Die Rechtsgewalt der ersten Gemahlin stammt von Rechten her, die sie bereits vor ihrer Heirat über ihre Dienerinnen besitzt. Da sie die Älteste ist, mußten die Dienerinnen – die jüngeren Schwestern und Nichten – von Kindheit an ihre Autorität achten. Diese seit langer Zeit etablierte Autorität ist die Grundlage der Zucht in den Frauengemächern, der dann die Geltung einer satzungsmäßigen Ordnung verliehen wird. Und genau diese Geltung ist es, auf die sich die Ritualisten berufen, um die sororale Polygynie als weise Einrichtung zu verteidigen: Zwischen Schwestern, die von klein auf gewöhnt sind, zu gehorchen oder zu befehlen, kann es keine Meinungsverschiedenheiten geben. »Sexuelle Konflikte und Eifersucht«[499] scheinen aus dem einfachen Grund ausgeräumt, da die Schwestern (die die gleiche Erziehung erhalten haben und die Interessen einer einzigen Familie vertreten) ein solidarisches Ganzes und im juristischen Sinn eine Kollektivpersönlichkeit bilden. Eine einzige Hochzeit genügt, um sie alle gemeinsam zu heiraten, und von Witwerschaft wird erst gesprochen, wenn die gesamte Gruppe weggestorben ist. Ohne Nachfolgeschaft im eigentlichen Sinne (denn die ist innerhalb einer gleichen Generation unmöglich) tritt die jüngere Schwester an die Stelle der älteren, und alles geht seinen Gang, als hätte es keinen Todesfall gegeben, solange noch eine Vertreterin der Gruppe am Leben ist. Deshalb wird die Forderung eines Ehemannes, der lediglich die erste Gemahlin verloren hat und eine neue Verbindung eingehen will, abgelehnt: da eine jüngere Schwester noch am Leben ist, wäre es ein Fall von Bigamie[500]. Umgekehrt erstreckt sich auch die Verstoßung auf die gesamte Gruppe der Frauen. Eine Anekdote, die das Prinzip erläutert, läßt zugleich die enge Verbindung zwischen dem Monogamiegebot und der Institution der Polygynie erkennen und zeigt darüber hinaus, welch geringe Rolle die Gefühle im Familienleben spielen. Ein Mann von Rang aus Wei verstieß (485 v. Chr.) seine

Frau, um ein einträgliches Bündnis schließen zu können, obwohl er ihrer jüngeren Schwester und Dienerin zugetan war. Nachdem er sich aus politischen Gründen wieder verheiratet hatte, blieb er seinen Gefühlen dennoch treu, und es gelang ihm, die jüngere Schwester, die er mit seiner ersten Gemahlin aus den Frauengemächern verstoßen hatte, wieder in seine Nähe (in ein neues Haus, das er für sie errichten ließ) zu ziehen: Doch so »hatte er gleichsam zwei Gemahlinnen«, und der Vater der Neuvermählten, der zur Scheidung gedrängt hatte, um seine Tochter unter die Haube zu bringen, holte sie gleich wieder zu sich: die Bigamie nahm ein schlimmes Ende[501]. Die Institution der Polygynie erfährt eine formale Änderung, als sie unter dem Einfluß des agnatischen Rechts, das aufeinanderfolgende Generationen verbinden will, aufhört, im strengen Sinne sororal zu sein. Die Solidarität in der Gruppe der Bräute ist weniger eng, sobald sie eine Nichte miteinschließt: Zwischen der Nichte, der Tochter eines ältesten Bruders, und der jüngeren Schwester (wenn nicht zwischen der Nichte und der ältesten Schwester) stellt sich die Frage des Vorranges, über deren Entscheidung die Ritualisten unschlüssig sind. Aus ihren Diskussionen wird die Konkurrenz zwischen dem Prinzip der ungeteilten und dem der hierarchischen Organisation ersichtlich: die erste ist in den Familien der unteren Schichten vorherrschend und kennt hauptsächlich die Brudernachfolge, während die zweite in der Adelsschicht üblich ist und mit der Primogenitur die Nachfolge patriarchalisch regelt[502]. In der Tat liegt ein Fall von doppelter Heirat vor – auch wenn man sie zu kaschieren versucht –, wenn man die Nichte in die Gruppe der ersten Gemahlinnen eingliedert. Ähnlich ist es bei den feudalen Lehnsherren, die drei Gruppen von Frauen auf einen Schlag heiraten: Theoretisch ist es eine einzige Heirat, da die Frauen, obwohl sie aus verschiedenen Familiengruppen stammen, den gleichen Namen tragen; doch in der Praxis ist die Homogenität des Harems zerstört, da jede der drei Gruppen ihren Einfluß geltend machen will. Die Rivalitäten verschlimmern sich, wenn sich, entgegen der Vorschrift, Brautgruppen verschiedenen Namens in die Hochzeitsfeier einschleichen oder, noch übler, wenn der Ehemann (um seine Bündnisse zu vermehren) den Harem erweitert und nacheinander mehrere Ehen eingeht. Diese Verstöße gegen die Sitten verstärken sich wegen der wachsenden gegenseitigen Durchdringung der Bündnissysteme in den oberen Klassen der Gesellschaft, in denen gerade die zum Vorteil der Männer etablierte hierarchische Ordnung auf die Vorherrschaft abzielt. Die Einstufung der Frauen innerhalb des Harems hängt immer mehr vom Wohlwollen des Ehemannes ab: Wird er von den Klügsten verführt, dann brechen Eifersuchtsstreitigkeiten aus, die in bedrohlichen Verwünschungen, von denen im *Shih ching* Beispiele erhalten sind, ihren Ausdruck finden[503]; gewinnen aber die Mächtigsten seine Gunst, kann alles in einer grausamen Vendetta enden, von der auch die Frauen im Harem, die ein verworfenes Bündnis repräsentieren, nicht verschont bleiben. So hören wir von Männern, die ihren Frauen befehlen, sich an der ersten Gemahlin zu *rächen*, weil sie für einen Verrat, den man ihrem Bruder vorwirft, verantwortlich gehalten wird[504]; und hören von der Absicht eines Mannes, durch einen einfachen Erlaß seiner ehelichen Autorität die eigentlich erste Gemahlin zugunsten einer Favoritin zurückzustufen[505]. Ein Zeremonienmeister, der in dieser Frage zu Rate gezogen wurde, erinnerte in seiner Antwort an einen alten Grundsatz: Jene ist die erste Gemahlin, die mit diesem Titel von einer Familie gestellt wurde, mit der die Familie des Ehemannes durch eine alte, traditionelle Heiratsbeziehung verbunden ist. – Es gelang ihm allerdings nicht, die Entscheidung des Mannes zu ändern. Um eine gewisse Stabilität im Harem zu wahren, mußte man sich an ein anderes Prinzip halten: Der Titel einer ersten Gemahlin wird endgültig von der Frau erworben, die der Ehemann ermächtigt, die Hauptrolle in der Zeremonie der ersten Hochzeit zu übernehmen. Auf diese Weise ist die erste Gemahlin (und mit ihr die Kinder, an die man vor allem denkt) vor der Willkür des Mannes geschützt. Nur scheint von nun an die Rechtsgewalt der Frau nicht mehr von den Rechten herzurühren, die der ältesten Tochter eigen waren, sondern von einer Befähigung, die durch die Autorität des Mannes verliehen wird.

Ebenso scheint die Hauptfrau die Macht, die ihr von der Gruppe der Schwägerinnen zuerkannt wird, einzig als Folge ihrer Teilhabe an der Autorität des Hauptsohnes – ihres Ehemannes – zu besitzen. Diese Autorität war ursprünglich ihrem Wesen nach unabhängig. In der Tat stammt die in den Adelsschichten übliche polygyne Ehe von einer Gruppenehe ab, die durch einen einzigen Bündniskontrakt eine Gruppe von Brüdern mit einer Gruppe von Schwestern so verband, daß eine Art großer, ungeteilter Haushalt entstand, wo jeder Ehepartner zu den Hauptrechten, die ihm über einen der Ehepartner des anderen Geschlechts zustanden, noch Nebenrechte über alle anderen Partner dieses Geschlechts besaß. Die Verbote in den Adelsschichten, die jeden Kontakt, sogar das Gespräch, zwischen Brüdern und Schwägerinnen untersagen und vor allem ausschließen, daß sie füreinander Trauer tragen, sind noch schwerwiegender, wenn es sich um einen jüngeren Bruder und seine älteste Schwägerin handelt: Und dennoch kann man bezeichnende Relikte des Levirats feststellen. Einmal gibt der älteste Bruder eine Frau, die ihm angeboten wurde, dem jüngeren Bruder weiter; ein andermal versucht der jüngere, der die Autorität seines verstorbenen ältesten Bruder übernehmen will, zunächst seine älteste Schwägerin zu verführen und zu heiraten[506]. In den Verboten, die auf eine Trennung der Schwäger und Schwägerinnen abzielen, muß man demnach eine Umkehrung der Rechte sehen, die sie ursprünglich zusammenbrachten. Als Vertreter der ganzen Gruppe seiner Brüder hat der älteste die gesamte Gruppe der Schwestern in seinen Besitz gebracht. Die jüngeren Schwestern, über die er zunächst nur Nebenrechte hatte, werden seine Nebenfrauen; die älteste Schwester bleibt als erste Gemahlin bei ihm, während die Nebenrechte, die die jüngeren Brüder über sie hatten, nur in der Form von möglichen Rechten erhalten bleiben (wie das bald abgeschaffte Leviratsrecht). Aus dieser zwingenden Hypothese folgt, daß sich die Rechte der Hauptfrau über ihre Schwägerinnen, die Frauen der jüngeren Brüder, von Rechten herleiten, die die älteste Braut über ihre jüngeren Schwestern innehatte. Und weiter, daß sich die ursprünglichen Rechte der ältesten Schwester als Folge der Kollektivheirat auf die Schwäger, die Männer der jüngeren Schwestern, ausdehnen. Die Kontrollmacht, die die Hauptfrau über alle Haushalte der Brüder ihres Mannes besitzt, ergibt sich zunächst aus der Rechtsgewalt, die ihr als ältester Schwester zukommt und die sie zum Hauptvertreter der Frauen in der Kollektivheirat macht. Die Hochzeitszeremonie der Vornehmen läßt sich nur aus dem Überleben dieser ursprünglichen Situation erklären[507]. Wie die Frau ihre Dienerinnen, so muß der Ehemann seine Diener haben; doch wenn es sich zum einen im Prinzip um die jüngeren Schwestern handelt, werden andrerseits die jüngeren Brüder des Ehemannes durch einfache Statisten ersetzt. Da die Heirat ursprünglich dazu diente, zwei Gruppen von Ehepartnern und nicht zwei Ehegatten zu vereinen, können Mann und Frau nur mit Hilfe der gemeinsamen Bemühungen von Dienern und Dienerinnen zusammenkommen. In einer bezeichnenden »Kreuzhandlung« »öffnen sie (ihnen) den Weg«: Ein Diener des Mannes reicht der Verlobten die für die ersten reinigenden Waschungen notwendige Wasserkanne, während eine der Dienerinnen dem Verlobten denselben Dienst erweist. Auch wenn sich der Mann nach dem gemeinschaftlichen Mahl entkleidet, muß er seine Kleider einer Dienerin übergeben, und entsprechend gibt die Frau – eine äußerst bemerkenswerte Regelung – ihre Kleider einem der Diener. Bei einer polygynen Hochzeit kann das Bankett kein Mahl von Gleichrangigen mehr sein, an dem alle Ehepartner gemeinsam teilnehmen. Dagegen sind die Diener und Dienerinnen beim gemeinschaftlichen Festmahl – wie das Hauptehepaar – gleichberechtigt, essen aber erst nach ihnen: Die Speisereste des Mannes bleiben für die Dienerinnen, die der Frau bleiben für die Diener. Dieser Ritenkomplex kann nur dann sinnvoll sein, wenn zwischen den Dienerinnen und Dienern eine Verbindung geschaffen werden muß, die ähnlich der Ehe zwischen den Protagonisten beider Gruppen ist, zu deren Durchführung sie beitragen. Da die Dienerinnen jüngere Schwestern sind, muß man also vermuten, daß die Diener ursprünglich jüngere Brüder waren. Dann entdecken wir aber auch den Ursprung der Macht der Hauptfrau: Sie unterschied sich im Prinzip nicht von der Macht, die die erste Gemahlin innehatte. Sie ist an ihren ältesten Bruder gebunden, dem sie über ihre eigenen jüngeren Schwestern Rechte verschaffte, die in einer gemeinschaftlichen Belehnungszeremonie bestätigt werden. Zugleich erwarb sie für sich selbst Rechte über die jüngeren Brüder des Ehemannes, die ihr durch die Verbindung mit ihren jüngeren Schwestern verpflichtet waren und diese Belehnung durch ihre Bereitschaft anerkannten, an den Gemeinschaftszeremonien als Unterworfene teilzunehmen. Doch als die Autorität der Erstgeborenen nach dem Vorbild der väterlichen Autorität herrschaftlichen Charakter annahm, als die sororale Polygynie zum Vorteil des ältesten Bruders eingeführt und aus Ehrfurcht vor ihm das Levirat verboten wurde – nachdem sich die Rechte des Zweiges des ältesten Bruders gefestigt hatten –, wurde die älteste Schwägerin nicht etwa durch gemeinschaftliche Handlungen den jüngeren Brüdern, ihren Schwägern, näher gebracht, sondern gerade durch Verbote von ihnen ferngehalten. Sie hatte nur noch jene Rechte, die ihr Ehemann kraft eigener Autorität an sie delegierte: Auch hier erwies sich die Autorität des Mannes als stärker als die Rechtsgewalt der Frau. Die jüngeren Brüder waren an die Frau, die in ihrer Generation den Rang der Hauptgemahlin innehatte, nicht mehr durch einen Belehnungsakt gebunden, der eheliche Nebenrechte miteinbezog, es veränderte sich auch – da sie nun in den häuslichen Pietätszeremonien als Untergebene teilnahmen – ihre Stellung: In ihrer Beziehung zum ältesten Bruder und folglich auch zu seiner Frau nahmen sie mehr und mehr einen Status ähnlich dem von Söhnen ein. Ein Sprichwort, das genau dann zitiert wird, wenn es die Unmöglichkeit jeder Trauer unter Schwägerinnen und Schwägern zu rechtfertigen gilt, läßt die Neuheit dieser Situation, die noch paradox erscheint, erkennen: Wenn sich agnatische Verwandte oder Ehefrauen *nicht als Gemahl oder Gemahlin bezeichnen können*, so ist die Trauer zwischen ihnen nur dann möglich, wenn sie verschiedenen Generationen angehören und sich untereinander Vater, Mutter, Schwiegertöchter oder Söhne (= Neffen) nennen können. Wenn es zwischen agnatischen Verwandten und Ehefrauen der gleichen Generation Trauerriten gäbe, dann würde alles so ablaufen, »*als würde man die Frau eines jüngeren Bruders* Schwiegertochter (Frau eines Sohnes) *nennen.* (Doch) *müßte man* (dann) *nicht die Frau des ältesten Bruders* Mutter *nennen?*«[508] Dieser Satz zeigt die rechtliche Bedeutung der Benennungen (*ming*), die die Beziehungen in der Familie bezeichnen. Für die Dauer ihres Lebens wird die älteste Schwiegertochter, die keine eigene rechtliche Bezeichnung hat, einfach mit Hilfe eines Ehrentitels bezeichnet (*sao* = *hsiu:* die Alte, ein Ausdruck, der keinerlei Assoziation an eine rechtliche Beziehung weckt). Es ist nicht wünschenswert, sie Mutter zu nennen und sie dadurch mit der Autorität einer Familienmutter zu versehen, die sich über die Brüder des Ehemannes erstrecken würde, und andrerseits ist es auch unmöglich, sie weiterhin mit einer Bezeichnung zu versehen, die zwischen ihr und den Brüdern eine Beziehung von Ehefrau zu Ehemann impliziert. Umgekehrt und um so bezeichnender: Die Hauptfrau nennt auch weiterhin die Frauen der jüngeren Brüder ihres Mannes *jüngere Schwestern* (= jüngere Schwägerinnen)[509]. Obwohl diese oft aus einer anderen Familie als der der Ehefrau des ältesten Bruders stammen (was rechtlich immer möglich ist), ist es notwendig, daß sie ihr gegenüber den Rang von jüngeren Schwestern und die Stellung von *substituierten Schwestern* einnehmen. (Ebenso hat die in zweiter Ehe geheiratete Frau gegenüber den Eltern ihrer verstorbenen Vorgängerin die Stellung einer *substituierten Tochter*, selbst wenn sie aus einer anderen Familie stammt.)[510] In diesem Bereich, und nur innerhalb der Frauengemächer, ist das Prinzip der Rechtsgewalt der Frau erhalten geblieben: allerdings mit der Konsequenz, daß die Frau in jedem Nebenhaushalt zwei konkurrierenden Autoritäten unterworfen ist: der des Mannes, der zwar Oberhaupt seines eigenen Haushaltes, aber Untergebener des ältesten Bruders ist; und der der Hauptfrau, der man noch immer die Rechte einer ältesten Schwester zugesteht, obgleich man in ihr immer stärker die Gehilfin der Schwiegermutter sieht, deren Nachfolgerin sie wird (so wie man den ältesten Bruder als den Helfer des Vaters der Familie betrachtet).

Der Vater der Familie hat nur einen Sohn, den Hauptsohn, der seinerseits Brüder hat. Ebenso hat die Mutter der Familie nur eine Schwiegertochter, die erste Gemahlin des Hauptsohnes, die ihrerseits jüngere Schwestern (Schwägerinnen) hat. Die Hauptfrau wird, begleitet von ihren Dienerinnen, allein von den Schwiegereltern empfangen und den Ahnen vorgestellt, nachdem sie die verschiedenen Abschnitte der ehelichen Probezeit durchlaufen hat. An dieser Zeremonie, in der die Frau zunächst den Schwiegereltern zu essen gibt und dann selbst die Reste des Mahls erhält, nimmt der Ehemann, im Unterschied zu seinen Dienern, nicht teil. Die Ehefrau ißt den ersten Teil der Speisereste ihrer Schwiegermutter, weist jedoch die Reste ihres Schwiegervaters zurück: es ist ihr verboten, mit ihm gemeinschaftliche Handlungen zu vollziehen, da er in der Tat häufig versucht, eheliche (oder voreheliche) Rechte über die für seinen Sohn bestimmte Frau auszuüben. Indessen ist auch hier, wie bei den eigentlichen Hochzeitszeremonien, eine kreuzweise Gliederung vorgeschrieben: so wird das, was der Schwiegervater übrigläßt, von den Dienerinnen, den jüngeren Schwestern der Frau, gegessen. Ebenso wird der abwesende Sohn nicht herbeigerufen, um die Speisereste seiner Mutter zu essen, sondern der Teil, den die Ehefrau davon übrigläßt, wird seinen Dienern übergeben, einfachen Statisten, die allerdings an die Stelle von jüngeren Brüdern getreten sind. Wenn sich der Vater, wie wir gesehen haben, oft der dem Sohn zugedachten Verlobten bemächtigen will, so eignet sich der Sohn genauso häufig die Witwe seines Vaters an (was uns dann als eine zweite Ehe präsentiert wird). Das Gemeinschaftsmahl der Dienerinnen mit dem Schwiegervater, ein Anzeichen für alte eheliche Rechte, hängt offenkundig zusammen mit dem zweiten der beiden Zyklen von Heiratsbeziehungen, die jeder einzelne eingehen will, um sich mit zwei aufeinanderfolgenden Generationen zu verbinden. Deshalb können wir annehmen, daß das Gemeinschaftsmahl der Diener mit der Mutter des Ehemannes eine Spur des ersten Zyklus dieser Beziehungen ist, nämlich jenen zwischen dem Sohn und der Stiefmutter, in der bekanntlich der jüngere Bruder als Ersatz für den ältesten herangezogen werden kann. Welche Bedeutung man auch immer diesen rituellen Relikten beimessen mag: Seit der Zeit, als die vom Unteilbarkeitsprinzip durchdrungenen Zeremonien vorgeschrieben wurden, um die patriarchalische Ordnung durchzusetzen, durfte der Sohn nicht länger anwesend sein und die Schwiegertochter nur noch über Vermittler oder Statisten mit dem Schwiegervater in Verbindung treten. Es ist sogar erstaunlich, daß die Ritenverordnung nicht gänzlich umgekehrt wurde, so daß, wie es im Ahnentempel Vorschrift ist, der Sohn (wie seine Diener) mit dem Vater und die Dienerinnen (genau wie die Gemahlin) mit der Schwiegermutter das Gemeinschaftsmahl einnimmt. Worauf es tatsächlich dem neuen Geist der Zeremonie entsprechend ankommt, ist die Schaffung einer Abhängigkeitsbindung zwischen der Schwiegermutter und der Braut: Indem diese sich im Gemeinschaftsritus unterwirft, erwirbt sie die Berechtigung, den Titel Hauptschwiegertochter zu tragen. Wenn das Gemeinschaftsmahl zu Ende ist, verlassen die Schwiegereltern den Zeremoniensaal wie Gäste über die Westtreppe, während die Schwiegertochter die Osttreppe benutzte, die gewöhnlich dem Herrn des Hauses vorbehalten war. In den Ritualbüchern heißt es, daß ihr durch diese Riten ihre künftige Wohnung übergeben wurde[511].

Auf diese Weise wurde sie von den Eltern aufgenommen und brachte den Ahnen ein erstes Opfer dar, das man für unabdingbar hielt, bevor man von eigentlichen Ehebeziehungen sprechen konnte oder von der Möglichkeit »Kinder aufzuziehen«[512]: Die Frau hatte damit die Eignung erworben, Mutter zu sein, das heißt, einen Sohn zu haben, der seinerseits die Riten kindlicher Ehrfurcht vollzieht, denn in der patriarchalischen Ordnung stammt die Autorität der Mutter von ihrer Eigenschaft als pietätvolle Schwiegertochter her, wie die des Vaters von seiner Eigenschaft als pietätvoller Sohn. Wie es in einer Familiengruppe nur eine einzige Frau gibt, die als Hauptschwiegertochter bezeichnet wird, so kann es auch nur eine Mutter (das heißt: eine Mutter des Hauptsohnes) geben, nämlich jene Frau, die berechtigt ist, ihren Schwiegereltern einen Enkel als Nachfolger zu schenken. Alle anderen Kinder (die Nebenenkel) stellen – sogar in den Augen jener Frauen, die wir als ihre Mütter bezeichnen würden – eine undifferenzierte Gruppe von Neffen dar. Umgekehrt besitzt unter all den Kindern, die von einem gemeinsamen Großvater abstammen, der älteste Sohn der Hauptschwiegertochter als einziger wirklich eine Mutter. Den ältesten Söhnen der Nebenschwiegertöchter wird der Kult an diese übertragen. Doch da diese Frauen während ihres Lebens nie die Pietätsriten leiten konnten, haben die künftigen Vorsteher ihres Kultes sie auch nie als Mütter der Familie behandeln können (oder genauer: sie konnten dies nur im engsten Kreise, *szu*: privat, tun). Dieses Teilprivileg ergibt sich aus der Kultorganisation und deutet den Weg an, der zur Anerkennung der individuellen Verwandtschaftsbeziehungen zwischen Müttern und Söhnen führt: deshalb beschränkt es sich streng auf die Erstgeborenen, die vom Prinzip der Einzelnachfolge begünstigt werden. Dagegen haben die jüngeren Brüder keine Mutter, der sie allein zugehören: Ihre Pflichten gegenüber der ersten Gemahlin ihres Vaters sind weitaus größer als die gegenüber jeder anderen Frau in der Müttergeneration. Ob er nun der Sohn der Hauptfrau oder der ersten Gemahlin ist – der jüngere Bruder steht immer im Schatten des ältesten Bruders und kann nur ein Sohn zweiter Ordnung sein. Als Sohn einer Nebenfrau darf er in ihr nicht mehr als eine Tante sehen, und obwohl er die erste Gemahlin, zumindest im Kreis der Familie, als Mutter behandeln muß, so ist er für sie bloß ein Nebensohn.

Dieser letzte Fall erhellt die Bedeutung der ursprünglichen Beziehungen zwischen Mutter und Sohn sowie ihre Entwicklung unter dem Einfluß der feudalen Sitten. Die mütterlichen Rechte sind ungeteilter Besitz einer Gruppe von Schwestern, die eine Gemeinschaft von Ehefrauen bilden. Die Rechte wurden zunächst von der Ältesten dieser Schwestern gleichsam als Mutter wahrgenommen, bis sie ihr später, wenn sie Ehefrau oder eher Hauptschwiegertochter wurde, persönlich zugeteilt wurden. Die mütterliche Autorität basierte ursprünglich auf Rechten, die der Natur nach kollektiv, aber nicht direkt (ich sage nicht natürlich) waren. Später schien sie sich dann von einem Befehlsrecht herzuleiten, das die Schwiegereltern und der Ehemann innehatten: Sie wurde also erst in zweiter Linie über eine Gemeinschaft von Kindern und hauptsächlich über den Sohn ausgeübt, der die Nachfolge antreten würde. Das heißt, mit dem Zeitpunkt, an dem die Autorität individuelle Züge anzunehmen beginnt, wird die Mutterschaft grundsätzlich unabhängig von jeder Blutsbindung. Nicht nur ist es überflüssig, ein Kind zu gebären, um einen Sohn zu haben (erste Gemahlin zu sein genügt, und die Tatsache, daß eine Nebenfrau Kinder hat), vielmehr kann sogar auch dann, wenn die Frau einen Sohn geboren hat und erste Gemahlin ist, ihr die Position der Mutter wieder entzogen werden (ganz zu schweigen davon, daß sie als Nebenfrau noch nicht einmal die Mutter ihres Kindes sein kann): es reicht aus, daß der Mann – zum Beispiel auf Befehl der Schwiegereltern – seine Frau verstößt. Es genügt auch, daß er sie zurückstuft und eine andere Frau zur Hauptgemahlin erhebt, die dann die Mutter wird und der gegenüber der Sohn kindliche Ehrfurcht erweisen muß. Im allgemeinen ist es jedoch so, daß der Sohn einer verstoßenen Gemahlin entweder getötet wird oder, nachdem er selbst zurückgestuft wurde, künftig zur undifferenzierten Gruppe der Nebensöhne gezählt wird. Die Ritualisten versuchen, sich diesen Auswüchsen von ehelicher oder väterlicher Gewalt, die eine klar geregelte Nachfolge verwirren, zu widersetzen. Dagegen scheint sich für sie der Bruch der Beziehung zwischen dem Kind und der verstoßenen Mutter von selbst zu verstehen. Dem Enkel von Konfuzius, selbst ein großer Philosoph, schreibt man die folgende drastische Aussage zu: »Die meine Frau war, war auch die Mutter meines Sohnes. Seit ich sie verstoßen habe und sie nicht mehr meine Frau ist, ist sie auch nicht mehr die Mutter meines Sohnes.«[513] Unverblümter kann man den Sachverhalt nicht ausdrücken: Alle Verwandtschaftsbeziehungen scheinen von der Vater-Sohn-Beziehung abzuhängen, die nach dem Vorbild der Bindung zwischen Lehnsherr und Lehnsmann konzipiert wurde; die Verwandtschaft mit der Mutter ist dann nur noch das Ergebnis einer vom Vater widerrufbaren Verfügung. Deshalb kann der Vater der Familie durch Verordnung (*ming*) seine Kinder auf seine verschiedenen Nebenfrauen verteilen (zumindest dann, wenn diese Kinder ihre natürliche Mutter verloren haben und wenn die durch Verordnung zur Mutter erhobene Frau selbst kein Kind hat)[514]. Der so zugeteilte Sohn muß die ihm verordnete Mutter als seine eigene behandeln; ebenso darf der Sohn aus erster Ehe keinen Unterschied zwischen seiner Stiefmutter und seiner ersten Mutter machen[515]. Die eheliche oder väterliche Allmacht kann nicht genügen, um eine solche Indifferenz gegenüber den natürlichen Bindungen, wie wir sie nennen würden, zu erklären. Die Zweitrangigkeit dieser Bindungen war bereits zu einer Zeit gegeben, als sich die mütterliche Autorität aus einem direkten Recht ergab, das eigentlicher Teil der Rechtsgewalt der Frau war. Im Brauchtum haben sich gerade zu dieser Frage bezeichnende Züge erhalten. Um die sororale Polygynie zu rechtfertigen, behauptet man, daß durch sie neben der Eifersucht der Ehefrau auch die der Mutter verhindert werden soll: Denn wenn in einer polygynen Gruppe eine Frau einen Sohn hat, freuen sich auch die anderen Frauen darüber, und auf diese Weise kann man »die Nachkommen vervielfachen«[516]. Wenn diese Institution in Ansehen steht, dann wird das Prestige der ersten Gemahlin gesteigert: Da sie für die Ordnung im Harem verantwortlich ist, und dafür sorgt, daß der Mann und die Nebenfrauen häufig zusammenkommen, wird sie dank der Mühen dieser Frauen Mutter von zahlreichen Kindern: Auf diese Weise gewann die Frau von König Wen hundert Kinder und unsterblichen Ruhm[517]. Wenn von der üblichen Sitte abgewichen wird und der Harem für Frauen aus verschiedenen Familien offensteht, dann kommt zur Eifersucht zwischen den Ehefrauen noch die zwischen den Müttern hinzu. Doch wie das Gefühl der Mutterschaft hat auch diese Eifersucht Kollektivcharakter und entspricht keiner individuellen Affektion. Nicht aus Liebe für ihr eigenes Kind kämpft und setzt sich die Mutter ein, sondern sie arbeitet für das Prestige der Gruppe von Frauen, über die sie gebietet, und handelt im Interesse ihrer Herkunftsfamilie, die sie zur Hauptdelegierten bei ihrem Ehemann bestimmt hat. Gerade in ihrer glühenden Mutterliebe kann sie ihr Kind sogar einer Dienerin übertragen, die höher in der Gunst des Herrn steht – ungerührt von Verpflichtungen, wie sie die Natur in unseren Augen einer Mutter auferlegt: Ein Fürst aus Ch'i hatte eine Frau aus Lu mit dem Namen Chi zur Hauptfrau (553 v. Chr.), die ihm kein Kind gebar. Daraufhin schickte man ihm eine Nichte dieser Frau, von der er einen Sohn bekam, der zum Hauptsohn erkoren wurde, da er aus der Gruppe der Hauptgemahlin stammte, Daneben war der Fürst jedoch noch mit einer Gruppe von Frauen aus Sung verheiratet, die die Interessen der *Tzu*-Familie vertraten. Zwischen den Frauen der beiden Familien Chi und Tzu brach nun ein erbitterter Streit aus. Die älteste Tochter aus der Tzu-Familie hatte einen Sohn, während es ihrer jüngeren Schwester gelang, die Gunst des Fürsten zu erringen. Da vertraute die natürliche Mutter ohne Zögern ihr Kind der Frau an, die sich höherer Gunst erfreute. Diese zögerte nun ihrerseits nicht, alles in die Wege zu leiten, um diesem Kind einer anderen Mutter, doch aus ihrer Gruppe, den Vorrang vor dem Kind der rivalisierenden Gruppe zu verschaffen. Da sie unvorsichtiger als die natürliche Mutter war, wurde sie schließlich getötet, und die feindliche Gruppe ließ in ihrem Siegesrausch die Leiche gegen alle moralischen und rechtlichen Grundsätze auf einem öffentlichen Platz zur Schau stellen. Auch das Kind wurde getötet, während sich die natürliche Mutter aus der Affäre ziehen konnte[518]. Daraus kann man sehen, daß die Mutterschaft in ihrem Wesen eine kollektive Angelegenheit bleibt, aber auch, daß ein Sohn für seine Mütter – ja sogar für seine leibliche Mutter – nicht viel mehr als ein Prestigeprinzip darstellt.

Dieser Wesenszug in den Sitten erklärt eine der Ursachen, die am meisten dazu beigetragen haben, die Rechtsgewalt der Frau aufrechtzuerhalten. Das Kind, gleich, ob Knabe oder Mädchen, verkörpert ein Einflußprinzip, und es ist dazu bestimmt, der Familie seines Vaters ein Bündnis zu verschaffen. Nun haben, wie es scheint, zu allen Zeiten die Mütter (und ihre Verwandten) eine entscheidende Rolle in der Erziehung und bei der Heirat ihrer Kinder gespielt. Und immer haben sie darauf hingewirkt, daß ihre Söhne Frauen aus ihrer eigenen Familie nehmen. Zweifellos haben sie diesen alten Brauch, der die Autorität der Frauen bestärkte, erfolgreich bewahren können: Selbst dann, als es den Vätern gelang, die Söhne ihnen gegenüber in eine feudale Abhängigkeit zu bringen, wurden die Mädchen weiterhin in den Frauengemächern erzogen und blieben in der Abhängigkeit von ihrer Mutter. Für gewöhnlich kann sich ein junger Mann nur dann eine Reihe von Ehefrauen zulegen, wenn er den Brüdern seiner künftigen Gemahlin Schwestern als Kompensation geben kann. Die Mütter regelten sowohl die Heirat ihrer Töchter als auch die ihrer Söhne und bestimmten die Wahl ihrer Schwiegertöchter; sie trachteten darnach, ihren Söhnen die Töchter ihrer eigenen Brüder zuzuführen, von denen sie bereits Tanten (*ku* = Schwiegermütter) genannt wurden[519]. Dieser heftig verteidigte Brauch belegt die Allmacht der Schwiegermutter über ihre Schwiegertochter. Zum anderen wird daraus ersichtlich, daß Schwiegertöchter und Schwiegermütter eine Art weibliche Dynastie bildeten, die den gleichen fremden Interessen verpflichtet waren. In jeder Familie stellt die Gruppe der Ehefrauen eine geschlossene Gemeinschaft dar, die bestens gerüstet war, die traditionellen Rechte der Rechtsgewalt der Frau zu verteidigen. Gegenüber dieser Gruppe von Ehefrauen hatten die agnatischen Verwandten, die noch dazu untereinander in zwei rivalisierende, verfeindete Generationen geteilt waren, nur eine einzige Möglichkeit, ihren Ansprüchen Geltung zu verschaffen: sie mußten den Zusammenhalt der Frauengruppe aufbrechen. Genau diese Absicht verfolgten sie, wenn sie die Vorschrift der Einzelheirat verletzten und in ihren Harem nacheinander Gruppen von Frauen aus verschiedenen Familien aufnahmen. Doch auch Erfolge in dieser Taktik der Männer konnten nie zum entscheidenden Sieg führen: Zwar kann sich der Sohn manchmal mit seiner Mutter und ihren Verwandten gegen seinen Vater verbünden, doch wenn der Vater nicht mehr da ist, sind die Bündnisse des Sohnes gegen seine Mutter zum Scheitern verurteilt, da er nur so lange Prestige hat, als das seiner Mutter unversehrt bleibt[520]. Die mütterliche Autorität, die zu Lebzeiten des Ehemannes im Schatten seiner ehelichen Autorität stand, findet sich vollständig, uneingeschränkt und unbedingt wieder, sollte die Frau das Glück haben, die Trauerzeit zu überleben und in den Stand einer herrschaftlichen Witwe versetzt zu werden. Nur dann, wenn sich der Brauch der Opferung der ersten Gemahlinnen durchgesetzt hätte, hätte sich auch die Unabhängigkeit der agnatischen Familie und das patriarchalische Recht voll etablieren können. Und genau in diesem Punkt haben, wie wir wissen, die Witwen alles unternommen, um die Verantwortlichkeit für die Trauer auf andere abzuwälzen: für gewöhnlich sind es die Nebenfrauen, die dann als Substitutionsopfer herhalten müssen[521]. Zu verschiedenen Malen in ihrer weiteren Geschichte werden die Chinesen versuchen, das agnatische System vor der Krise zu bewahren, die durch den Übergang der familiären Autorität in die Hände einer Witwe ausgelöst wird: So verfiel man zum Beispiel darauf, sobald der Sohn zum Erben erklärt wurde, die Mutter im vorhinein zu opfern[522]. Doch noch während der Feudalzeit waren die Männer gezwungen, ihren Frauen, die eine feindliche Macht verkörperten, mit List den Schwur abzunötigen, ihnen ins Grab zu folgen. Es kam sogar vor, daß die Witwe nicht zufrieden war, überlebt und Autorität ausgeübt zu haben, sondern sich mit einem eigenen Grab brüstete, in das sie sich von ihrem bevorzugten Liebhaber begleiten ließ[523]. Die Ausschweifungen der Witwen sind eins der großen Themen in den chinesischen Chroniken. Sieht man es zusammen mit einem anderen, gleich bedeutsamen Thema – dem der Erpressung und Ausnutzung durch die Favoritinnen –, so kann man ahnen, wie fest die Grundlage der Rechtsgewalt der Frau selbst unter der feualen Ordnung blieb, die so vorteilhaft für die Männer war[524]. Als Leiterin des Harems bestimmt eine erste Gemahlin, welche Frau das Lager des Ehemannes teilt. Aus den Geschenken des Mannes für die Frauen häuft sie ein Vermögen auf, und wenn sie ihre Stellung hält, die Dienerinnen zu lenken versteht, dann erwirbt sie sich schließlich eine finanzielle Macht, die ein Gegengewicht zur Befehlsmacht des Ehemannes darstellt. Der Mann stützt sich auf den Besitz eines Territoriums und der im Ahnentempel aufbewahrten Kultgegenstände. So schlecht wir auch über die ökonomischen Aspekte der Familienorganisation informiert sind, so scheinen Frauen doch ebenso bedeutende Reichtümer in Form von Schmuck, Jade, Perlen und Geschmeide ihr eigen genannt zu haben. Darüber hinaus war dieses Vermögen beweglicher und im Verlauf der Auseinandersetzungen um Einflußmöglichkeiten günstiger nutzbringend einzusetzen. Als sich das Herrscherhaus von Ch'i durch den wachsenden Reichtum einer Vasallenfamilie bedroht fühlte, konnte nur durch das Eingreifen einer ehrwürdigen Witwe die Hierarchie der Besitzverhältnisse wiederhergestellt werden[525]. Nachdem sie bereits als Hauptfrau den Harem ihres Ehemannes geleitet hatte, übernahm sie später als Witwe die Leitung des Harems ihres Sohnes und wählte die Favoritinnen aus: So groß ist die Solidarität in der Gruppe der Frauen, daß diese manchmal aus den Reihen ihrer eigenen Dienerinnen genommen werden[526]. Wehe dem Sohn, den eine ehrwürdige Witwe gegen ihren Günstling abwägt! Pao, der Bruder von Herzog Chao von Sung (610 v. Chr.), war wohlgestaltet und von schöner Gesichtsfarbe und noch dazu von edlen Gefühlen seiner Familie gegenüber erfüllt. Seine Großmutter hatte ein Auge auf ihn geworfen und wollte ihn als Liebhaber nehmen. Wie es heißt, soll sich Pao diesem Ansinnen widersetzt haben, zeigte sich dabei jedoch so geschickt, daß sich die Witwe entschloß, zu Paos Vorteil ihren anderen Enkel töten zu lassen: Herzog Chao, der weniger liebenswürdig war und »sich schlecht aufführte«. Herzog Chao hatte unter seinen Anhängern seine gesamten Reichtümer verteilt, doch letztlich ohne Erfolg: die ehrwürdige Witwe hatte ihrem Günstling geholfen, »noch freigebiger zu sein«[527].

Die Mutter der Familie behandelt ihren Ehemann als »Herrn«, sie muß unterwürfig und geschickt in den Frauenarbeiten sein. Im Harem dagegen ist sie die »Herrin«. Gleichrangig mit ihrem Mann nimmt sie bei den Empfängen am Hof und bei den Zeremonien im Ahnentempel den obersten Platz ein[528]. Ihre Autorität ist abhängig vom Prestige ihrer Eltern und von der Macht, die sie sich gegenüber dem Ehemann und den Söhnen – wenn sie deren Sexualleben klug organisiert – zu erwerben weiß. Während sie noch als Schwiegertochter eine leibeigene Dienerin war, wird sie, wenn der Tod sie erst einmal von ihrem Mann befreit hat, eine Mutter-Königin, der sich keine Macht in der Familie widersetzen kann. Aber eine Frau kann all ihr Prestige und all ihre Autorität nur dadurch erringen und vergrößern, daß sie ihr Leben zurückgezogen in den Frauengemächern verbringt. Diese Abgeschlossenheit scheint das eigentliche Prinzip der Rechtsgewalt der Frau zu sein. Die Räume der Frauen müssen so weit wie möglich von der Straße entfernt liegen, die Außentür muß »sorgfältig verschlossen« bleiben und von einem Obereunuch, der als Pförtner fungiert, bewacht werden. Die Frauen können ihre Gemächer nicht verlassen, und die Männer dürfen sie nicht betreten[529], zumindest nicht in Männerkleidung, denn es geschieht sehr wohl, daß es Freiern, die sich verkleiden, gelingt, empfangen zu werden. Gerade im Schutz der Frauengemächer konnte man gewöhnlich Komplotte schmieden und Verschwörungen anzetteln[530], und selbst Freundschaften zwischen Männern wurden dort geschlossen: wie zum Beispiel zwischen dem Herrscher von Ch'en und seinen zwei Ministern (599 v. Chr.), die zufällig die gleiche Mätresse hatten. Sie waren so einträchtig in ihrer Zuneigung, daß jeder seinen Spaß daran hatte, ein Kleidungsstück der gemeinsamen Geliebten zu tragen, wenn sie fern ihrer Angebeteten zusammentrafen[531]. Diese liederlichen Spielereien, die ein übles Ende nahmen, zeigen den Preis, der erbracht werden mußte, um die Frauen und alles, was sie betrifft, in strenger Abgeschlossenheit zu halten. Eine Ehefrau, die auf ihr Prestige bedacht war, hütete sich, unverschleiert und ohne Begleitung einer Anstandsdame das Haus zu verlassen, sie hielt sich auf der linken Straßenseite (die rechte war den Männern vorbehalten), damit sie mit keinem Mann in Berührung kommen konnte, und in der Nacht achtete sie darauf, den Weg mit einer Laterne zu erhellen[532]. Selbst in ihrem Alter harrte sie bei einem Brand so lange aus, bis die Zeremonienmeisterin, die für ihre Schritte verantwortlich ist, den Befehl zum Verlassen des Hauses gab[533].

Solange die Frau die äußere Form wahrte, konnte ihr alles verziehen werden: Die Prinzessin Nan-tzu wurde von den Bauern als ›Sau‹ bezeichnet, weil sie die Geliebte des eigenen Bruders war, den ihr Ehemann ihr zu Gefallen an den Hof geholt hatte[534]. Als sie den Wunsch äußerte, Konfuzius zu Besuch zu empfangen, zögerte der Weise nicht und hatte keinen Anlaß, sein Kommen zu bereuen, denn Nan-tzu erwartete ihn, wie es sich gehört, »verborgen hinter einem Vorhang«. Sobald er die Schwelle überschritten hatte, warf sich Konfuzius, wie es ihm als Untertan vorgeschrieben war, mit dem Gesicht nach Norden auf den Boden. Nan-tzu antwortete hinter den Vorhängen entsprechend den Riten mit einer zweifachen Begrüßungsgeste, denn zweimal war der Klang der Jade an ihren Armreifen und Ohrgehängen zu vernehmen. Und nur einige Lästerer warfen dem Philosophen vor, einer übel beleumundeten Person einen Besuch abgestattet zu haben, während er selbst nie glaubte, unrecht gehandelt zu haben. Es ist auch belegt, daß Nan-tzu im Gespräch mit Konfuzius zur Selbstbezeichnung ein Personalpronomen verwendet hatte, das dann angebracht ist, wenn eine Prinzessin mit einem belehnten Fürsten spricht[535]. Die Tugend einer Frau wird von höflicher Bescheidenheit und einer schönen Erscheinung geformt: darin liegt ihre Macht. Das prachtvollste Porträt einer Dame von hohem Stand, von dem wir wissen, ist das von Chuang Chiang. Es setzt sich aus Motiven zusammen, die uns zwar kaum über das physische Äußere der alten Chinesen informieren, aber wenigstens zeigen, daß sich seit dem Altertum nichts Wesentliches an den Metaphern der Dichter, noch an der Art von Gefühlen, die durch Schönheit geweckt werden, geändert hat. Wenn Chuang Chiang erscheint, mit ihren Fingern von der Zartheit junger Sprossen, ihrer Haut, weiß wie Puder, ihrem Nacken, schlank wie ein Wurm, ihren Zähnen, die Kürbiskernen gleichen, ihrer Stirn, die breit wie die einer Zikade ist, und ihren Augenbrauen, die den Fühlern von Seidenraupen vergleichbar sind, dann ruft der Dichter den Gaffern zu, sich schnell aus dem Staub zu machen und durch ihre Anwesenheit nicht den glücklichen Herrn dieser schönen, überwältigenden Frau zu verdrießen[536]. Eine andere Frau, Hsüan Chiang, erweckte gleiche Bewunderung und Ehrerbietung, wenn sie einherschritt: Obgleich sie keine

Perücke zu tragen nötig hatte, war ihre überreiche Frisur mit fremden Haarteilen ausgeschmückt. Ihre Stirn war weit und weiß unter den schönen, elfenbeinernen Haarnadeln, und an ihren Ohren hingen kostbare Steine. In ihrem prächtigen Zeremonialgewand schritt sie majestätisch wie ein Fluß vorwärts, und obwohl man Grund genug hatte, sie wegen ihrer schlechten Sitten anzuprangern, waren doch alle von einem so starken Gefühl religiöser Inbrunst erfaßt, daß sie in laute Rufe ausbrachen: »Oh! Ist sie nicht wie der Himmel selbst! Ist sie nicht die Gebieterin!«[537]

Viertes Buch

Die Gesellschaft zu Beginn der Kaiserzeit

Mit der Gründung des Kaiserreichs erfährt die Gesellschaft eine sehr bedeutende, doch relativ unbekannte Umgestaltung. Ich werde mich darauf beschränken müssen, die wesentlichen Ausgangspunkte dieser Bewegung anzugeben. Nichts mag wohl von größerem Interesse sein als die neue Vorstellung vom Herrscher, in der Elemente verschiedenen Ursprungs und verschiedener Entwicklung zusammenfließen. Zum anderen findet neben einer Umgestaltung der Gesellschaft, die sich seit langem abzeichnete, sich nun aber überstürzt, eine Reform der Sitten und Bräuche statt, die sowohl von der Propaganda gewisser Moralisten als auch von Eingriffen der Regierung gekennzeichnet ist.

Erstes Kapitel

Der Kaiser

Ch'in Shih Huang-ti, der Erste Kaiser, gehörte dem großen Fürstenhaus der Ch'in an. Dagegen war Kao-tsu, der die Einheit des Reiches, die seit dem Tode ihres Gründers in Gefahr war, wiederherstellte und die Han-Dynastie begründete, ein Mann aus dem Volk. – Im Staat Ch'in war mit Verordnungen, die Wei-yang, dem Rechtsgelehrten von Herzog Hsiao, zugeschrieben wurden (359 v. Chr.), eine neue Konzeption des Herrschers und seiner Rechte entstanden. Ch'in Shih Huang-ti wurde, wie Herzog Hsiao und einige Potentaten aus dieser Zeit, als Tyrann bezeichnet, dem man vorwarf, mit Hilfe von Bestrafungen zu regieren, das heißt, jedes Verbrechen als Majestätsbeleidigung zu verfolgen. Grundlage der neuen Ordnung, die er errichten wollte, war in der Tat die Vorstellung von einer der Person des Kaisers eigenen Majestät. – Dagegen vertraten die Han die Restauration einer alten Ordnung und gaben vor, dem Zeitalter der Tyrannis ein Ende zu bereiten. Als eine neue Dynastie, die zu den alten Quellen des Rechts zurückkehrt, war es ihr Wille, daß man in ihnen die Nachfolger der drei königlichen Dynastien und die wahren Erben der Chou sah. Sie gründen ihre Macht auf dem Prestige, das Söhnen des Himmels eigen ist, doch wenn sie auch vorgeben, in der Person des Staatsoberhauptes den äußeren Anschein eines einfachen Lehnsherrn zu bewahren, so tragen sie doch den Titel eines Kaisers, den Ch'in Shih Huang-ti geschaffen hatte. Aber da sie bestrebt sind, als Vertreter der Restauration und nicht als Neuerer zu erscheinen, bemühen sie sich, in den Begriff des Himmelssohnes die für die Vorstellung von Majestät konstitutiven Elemente zu integrieren. Sie wollen aus einem zweifachen Erbe Nutzen ziehen und verachten auch nicht solche Autoritätsprinzipien, die in der Zeit der Tyranneien entworfen wurden. Sie wurden durch die gelehrte Bemühung der Gebildeten unterstützt, die unter ihrer Herrschaft und zu ihrem Nutzen das Altertum Chinas rekonstituierten: So gelang es den Herrschern der Han, die neue Vorstellung von kaiserlicher Majestät durchzusetzen, indem man sie als ein altes Attribut der Himmelssöhne, der weisen Schöpfer der chinesischen Zivilisation, darstellte.

1 Der oberste Lehnsherr und Sohn des Himmels

Die hervorragendsten chinesischen Gelehrten sehen im *Chou li* (Ritual der Chou) – und in einigen Texten der gleichen Art – das Werk utopistischer Administratoren im Dienste der Han-Dynastie[538]. Ich möchte die Mühe, bis ins Detail die Verfassung der Chou (oder gar der Yin) zu rekonstruieren, den Gelehrten überlassen, die sich ihrer Kritik sicher sind, und werde selbst nur versuchen, das, was man zur Han-Zeit unter einem Sohn des Himmels verstehen konnte, herauszuarbeiten. Wenn die Chou-Könige zu irgendeiner Zeit zufällig solche Herrscher gewesen sind, wie sie sich die Han vorgestellt haben, ist es wohl früh genug, in diesem Abschnitt davon zu sprechen. Denn seit der Zeit, in der die chinesische Geschichte einsetzt (der *Ch'un-ch'iu*-Periode), haben diese Könige in der Tat keine politische Rolle mehr gespielt. Wenn man sie manchmal unter dem Aspekt von Großmeistern einer Art Nationalreligion betrachtet und ihnen diese grundlegende Funktion ohne weiteres zuschreibt, dann genau läßt man sich von den frommen Fälschern narren, die die dynastische Geschichte des Altertums rekonstruiert haben. Eine kritische Analyse kann höchstens einige Vorläufer der traditionellen Kategorie des Himmelssohnes entwickeln, wie sie unter den Han festgelegt wurde.

Für keinen Zeitpunkt belegen die datierten Chroniken einen Chou-König, der eine ihm besondere religiöse Autorität ausübt. Der König besitzt – wie jeder Lehnsherr – Ahnen und Bodengötter, und wie sie verehrt er einen Heros als Gründer seines Geschlechts, der sich darin ausgezeichnet hat, die Erde bewohnbar zu machen. Der Vorfahre der Chou trägt den Titel Hou-chi (Fürst Hirse), Herr der Ernte, und seine Nachkommen, die den Titel übernehmen, setzen sein Werk fort: Alljährlich befreien sie durch das Pflügen die Erde vom sakralen Bann und stehen den Erntefesten vor. – Doch selbst die Herrscher der kleinsten Fürstentümer haben die gleichen Pflichten. Hingegen lassen die Chroniken gewisse Züge einer moralischen Autorität erkennen, die in besonderer Weise nur dem obersten Lehnsherrn zuzukommen scheint: Der Sohn des Himmels tritt als Führer des Heeres der chinesischen Konföderation auf und hat (im Prinzip) den Befehl über die Strafexpeditionen gegen die Barbaren, die allein als Kriege gelten. Nun ist zwar jeder Fürst ein Barbarenjäger, doch bleibt sein Handlungsbereich auf die Grenzgebiete seines Fürstentums beschränkt, während nur der Himmelssohn einen Krieg führen oder den Oberbefehl eines Kriegszuges übernehmen kann, in dem sich die chinesische Konföderation und die von Barbaren gegenüberstehen. Vor der Zeit der datierten Chroniken haben vielleicht drei Chou-Könige eine historische Rolle gespielt, und alle drei Himmelssöhne – die Könige Chao, Mu und Hsüan – werden in der

Überlieferung des *Shih ching* als die Führer der großen Strafexpeditionen gegen die Barbaren an den fernen Grenzen dargestellt[539]. In der *Ch'un-ch'iu*-Zeit sind es einzig die Fürsten, die über die Rekrutierungen der Konföderation zu gebieten haben, doch will die rituelle Tradition, daß sie immer im Auftrag des Königs handeln und daß, wenn sie einen Sieg erringen, der oberste Lehnsherr triumphiert[540]. Der berühmteste dieser Führer, denen das *Imperium* verliehen wurde, um gegen die Barbaren Kriege zu führen, war Herzog Huan von Ch'i, der erste Hegemon, dem der Ruhm zukommt, einen gefährlichen Aufstand der Ti-Barbaren zerschlagen zu haben. Es ist erwähnenswert, daß das Wort, das nach den Hegemonen dazu diente, Tyrannen zu bezeichnen, mit dem Titel identisch ist, der durch Investitur mit dem militärischen *Imperium* verliehen wurde[541]. – Als Oberhaupt der Armee der Konföderation steht der König außerhalb der Vendetten: Aus diesem Grund ist seine Stadt ein großes Zentrum des Friedens. Ein Fürst, der gegen einen Rivalen in die Schlacht zieht, darf nicht unter Waffen in Sichtweite die Befestigungsanlagen der Hauptstadt passieren. Es genügt nicht, daß seine Krieger die Helme abnehmen und von den Streitwagen steigen, sondern ihre Rüstungen und all ihre Waffen müssen in Schutzhüllen versteckt werden und unsichtbar bleiben[542]. Der oberste Lehnsherr leitet effektiv den Frieden in China. Er scheint auch als Richter in der Berufung von feudalen Streitfällen zu fungieren[543], und zumindest in der Theorie steht er den Verträgen (*meng*) vor, die die Vendetten beenden. Es wird angenommen, daß der tatsächliche Leiter, ein einfacher Adeliger, ihn in seiner Eigenschaft als Hegemon ersetzt: Damit wird zum Ausdruck gebracht, daß man vom *Imperium* des obersten Lehnsherrn delegiert werden muß, um die Leitung auszuüben[544].

Es scheint seine Funktion als Heerführer zu sein, aus der der oberste Lehnsherr eine besondere religiöse Qualifikation herleitet. Diese Qualifikation, die durch die Bemühung, die frühere Geschichte wiederherzustellen, noch vergrößert wurde, schien der Ursprung eines Prestiges höherer Ordnung zu sein und galt als ein dem Sohn des Himmels eigenes Merkmal. Ob er den Triumph feiert oder den feudalen Friedenszeremonien vorsteht – er ist der Herr einer Opferhandlung von außergewöhnlicher Pracht. Dem Triumph sind die Ahnen und der Boden, aber auch der Himmel beigesellt – der Himmel vor jeder anderen (Fruchtbarkeits- oder Ahnen-)-Gottheit, denn er ist der Gott der Schwüre. Er ist der Gott der Verträge und der feudalen Zusammenkünfte, die einzige Gottheit, die allen gemeinsam ist und nationalen Charakter hat. Er ist auch der einzige Gott, dem man anthropomorphe Züge verleiht, und es ist anzunehmen, daß er diese menschliche Natur als Folge von Menschenfleischopfern annimmt, die ihm als Gott der Rechtsprechung dargebracht werden[545]. Wie wir gesehen haben, sind die ersten Strafgesetze der Überlieferung nach im Verlauf von Jagdexpeditionen – die nicht von Kriegszügen gegen die Barbaren zu unterscheiden sind – erlassen worden[546]. Ebenso sind die bedeutsamsten Fälle von Menschenopfern, deren Erinnerung bewahrt wurde, an Militärparaden in den fernen, barbarischen Randgebieten gebunden[547]. Zum anderen zeigen uns Legenden, die sich auf die ursprünglichen Formen des Himmelskultes beziehen, die mythischen Kaiser, wie sie zu den vorgeschriebenen Jahreszeiten auf den Bergen der vier Himmelsrichtungen Opfer darbringen[548]. Gerade eines der Gedichte, die uns die beste Auskunft über das Prestige des obersten Lehnsherrn geben – er wird darin als Friedensbringer dargestellt, der den Schutz der Gottheiten der Großen Flüsse und der Erhabenen Berge (*Yo*: die Berge in den Himmelsrichtungen) auf sich zieht –, erklärt auch (und auf sehr charakteristische Weise) den Titel *Sohn des Himmels*. »Zur vorgeschriebenen Zeit begebe ich mich in die Fürstentümer! – Siehe, da behandelt mich der Erhabene Himmel als *Sohn*!« Die Überlieferung versichert, daß sich das Gedicht auf die vier großen Jagden der Jahreszeiten bezieht: Während dieser »Rundreisen durch das Reich« kann der König »seine Tugendkraft wirksam werden lassen und zur Entfaltung bringen«[549]. In den datierten Chroniken jedoch ist von keinem Chou-König die Rede, der durch das Land reist und an den Erhabenen Orten Opfer darbringt. Sie berichten hingegen, daß der erste Hegemon, Herzog Huan von Ch'i (in Shan-tung), nachdem er für den Himmelssohn einige Siege errungen hatte, zu seinem eigenen Nutzen ein Opfer am T'ai-shan – dem in Shan-tung gelegenen heiligen Richtungsberg des Ostens – zelebrieren wollte[550]. Die Herrscher von Ch'in (die sich nach und nach eine Reihe von heiligen Erhabenen Orten, an denen sie lokalen Erscheinungsformen des Himmels opferten, zugelegt hatten) schrieben andrerseits Herzog Mu, einem ihrer Vorfahren, den Titel eines Hegemonen zu: Dieser hatte den Anspruch erhoben, dem Himmel einen besiegten Herrscher als Opfer darzubringen, und ihn für die Zeit der vorbereitenden Reinigungen im *Ling*-Turm, dem Turm der Glückbringenden Einflüsse, untergebracht[551]. In der königlichen Hauptstadt (und nur dort gemäß den Ritualbüchern) muß ein *Ling*-Turm stehen – er findet immer nur im Zusammenhang mit einem Tempel, der *Ming t'ang* genannt wird, Erwähnung. Vom *Ling*-Turm ist im allgemeinen anläßlich von Triumphen oder der Opferung von Kriegsgefangenen die Rede, doch werden an diesem Ort auch Manifestationen und Wille des Himmels erkundet. Entsprechend ist der *Ming t'ang* (wo der Überlieferung nach die Chou in einem triumphalen Opfer die Niederlage der Yin gefeiert haben) sowohl der Ort, an dem die Feudalfürsten unter der Leitung des Himmelssohnes zusammenkommen, als auch die Stelle, an der üblicherweise die monatlichen Verordnungen (*yüeh ling*) erlassen werden, die für das gesamte Reich gültig sind[552]. Ziel dieser Verordnungen ist es, die Beschäftigungen der Menschen mit den Ereignissen in der Natur, die vom Himmel gelenkt werden, in Einklang zu bringen. Der Himmel bestimmt die Jahreszeiten – der *Ming-t'ang*-Tempel ist das Abbild des Kalenders: er ist quadratisch (wie die Erde) und nach den Himmelsrichtungen ausgelegt, muß jedoch mit einem Strohdach, das rund (wie der Himmel) ist, bedeckt sein. Der König handelt als Sohn des Himmels, wenn er die monatlichen Verordnungen verkündet und sich dabei in diesem Kalenderhaus – entsprechend den Monaten – von einem Raum in den anderen begeben muß. Dieser Rundgang des Himmelssohnes im *Ming t'ang* wird in der Überlieferung mit den Rundreisen der mythischen Herrscher im Reich verglichen: In beiden Fällen muß der König im Osten die Zeiten und Verordnungen des Frühlings, im Süden die des Sommers usw. verkünden. Auf diese Weise wird die aneinandergekoppelte Ordnung der Richtungen und Jahreszeiten – gemäß der chinesischen Vorstellung, die ein exaktes Zusammenspiel von Zeiten und Räumen fordert – festgesetzt[553]. Der Himmelssohn kann seine bestimmende Tugendkraft auf das ganze Reich wirken lassen, weil er im Kalenderhaus im Namen des Himmels den Ablauf der Zeit festlegt – aber erst, nachdem er in den jahreszeitlichen Jagdparaden die Opfer angeleitet hat, die alle konföderierten Fürsten der Gottheit darbringen, die den Bestand der Ordnung und den nationalen Frieden gewährleistet.

In der Tradition der Han erscheint der Sohn des Himmels als alleiniger Herr des Kalenders und in dieser Eigenschaft auch als Lebensspender für das gesamte chinesische Territorium. Es ist jedoch äußerst zweifelhaft, ob ihm diese Rolle bereits im hohen Altertum zukam. In der *Ch'un-ch'iu*-Zeit jedenfalls verwendeten die verschiedenen Fürstentümer kein einheitliches Kalendersystem, und wenn uns die Daten in den Chroniken nach dem Kalender des Königs angegeben werden, so verdanken wir das den frommen Eingriffen der Geschichtsschreiber aus der Kaiserzeit. Auf diese Weise haben sie zwar die Daten der alten Chronologien um einen guten Teil ihres Wertes gebracht[554], liefern aber andrerseits einen Beweis für die außerordentliche, wenn auch relativ späte Bedeutung, die der Vorstellung zukommt, daß der Sohn des Himmels allein das gesamte chinesische Reich und den Ablauf der Zeit für alle lenkt. Kein Dokument läßt den Schluß zu, daß der oberste Lehnsherr sein Leben unter dem Strohdach des Ming t'ang verbrachte und als einziger unter den Lehnsfürsten besonderen Verhaltensvorschriften unterworfen war. Offenkundig mußte er sich – wie jeder andere Herrscher auch – periodisch Prüfungszeiten unterziehen, die er ausgesetzt in der Wildnis oder eingesperrt an dunklen, abgeschiedenen Orten verbrachte: Auf diese Weise konnte er seine Person aufs engste am

Leben der Natur teilnehmen lassen. Doch auch die Sühnehandlungen, die er auf sich nahm und aus denen er seine belebende Wirkkraft zog, unterscheiden sich in nichts von denen, die noch dem Herrscher des unscheinbarsten Fürstentums auferlegt waren: bezeichnenderweise sind die Aufopferungen der traditionellen Gründer der ersten zwei Königsdynastien, Yü und T'ang, ihrem Wesen nach mit denen der einfachen Fürsten aus historischer Zeit identisch[555]. Dagegen genießt lediglich der oberste Lehnsherr das Vorrecht, als der Einzige Mensch bezeichnet zu werden, denn er allein nimmt die härteste und glorreichste Sühnepflicht auf sich, die nach einem Sieg der vereinten Kräfte der Konföderation gefordert wird, und stellt sich damit als ein Verwandter des Himmels dar. Er führt den Triumphtanz des Opfers an den Himmel an und tritt als erster mit einer Gottheit in Verbindung, die von allen verbündeten Fürsten verehrt wird. Er wird ihr in enger Weise verwandt und kann sich im eigentlichen Sinne des Wortes als ihr Sohn bezeichnen. Die historische Tradition stellt an den Ursprung einer Dynastie von Himmelssöhnen einen Heros, dessen Geburt das Ergebnis himmlischen Einflusses ist[556]. Obwohl unter den Ahnen der Herrscherhäuser nur ein einziger ausdrücklich als Ehestifter bezeichnet wird, scheint es doch zu den Pflichten aller Feudalfürsten gehört zu haben, den Fruchtbarkeitsfesten im Frühling vorzustehen. Andrerseits behaupten die Verfasser der Ritualbücher, daß lediglich Ehefrauen aus der Familie des obersten Lehnsherrn das Recht hatten, den Erhabenen Ehestifter zu feiern, diesen einzigen Gemahl der Großen Ahnfrauen, die durch die Gnade des Himmels die verschiedenen Gründer der Königsdynastien zur Welt brachten[557]. Das mythische oder rituelle Motiv der Vereinigung der Mutterköniginnen mit einer himmlischen Gottheit ist Anlaß für die Schöpfung großartiger Dynastiehymnen, die zweifellos viel dazu beitragen, das Herrscherhaus mit der Aura unvergleichlicher Vornehmheit zu umgeben. In diesem Motiv wird ausdrücklich erinnert an die Autorität der Mütter und an den Dualismus, der die Grundlage der Macht des Herrschers – Vater und Mutter des Volkes – darstellt. Die Königin hat als Emblem den Mond, in dem die Gelehrten zwar nur einen einfachen Spiegel erkennen wollen, der aber dennoch der Speicher aller irdischen Fruchtbarkeit *par excellence* ist. Im *Chou li* selbst wird bestätigt, daß nur die Königin fähig ist, das Leben im Samen zu bewahren. Gegenüber dem König, dem Sohn des Himmels, der die Sonne als Emblem besitzt, behält die Königin einen Teil der Ehrerbietung, die ihr zu der Zeit entgegengebracht wurde, als man in ihr die Fülle der Kräfte sah, die der Mutter Erde eigen waren.

Die Han-Kaiser zeigten sich den Chinesen als vollendete Himmelssöhne und bestärkten die Vorstellung, daß ihr Gründer Kao-tsu von seiner Mutter auf wunderbare Weise empfangen worden sei[558]. Im Jahre 113 v. Chr., mit dem Kaiser Wu eine neue Ära einleiten wollte, brachte er (in gelben Kleidern) ein Opfer an die Herrscherin Erde dar, die als »überreiche Mutter« bezeichnet wurde, und gab ausdrücklich seine Absicht zu verstehen, daß dies die Entsprechung des Opfers an den Erhabenen Himmel sei[559]. Kaiser Ch'eng ließ 31 v. Chr. in der nördlichen Vorstadt der Metropole einen Erdaltar errichten, der vorher in Fen-yin (Shan-hsi) gestanden hatte: das Opfer an den Himmel fand in der südlichen Vorstadt statt! Seit einer nicht festgelegten Epoche, doch sicher vor dem 7. Jahrhundert n. Chr., wurde die Erde in der Form einer Frauenstatue dargestellt[560]. Es ist wahrscheinlich, daß die anthropomorphe Konzeption der chinesischen Bodengottheit alten Datums ist, ebenso, wie wir sicher auch ein hohes Alter für die Vorstellung eines anthropomorphen Himmels annehmen können. Bereits in alten Gebetstexten und Schwurformeln wird der Herrscherin Erde der Erhabene Himmel gegenübergestellt[561]: Wenn diese Texte auch zu den Werken gehören, die unter den Han überarbeitet wurden, so beweisen sie doch zumindest, daß damals ein Prinzip des religiösen Dualismus anerkannt wurde. Es ist schwer vorstellbar – wie uns die chinesischen und in ihrer Nachfolge die westlichen Gelehrten weismachen wollen –, daß die Han diesen Dualismus in allen Teilen erfunden hätten. Doch gerade Kaiser Wu, der als Schöpfer des Kultes an die Herrscherin Erde gilt, ist einer jener chinesischen Monarchen, die am stärksten die Gefahren empfanden, die dem Staat von einem politischen Dualismus drohten, der sich auf den religiösen stützte und den Kaiserinnen zuviel Prestige, den Kaiserinwitwen zuviel Autorität einräumt[562]. Wenn es tatsächlich eine Neuerung in den Opfern an die Erde gab, ist es vernünftig, anzunehmen, daß von nun an der Kaiser persönlich und öffentlich ein Opfer leitete, dessen Priesterin (möglicherweise in der Verborgenheit der Frauengemächer) eigentlich die Kaiserin hätte sein müssen. Von Ehrgeiz erfüllte Kaiserinnen, wie z. B. Wu Tso-t'ien aus der T'ang-Zeit (684–704), gingen taktisch so vor, daß sie zunächst das Privileg beanspruchten, der Erde zu opfern, um dann später auch das Recht an sich zu reißen, die Himmelsopfer durchzuführen[563]. Die wahrscheinlichste Deutung des von Kaiser Wu initiierten Opfers an die Erde dürfte wohl darin liegen, daß es seine Absicht war, den Sohn des Himmels ganz allein zum Nutznießer des religiösen Prestiges zu machen, das zuvor zweifellos den Königinnen als Leiter eines Frauenkultes an die Erde zukam (dessen Bedeutung die Ritualbücher verschleiert haben).

Diese Interpretation paßt vollkommen zu jener, die von den *Feng-* und *Shan*-Opfern, die derselbe Kaiser eingesetzt hatte, gegeben werden kann. Die Geschichte dieser Opfer scheint sehr viel komplexer zu sein, als man gemeinhin behauptet, und auch in diesem Fall ist es unmöglich, zu glauben, daß wir es mit einer vollständigen Neuerung zu tun haben. Die traditionellen Gegebenheiten, auf die sich die Han-Ritualisten berufen, um diesen Zeremonien die Bedeutung einer außerordentlichen religiösen Handlung zu geben, deuten auf eine Verwandtschaft mit alten Riten, die anläßlich von Triumphfeiern vollzogen wurden: In den mythischen Präzedenzfällen des *Feng*-Opfers wird zu gleicher Zeit eine Besitznahme gefeiert und Sühne für die Folgen eines Sieges geleistet. Kaiser Wu vollzog das *Feng*-Opfer am *T'ai shan*, dem heiligen Berg des Ostens, genau zu dem Zeitpunkt, als er die Herrschaft der Han über alle östlichen Provinzen Chinas sichern wollte. Der Erste Kaiser, der auch der erste Eroberer der Ostgebiete Chinas war, hatte bereits 219 v. Chr. den *T'ai shan* bestiegen, doch bemühen sich die Geschichtsschreiber der Han, zu betonen – was einige Ungereimtheiten in den Berichten nach sich zieht –, daß Shih Huang-ti nicht dazu kam, das Opfer zu vollziehen[564]. Ein versäumtes Opfer wendet sich gegen den, der es in seiner Anmaßung durchführen wollte: während einer neuerlichen Inspektion der östlichen Territorien wurde der Erste Kaiser von einem vorzeitigen Tod ereilt (210 v. Chr.). Dagegen gelang es Kaiser Wu – allerdings erst nach einigem Zögern –, das *Feng*-Opfer am *T'ai shan* zu feiern (110 v. Chr.). Doch wenige Jahre davor hatte schon sein Lieblingsgeneral Ho Ch'iu-p'ing nach der Gefangennahme von achtzig Barbarenhäuptlingen die *Feng*- und *Shan*-Opfer auf den Bergen Lang-chü-hsü und Hu-yen vollzogen, um im Triumph von ihrem Land Besitz zu nehmen[565]. Ho Ch'iu-p'ing war der Neffe der Kaiserin Wei, deren Bruder das Oberkommando über das chinesische Heer innehatte und deren Sohn der designierte Nachfolger von Kaiser Wu war. Da stellt sich nun heraus, daß der einzige, der im Jahre 110 v. Chr. den Kaiser auf den *T'ai shan* begleiten darf, der eigene Sohn von Ho Ch'-iu-p'ing ist, den der Kaiser auf seinen Wagen steigen ließ und den er ebenso liebte, wie er den Vater geliebt hatte. Dieser Sohn starb auf geheimnisvolle Weise an den Auswirkungen des Opfers, und die Darstellung der Geschichtsschreiber läßt keinen Zweifel daran, daß er als Opfer dargebracht worden war[566]. Das ist um so bemerkenswerter, als Kaiser Wu (obwohl die Kaiserin Wei und ihr Sohn später in Ungnade gefallen waren) Ho Kuang, einen Bruder von Ho Ch'iu-p'ing, als Hauptregenten zum Schutze seines neuen Erben einsetzte. Die Enkelin von Ho Kuang, die mit Kaiser Chao, dem Nachfolger von Kaiser Wu, verheiratet war, vereinigte nach dem Tode ihres Mannes (74 v. Chr.) die gesamte Autorität einer Kaiserinwitwe auf sich und nutzte sie zum Vorteil der Ho-Familie, aus der ein Mitglied den Triumph der Han über die Barbaren gesichert hatte, während ein anderes den Sieg entsühnen mußte.

Wenn die unterschwelligen politischen Motive die Beständigkeit des Dualismus in der Organisation des Staates und der Familie offenbaren, so findet sich der Dualismus auch im religiösen Aspekt der Zeremonie wieder. Es handelt sich um eine zweifache Zeremonie, wobei dem Opfer an den Himmel (*feng*) – das der Kaiser persönlich, doch von einem Gehilfen begleitet, an der Spitze eines Berges durchführt – das *Shan*-Opfer vorausgeht. Laut chinesischer Überlieferung entspricht das Wort *shan* dem Begriff *jang* (= *vertreiben* und übergeben), dessen alte Bedeutung wir bereits dargelegt haben: er bezeichnet die Handlung, in der ein Herrscher die Macht, bevor er selbst sie übernimmt, zunächst einem Herold der Dynastie *übergibt;* dieser Herold stammte – wie es scheint – aus der Familie der Frau und war manchmal der *Erzieher* des als Nachfolger bestimmten Sohnes, manchmal aber auch wurde er als *Opfer* getötet[567]. Das *Shan*-Opfer als Vorbedingung der *Feng*-Zeremonie wird an die Erde gerichtet: Es findet auf einem niedrigen Erdaufbau statt, der auf einem kleinen Hügel inmitten eines Teiches errichtet wird. Wir wissen, daß der Ort, der für die Zeremonien, die in Fen-yin zu Ehren der Herrscherin Erde durchgeführt wurden, ausgewählt wurde, die Form eines menschlichen Gesäßes hatte. Dieser Hügel in der Gestalt eines Gesäßes (*Shui)* wird als *jang* bezeichnet, ein Wort, das in Schreibung und Aussprache mit *jang*: opfern, übergeben, verwandt ist, das aber auch Assoziationen mit Neujahrsspielen und umbrochener Erde hervorruft[568]. Dagegen verweist das Wort *feng* auf zwei Vorstellungen: einen aufgeschichteten Steinhaufen und einen hohen Stein, der als Siegesmal aufgestellt wird[569]. Bei seiner große Opferfeier sprach Kaiser Wu ein Gebet, das ihm die Unsterblichkeit sichern oder zumindest die einem Kaiser eigene Majestät in seiner Person verherrlichen sollte; doch andrerseits bringt der Symbolismus der *Feng*- und *Shan*-Zeremonien ziemlich klar zum Ausdruck, daß der Herrscher, während er sich die Vorteile dieser zusammengehörigen Riten aneignete, auch bestrebt war, das einem Himmelssohn gemäße Prestige durch die Einverleibung von Tugendkräften zu vervollständigen, die man aus den Opferhandlungen zu Ehren der Erde gewinnt. Auch in diesem Fall hatte die Kaiserin Wu Tso-t'ien der T'ang aufs beste die religiöse Tradition verstanden, als sie sie benutzte und zum großen Entsetzen der Gelehrten die Rollen vertauschte: Im Jahre 695 n. Chr. war es ihr gelungen, allein der zweifachen Zeremonie vorzustehen und damit die Stellung eines Kaisers einzunehmen, nachdem sie sich bereits 666 n. Chr. zunächst einmal mit dem *Shan*-Opfer hatte beauftragen lassen, das sie an der Spitze des gesamten Harems vollzog, während sich ihr Mann darauf beschränkte, den *Feng*-Ritus auszuführen[570].

Wie wir weiter oben gesehen haben, ist die gesamte Entwicklung der

Feng-Opferfeier durch den Han-Kaiser Wu an die Vorbereitung eines neuen Kalenders gebunden, der mit der neuen Dynastie übereinstimmen sollte. Es ist im Jahr 113 v. Chr. – dem Jahr des Opfers an die Herrscherin Erde –, daß der Kaiser tatsächlich als Sohn des Himmels das Reich im Namen der Han in Besitz nahm. In diesem Jahr verlieh er einem Abkömmling der Chou ein Lehen, damit in diesem Territorium die religiösen Traditionen der von nun an abgesetzten Dynastie weiter gepflegt werden konnten. (Wenn er nichts dergleichen für die bereits davor verfallenen Dynastien unternahm, so deshalb, weil von ihnen nichts übrig geblieben war.)[571] In diesem Jahr »machte der Sohn des Himmels (auch) zum erstenmal eine Inspektionsreise« durch das Reich, die er im Osten mit dem T'ai shan begann. Diese Inspektion scheint eine Bestandsaufnahme der Heiligen Orte begleitet zu haben – beides Funktionen einer wahren Inbesitznahme. Am Ende dieses gleichen Jahres wollte man, da die Wintersonnenwende auf den Morgen des ersten Tages fiel, eine neue Ära einsetzen und den Lauf der Zeit wieder beginnen lassen[572]. Doch wegen eines Kriegszuges gegen Nan-yüeh (im Südosten) mußte das *Feng*-Opfer bis zum Jahre 110 v. Chr. verschoben werden. Es fand dann anläßlich einer neuen Inspektionstour statt: Sobald die Zeremonie beendet war, ließ der Kaiser eine Versammlung in einem *Ming t'ang* (Kalenderhaus) einberufen, oder eher an einem Ort, an dem ein alter *Ming-t'ang*-Tempel gestanden haben soll. Aber erst 106 v. Chr., als Kaiser Wu zum zweitenmal die *Feng*-Zeremonie feierte, wurde ein Kalenderhaus errichtet und eingeweiht[573]: An einem Tag *chia-tzu*, dem ersten Tag des Sechzigerzyklus, der auf den ersten Tag des elften Monats – zugleich Wintersonnenwende – fiel, brachte der Kaiser im *Ming t'ang* ein Opfer dar, bei dem folgende Worte verkündet wurden: »Die Periode ist abgelaufen!« Deshalb »haben jene, die den Kalender berechnen, diesen Tag (25. Nov. 105) zum Neuen Beginn erklärt«[574]. Tatsächlich wurde der Kalender erst im vierten Monat (Sommersonnenwende) geändert, von da an wurden die Farbe Gelb und die Zahl Fünf als Dynastieembleme verehrt. Diese Kalenderreform zog auch eine vollkommene Umgestaltung der Maßsysteme und ganz besonders der Pfeifen, die die Tonleiter bestimmten, nach sich. »(Von nun an) waren die Jahresabschnitte korrekt, die Note *yü* wieder rein; ... *die Trennung und Vereinigung der Prinzipien* Yin *und* Yang *war wieder geregelt.*«[575] Höchstwahrscheinlich stand auch die gesamte Arbeit der Finanzreform, die zu den großen Anliegen der Regierungsperiode zählte, im Zusammenhang mit dieser Umgestaltung der Maße durch das Herrscherhaus. Jedenfalls wurde gerade im Jahr des ersten *Feng*-Opfers, 110 v. Chr., das von Sang Hung-yang propagierte Preisregulationssystem in Kraft gesetzt, das nach dem Willen seines Urhebers das ökonomische Gleichgewicht im Han-

Reich sicherstellen sollte[576]. All diese Faktoren unterstützen die Vermutung, daß sich die Autorität des Himmelssohnes von einer religiösen Eignung herleitet, die er durch die Weihe des Sieges der Dynastie erlangt. Es ist bezeichnend, daß diese Siegesfeier im Osten und nach einem erfolgreichen Krieg gegen die östlichen Barbaren abgehalten wurde. Die Grundlage des Prestiges des Himmelssohnes ist ein Triumph, der die Einheit Chinas, die als eine zivilisatorische empfunden wird, bedingt und verwirklicht.

Der Sohn des Himmels ist im chinesischen Zivilisationsbereich (»unter dem Himmel«) der alleinige Nutznießer der triumphalen Entsühnung, durch die der Himmel den Sieg heiligt, und nimmt dadurch die Stellung des »Einzigen Menschen« ein. Aus allem Nutzen ziehen und für alle sühnen – das war bereits die Funktion, die jeder Lehnsherr für ein begrenztes Territorium erfüllt hatte. Es ist klar, daß ein Prestige, das sich aus Sühnehandlungen nährt, die für andere vollzogen wurden, einer Macht entspricht, die delegiert wird, und nicht einer autonomen, im eigentlichen Sinn herrschaftlichen Autorität. Gerade auf Grund ihres Wesens zieht diese Macht andrerseits für den obersten Lehnsherrn wie für den Lehnsträger ein Leben nach sich, das von Etikette und Tradition geregelt wird. Der Herrscher kann dann nur noch handeln, indem er seine Autorität delegiert und einen Teil seines Prestiges abgibt: er herrscht nur unter der Bedingung, daß er nicht regiert. Besonders gefährlich für ihn ist es, militärische Aktionen zu unternehmen, da er in diesem Fall einem General die gesamte Befehlsgewalt (das *imperium*) anvertrauen muß, die leicht über die Grenzen der eigentlichen Barbarengebiete hinaus mißbraucht werden kann. In der Überlieferung wurde behauptet, daß die Autorität der Chou-Könige durch die der Hegemonen ausgelöscht worden sei und die Kaiser befürchten mußten, daß die Macht der kommandierenden Generäle zumindest ihre eigene Stellung bedrohe. In der Tat zeigt die Geschichte der Han-Dynastie, daß die Macht der Marschälle unablässig im Steigen begriffen war. Der Marschall ist in den meisten Fällen (der Vater oder) der Bruder der Kaiserin: Sie fungiert zwar als Geisel für ihren Ehemann, den Kaiser, doch wenn er tot ist, wird sie Kaiserinwitwe, und der Marschall, der zum Vormund des minderjährigen Herrschers und als Regent der Dynastie bestellt wird, kann in seiner Hand die gesamte Macht eines Palastgouverneurs vereinen. Das Herrscherhaus kann sich nur an der Macht halten, wenn es periodisch die hohen Militärchefs opfert, denen der Kaiser das *imperium* überlassen muß. Doch da sich die Dynastie gegen diese Militärs auf eine gewisse Anhängerschaft stützen muß, verteilt der Han-Kaiser wie ein einfacher Lehnsherr Lehen und betrachtet seine eigenen Verwandten als Schutz, als »Schirmvasallen«. Das Reich ist die Beute eines Familienklüngels, und nur mit List und Tücke ist es möglich, eine staatliche Verwaltung aufzubauen. Ein Kaiser, der sich auf den Standpunkt stellt, nur Sohn des Himmels zu sein, und der verkündet, daß »im Prinzip der Ursprung aller Versäumnisse in ihm selbst läge«, ist zum Nichthandeln verurteilt: Das war der Fall mit Kaiser Wen aus der früheren Han-Zeit (180–157 v. Chr.), der wegen seiner ritengerechten Zurückhaltung von den Gelehrten mit Ruhm überhäuft wurde, unter dessen Herrschaft jedoch der Feudalismus wieder Fuß faßte und die Barbaren erneut zur Bedrohung wurden, so daß sein Nachfolger beinahe die Macht verloren hätte. Damals konnte Kaiser Wu, der große Mann der Dynastie – teilweise gestützt auf die Tradition von Ch'in Shih Huang-ti –, das Prestige des Himmelssohnes mit jenen Prinzipien der Stärke versehen, die bereits am Ende des Tyrannenzeitalters die Grundlage der Majestät des Ersten Kaisers gewesen waren.

2 *Der Alleinherrscher*

Gegen Ende der Feudalzeit (Epoche der *Streitenden Reiche*) bildeten sich Machtblöcke heraus, die von einem neuen Geist durchdrungen sind. An ihrer Spitze stehen Militärherrscher, die dem Ruhm, der aus der sorgfältigen Beachtung von Etikette und Mäßigung erwächst, mit Gleichgültigkeit begegnen, dagegen aber nach Eroberungen, effektiver Macht und realem Reichtum streben. Ihren Reichtum gewinnen sie aus den Bergwerken und Salinen, den Sümpfen und Wäldern, den Grenzgebieten, die sie den Barbaren entreißen, und den unbebauten Ländereien, die sie der Besiedlung erschließen. Sie fördern den Handel und lassen die Reichtümer zirkulieren; sie besitzen Getreidespeicher und Schatzkammern, in denen sie Vorräte für die Armee, aber auch wertvolle Metalle und Juwelen zum Anknüpfen von Beziehungen horten. Es ist eine Zeit, in der man sich an Prunk und Aufwand zu überbieten sucht, eine Epoche von maßlosem Ehrgeiz und gewalttätigen Annektierungen. Wir haben bereits gesehen, daß sich damals die Vorstellung einer Macht höherer Ordnung herausbildet, die dem Fürsten als Oberhaupt des Staates zugehört. Die Gelehrten jedoch, die Geschichte schreiben, betrachten im Gegensatz zu den von ihnen angeprangerten Legalisten jedes Anwachsen des Staates als Usurpation. Sie geißeln die großen Potentaten wegen ihres wahnsinnigen Hochmuts und schreiben ihnen die gleichen Charakterzüge zu, wie sie die Tradition den alten Königen der Verfallszeit unterstellt. In den prunkvollen Hauptstädten der Königreiche verschwinden die Vasallen des Landes in der Menge von Abenteurern aus der Ferne, Zauberern, Heilkundigen, Sterndeutern, Philosophen, Meuchelmördern, Sophisten, Gauklern und Rechtsgelehrten, von denen jeder ein Rezept zur Erlangung der Macht mitbringt und sich für einen Tag der Gunst des Herrschers erfreuen kann. Das Leben am Hof gleicht einem nicht enden wollenden Streit, in dem sich Verbände und Gruppen von Anhängern aufs heftigste befehden. Der Lehnsherr spielt sich als Gewaltherrscher auf und ist mehr denn je der Urheber der Hierarchie, die jedoch so beweglich ist, daß nichts mehr im Sinne eines angestammten Rechts erworben zu sein scheint und daß selbst die Autorität des Herrschers stärker an seine Person als an seine Familie gebunden ist. Das Prestige, das er sucht, scheint nicht aus der Beobachtung der herkömmlichen Tabus und der regelmäßigen Durchführung heiliger Handlungen zu erwachsen. Diesen prachtliebenden Fürsten scheint die Gunst der Magie mehr zuzusagen als die der Religion. Sie verachten das armselige Wissen, das ihnen von den Vorfahren hinterlassen wurde und das die Zeremonienmeister – ihre Erbvasallen – nun hüten. Dagegen schenken sie ihr Vertrauen Unbekannten, die sich mit den neuen Wissenschaften brüsten und unbegrenzte Erfolge versprechen. Sie überantworten ihr Geschick einem nach dem anderen von diesen Magiespezialisten, machen sie zu ihren Vertretern, bieten ihnen die Hälfte ihres Vermögens an, nur um dann das Unheil eines Mißerfolgs oder die Gefahr, die hinter einem zu großen Erfolg lauert, auf sie abzuwälzen. Solange die Günstlinge eine glückliche Hand haben, aber nicht zu erfolgreich werden, ist es ihnen gestattet, zum Ruhm des Herrschers beizutragen. Mit ihrer Verbannung oder ihrem Tod werden dagegen Rückschläge kompensiert oder Erfolge geläutert. Die Herrlichkeit ihres Aufstiegs und ihres Falls gibt dem Ruhm des Potentaten neuen Glanz und versieht seine Person mit der Würde des Herrschers.

Nun scheint die letzte Periode der Feudalzeit in der Tat von heftigen Konkurrenzkämpfen geprägt zu sein, in denen einige Fürsten unter Einsatz vergrößerten Reichtums und neuartiger Magien die Würde von Potentaten und den Ruf von Tyrannen erlangten; doch zeigen andrerseits die Tatsachen auch, daß zu Beginn der Feudalzeit der Herrscher das notwendige Prestige in Wettkämpfen erwarb, in denen Kenntnisse und Werte eingesetzt wurden, die nicht nur traditionelle Inhalte verkörperten, obschon sie alle mystischen Charakter hatten. Die Grundsätze der Herrschaftswürde, die die Gewaltherrscher und nach ihnen die Kaiser anstrebten, waren nicht – was die chinesische Tradition auch immer darüber behaupten mag – Neuheiten, die in Zeiten von Dekadenz und Anarchie erfunden wurden. In der Tat, zur Schaffung wie auch zur Zerstörung der Feudalordnung brauchte man Kräfte gleicher Art. Die Quellen der Herrschaftswürde liegen eng bei denen des Prestiges und sind keine Entdeckung späterer Zeit. In den Augen der orthodoxen Kritiker entsteht das Prestige des Himmelssohnes aus der Beachtung der konfuzianischen Etikette, die mit den glücklichen Zeiten, in denen die Zivilisation begann, gleichgesetzt wird. Der Ruhm dagegen, den die Machthaber beanspruchen, basiert auf illusorischen Ambitionen, die das Ergebnis abgehalfterter taoistischer Spekulationen sind. Diese Behauptungen entbehren zwar nicht der Grundlage, doch nur unter der Bedingung, daß man alles ausschaltet, was ein Werturteil beinhaltet oder einen historischen Ablauf vorweg annimmt: Die Praktiken und Theorien, aus denen die Herrscher die konstitutiven Elemente für die kaiserliche Herrschaftswürde bezogen, gehören keineswegs zum Aberglauben aus jüngster Zeit, und sie konnten erst, nachdem sich eine orthodoxe Schule etabliert hatte, für spezifisch taoistisch gehalten werden. Shih Huang-ti gilt als ein Feind der Gelehrten, doch kann man dieses Urteil unmöglich auf Kaiser Wu ausdehnen, der in allem ein Eklektiker war und den religiösen Synkretismus förderte. Kao-tsu wiederum – Nationalheros und Volksheld – strebte gar nicht danach, im Sinne der orthodoxen Definition Himmelssohn zu sein: Wenn es diesem glücklichen Abenteurer gelang, die Rolle des Kaisers zu übernehmen, dann deshalb, weil er es verstand, eine mystische Strömung auszunützen, die aus der Tiefe des Volkes kam. Einen vielsagenden Hinweis liefert uns die Tatsache, daß sein Schenkel von 72 schwarzen Punkten bedeckt ist, denn dies ist die charakteristische Zahl von Bruderschaften[577]. Noch bemerkenswerter ist, daß die Geschichte Kao-tsu das Eingeständnis in den Mund legt, daß er den größten Teil seines Erfolges seinem engen Berater Chang Liang verdanke[578] (der in späterer Zeit als einer der ersten Schutzheiligen taoistischer Sekten betrachtet wird). Nachdem Chang Liang für Kao-tsu und die Kaiserin Lü die Politik gelenkt hatte, wobei er sich, wenn es die Gelegenheit erforderte, auf die göttlichen Alten stützte[579], konnte er sich der Ungnade entziehen, die zu erfolgreichen Günstlingen beschert ist: Er nahm zur rechten Zeit seinen Abschied und übte sich von da an in der Kunst des *langen Lebens*. Wie Szu-ma Ch'ien bestätigt, gehörte er zur Asketenschule des Unsterblichen Ch'ih-sung-tzu[580]. Nach den Worten von Kao-tsu verstand es Chang Liang, »im Schutze eines Zeltes die Pläne zu entwerfen und den Sieg auf tausend *li* Entfernung zu erringen«[581]. – Das ist in der Tat das Wesensmerkmal von Herrschaftswürde und Allmacht. Der Kaiser wird zum autokratischen Herrscher, wenn er (wie ein Asket) in glorreicher Verborgenheit lebt – dabei die Lebenskraft in sich so pflegt, daß er die Unsterblichkeit, Vorrecht der Geister und Zeichen unbegrenzter Macht, erlangt – und diese Macht, ohne sie je zu delegieren, durch einfachen Einfluß auf die Handlungen aller Menschen und des gesamten Universums als ganze zur Wirkung bringt.

Shih Huang-ti hatte zunächst zur Selbstbezeichnung einen Begriff (*chen*) gewählt, der nach der Erklärung der Kommentare ausdrückt, daß er handelte, ohne gesehen oder gehört zu werden[582]. Später beschloß er auf die Ratschläge des Zaubermeisters Lu hin (den er in seinen Dienst genommen hatte, damit er die Geister herbeizitiere), an einem Ort zu leben, der allen seinen Untertanen unbekannt war, damit er von keiner Unreinheit beschmutzt werden könne[583]. In seinem Palast, der die Welt noch perfekter nachbildete als selbst der Ming t'ang und der zweifellos ebenso viele Räume enthielt, wie das Jahr Tage hat, wohnte er abwechselnd in den verschiedenen Gemächern. Wer die Lage seines Zufluchtsortes bekanntmachte, wurde mit dem Tode bestraft, genauso wie jene, die man verdächtigte, seine Worte verbreitet zu haben. In einem Umkreis von 200 *li* um seinen Palast waren alle Wege mit Mauern eingefaßt und überdacht. Der Herrscher, der über die Staatsgeschäfte nicht beraten ließ, fällte in seinem ummauerten Palast ganz allein die Entscheidungen. Und von nun an, da er das Nötigste unternommen hatte, um mit den *Wahren Menschen*, den Geistern, in unmittelbare Verbindung zu treten, bezeichnet er sich selbst nicht mehr mit dem Wort *chen*, sondern mit dem Ausdruck *der Wahre Mensch*[584]. Auch sein Sohn Erh-shih Huang-ti entschloß sich, eingeschlossen in seinen Privaträumen zu leben, um sich nicht »schlechten Reden auszusetzen« und nicht »seine Unvollkommenheiten zu zeigen«. Er verließ fortan niemals seinen Palast[585]. Sein Vater unternahm immerhin noch Inspektionen – allerdings inkognito – und streifte in der Nacht durch seine Hauptstadt[586] oder bereiste in einem geschlossenen Wagen das Reich. Er wahrte jedoch seine Zurückgezogenheit so gut, daß er unterwegs sterben konnte, ohne daß jemand in seiner Begleitmannschaft davon erfahren hätte[587].

Der autokratische Herrscher ist in seiner hermetischen Abgeschiedenheit vor beschmutzenden Berührungen und vor jeder Gefahr der Energieschwächung sicher; er ist – wenn ich so sagen kann – der Kristallisationspunkt einer Reihe von Universen, die im großen Schoß des Kosmos ineinandergefügt sind und die um so dichter werden, je näher sie sich dem allumfassenden Beherrscher befinden. Sein Palast ist ein Mikrokosmos, in dem kunstfertige Architekten in überwältigenden Ausmaßen die Milchstraße und die Triumphbrücke, die sie überquert, dargestellt haben: Hier umgibt sich der Herr der Welt mit der himmlischen Energie, von der er erfüllt werden muß[588]. Auch der kaiserliche Wagen und die kaiserlichen Gewänder sind aus den Essenzen des Universums gebildet: der viereckige Wagenkasten ist die Erde, sein runder Baldachin entspricht dem Himmel; auf den Emblemen der Fahnen sind die mächtigsten Sternbilder dargestellt, und die Auswahl der Insignien (Sonne, Mond, Sternbild, Blitz usw.), die auf den Kleidern erscheinen, läßt den Einzigen Menschen in unmittelbarem Kontakt mit den wirksamsten Nutzkräften stehen.

Kaiser Wu hatte sich zwar nicht mit der gleichen Bestimmtheit wie die Ch'in-Herrscher der Abgeschlossenheit hingegeben, doch unternahm auch er außerordentliche Anstrengungen, um aus einem Palast ein prächtiges, konzentriertes Abbild des Universums zu machen[589]. In seinen Teichen und Gehegen tummelten sich alle Tiere der Luft, des Wassers und der Erde, keine Spezies, die in seinem botanischen Garten gefehlt hätte. Mit den Augen verfolgte man die Wellen seiner Seen, die gegen die fernen Gestade der geheimnisvollen Inseln der Unsterblichen schlugen. Auf hohen Säulen, wo der Staub der Erde nicht mehr hingeweht wird, standen Genien in Bronze, die für den Kaiser vollkommen reinen Tau auffingen. Er selbst konnte auf einem spiralig verlaufenden, doppelten Pfad zum First eines Turmes steigen, von wo aus sich der Blick sogar über den Himmel hinweg in der Unermeßlichkeit verlor und man das Universum beherrschte. Das Prestige seiner Waffen hatte ihm das Himmlische Pferd eingebracht, das scharlachrotes Blut schwitzt[590]; von seiner Anziehungskraft erfaßt, war ihm ein Zug von sechs vollkommen roten Wildgänsen zugeflogen[591]: Alles deutete auf die nahe bevorstehende Ankunft des Drachens, der mit dem Kaiser über den K'un-lun hinweg direkt in den Himmel fliegen würde[592]. Da blieb es auch belanglos, daß die verschollenen heiligen Dreifüße des Himmelssohnes nicht mehr aus dem Fluß gezogen werden konnten, in dem sie verschwunden waren, denn bereits war – zur Verkündigung des Ruhms von Kaiser Wu – ein magischer Dreifuß aus den Tiefen der Erde hervorgekommen, während sich zugleich im Himmel darüber eine gelbe Wolke als Baldachin bildete[593]. Nachdem in alter Zeit Huang-ti, der Gelbe Kaiser, »die magischen Schafgarbenstengel und den kostbaren Dreifuß gefunden hatte«, sah er einen Drachen mit hängenden Barthaaren zu sich kommen, auf dem er mit Frauen und Getreuen – 70 an der Zahl – Platz nahm und in den Himmel entführt wurde: Auch Kaiser Wu war zu dieser Apotheose bereit und wollte sich ihr sogar mit der einem Autokraten angemessenen Entsagungsbereitschaft stellen: »Ha! Wenn ich tatsächlich dem Huang-ti gleichkommen könnte, dann würde mir das Verlassen von meinen Frauen und Kindern leichter fallen als das Ablegen meiner Schuhe!«[594]

Keine Entsagung ist zu groß für einen, der die reine Macht haben will: Der Kaiser plünderte seine Schatzkammern, damit der Zauberer Shao-weng, den er als Gast und nicht als Untergebenen behandelte, Wagen konstruieren konnte, in denen sich die siegreichen Emanationen verkörperten, die die üblen Geister vertreiben, und damit er Terrassen erbaute, wo man inmitten aller göttlichen Kräfte wohnen konnte, die ebenso wie der

Himmel und die Erde in Bildern dargestellt waren[595]. Er enthielt sich Speise und Trank und lebte in einem Zustand ritueller Reinheit, um als Gast im Palast des Langen Lebens erscheinen zu können: Dort rief die Zauberin der Geisterherrin die Götter herbei, deren Kommen sich in einem schrecklichen Sturm ankündigte und deren Worte aufgezeichnet wurden, um in die Sammlung der »Geschriebenen Gesetze« aufgenommen zu werden[596]. Dem Magier Luan-ta, einem Eunuchen, gab er seine älteste Tochter zur Frau, versehen mit einer Mitgift von 10 000 Goldpfund; weiters ließ er ihm durch einen Boten, der in ein Federkleid gehüllt war, ein Jadesiegel überbringen, das der ebenfalls in Federn gekleidete Magier auf einem Haufen von reinigenden Kräutern in der Haltung eines Herrn stehend entgegennahm. In dieses Siegel war der Titel »Meister des himmlischen Weges« geschnitten, denn der Kaiser hoffte, daß der Eunuch ihn bei den Göttern des Himmels einführen würde[597]. Shih Huang-ti hatte Paare von unberührten Knaben und Mädchen zu Hunderten als Tribut an die Unsterblichen nach Osten aufs Meer geschickt. Ebenso veranlaßte Kaiser Wu – der auch danach strebte, »den Blick in die Ferne zu richten«, um die Inseln der Glückseligen und die Heiligen Berge zu erreichen[598] –, daß junge Paare auf der Plattform von hohen Terrassen, »die die Verbindung zum Himmel herstellen«, tanzten und die Götter verführen sollten, während in die Höhe gehaltene Fackeln den Eindruck eines Sternenregens erweckten[599]. Dank dieser Anstrengungen gelang es ihm, glückbringende Kometen und kürbisgroße Sterne erscheinen zu lassen[600], und deshalb konnten seine Beschwörungspriester bei den Opfern an *T'ai yi* (das Höchste Eine) verkünden: »Der Stern der Tugend verbreitet seinen Glanz in der Ferne! ... Der Stern des Langen Lebens leuchtet uns mit seiner durchdringenden Helligkeit!«[601] Dem Ersten Kaiser war es nie gelungen, den verzweigten Schwamm (die *Chih*-Pflanze) zu erlangen, der zur Gewinnung der Wunderdroge dient[602]. Auch Kaiser Wu hatte ihn bisher vergeblich durch 10 000 Zauberer suchen lassen[603]. Jetzt aber, im Jahre 109 v. Ch., wuchs dieser Schwamm, die manifest gewordene unsterbliche Allmacht, spontan innerhalb der Mauern selbst des kaiserlichen Palasts, ja sogar in dem Raum, wo der Kaiser die Reinigungsriten vollzog: Mit seinen neun Strünken war er ein Exemplar von absoluter Vollkommenheit, und während sich der Schwamm formte, breitete sich in den Neun Geschossen des Turms, der in Verbindung mit dem Himmel steht, ein göttliches Licht aus[604]. Doch da auch das Glück seinen Preis hat, ließ der Kaiser seine Unsterblichkeitsscholaren sofort opfern, nachdem er dank ihrer Kunst die ersten Schritte auf dem Weg der Geister getan hatte: Zuerst mußte Shao-weng daran glauben, den er einst zum Marschall der Gelehrten Vollkommenheit ernannt hatte, und darnach sein Schwiegersohn Luan-ta, den er zuvor in den Rang eines Marschalls der Fünf Vorzüge erhoben hatte[605].

Das Schicksal des bevorzugten Magiers unterscheidet sich von dem des nächsten Vasallen nur darin, daß der Zahltag für sein Glück nicht von rituellen Daten, sondern von der Laune seines Herrn abhängt. Nur, bevor ein Unsterblichkeitsmacher zum Sündenbock wird, auf den alle unheilvollen Folgen abgewälzt werden, kann er auf die Person des Kaisers Gunstbezeigungen von außerordentlichem Glanz lenken, die sehr viel wirksamer sind als jene, die der Herrscher an der Spitze der Vasallen beim traditionellen Kult erwerben kann. Dank der Praktiken seiner Magier nimmt der Kaiser die Geistergestalt an, das heißt, er verwirklicht in sich alle Möglichkeiten, die einem Wesen offenstehen: Er wird zum Großen Menschen, zum *ta jen*, dessen Leben in allen seinen Momenten Apotheose ist[606]. Seine Substanz, die durch die Praktiken der Lebensverlängerung geläutert wurde, wird so ätherisch, daß er, alle Möglichkeiten des Schwebens ausnützend, nicht mehr auf den Straßen der Menschen und den Wegen der Heiligen Orte, sondern in der realen Welt der Geister umherreist: dort schweift er durch die Räume (*yüan yu*), befiehlt den Windgrafen, den Regenherrn, den Donnerfürsten und den Gott des Gelben Flusses zu sich, alle geläuterte Selige, mit denen er sich fröhlich an den Quellen des Lebens selbst – dem Strom der Milchstraße – umhertreibt. Mit Hsi-wangmu (der Menschenfresserin des Todes und Schutzgöttin der Unsterblichkeit) besucht er immer wieder die Makellosen Mädchen (*yü-nü*), und wenn ihm darnach ist, klopft er sogar an die Tür des Himmelskaisers. Unerheblich ist die Frage, wie die Kaiser und die Geläuterten den Rausch der magischen Reisen nun tatsächlich erfahren haben: ob sie davon in den offiziellen Hymnen hörten, die die eigens bestellten Hofpoeten vortrugen, oder ob sie sie in Form von opernhaften Apotheosen auf der Bühne erlebten, wo ein ganzes Volk von Gauklern und Tänzerinnen auftritt. Wichtig ist, festzuhalten, daß die Macht, die dem autokratischen Kaiser zugeschrieben wird, die von mystischen Träumen genährt und durch die Kunst gesteigert wird, identisch ist mit der Macht im Spiel, die der Geläuterte in seinen Praktiken zu erreichen trachtet. Shih Huang-ti wollte den Wahren Menschen gleich sein, die »in Wasser steigen, ohne naß zu werden, durch Feuer gehen, ohne sich zu verbrennen und sich auf Wolken und Dunst in die Lüfte erheben«[607]: genau das sind die Anfangsgründe, die ersten Beweise von Macht, die die taoistische Läuterung fordert, die in einer alten Schamanentradition steht. Das große Ziel ist es, »ebenso dauerhaft wie Himmel und Erde zu werden«[608]. Es ist erreicht, wenn der Adept fühlt, daß er seinen Willen mit der Ordnung des Universums in Übereinstimmung gebracht hat: Der Geläuterte erfreut sich dann einer totalen, unbedingten Macht, deren einzige Richtschnur sein eigener Wille ist, die es ihm, wenn er wollte, zum Beispiel erlauben würde, die Reihenfolge der Jahreszeiten nach seinem Belieben umzukehren[609]. Doch der Herrscher ist, wie der Geläuterte, nur deshalb Herr des Universums, weil er Herr über sich selbst geblieben ist: Wenn er seine Macht rein erhalten will, darf er keine Exzesse begehen.

Er regiert also ohne eigenmächtiges Eingreifen und herrscht, ohne sich in die Verwaltung einzumischen, indem er den Dingen ihren Lauf läßt – was jedoch nicht bedeutet, daß er keine Befehle gäbe. Ganz im Gegenteil, er gebietet über alles und bis ins kleinste Detail, doch ohne je seine Macht in einem besonderen, einzelnen Akt einzusetzen. Solange sein Wille mit der Ordnung des Universums übereinstimmt, fügen sich die Handlungen aller Wesen in einer unmittelbaren, sich unwiderstehlich nach oben fortpflanzenden Wirkung von selbst – wie Elemente eines Traumes – den geringsten Bewegungen seines innersten Verlangens. Er fordert nicht Gehorsam durch die Vermittlung von Untergebenen oder über die Wirkung von Verordnungen: Es genügt, daß er ein Großer, ein Wahrer Mensch ist und daß die in ihm in reiner Form konzentrierte Macht wie durch eine feine, induktive Strömung bewirkt, daß Wünsche und Handlungen einhellig zusammenfallen. Der kaiserliche Wille stützt das gesamte Reich; Reich und Welt existieren nur, um vom Ruhm des Alleinherrschers zu berichten.

3 Die Staatsdoktrin

Als Sohn des Himmels besitzt der Kaiser ein Prestige, das, sobald es um die Ausübung der Macht geht, ein Element der Schwäche aufweist. Die traditionellen Kulte lassen ihn als einen Beauftragten des Himmels in Menschengestalt erscheinen, doch in allen Zeremonien, in denen er dieses Prestige erneuern muß, muß er es auch in der gemeinschaftlichen Handlung mit seinen Getreuen teilen. Er ist der oberste Lehnsherr an der Spitze einer Hierarchie und hat die Möglichkeit, seine Autorität in alle Richtungen strahlen zu lassen: damit setzt er sich aber der Gefahr aus, das Prinzip seiner Macht selbst weiterzugeben, denn jedes *Imperium*, selbst wenn es delegiert wird, bleibt ungeteilt. Von da an kann es zwar eine (mehr oder weniger mobile) Hierarchie geben, jedoch keine Verwaltung oder einen Staat. Umgekehrt übernimmt der Autokrat tatsächlich die Position des obersten Herrschers, denn durch die Macht der Magie und der Kulte wird er mit dem Himmelsherrscher gleichgesetzt oder tritt vielmehr an seine Stelle, und zwar in einem solchen Maß, daß letzterer nur noch eine

Projektion des realen Herrn des Universums in die Idealwelt ist. Wenn auch die Autorität, die dem Herrscher auf diese Weise zuteil wird, nicht mehr der geringsten Schwächung ausgesetzt ist, so wird sie andrerseits aber auch unübertragbar, denn sie ist an eine Person gebunden und zugleich absolut. Den Kaiser verbindet nichts mehr mit seinen Untertanen, auch nichts mehr mit seiner Domäne: Vor seiner Majestät ist alles Staub. Doch wenn auch von nun an kein Lehnsherr über eine Autorität verfügen kann, die stark genug wäre, sich ihm zu widersetzen, so kann jeder vom Glück begünstigte Anführer einer Geheimsekte ihm ebenbürtig werden. Über dem Reich steht der Alleinherrscher: Es gibt keinen Platz für eine staatliche Verwaltung, und es gibt keinen Staat.

Bereits zur Zeit der Gewaltherrscher verwendeten die Vertreter der Rechtsschule den Begriff Majestät, doch versuchten sie unter Verdrehung der überlieferten mystischen Lehre eine ganz bestimmte Konzeption des Staates einzuführen. Zu den Merkmalen des obersten Lehnsherrn als Herr über Krieg und Frieden hatte schon früher eine nicht genau festgelegte Rechtsgewalt gehört. Als nun den Barbaren und der Natur neue Territorien durch Eroberung abgerungen wurden, die nicht unter dem Einfluß feudalen Brauchtums standen und Privatdomänen bildeten, eigneten sich die Gewaltherrscher den Status von Gesetzgebern an und erließen nach Belieben Verordnungen. Die Rechtsgelehrten in den Diensten des Eroberers rechtfertigen seine Willkür mit seiner Rolle als Zivilisationsbringer und arbeiteten eine Herrschertheorie aus, in der er nicht mehr als der Bewahrer von Gewohnheitsrechten figuriert, deren Einhaltung den Frieden sichert, sondern als freier Schöpfer von Gesetzen, die die Entwicklung der gesamten Zivilisation bewirken[610]. In einer von der Legalistenschule geprägten Welt, in der neben der militärischen Gesinnung das Streben nach Neuerungen bestimmend ist, schien sich die Autorität des Herrschers vor allem in der Verkündung eines Strafgesetzbuches zu manifestieren: Der Begriff des Rechts steht im scharfen Gegensatz zu dem des Gewohnheitsrechts und deckt sich mit der Anschauung, daß Zivilisation nur mit Gewalt geschaffen werden kann. Der Gesetzeskodex wurde als Grundlage der Verwaltungsorganisation betrachtet, deren Hauptaufgabe es war, die Sitten durch die Androhung von Bestrafungen zu reformieren. Wenn die Legalisten zur Erreichung ihrer Ziele Strafe erteilten, so beabsichtigten sie damit, Angriffe gegen die zivilisatorische Funktion abzuwehren, die in ihren Augen das Wesen seiner Herrscherwürde konstituierte.

Dies war auch der Geist, in dem der Erste Kaiser das Reich regierte: Er wurde als Gewaltherrscher betrachtet, weil er »das Volk« mittels der Magie »unterdrücken« wollte und weil er zugleich die Grundsätze der Legalisten, der Hauptvertreter der Rechte des Staates, anwendete. In der Mehrzahl seiner Inschriften rühmt sich Shih Huang-ti, die Sitten mit Hilfe der Gesetze reformiert zu haben: »... Voll Wachsamkeit übte er seine Autorität aus – Er hat klare Gesetze geschaffen und niedergelegt – Seine Untertanen haben sich vervollkommnet und gebessert« (219 v. Chr.). »Er hat fremde Sitten richtiggestellt und verbessert ... – Er hat Irrtümer beseitigt; er hat getan, was zu tun war« (219 v. Chr.). »Der Weise von Ch'in hat die Regierung in seine Hand genommen – Und hat als erster Bestrafungen und Bezeichnungen festgelegt. – ... Jedes Ding hat die Bezeichnung, die ihm zukommt ... – Seine erhabene Regierung hat die Sitten gereinigt ... – Alle Menschen fügen sich seinen Maßnahmen und Grundsätzen – Sie finden an einer einheitlichen Ordnung Gefallen – Voll Ehrfurcht wird die Nachwelt seine Gesetze übernehmen« (211 v. Chr.)[611].

Nach dem Untergang der Ch'in stützten sich die Han zwar, ebenso wie ihre Vorgänger, auf die Dienste von Gelehrten der Rechtsschule, doch waren sie nach außen hin stets bemüht, sich von deren Theorien zu distanzieren. »Nach ihrem Triumph unterdrückten die Han die grausame Regierung der Ch'in, sie schränkten Gesetze und Verordnungen ein und ließen (dem Volk) ihr Wohlwollen und ihr Mitgefühl zuteil werden.«[612] Einer der ersten Erlasse von Kaiser Wen (179 v. Chr.) anerkennt zwar die Nützlichkeit von Gesetzen, ordnet ihnen dennoch ein zweifaches Ziel zu: zum einen sollen sie zweifellos »die Übeltäter unterdrücken«, zum anderen aber auch »die Guten ermutigen«. Wenig später (178 v. Chr.) läßt der Kaiser bereits die negativen Sanktionen aus dem Spiel und erklärt, daß der Himmel die Herrscher »zum Wohl des Volkes« einsetzt, damit »diese es ernähren und regieren«[613]. Diese Umkehrung der Regierungsdoktrin bezeugt das Versagen der legalistischen Staatstheorie und weist auch auf die Ursachen dieses Scheiterns hin: Da die Legalisten Verwaltungspraxis mit der einfachen Untersuchung der Fälle von Herrschaftswürde verwechselten, überließen sie das Gesetz der Willkür des Despoten. Doch weder das Prestige des Himmelssohnes, das die Durchführung von tradierten Handlungsweisen voraussetzt, noch die Herrschaftswürde des Autokraten, die jede Möglichkeit von Launen ausschloß, waren mit einer Theorie der reinen Willkür vereinbar. Die Han mußten also außerhalb einer Vorstellung vom Staat, der mit dem allmächtigen Willen des Despoten gleichgesetzt wird, eine Rechtfertigung für die Einmischung suchen, die die eingeschränkteste Verwaltungsmethode voraussetzt.

Eine synkretistische Theorie, die vor allem das Werk von Gelehrten war, half ihnen aus der Klemme. Grundsatz dieser Theorie ist, daß sich die Aktivität des Himmels und die des Kaisers parallel und zum Nutzen des Volkes vollzieht: die erste, indem sie die Ordnung der Welt, die zweite, indem sie die Ordnung der Gesellschaft aufrechterhält. In dieser Konzeption fehlt keineswegs die Vorstellung von einer dem Herrscher eigenen Majestät, sie hat sich nur von der mystischen auf die moralische Ebene verlagert. Als Quelle aller moralischen (und nicht mehr mystischen) Kräfte ist der Kaiser (noch immer durch die unmittelbare Wirkung seines unwiderstehlichen Einflusses) für den richtigen Ablauf im Universum verantwortlich, der eng mit dem Wohlbefinden der Menschen verbunden ist[614]. In dieser Art Herrschaftskollegium von Kaiser und Himmel kommt letzterem nur eine untergeordnete Rolle zu, während die Herrschaftswürde des Kaisers die vorrangige Macht darstellt. Um die sakrale Würde des Himmels zu wahren, gestand man in der Diskussion über die Verfassung allerhöchstens zu, daß eine Naturkatastrophe als eine Art »Vorwurf« der höchsten Gottheit zu deuten sei. Doch kann die Ordnung des Universums in keinem Fall gestört werden, und der Himmel bleibt so lange passiv, wie der Kaiser imstande ist, die moralischen Grundsätze herrschen zu lassen: das ist alles, was von mystischen Elementen in einer Konzeption bleibt, die sich nach außen als eine Theorie der reinen Moral präsentiert.

Der Kaiser, dem »die untergebenen Volksmassen, Fürsten und Könige Vertrauen entgegenbringen«, muß seine Tugendkraft wirken lassen, ohne die seine Verwaltung weder gerecht noch wohltätig ist. Er ist für das Wohl seiner Untertanen, im Prinzip als einziger, verantwortlich. Sobald man beginnt, seine Herrschaftswürde nicht mehr unter dem Aspekt ihres mystischen (demzufolge unbedingten) Wesens zu betrachten, sondern sie mit einem Zentrum moralischer Ausstrahlung gleichsetzt, wird sie eingeschränkt. Sie kann natürlich weder als Rechtfertigung für eine despotische Herrschaft noch zur Ausnutzung und Verkehrung der Macht für persönliche Ziele dienen. Kaiser Wu blieb in seinem mystischen Ehrgeiz gefangen, als er die Gelegenheit des *Feng*-Opfers wahrnahm, um ein Gebet zur Erlangung der Allmacht zu sprechen. Es handelte sich um ein geheimes, das heißt seinem Wesen nach persönliches (*szu*) Gebet: Man vermutet, daß der Kaiser die volle Macht von Unsterblichen forderte und daß er, als sein »Stellvertreter« kurze Zeit nach dem Opfer umkam, es verstanden hatte, das Unheil, das seiner eigenen Person drohte, auf diesen abzuwälzen. Doch die T'ang wollten das Gebet, das zum *Feng*-Opfer gesprochen wurde, nicht mehr geheimhalten (725 n. Chr.), denn die Zeremonie wurde »mit dem einzigen Ziel (vollzogen), Wohlergehen für die Menge des Volkes zu erflehen«[615]. Schon früher (167 v. Chr.) hatte Kaiser Wen den Grundsatz verkündet: »Nach dem, was ich vom Wege des Himmels (*T'ien tao*) weiß, ist Unglück die Folge von schlechten Handlungen und Glück die Folge von tugendhaftem Verhalten. Die Fehler aller Beamten müssen ihren Ursprung in mir selbst haben. Wenn nun ›Beamte der Geheimen Gebete‹ beauftragt sind, Unheil (das für mich bestimmt ist) auf Untergebene abzuwälzen, so manifestieren sie damit, daß ich keine Tugend habe.«[616] Daher schaffte Kaiser Wen in der Folge das Amt des Geheimen Beschwörungspriesters ab. Es ist indessen festzuhalten, daß er sich noch 178 v. Chr. unbestimmter ausgedrückt hatte: »Wenn die Ordnung des Reiches gestört ist, dann (liegt das) an mir allein, dem Einmaligen Menschen, und *möglicherweise an den zwei oder drei Personen, die die Verwaltung innehaben und wie meine Arme und Beine sind.*«[617] In der Praxis der Feudalzeit war es so, daß die Minister, die die Arme und Beine ihres Fürsten sind und die wie eine Gruppe von Brüdern mit ihrem Herrn einen einzigen Körper bilden, an seine Stelle treten konnten, um Unheil von ihm abzulenken. Kaiser Wen behielt sich also die Möglichkeit der Sühneübertragung offen, wollte aber die Anwendung von Strafe bloß auf die Spitzen der kaiserlichen Verwaltung beschränken. Doch selbst für die hohen Beamten war es stehender Grundsatz, daß die Verurteilungen nach dem Gesetz, nachdem sie dem Kaiser Gelegenheit geboten hatten, seinen Mangel an Tugend zu gestehen, durch eine Begnadigung ausgelöscht werden mußte, in der die kaiserliche Güte in vollem Glanz erstrahlte[618]. Die Unterdrückungsherrschaft, die die Ch'in eingeführt hatten, wurde also von einem System periodischer Beförderungen und Amnestien ersetzt. Diese Amnestien waren begleitet von der Beförderung um einen Rang in der Hierarchie, die Familienoberhäuptern gewährt wurde, und von beträchtlichen Geschenken an Wein und Rindfleisch, die den Familienmüttern zuteil wurden[619]. In der Theorie des Regierens durch Milde, die zur Verfassung wurde, übt der Kaiser seine Macht aus, indem er sie als allumfassende Quelle von Stärkung und Beförderung darstellt.

Die Verwaltungsorganisation stützt sich auf dasselbe Prinzip: In einem Dekret, das Kaiser Wen 178 v. Chr. erließ, sofort nachdem er das Unheil einer Sonnenfinsternis dadurch abgewendet hatte, daß er sich demütigte und seinen Mangel an Tugend bekannte, befahl er allen Menschen, »über die Fehler, die er begangen haben könnte und die Unvollkommenheiten seiner Kenntnisse, Ansichten und Meinungen nachzudenken« und »sie ihm ohne Umschweife kundzutun«[620]. Im gleichen Jahr proklamierte er erneut die Bedeutung des Rechts auf Kritik und setzte ein Gesetz außer Kraft das »unbedachte Reden« unter Strafe stellte. Das Recht auf freie Kritik gewähren bedeutet, daß man es vermeidet, daß »das Volk Verwünschungen gegen den Kaiser äußert und sich zu verschwörerischen Gruppen zusammenfindet«. Außer diesem wesentlichen, doch negativen Ergebnis will der Kaiser dadurch, daß er »jedem erlaubt, seine innersten Gefühle zu bekennen«, »Menschen von erhabener Tugend« (also aufrecht handelnde Beamte) aus den entlegensten Teilen des Reiches an seinen Hof ziehen. »Empfehlt mir die weisen und guten (Männer), die gerecht und aufrecht sind, die fähig sind, unbestechliche Reden zu führen und in ihren Vorhaltungen äußerste Strenge walten zu lassen.«[621] Wie der Vasall so ist auch der Beamte eher ein Ratgeber als ein Vollzugsagent. Die Hauptaufgabe des Kaisers und aller seiner untergebenen Helfer ist es, dafür zu sorgen, daß sich aufrechte Ratgeber für den Staatsdienst berufen fühlten. (Bekanntlich erhielten die Rechtsgelehrten und Steuerbeamten in der Ausübung ihres Amtes den ehrenhaften Titel von aufrechten Beratern.)[622] Die Gruppe der Beamten wird als konkretes Abbild des Gewissens des Reiches empfunden: Sie ist genau das Gewissen, das der Kaiser im Reich manifestiert. In ihrer Gesinnung spiegeln die Beamten die Haltung des Einmaligen Menschen wider, und sie stellen das Maß an Aufrichtigkeit dar, das im Land zu finden ist und das das Gewicht der Aufrichtigkeit des Kaisers angibt. Die Kraft, die der Kaiser verkörpert in seiner Herrschaftswürde, die sich als moralisch erbauender Einfluß manifestiert, durchdringt das Volk, nachdem sie die Verwaltungsbeamtenschaft geläutert hat, deren Mitglieder sie einfach durch ihre anziehende Wirkung rekrutiert.

Von da an scheinen sich die Funktionen von Verwaltung und Herrschaft auf eine reine Aufgabe der Belehrung zu beschränken. Die kaiserliche Tugend bewahrt in ihrem Wesen den Wert einer Erbauungsmacht, und manchmal scheint es, als ginge der Herrscher unter den Entbehrungen eines Geläuterten an seine Aufgabe der Erbauung heran. So vernehmen wir zum Beispiel den Ausruf von Kaiser Wen (162 v. Chr.): »Früh in der Morgendämmerung stehe ich auf! Spät in der Nacht gehe ich erst schlafen! Alle meine Kräfte widme ich dem Reich! Ich sorge mich um das ganze Volk und leide!«[623] Doch bringt er diese Sühnerufe im Staatsrat vor und verkündet sie in seinen Erlassen, während die Reue des Kaisers, wenn sie weiterhin der eines erhabenen Asketen gleichen soll, in aller Stille vollzogen werden müßte, um ihre ganze Wirksamkeit zu entfalten. Das liegt daran, daß sich unter dem Einfluß der Gelehrten, Erben der feudalen Traditionen (selbst wenn sie sich mystischer Strömungen bedienen), die Aufgabe der Erbauung einfach in eine der Erziehung verwandelt. Der Kaiser ist nicht mehr der Herr und Meister, der Dinge und Wesen umwandelt, ohne etwas von seinen Wunderpraktiken zu verraten, vielmehr übernimmt er nach dem Vorbild der Regierungsberater, die darnach trachten, die Günstlinge am Hof aus den geheimen Ratssitzungen zu verdrängen, die Rolle eines dozierenden Gelehrten[624]: Die kaiserliche Predigt tritt, versehen mit der gleichen Wirksamkeit, an die Stelle der mystischen Praktiken. Nun handelt es sich nicht mehr darum, den Staat mit Befehlsgewalt auszustatten oder die Macht des Fürsten als Zwangsmacht zu begreifen. Soweit wie möglich unterläßt es der Kaiser, Gesetze zu machen, vielmehr ist er bestrebt, in Erlassen, die sein Wohlwollen bekunden, Gesetzesvorschriften abzuschaffen oder die Auswirkung von Gesetzen durch häufige Amnestien aufzuheben: Er ergreift keine Gesetzesmaßnahmen, sondern erzieht, und seine Beamten ermuntern, anstatt zu befehlen. Die gesamte Verwaltung verbirgt sich unter der äußeren Erscheinung eines Lehrerkollegiums. Sie vermeidet die geringste Andeutung von Zwang, gibt sich, als ob alles von der alleinigen Wirkung einer Ehre verleihenden Disziplin abhinge, und hat sich als einziges Ziel gestellt, alle Untertanen des Kaisers in den Rang von Edlen (*chün tzu*) zu erheben, der früher alleiniges Vorrecht der Vornehmen war. Lehnsherr oder Lehnsfürst lehren ihre unmittelbaren Untergebenen die Kunst, wie ein Vornehmer zu leben. Der Sohn des Himmels übernimmt dann die Rolle des Souveräns, wenn er sich das Ziel setzt, sein gesamtes Volk mittels einer moralisch aufbauenden Propaganda in den Status von Edlen zu erheben, das heißt, sobald er die Funktion der Verwaltung mit der Verbreitung eines alten Kulturideals gleichstellt und sobald er es als die Hauptaufgabe des Staates ansieht, ein Zivilisationswerk zu vollenden, das gänzlich im moralischen Sinn zu verstehen ist.

Zweites Kapitel

Die Veränderungen der Gesellschaft

Um die Zeit von Christi Geburt vollzieht sich in der chinesischen Gesellschaft eine tiefgreifende Umgestaltung, in der die Unterscheidung von Vornehmen und Gemeinen, von hoch- und geringgeschätzten Menschen jede Bedeutung verliert: Die wesentliche Grundlage gesellschaftlicher Klassifizierung wird der Gegensatz zwischen arm und reich. Die Epoche der Gewaltherrscher soll die Zeit der luxuriösen Ausschweifungen gewesen sein, zumindest war sie die hohe Zeit der Reden gegen den Luxus: Gerade aus diesen Anklagen und der Strenge ihres Tons wird die Schwere der Krise ersichtlich, die die chinesische Gesellschaft erfahren hat. Von dieser Krise sind uns nur wenige Zeugnisse erhalten, die uns noch dazu weder Hinweise auf die Gründe noch auf die Auswirkungen geben. Doch wie weitreichend sie waren, erhellt sich schlagartig mit der Regierungszeit von Kaiser Wu, und es scheint, als hätte sich von dieser Zeit an die Krise noch weiter beschleunigt. Man kann die großen Züge dieser Entwicklung aus den mehr oder weniger geschickten Maßnahmen erkennen, mit denen man sie zu bremsen versuchte. Über ihre Wirkungen und ihren Ausgangspunkt lassen sich zumindest Mutmaßungen anstellen: Der Ursprung der Krise scheint zunächst der Untergang des alten Adels gewesen zu sein, der durch die Kriege in der Zeit der Streitenden Reiche entscheidend dezimiert wurde; dann (und vor allem) die Kolonisierungsarbeiten und die Urbarmachung neuer Gebiete, die unter den Gewaltherrschern begonnen und mit gesteigertem Aufwand von den Kaisern fortgesetzt wurde. Die Erschließung von Territorien ließ mit den neuen Quellen von Reichtum und der aufkommenden Lust am Reichtum eine neue Klasse entstehen, deren Einfluß am Hof und in den Städten die letzten Vertreter des alten Adels jeglicher Autorität beraubte. So entstand ein Milieu, das eine Reform der Sitten begünstigte.

1 Der Hof und die kaiserliche Aristokratie

Gewaltherrscher und Kaiser leben inmitten eines umfangreichen Hofstaates, der in den bescheidenen Marktflecken, die die großen Fürsten und Lehnsherrn früher zu ihrer Hauptstadt bestimmt hatten, niemals Platz gefunden hätte. Die Städte der Feudalzeit waren eng und nur von wenigen Menschen bewohnt: Sie wurden bereits als maßlos angesehen, wenn ihre Umfassungsmauern eine Länge von 3000 Fuß (eineinhalb Kilometer) erreichten[625]. Die Chou-Könige, die 256 v. Chr. über eine Bevölkerung von 30 000 Untertanen herrschten, mußten diese in 36 Städten unterbringen[626], was das *Chou li* nicht daran hindert, ihnen eine Verwaltung zuzuschreiben, die sechs Ministerien umfaßte, von denen ein einziges schon 3000 Beamte zählte (nämlich das erste Ministerium, dem nur Leute aus dem Palast – und dann noch nicht alle – angehörten). Alle diese Behörden hätten nur in einer so grandiosen Hauptstadt Platz gefunden, wie zum Beispiel die von Ch'in Shih Huang-ti eine war: So hatte der Erste Kaiser tatsächlich alle Reichen und Mächtigen des Landes – was einer Zahl von 120 000 Familien gleichkam – in seine Hauptstadt Hsien-yang umsiedeln lassen[627]. Auf diese Weise füllte er sie mit Bewohnern. Andrerseits nahm er jedesmal, wenn er ein Fürstentum zerstört hatte, den Plan des eroberten Herrscherpalastes mit sich und ließ ihn in seiner Hauptstadt wieder aufbauen, um dort die Frauen und Kostbarkeiten unterzubringen, die er dem Besiegten abgenommen hatte. Daraus ersieht man, wie die Stadt des Kaisers auf noch andere als mystische Weise eine Konzentration des Reiches darstellt: In ihr sammeln sich Geiseln aus allen Teilen Chinas und Gegenstände, die Einfluß über jede Provinz des Reiches verleihen. Die Han übernahmen diesen Brauch der Ch'in, nur unwesentlich durch eine Verordnung von Kaiser Wen gemildert, der 179 v. Chr. einigen Fürsten aus seinem Gefolge oder deren Söhnen, die als Nachfolger bestimmt waren, erlaubte, auf ihren Domänen zu leben. Er befürchtete, daß die Hauptstadt unter der Überbevölkerung zugrunde gehen könnte: »Heutzutage wohnt der Großteil der Fürsten in Ch'ang-an, fern von ihren Ländereien. Ihre Diener und Soldaten können sie nur unter enormem Aufwand von Kosten und Mühen versorgen.«[628] Die Hauptstadt bereicherte sich an der Beute aus dem gesamten Reich, während sich die Adeligen aus den Provinzen, unter ständiger Aufsicht und in ihren Freiheiten beschnitten, zu Hofaristokraten verwandelten.

Den Vornehmen, die sich am Hof aufhalten mußten, waren nur Ehrenämter zugewiesen, während alle Stellen von Einfluß Mitgliedern der neuen Klasse anvertraut waren. Unter der Herrschaft von Kaiser Wu war dies ein streng befolgter Grundsatz. Kung-sun Hung, der Oberberater wurde, hatte als Kerkermeister begonnen und war davor sogar Schweinehirt gewesen. Chu Fu-yen war in seiner Jugend Landstreicher, Ni K'uan Hilfsarbeiter: beide gehörten zur unmittelbaren Umgebung des Kaisers. Chin Mi-ti, der zum Reichsregenten ernannt werden sollte, war Kriegsgefangener, der zunächst als Stallknecht Dienst getan hatte[629]. Doch was noch schwerwiegender war: »Kriegerische Tüchtigkeit« genügt, um »den Zugang zu Ämtern zu öffnen«, ja »sie nahm sogar einen übertriebenen Platz ein«[630]. Es war möglich, Markgraf zu werden, wenn man sich als guter Soldat erwiesen hatte, wie es im Fall von Ho Ch'iu-p'ing geschah. Sein Onkel Wei Ch'ing, der es bis zum Rang eines Oberkommandierenden brachte, war ein Bastard, der in seiner Jugend von seinen Halbbrüdern als Sklave behandelt worden war und den sie gezwungen hatten, die Schafe zu hüten[631]. Auch wer mit nichts anfing und eine x-beliebige Tätigkeit ausübte, konnte in die höchsten Ränge aufsteigen. Die Erfolge von solchen »Leuten, deren Existenzgrundlage unsicher und deren Beruf nicht fest war«, riefen das Entsetzen der Bewunderer der alten Zeiten hervor, der Anhänger von gesicherten Hierarchien, in denen alles erblich war, von den vornehmen Ämtern bis zu den gemeinen Berufen[632]. In diesen glücklichen Zeiten »blieben die Leute in ihrem Amt, bis ihre Söhne und Enkel erwachsen waren; wer ein öffentliches Amt bekleidete, bestimmte nach ihm seinen Familiennamen und seinen persönlichen Namen; alle Menschen waren mit ihrem Schicksal zufrieden«, das sie im vorhinein festgelegt wußten[633]. Dagegen »verkehrten sich« im System, das das Kaiserreich eingeführt hatte, »die Grundsätze der Beförderung im Amt«[634]. »Das Volk (die Leute von niederer Geburt) konnte sich die Möglichkeit, zum öffentlichen Dienst zugelassen zu werden, erkaufen«, indem man sich »Titel in der Adelshierarchie« erwarb, die die Ch'in geschaffen und die Han übernommen hatten. »Da die Wege vielfältig waren, die zu Ämtern führten, und da es viele Möglichkeiten gab, zu ihnen zu gelangen, verlor die Stellung der Beamten ihren Wert.«[635] So klagte der verbitterte Konservative Szu-ma Ch'ien. Er konnte sich rühmen, von einer alten Familie abzustammen, in der das Amt eines *szu-ma* (General) vom Vater auf den Sohn vererbt wurde; er selbst war seinem Vater als Großannalist im Amt gefolgt, einem der bedeutendsten Ämter am Hof der Feudalherrscher. Kaiser Wu jedoch hatte den Vater »als ein Spielzeug« betrachtet, »mit dem er sich amüsierte« und ihn als einen einfachen »Sänger oder Komödianten« angesehen[636].

Verarmte Adelige und Vertreter der neuen Klasse drängten sich am Hof. Dort hing alles von den Verdiensten und nicht von der Geburt ab: Verdienste, für die man ausgezeichnet werden konnte, mußte man dadurch unter Beweis stellen, daß man sich, in welchem Beruf auch immer, ein Vermögen erwarb. Bereits »Kaiserin Lü hatte die Verordnungen für Händler gelockert ..., doch wie in der Vergangenheit durften die Nachkommen von Marktleuten nicht Beamte werden«[637]. Unter der Herrschaft von Kaiser Wu wird klar, daß Reichtum zum überragenden Ausweis für Verdienste wird. »Von dieser Zeit an erschienen Leute, die sich darauf verstanden, Gewinne zu machen.«[638] Mit der Schaffung des Kaiserreiches war ein großer Bedarf an Mitteln für das Staatsbudget entstanden, und so wurde die Regelung der Finanzen zur Hauptbeschäftigung der Regierung. Als 120 v. Chr. die Staatskasse geschaffen wurde, wurden sofort drei Männer zu hohen Beamten ernannt. »Tung-kuo Hsien-yang war ein großer (Salz-)Sieder aus dem Lande Ch'i, und Ch'ung Chin war ein großer (Erz-) Schmelzer aus Nan-yang: Da beide ein Vermögen von mehreren Tausend Pfund Gold aufgehäuft hatten, empfahl sie Cheng Tang-shih (der als *ta-nung*-Minister für die nationale Wirtschaft zuständig war) dem Kaiser. Sang Hung-yang war der Sohn eines Krämers aus Lo-yang, der im Alter von dreizehn Jahren, da er kopfrechnen konnte, *shih-chung* wurde. Wenn diese drei Männer finanzielle Probleme erörterten, betrieben sie Haarspaltereien.«[639] »Jene, die also zuvor die reichsten Sieder und Schmelzer waren, wurden zu Beamten ernannt, und auf diese Weise wurden in die Beamtenlaufbahn neue, fremde Elemente aufgenommen: Das Privileg (der Geburt) war kein Auswahlkriterium mehr, die Kaufleute waren zahlreich vertreten.«[640] Szu-ma Ch'ien sieht die Anfänge dieser neuen Macht der Vermögensgüter in der Zeit von Herzog Huan von Ch'i, dem ersten Hegemon. Diese Macht erklärt nach seiner Meinung das Entstehen der Tyrannenherrschaft. »Von dieser Zeit an ... wurden Reichtum und Besitz an die erste und Bescheidenheit und Demut an die letzte Stelle gesetzt.«[641]

Im Gegensatz zu den Höfen der Feudalzeit ist der kaiserliche Hof nicht mehr Schauplatz jenes Wetteiferns an ritueller Höflichkeit, in dem sich der Sinn für das rechte Maß bildet. Nun herrschen Pomp und Protzerei: Alle Frauen der Hauptstadt können mit den Töchtern der vornehmsten Häuser verglichen werden, alle Männer mit Herzögen, Markgrafen und den berühmten Helden aus den Legenden. Gedrängt wie Wolken mengen sich hohe Beamte, berühmte Lokalgrößen aus den Provinzen und reiche Kaufleute unter die Gesandten, die von unterworfenen Barbarenstämmen geschickt wurden[642]. Diese beeindruckende Masse von Menschen ist zu den Festen geladen, die der Kaiser in seinem Palast wie auf einer weitläufigen Bühne ausrichten kann. Seine Eunuchen gebieten über Truppen von Akrobaten und Musikanten, sein Harem ist mit Scharen von Sängerinnen und Tanzmädchen gefüllt: die geschicktesten werden Kaiserinnen oder Favoritinnen, wie unter Kaiser Wu die Kaiserin Wei und die *fu-jen* Li, die eine war eine vorzügliche Sängerin, die andere eine erfahrene Tänzerin. Der riesige Bau des Chia-yi-Palastes birgt in seinen Mauern Bühnenanlagen wie die eines Opernhauses: hier finden die großen Spiele statt, aus denen sich das chinesische Theater entwickelt hat[643]. Dort kann man den Eindruck von fallendem Schnee und aufsteigenden Wolken vermitteln, während Gewitterstürme, Donnerrollen und Blitzschläge die majestätische Macht des Himmels ganz nahe spüren lassen. Scharen von Unsterblichen und seltsamen Tieren ziehen nacheinander vorüber, dazwischen treten Artisten auf, die auf Stangen klettern oder Gewichte stemmen. Gaukler schlucken Schwerter, spucken Feuer, ziehen Linien auf dem Boden, um Wasser hervorsprudeln zu lassen, und spielen mit Schlangen, während Frauen mit langen Ärmeln, geschminkt und in leichte Stoffe gehüllt, ihre verführerischsten Tänze darbieten, und während zugleich sich Seiltänzer von der Spitze eines Mastes, der auf einem Wagen steht, an ihren Beinen herabhängen lassen oder, unbestimmt kreisend, Pfeile in alle Richtungen des Raumes schießen, in Richtung der Tibeter, der Hsien-pi – überallhin, wo die Majestät des Kaisers triumphieren muß. Auch Jagd- und Fischzüge sind Gelegenheiten für triumphale Veranstaltungen. Diese großartige Abfolge von prunkvollen Festen und aufwendigen Feiern beschränkt sich keineswegs auf den Herrscher allein. Selbst kleine Fürsten aus dem Gefolge besitzen glanzvolle Paläste: in mit Kassettendecken geschmückten Räumen hängen geschnitzte Blumen – Lotus und Mohn – herab; die Balken zieren Wolkenmuster, und gemeißelte Drachen überragen die Giebelplatten; über dem Giebelbalken öffnet der Rote Vogel seine Flügel, und der Drache trägt mit seinen Windungen den Türsturz; großköpfige Barbarenfiguren reißen ihre in tiefen Höhlen liegenden Augen weit auf und hocken wie Geier auf allen Querbalken. Auf den Wänden sind die Gottheiten der Flüsse und Berge in der ihnen eigenen Farbe gemalt, und neben ihnen ist die ganze Geschichte der Welt seit der Trennung von Himmel und Erde dargestellt[644]. »Jene Mitglieder der kaiserlichen Familie, die Domänen besaßen, die Palastherzöge, die hohen Beamten und Würdenträger und jene, die im Rang unter ihnen standen, wetteiferten an Prunk und Aufwand in ihren Stadthäusern, Sommerpalais, Wagen und Kleidern und usurpierten kaiserliche Privilegien: Es gab überhaupt kein rechtes Maß mehr.«[645]

Dichter und moralisierende Gelehrte übertreiben nicht, wenn sie zeigen, daß sich in der Han-Zeit die Freude am Luxus in allen Schichten der chinesischen Gesellschaft ausgebreitet hatte. Diese Freude entspricht einer Entwicklung des Kunsthandwerks, die wir auf Grund von japanischen Ausgrabungen aus jüngster Zeit beurteilen können. Diese Grabungen, die im Norden Koreas durchgeführt wurden, am Ort einer Präfekturstadt aus der Zeit der Eroberung durch Kaiser Wu, haben einen großen Reichtum an Grabbeigaben zutage gefördert[646]. Mehrere Gegenstände werden auf die Jahre um Christi Geburt datiert. Ihre Ausführung ist von außerordentlicher Feinheit, insbesonders Stücke mit Lack- oder Goldarbeiten zeugen von einer bemerkenswert hohen Technik. Lackierte Objekte, teils in lackiertem Holz gefertigt, teils aus mit Lack überzogenen Geweben bestehend, sind häufig mit Beschlägen aus Silber oder vergoldetem Kupfer verziert und gewöhnlich mit dem Pinsel bemalt oder fein graviert. Auf manchen Stücken erscheinen auf einer dünnen Goldfolie Tiere und Vögel, die in den glänzenden Lack gezeichnet wurden. Die Aufschriften die eine Vorstellung von der Sorgfalt geben, die auf die Ausführung der Stücke verwendet wurde, teilen die Namen der daran beteiligten Arbeiter mit: einer hat den Lack vorbereitet, einer die Form gegeben, einer die Ränder gearbeitet, ein anderer gezeichnet, wieder ein anderer den roten Lack aufgetragen, und nach diesen nahmen sich zwei Künstler des Werkes an und vollendeten es. Eine große Kiste, die in einem der Gräber entdeckt wurde, enthielt einen Spiegel an seiner Seidenschnur und darunter Haarnadeln, daneben einen Kamm in einer Schatulle und kleine Schächtelchen, die mit weißem Puder und Rouge gefüllt waren. Der schönste Fund war eine mit Türkisen eingefaßte Gürtelschnalle aus massivem Gold, die zwei ineinander verschlungene Drachen darstellt; ihre Filigranarbeit bezeugt die Meisterschaft der Goldschmiede. Bären aus vergoldetem Kupfer, die als Tischbeine dienten, und verschiedene Tier- und Vogelfiguren aus emailliertem gebranntem Ton bestätigen ebenfalls die Perfektion, die das Kunsthandwerk unter den Han erreicht hat. Genauso erwähnenswert ist die Tatsache, daß die Handwerker im höchsten Grad spezialisiert waren und unter der Aufsicht von Beamten in staatlichen Werkstätten arbeiteten. Noch bezeichnender ist die große Fülle an Kunstschätzen, die in einer Stadt an der äußersten Grenze des Reiches aufgehäuft wurden. Das ist nicht mehr die Zeit von kleinen, halb bäuerlichen Marktflecken, die voneinander durch die Schranken feudalherrlicher Zollstationen getrennt sind. Im gesamten Reich zirkulieren in großen Mengen Reichtum und Luxusgüter. Alle Verwaltungsstädte sind bestrebt, den Geschmack des Hofes nachzuahmen; die Begüterten, die sie bewohnen, Kaufleute oder Gewerbetreibende, trachten darnach, in die Ränge der kaiserlichen Aristokratie aufgenommen zu werden.

In der Zeit der Feudalherrschaft lebten die Händler und Handwerker in den Vororten am Rand der fürstlichen Stadt. Dennoch kann man einige Spuren ihrer wachsenden Bedeutung entdecken: So hat einer alten Überlieferung zufolge ein Jahrmarktshändler das Vertrauen des Hegemon Huan von Ch'i erworben und ist sein Minister geworden[647]. Die Handwerker wurden zwar von den Vornehmen hart ausgebeutet, sie ließen aber nicht alles mit sich machen: Im Jahre 471 v. Chr. sehen wir sie in Wei als Aufständische gegen den Fürsten[648]. Dennoch scheint die Schicht der Handwerker vor der Einigung des Reiches keine besondere Rolle im Staat gespielt zu haben. Die Maßnahmen und die Arbeiten, die diese Einigung begleiteten, und möglicherweise in noch stärkerem Ausmaß die Militärpolitik der großen Kaiser scheinen den jähen Aufschwung von Handel und Gewerbe begünstigt zu haben.

Der Grund für die Existenz des Reiches lag in den großen kriegerischen Auseinandersetzungen mit den Barbaren, für deren erfolgreiche Durchführung man über eine bewegliche und gut versorgte Armee verfügen mußte. Die Rekrutierungen der Feudalzeit, in denen man eine kleine Schar von Wagen für einige Tage davonfahren sah, sind vorüber. Die Stärke der kaiserlichen Armee liegt in ihrer leichten Kavallerie, die in der Lage ist, große Vorstöße in die Steppen zu unternehmen. Diese Reiter müssen mit Pferden, Waffen, Futter, Fleisch und Getreide versorgt werden; Hauptsorge des Reiches ist es, die Mobilmachung seiner Armee zu erleichtern. Darin liegt der Ursprung der Maßnahmen und Anstrengungen, die zur Einigung des Reiches führten. Das Urbarmachen der unbebauten Gebiete hatte zur Folge, daß bisher isolierte Zentren des sozialen Lebens miteinander in Verbindung treten konnten, wie auch die Einführung eines einheitlichen Schrift-, Gewicht- und Maßsystems demselben Zweck diente. Die große Leistung war die Konstruktion von Straßen und Kanälen: Ch'in Shih Huang-ti und Kaiser Wu machten ihre Hauptstadt zum Schnittpunkt, an dem sich die Fernstraßen kreuzten, und waren dadurch in der Lage, ihren Hofstaat und ihre Palastgarde mit Lebensmitteln zu versorgen. Sie konnten auch einen zentralen Getreidespeicher gründen, Werkstätten und Rüstkammern errichten, die den Nachschub für die Armeen liefern konnten, die an den verschiedenen Grenzen des Reiches im Feld standen. Das Hauptziel scheint zunächst die Herbeischaffung des Getreides gewesen zu sein. Daraus erklären sich zweifellos auch die Gesetzesmaßnahmen der Ch'in zur Abschaffung des alten Lehnssystems: Dadurch daß man die Bauern zu Eigentümern des Bodens machte, hoffte man, die Erträge steigern zu können, und durch die Liberalisierung des Getreidehandels wollte man mit der alten feudalen Auffassung aufräumen, daß die Ernte die Grenzen des Landes nicht verlassen dürfe: So konnte die Macht der kaiserlichen Getreidespeicher erhöht werden.

All diese Reformen scheinen zugunsten der Landwirtschaft unternommen worden zu sein, die, wie man unermüdlich erklärt, die einzig ehrenhafte Beschäftigung darstellt. »Die untersten Berufe«, die der Handwerker und Händler, waren die ersten, die davon profitierten. »Das Land innerhalb der Meere wurde geeint, Pässe und Brücken wurden freigegeben, und die Verbote, die die Nutzung der Berge und Seen untersagten, wurden aufgehoben. Deshalb bereisten die Kaufleute das gesamte Reich, und es gab keinen Handelsgegenstand, der nicht überallhin gelangt wäre.«[649] Die Kaiser wurden bewogen, das Transportgewerbe und alle Heereslieferanten zu fördern. Wohl oder übel mußten sie sich mit den enormen Vermögen abfinden, die in den großen Unternehmen geschaffen wurden und ohne die sie ihre Militärprojekte nicht erfolgreich hätten durchführen können. Als während der Regierung von Kaiser Wu die Hsiung-nu die Nordgrenze angriffen, reichten die lokalen Vorräte nicht aus, um die Militärlager zu versorgen, und man mußte sich »an die Leute aus dem Volk wenden«, um sie aufzufüllen: »Alle, die Transporte durchführen und Getreide an die Grenze bringen konnten, wurden mit Rängen in der Hierarchie ausgezeichnet. Es war möglich, bis zum Rang eines *ta-shu-chang* emporzusteigen.«[650] Dies war der achtzehnte und einer der obersten Ränge: Er war der höchste Rang der Großwürdenträger, und über ihm gab es nur noch die verschiedenen Ränge der Markgrafen[651]. Auch wenn man die riesigen Massen an Menschen zur Kolonisierung entlegener Gebiete aussandte, war man auf Fuhrunternehmer angewiesen, von denen einige, wie Szu-ma Ch'ien sagt, in der Lage waren, »Züge von mehreren hundert Wagen zusammenzustellen«[652]. Der Geschichtsschreiber weist auf die bezeichnende Tatsache hin, daß diese Unternehmer zugleich auch reiche Kaufleute waren. Im gleichen Abschnitt spricht er von den riesigen Vermögen, die sich Salzsieder und Schmelzmeister erworben haben. Die Transportunternehmen und die Lieferungen an das Heer zogen die Bildung von Kapitalen nach sich, die im Handel und Gewerbe eingesetzt wurden, die aber auch mit zur Entstehung von großen Landdomänen beitrugen.

Salinen und Schmelzhütten stellten die wichtigsten Industrien dar, und wie wir gesehen haben, erlangten die Schmelzmeister und Salzsieder die höchsten Würden im Staat. Die Schmelzer – und insbesondere die des Eisens – arbeiteten im Auftrag der Armee: Ebenfalls aus militärischen Gründen nahm die großangelegte Zucht von Schafen und Pferden einen enormen Aufschwung. Die leichte Kavallerie, die bei ihren Vorstößen manchmal mehr als 100 000 Pferde verlor, war auf den Nachschub einer großen Zahl von Pferden angewiesen, den die kaiserlichen Gestüte allein nicht erfüllen konnten[653]. Diese Staatsgestüte waren zwar sehr wichtig, und 119 v. Chr. waren um die Hauptstadt »mehrere Myriaden« von Pferden versammelt, sie stammten jedoch nicht alle aus der kaiserlichen Zucht, vielmehr trug man Sorge dafür, die private Zucht zu fördern[654]. Während sich noch zu Beginn der Han-Zeit die hohen Beamten in Rinderkarren fahren ließen[655], sah man unter Kaiser Wu Pferde »sogar in den Straßen, wo das gemeine Volk wohnte«, und es wurde als entehrend betrachtet, eine Stute zu besteigen[656]. Da die Armee mit Fleisch versorgt werden mußte, erfuhr die Schafzucht einen vergleichbaren Aufschwung. Mit Entrüstung vermerkt Szu-ma Ch'ien, daß man durch die Schenkung von Schafen an den Staat den Titel eines *lang* erwerben konnte. Bezeichnend ist die Karriere eines großen Schafzüchters namens Pu-shih: Nachdem er dem Kaiser die Hälfte seines Vermögens geschenkt hatte, erhielt er den Titel *lang* und wurde offiziell damit beauftragt, die kaiserliche Schafzucht zur Blüte zu bringen. Darnach wurde er Präfekt und später *yü-shih-ta-fu*, eine der höchsten Würdestellungen, die es im Staat gab[657]. Wie man sieht, führte im großen Stil aufgezogene Tierzucht wie Handel und Gewerbe zu hohen Ehren.

Für die im großen Rahmen betriebene Tierzucht waren riesige Domänen vonnöten; ebenso wurde im Transportwesen und in den Werkstätten eine große Zahl von Arbeitskräften gebraucht. Nun hatten die Maßnahmen, durch die die Erträge des Bodens gesteigert und der Transport des Getreides liberalisert werden sollte, die unerwartete Folge, daß die gekoppelte Entwicklung von Latifundien und Sklaventum begünstigt wurde. Zur Zeit, als die Bauern einfache Pächter waren, konnten sie weder ihr Land noch sich selbst verkaufen, doch sobald die Ch'in das Band zwischen dem Bebauer und dem Boden zerrissen hatten, geschah es, daß man immer wieder zu Maßnahmen des Frondienstes griff, der die Bauern von ihrem heimatlichen Boden trennte, um die großen Arbeitsvorhaben und die Kolonisierung ferner Gegenden zu vollenden[658]. In die Fremde verschickt und von Hungersnöten geplagt – man konnte es zum Beispiel in den großen Hungersnöten von 113 v. Chr. erleben, wie Menschen zu Kannibalen wurden –, waren die Armen häufig gezwungen, ihren Familienhof, sich selbst und vor allem ihre Kinder zu verkaufen. So kam es dazu, daß »sich die Felder der Reichen zu Hunderten und Tausenden aneinanderreihten, während der Boden der Armen noch nicht einmal Platz zum Pflanzen einer Nadel bot«[659]. Der Staat selbst benötigte Sklaven für die Geleitmannschaft von Karawanen sowie als Kriegsknechte: Er fand eine Möglichkeit, sich diese reichlich in Form von Strafsklaven zu beschaffen, indem er die Münzgesetze ausnützte, deren Anwendung strengen Rechtshütern anvertraut war. Wie Szu-ma Ch'ien erklärt, »war fast jeder im Reich damit beschäftigt, die Münzen einzuschmelzen«. Es war den kaiserlichen Inspektoren allein auf Grund dieses Delikts ein Leichtes, mehr als eine Million Menschen zur Verurteilung zu bringen (115 v. Chr.)[660]. Diese Unglücklichen wurden nach ihrer Begnadigung als Siedler und Kriegsknechte verwendet. Doch mußte man unablässig die Menge der Sklaven erneuern, die man für Transporte auf dem Gelben Fluß verwendete[661]. Das Reich nahm damals Zuflucht beim einzelnen Bürger und gestattete die Privatsklaverei: Und so bot man im Jahre 128 v. Chr. all denen ein Ehrenamt an, die einwilligten, dem Staat ihre Sklaven zu überlassen[662]. Damit wurde anerkannt, daß dem neuen Element des beweglichen Vermögens der Wert einer Erhebung in den Adelsstand zukam.

In der Tolerierung des Sklaventums antizipierte das Kaiserreich eine Krise der Landwirtschaft, die die beiden Han-Dynastien hinwegreißen und schließlich zu einer Wiederbelebung des Feudalismus zur Zeit der Drei Reiche führen sollte. Bereits unter Kaiser Wu beklagte man sich in den kaiserlichen Ratsversammlungen über »die Reichen, die durch ihre Wucherpraktiken die Armen unterdrückten«. Und immer wieder war die Rede von »illegalen Zusammenschlüssen«, »(Regional)Herren« und »wagemutigen Männern, die sich zu Banden zusammentaten und ihren Willen Kleinstädten und Dörfern aufzwangen«[663]. Man griff zu verschiedenen Mitteln, um dieser Wucherer Herr zu werden: gesetzliche Verfolgung, Konfiszierung der Felder und Sklaven zugunsten des Staates, Einrichtung von Monopolen, um mit dem Privathandel und -gewerbe in Konkurrenz zu treten. Eine Maßnahme aus dem Jahr 119 v. Chr. zeigt, daß die kaiserlichen Berater den Ernst der Krise und ihre tiefliegenden Wurzeln erkannt hatten: Den Kaufleuten wurde untersagt, ihr Geld persönlich oder durch Strohmänner in Grundbesitz anzulegen[664]. Doch nichts hielt die einmal in Gang gesetzte Bewegung auf, ebenso wie nichts die Entwicklung des beweglichen Reichtums hatte aufhalten können. Zweifellos in der Absicht, dieser Entwicklung einen Riegel vorzuschieben, hatte Ch'in Shih Huang-ti schweres Geld ausgeben lassen, dessen Handhabung unbequemer sein sollte[665]. Die Han wiederum führten ein System von leichten Münzen ein, veränderten häufig die Sorten, setzten eine neue Währung fest, erlaubten die freie Prägung und untersagten sie später wieder: alles scheinen sie versucht zu haben, die beweglichen Werte und ihre Thesaurierung in Verruf zu bringen, doch erreichten sie nur, daß die Warenlager sich vergrößerten und das Spekulantentum sich breitmachte[666]. Nachdem sie versucht hatten, die Händler kleinzukriegen, »indem sie sie schikanierten und demütigten«, »ihnen untersagten, im Wagen zu fahren und Kleider aus Seide zu tragen« und »sie mit Steuern und Abgaben überhäuften«[667], sahen sie sich gezwungen, die Bedeutung, die das Geld gewonnen hatte, anzuerkennen. Nach und nach akzeptierten sie die verschiedenen Formen des beweglichen Reichtums als Zahlungen, die das Recht zum Eintritt in die offizielle Laufbahn gaben (so wie in alter Zeit der Agrartribut an Getreide und Seide). Es gelang ihnen, einen Teil des sich herausbildenden Reichtums zum Vorteil der Staatskasse abzuschöpfen: Zu diesem Zweck gaben sie Adelstitel aus, die jeder erwerben mußte, sobald er sich von dem Status der Unwürdigkeit loszukaufen hatte, die unweigerlich jeden *nouveau-riche* trifft. Auf diese Weise legitimierten sie eine gesellschaftliche Umgruppierung, die die reichen Bewohner der Städte in den Vordergrund rückte. Sie hielten in den Städten sogar jene zurück, denen es gelungen war, durch Strohmänner großen Grundbesitz zu erwerben. Die Großgrundbesitzer bleiben dem städtischen Milieu verhaftet, wo Vermögen aufgebaut und Ehren erteilt werden. Alle Mitglieder der neuen, kaiserlichen Aristokratie waren Städter, die, Seite an Seite mit den Beamten lebend, die Gesellschaftsregeln erlernen konnten, die den Klassen der Beamten entsprachen.

2 *Die Reform der Sitten*

Der dezimierte alte Adel hat alles Prestige verloren, die verschiedenen Bevölkerungsgruppen Chinas waren durch die Wirkung der langen Kriege und durch die Umsiedlungsaktionen der großen Kaiser vermischt und durcheinandergewirbelt worden. Städte wuchsen als Zentren der Verwaltung und des Handels, erfüllt mit einer ganz neuen Art von Geschäftigkeit, bewohnt von Menschen – Zufallssoldaten, erfolgreiche Gewerbetreibende –, die durch nichts an die feudalen Traditionen gebunden sind: Indessen scheint gerade aus diesem neuen Milieu wieder eine archaisierende Moral zu entstehen. Die kaiserliche Aristokratie bemüht sich, die Verhaltensregeln des Feudaladels nachzuahmen, den sie abgelöst hat. Sein Untergang führt schließlich zur Verbreitung eines Lebensideals, das sich von seinen Traditionen durchdringen läßt.

Die Verbreitung dieses Ideals ist zu einem guten Teil offiziellem Druck geschuldet, der sich allerdings auf sehr verschiedene Weisen spürbar machte. – Wenn Ch'in Shih Huang-ti in seinen Inschriften den Ruhm beansprucht, »die Sitten gereinigt«, »die fremden Sitten richtiggestellt und verbessert« zu haben, so handelt es sich dabei in der Hauptsache um das Verhalten zwischen Mann und Frau. Der Erste Kaiser brüstet sich, die Grundsätze der Geschlechtertrennung, die am Anfang der Zeiten durch die mythischen Herrscher Fu-hsi und Nü-kua geschaffen worden waren, wieder in ihrer alten Kraft eingesetzt zu haben. Auf seinen Stelen wird verkündet, daß »er mit Klarheit das Innere und Äußere getrennt hat« und daß sich von nun an »Mann und Frau gemäß den Riten verhalten«. »Die Männer gehen mit Freude der Bebauung der Felder nach. – Die Frauen widmen sich mit Sorgfalt ihren Arbeiten. – Jedes Ding hat seinen Platz«, denn der Kaiser »hat die Schranken zwischen außen und innen festgelegt. – Er hat Ausschweifungen verboten und unterdrückt. – Männer und Frauen gehorchen den Vorschriften und sind aufrecht.«[668] Der Erste Kaiser wollte sich auch mit dem gleichen Ruhm wie der Gründer der Chou-Dynastie schmücken: König Wen hatte durch die unmittelbare Wirksamkeit seiner Tugendkraft (die er zunächst an seiner Frau erprobt hatte) erreicht, daß man sich selbst in den Regionen des Südens vollkommener Sittsamkeit befleißigte[669]. Die chinesischen Gelehrten glauben, daß sich auch Ch'in Shih Huang-ti damit großtat, die guten Sitten im Südstaat Yüeh wiederhergestellt zu haben, den er dem chinesischen Reich einverleibt hat: dort war nämlich seit den Zeiten von Ku-chien die Moral von König Wen in Vergessenheit geraten. Wie es scheint hat dieser Machthaber eine Geburtenregelung eingeführt, die wenig mit der Unverdorbenheit früherer Traditionen zu tun hatte[670]. Doch was man uns davon berichtet, beweist lediglich, daß sich im Volk von Yüeh Bräuche bewahrten, die charakteristisch für eine ungeteilte Familienorganisation sind: die älteren Frauen heirateten junge Männer, während die alten Männer sich junge Mädchen nahmen. Wie wir gesehen haben, blieben solche Bräuche selbst in den vornehmen Klassen der feudalen Gesellschaft am Leben. Als Ku-chien diese Heiraten untersagte, mit der Absicht, durch passendere Verbindungen für größeren Kinderreichtum zu sorgen, unternahm er nichts gegen die rituelle Trennung von Männern und Frauen: er unterstützte die Entwicklung, die von der ungeteilten zur patriarchalischen Familie führte. Auch Ch'in Shih Huang-ti arbeitete im selben Sinn und maß der Vorschrift über die Trennung der Geschlechter einen förderlichen Einfluß auf die Entwicklung der ehelichen und väterlichen Autorität zu. Er wollte der Instabilität von Eheverbindungen entgegenwirken: »Wenn eine Frau davonläuft, um (einen anderen Mann) zu heiraten – Haben die Kinder keine Mutter mehr!« Deshalb verdammte er Ehebruch auf das Schlimmste: »Wenn ein Mann ein Haus betritt, das nicht das seine ist, um sich wie ein Schwein aufzuführen – Ist derjenige, der ihn tötet, nicht schuldig!« Er untersagte auch die Wiederverheiratung von Witwen (zumindest, wenn sie Kinder hatten) als Untreue gegenüber der ehelichen Gehorsamspflicht: »Wenn eine Frau, die Kinder hat, wieder heiratet – Ist sie dem Toten gegenüber ungehorsam und verhält sich nicht ehrbar!«[671] Schließlich – und das zeigt deutlich die Absicht, die in der Sittenreform des Ersten Kaisers liegt – rekrutierte er für die große Armee, die 214 v. Chr. Kuang-tung eroberte, neben Landstreichern und Krämern auch alle Ehemänner, die im Haus ihrer Schwiegereltern lebten[672]. Es gelang ihm nicht, diesen Brauch auszurotten, und es gab in der bäuerlichen Gesellschaft immer noch Söhne, die das Vaterhaus verließen, um ihren Unterhalt durch Arbeit für die Eltern ihrer Frau zu verdienen. Doch Ch'in Shih Huang-ti wollte – wie seine brutale Entscheidung beweist –, daß die Autorität des Vaters in allen Klassen der Gesellschaft als einzige Grundlage der familiären Ordnung herrscht.

Es war nur natürlich, daß der Erste Kaiser als Nachkomme eines vornehmen Hauses dem ganzen Volk die Normen des patriarchalischen Brauchtums auferlegen wollte, die dem Adel eigen waren. Die Han dagegen stammten aus dem einfachen Volk und zeigten weit weniger Entschlossenheit, wie es ihnen überhaupt widerstrebte, Gesetze zu erlassen und Strafen zu verhängen. Sie vollzogen nur bescheidene Eingriffe, um das Familienrecht zu fixieren, außer vielleicht solchen, die Härten der passiven Solidarität milderten, die die Mitglieder einer gleichen Familie verband. In einem berühmten Erlaß (der allerdings eine wirkungslose Demonstration blieb) hob Kaiser Wen 179 v. Chr. die Maßnahme der »Sippenhaftung« auf[673]: Er verbot, daß man Vater, Mutter, Frau, Kinder und die Brüder vom selben Vater allein auf Grund ihrer Verwandtschaft mit dem Schuldigen als straffällig betrachtet. Die Rechtsgelehrten der Ch'in hatten die kollektive Verantwortlichkeit der Verwandten über drei aufeinanderfolgende Generationen (*san tsu*) hinweg mit Bedacht aufrechterhalten: Sie stellte das Gegenstück zur »Solidarität der Herzen« dar, die die Stärke der brüderlichen Gemeinschaft ausmachte. Im Edikt von Kaiser Wen muß man zweifellos einen Hinweis darauf sehen, daß sich die Familie einengt und mehr und mehr auf der Beziehung zwischen Vater und Sohn als auf der kollateralen Verwandtschaft beruht. Diese Entwicklung ist vielleicht eine der Folgen der Lebensbedingungen, wie sie in den Städten herrschen. Die Grundlage der brüderlichen Gemeinschaft war früher die gemeinsame Arbeit am väterlichen Grund, doch bereits das *Yi li* gesteht den Brüdern zwar kein persönliches Eigentum an beweglichen Gütern zu, aber zumindest ein gewisses Recht, diese privat zu benutzen[674]. Es ist unmöglich, die Zeit anzugeben, auf die die Sitte zurückgeht, mit dem Ende der Trauerzeit für den Vater und der Beendigung einer provisorischen Gemeinschaft die Güter unter den Brüdern aufzuteilen. Aber es ist wahrscheinlich, daß man diesen Brauch annahm, als man anfing, den beweglichen Gütern größere Bedeutung beizumessen als dem Grundbesitz. Die Unabhängigkeit der kollateralen Verwandten scheint ein frühes Ergebnis des Stadtrechts und der Handelssitten zu sein. Andrerseits scheint der Schluß legitim, daß die väterliche Autorität und die eheliche Gewalt erst dann effektive Fortschritte machen konnten, als die hartnäckigsten Überbleibsel der alten, ungeteilten Familienorganisation ausgelöscht waren. Seit der Han-Zeit erscheinen die Rechte des Ehemanns und des Vaters als absolute, oder eher: sie werden nur durch vollkommen moralische Gerechtigkeitsgrundsätze eingeschränkt.

In der Reform der Sitten haben die Han ihrer Verfassungsdoktrin gemäß eine moralische Propagandarolle gespielt. Angesichts des fortschreitenden Luxus predigten sie die Rückkehr zur alten Einfachheit. Eins der bezeichnendsten Dokumente dafür ist ein Abschnitt, den Pan Ku zum Ruhm von Kaiser Kuang-wu, dem Gründer der Östlichen Han-Dynastie, geschrieben hat. Dieser weise Herrscher verstand es, das Volk durch seine Wohltaten zu reinigen und umzuformen. Er fürchtete die verschwendungssüchtige Gesinnung und die Verachtung, die diese nach sich zieht. Er ordnete an, Maß und Sparsamkeit zu beweisen und in größter Einfachheit zu leben. Nach dem Vorbild der mythischen Kaiser verbarg er das Gold in den Bergen und die Perlen in den Schluchten. Seinen Untertanen riet er, das Seltene und Erlesene zu verachten, irdene Krüge oder Kalebassen zu verwenden und ganz schmucklose Kleider zu tragen. Auf diese Weise kann man sich von Begierden und Lastern freimachen, in Reinheit leben und die ruhige, gesetzte Haltung wahren, wie sie Menschen ansteht, die sich von den vulgären Leidenschaften gelöst haben[675]. Schon im Jahr 122 v. Chr. hatte Kaiser Wu daran gedacht, die gleichen Lehren, allerdings durch eine Mittelsperson, verkünden zu lassen: Der große Ratgeber Kung-sun Hung wurde beauftragt, »dem Reich ein gutes Beispiel zu geben«. So »trug er linnene Kleider und nahm seine Mahlzeiten nur von einem einzigen Teller zu sich«. Maliziös bemerkt Szu-ma Ch'ien, daß »nichts von alledem die Sitten verbesserte und man sich nach und nach auf die Seite von Ehre und Gewinn schlug«[676].

Da Beispielgeben nicht genügte, nahm man, um die Gelüste zu zügeln, Zuflucht zur Propaganda in Bild und Wort. Der Meister in diesem Fach war Liu Hsiang (Ende des 1. Jahrhunderts v. Chr.), ein ziemlich suspekter kaiserlicher Archivar, dem wir einmal wahrscheinlich zahlreiche Fälschungen und Umarbeitungen von seltenen alten Schriftstücken verdanken, der aber zum andern auch ein perfekter Verfasser von Moraltraktaten war. Dabei handelt es sich um Sammlungen von illustrierten Anekdoten, kleinen Geschichten, die Erfolg hatten und die, wie die Bilder, zu deren Erläuterung sie dienten, ungezählte Male kopiert wurden. Nicht wenige von ihnen finden sich auf den Seitenwänden der Grabkammern aus der Östlichen Han-Zeit dargestellt wieder, die von Chavannes untersucht wurden. Zum Großteil wurden sie aus dem Altertum entlehnt und beziehen von daher auch ihren autoritativen Charakter. Im folgenden einige Beispiele, die Ehefrauen zum Nachdenken anempfohlen wurden. Eine sehr schöne und sehr tugendhafte Frau aus Liang war mit ihrem kleinen Sohn Witwe geblieben; mehrere Männer aus vornehmen Familien hielten um ihre Hand an, doch sie lehnte jedesmal ab. Nun verliebte sich der König von Liang persönlich in diese Frau und schickte einen Gesandten mit Verlobungsgeschenken. Nachdem sie erklärt hatte, daß eine Frau ihrem ersten Mann treu bleiben müsse, nahm sie in die eine Hand einen Spiegel, in die andere ein Messer und schnitt sich die Nase ab. Dazu sagte sie, daß sie sich nur deswegen nicht töten würde, weil sie eine Waise zu versorgen habe. Jetzt, da sie sich eine Verstümmelung zugefügt habe, die der Strafe für gewisse Verbrechen glich, würde der König sicherlich auf sie verzichten. Gerührt von soviel ehelicher Treue, verlieh dieser ihr den Titel »Jene, die edel handelt«[677]. – Ein Mann aus Lu namens Ch'iu hatte seine Frau fünf Tage nach der Hochzeit verlassen und war für fünf Jahre in ein fremdes Land gezogen. Als er nach Hause zurückkehrte, sah er, kurz bevor er sein Haus erreichte, seine Frau, die Maulbeerblätter pflückte; beide erkannten einander nicht. Ch'iu Hu war von der Anmut der jungen Frau betört und machte ihr unehrenhafte Anträge, die sie mit Entrüstung von sich wies. Er verfolgte dann weiter seinen Weg, betrat sein Haus und bat darum, daß seine Frau herbeigebracht werde. Als diese erschien, war er höchst bestürzt, in ihr jene Frau wiederzuerkennen, mit der er eben am Straßenrand gesprochen hatte. Sie jedoch richtete heftige Vorwürfe an ihren Mann, verließ das Haus und warf sich in den Fluß.«[678] »In Ch'ang-an lebte ein Mann, der einen Todfeind hatte. Da seine Frau gänzlich von Kindesehrfurcht durchdrungen war, nützte der Feind dies aus und drohte ihr, ihren Vater zugrunde zu richten, wenn sie ihm nicht die Gelegenheit gäbe, ihren Mann zu töten. In dem Dilemma zwischen ihrer Pflicht als Ehefrau und als Tochter, ... verriet sie den Ort, an dem ihr Mann in der folgenden Nacht schlafen sollte, doch legte sie sich dort allein nieder, so daß der Feind ihr den Kopf abschnitt.«[679]

Und nun Modellfälle von ehrfurchtsvollen Söhnen: »Min Tzu-ch'ien und sein jüngerer Bruder hatten ihre Mutter verloren. Ihr Vater heiratete wieder und hatte zwei Söhne. Als Tzu-ch'ien eines Tages den Wagen seines Vaters lenkte, ließ er die Zügel fallen. Der Vater ergriff seine Hand und bemerkte, daß seine Kleider ganz dünn waren. Der Vater kehrte nach Hause zurück, rief die Söhne seiner zweiten Frau herbei, nahm sie bei der Hand und merkte, daß ihre Kleider aus sehr dickem Stoff waren. Darauf sagte er zu seiner Frau: ›Wenn ich Euch geheiratet habe, dann um das Wohl meiner Söhne willen. Nun, da Ihr meine Erwartungen enttäuscht habt, verlaßt mein Haus und bleibt nicht hier.‹ Dann sprach Tzu-ch'ien: ›Solange unsere Mutter hier war, war ich der einzige, dessen Kleider dünn waren; doch wenn sie geht, werden alle vier Söhne frieren.‹ Der Vater erwiderte kein Wort[680]. »Lao Lai-tzu war ein Mann aus Ch'u. Als er siebzig Jahre alt wurde, waren seine Eltern noch am Leben. Er war von sehr starker Kindesliebe erfüllt: Immer trug er (wie Kinder es tun) buntscheckige Kleider, und wenn er seinen Eltern zu trinken brachte, tat er so, als würde er beim Betreten des Raumes stolpern, und blieb dann am Boden liegen und stöhnte wie ein kleines Kind.« Oder, um seinen Eltern das Gefühl zu geben, jünger zu sein, verweilte er vor ihnen und spielte mit seinen langen Ärmeln oder erfreute sich an Küken[681].

Diese moralische Bildergalerie sucht den dramatischen Effekt: Sie geht aber dann leicht vom Komischen zum Makabren über, vom findigen Sohn, der für seinen zahnlosen Vater die Nahrung kaut, zum heroischen Sohn, der, da er zu arm ist, um zugleich seine alte Mutter und sein kleines Kind zu versorgen, dieses so lange behält, wie seine Frau es an der Brust ernähren kann, sich mit dessen Entwöhnung aber anschickt, für das Kind ein Grab vorzubereiten: Der Himmel, der solche Tugend zu belohnen weiß, läßt ihn dabei einen Kessel mit Gold finden[682]. Alle diese kindischen und pedantischen Anekdoten riechen nach Schulmeisterei. Durch die Errichtung von Schulen an den Hauptorten und Marktflecken muß der Kaiser dafür sorgen, daß dem Volk Menschlichkeit (*jen*), Gerechtigkeit (*yi*) und Sitte (*li*) gelehrt wird, denn Erziehung bringt ein erhabenes sittliches Verhalten hervor. Das war die Überzeugung von Tung Chung-shu, die er ausführlich vor Kaiser Wu entwickelte und von der er ohne Zögern behauptete, daß sich auch die alten Kaiser in ihrer Praxis daran gehalten hätten: In der Tat findet sich in den unter den Han aufgemöbelten Ritualbüchern der Hinweis auf ein Schulprogramm aus ältester Zeit[683]: Nachdem die Instrumente mit Blut eingeschmiert und geweiht worden waren, leitete man das Schuljahr mit einem Konzert und der Speisung der Alten ein; dies war eine Gelegenheit, den Seelen der ehemaligen Professoren ein wenig Kresse zu opfern. Die Schüler sangen zunächst einige Strophen aus dem *Shih ching* und »zogen (dann) zum Schlagen der Trommel Bücher und Instrumente aus ihren Taschen. Sie machten sich mit Unterwürfigkeit an die Arbeit, (denn) der Stock aus Katalpa-Holz und die dornigen Ruten lagen bereit, Respekt einzuflößen«[684]. »Der Unterricht war nach den Jahreszeiten unterschiedlich ... im Frühling und Sommer lernte man, Schild und Lanze zu handhaben (das heißt, die militärischen Tänze zu tanzen); im Herbst und Winter, die Fasanenfeder und die Flöte zu halten (das heißt, die zivilen Tänze zu tanzen).«[685] Im Frühling sang man, während man im Herbst auf Saiteninstrumenten spielte. Im Herbst auch lernte man unter der Leitung von Zeremonienmeistern die Riten (*li*) in der Schule der Blinden, und im Winter erhielt man Geschichtsunterricht in der Hochschule. Das dauerte neun Jahre, und die Schüler mußten jedes Jahr eine Prüfung ablegen. Schon im ersten Jahr mußten sie beweisen, »daß sie die Sätze der Schriftsteller sinngemäß gliedern und die guten oder schlechten Tendenzen ihrer Gesinnung unterscheiden konnten. Beim Abschlußexamen zeigten sie, daß »sie die Ursache der Dinge verstanden und sie nach Kategorien einteilen konnten«. »Damit war ihre Ausbildung beendet«, und »festen Schritts machten sie sich auf den Weg der Pflicht.« Sie kannten nun die Sechs Wissenschaften [nämlich: 1. die fünf Arten von Riten; 2. die sechs Arten von Musik; 3. die fünf Arten, Pfeile zu schießen; 4. die fünf Arten, die Wagen zu lenken; 5. die sechs Schriftarten; 6. die neun Rechenmethoden], die Sechs Vorschriften der Etikette [nämlich: 1.

die Haltung des Opfernden (Umsicht); 2. die Haltung des Gastes (ehrerbietige Achtung); 3. die Haltung des Höflings (Eifer); 4. die Trauerhaltung (Ernst); 5. die Haltung des Soldaten (Strammheit); 6. die Haltung im Wagen (Wachsamkeit)], die Drei Tugenden (Aufrichtigkeit, Wachsamkeit, kindliche Ehrfurcht) und die Drei Fertigkeiten (kindliche Ehrfurcht, Freundschaft, Ehrerbietung gegenüber dem Meister). – In der Tat wissen wir nichts Genaues über die Schulen zur Feudalzeit und so gut wie nichts über jene unter der Han-Dynastie, außer, daß man in den ersten mit Hilfe praktischer Übungen das gute Benehmen lernte, wie es in den Pagenschulen gefordert wird, und daß man in den zweiten hauptsächlich rhetorische Übungen zu Fragen der richtigen Haltung und der Etikette veranstaltete. Wesentlicher Punkt ist, daß der Unterricht rein auf Büchern basierte: »Die Lehrer, die heutzutage unterrichten, begnügen sich, singend die Bücher zu rezitieren, die sie vor den Augen haben.«[686]

»Mit dreizehn Jahren konnte ich weben – Mit vierzehn Kleider nähen – Mit fünfzehn Laute spielen – Mit sechzehn die Lieder- und Geschichts-Klassiker lesen – Mit siebzehn wurde ich deine Frau.«[687] Dieser idyllische Liedbeginn zeigt, daß selbst von der Erziehung von Mädchen eine literarische Bildung gefordert wurde, um wieviel mehr noch von einem Mann, der die Laufbahn der Ehren ergreifen will. Nichts ist bezeichnender zu diesem Sachverhalt als gewisse Inschriften, in denen das Loblied von offiziellen Persönlichkeiten der Östlichen Han-Dynastie gesungen wird. So liest man zum Beispiel auf einer Stele, die zu Ehren von Wu Jung (gest. 167 n. Chr.) errichtet wurde: »Der ehrenwerte Verstorbene hatte als persönlichen Namen Jung und als Ehrenname Han-ho. Er widmete sich dem Studium des Lieder-Klassikers in der Fassung von Lu, von Meister Wei in Abschnitte und Sätze gegliedert. Schon bevor er die Großjährigkeitskappe verliehen bekam, lehrte und explizierte er. Er hatte umfassende Kenntnisse des *Hsiao ching* (Klassiker der kindlichen Ehrfurcht), des *Lun yü* (Gespräche des Konfuzius), der Geschichte der Han, der Aufzeichnungen des Historiographen (von Szu-ma Ch'ien), des Kommentars von Tso (*Tso chuan*), des *Kuo yü* (Reden der Reiche) und war mit den Feinheiten dieser Werke vertraut. Es gab nichts in diesen Schriften, was er nicht durchdrungen und erfaßt hätte. Lange Zeit besuchte er die Hochschule. Auf unergründliche Weise war er voll Erhabenheit und Würde. Es gibt wenige Menschen, die mit ihm vergleichbar wären. In der Zeit, die ihm seine Studien überließen, übernahm er öffentliche Funktionen und war der Reihe nach ... Als er sechsunddreißig Jahre alt wurde, bemerkte ihn der Gouverneur Ts'ai und empfahl ihn wegen seiner kindlichen Ehrfurcht und seiner Aufrichtigkeit an den Hof ... Er wurde in den Rang eines Stellvertretenden Kommandanten der Inneren Wache des Kaiserpalasts erhoben. Er hielt Ausschau nach dem, was feinsinnig war, und versuchte das Sichwidersetzende zu durchdringen – Er hatte wahrhaft zivilisatorische Fähigkeiten! Er hatte wahrhaft militärische Fähigkeiten!... – Seine Fahnen verbreiteten ein rotes Leuchten am Himmel! Es war wie das Krachen des Donners, wie ein Blitzschlag! – Die Klarheit, die er ausstrahlte, war schreckenverbreitend! Überwältigend, wenn er wie einTiger brüllte!«[688]

»Bereits zur Zeit von Kaiser Wu«, so schrieb Chavannes, »begann sich die Tendenz des chinesischen Geistes zu manifestieren, den Ursprung aller Weisheit in den klassischen Büchern zu suchen.«[689] Man muß hinzufügen: »und aller sozialen Tugenden«, eingeschlossen die der Tapferkeit, wie sie im Loblied auf Wu Jung zum Ausdruck kommt. Es ist sehr leicht möglich, daß diese ausschließliche Bedeutung, die der streng literarischen Kultur beigemessen wird, bereits spürbar älter ist, und es gibt sogar Gründe, anzunehmen, daß beherzte Männer sie für gefährlich angesehen haben. Wir wissen, daß Ch'in Shih Huang-ti sorgfältig darauf geachtet hatte, alle technischen Abhandlungen (über Medizin, Pharmazie, Landwirtschaft und Baumzucht) vor der Vernichtung zu bewahren, während er ausdrücklich das Buch der Lieder und das Buch der Geschichte ächten ließ. Zweifellos war er der Meinung, daß die Dienste der klar spezialisierten Techniker für den entstehenden Staat notwendig waren, die von literarischen Anspielungen und historischen Präzedenzfällen gespickten Ansprachen jedoch weder in den Beratungen noch in der Schlacht eine wesentliche Hilfe darstellten. Die Verfasser von Pamphleten zu Beginn der Han-Zeit beschuldigten den Ersten Kaiser, »die Lehren der Hundert Schulen verbrannt zu haben, um die Schwarzhaarigen (= das Volk) zu *verdummen*«[690]. Die Han waren in der Tat bestrebt, im Recht der Ermahnung das einzige Übereinstimmungsprinzip zu sehen, das zwischen dem Herrscher und seinen Untertanen unter der Aufsicht des Himmels regieren muß. Bereits unter der Herrschaft von Kaiser Wu lenkte der Großratgeber Kung-sun Hung »die Minister und das Volk namens der Auslegung der Annalen von Konfuzius (*Ch'un ch'iu*)«[691]. Durch seine detaillierte Kenntnis der Fakten der alten Geschichte und der von der Natur ausgesandten entsprechenden Zeichen, die beide nach symmetrischen Kategorien geordnet sind[692], fühlte er sich im Besitz einer totalen sowohl physischen wie auch politischen Wissenschaft, die ihm erlaubte, Vorsichtsmaßregeln zu treffen und zu regieren. Es ist derselbe Kung-sun Hung, der durch die Wirkung des Beispiels die Menge der anmaßenden Reichen die Einfachheit der Sitten lehren wollte, die das Zeichen der Edlen sind. Herrscher und Untertanen mußten ihr Leben so gestalten, daß sie es mit dem ihrer Vorfahren vergleichen konnten. Den Reichen, deren Cliquenwirtschaft die Han zu fürchten hatten, erlegten sie eine Lehre der Zurückhaltung und ritueller Äußerlichkeiten auf. Diese Etikette hatte sich bewährt und zur Zügelung der Leidenschaften der Feudalherrn gedient, die sie in Edle umgewandelt hatte. Als die Han, im Gegensatz zu den Ch'in, ihr Volk anhielten, in die Fußstapfen der Alten zu treten und ein Leben in bedächtiger Ehrfurcht vor der Vergangenheit zu leben, hatten sie nicht die Absicht, *das Volk zu verdummen*, sondern sie wollten es zur Vernunft bringen. Unter den Trägern der neuen Klasse, die die reichgewordenen Städte bevölkerten, verurteilten sie die technischen Lehren, die nur den Geschmack an Reichtum und Stärke fördern konnten, und setzten an ihre Stelle, als Bedingung für die Erhebung in den Adelsstand, ein Leben, das vollständig der Lehre der klassischen Bücher gewidmet ist.

Schlußfolgerungen

Um dieses Buch abzuschließen, müßte ich versuchen, den Geist der chinesischen Sitten zu definieren. Doch kann ich das überhaupt, bevor ich die Umrisse einer chinesischen Ideengeschichte gezeichnet habe? Diese Schlußfolgerungen werden ihren Platz erst am Ende des Buches finden, das diesem folgen wird. Jedoch mußte ich im vorliegenden Band, in dem die Sozialgeschichte das Schwergewicht bildet, besonders das Charakteristische an der typisch chinesischen Lebensordnung betonen. Ihre aus dem Zusammenhang gerissene Darstellung läuft Gefahr, einen Eindruck zu vermitteln, den es zweifellos sofort zu korrigieren gilt.

Der beherrschende Zug in der Familienorganisation ist das Fehlen von Vertrautheit. Dies war zunächst ein wesentlicher Aspekt der Beziehungen zwischen Ehemann und Ehefrau sowie zwischen Vater und Sohn, der später die Regel für alle Beziehungen innerhalb der Familie geworden zu sein scheint. Die von der Vorstellung der Ehrfucht beherrschte Moral in der Familie ist schließlich gleichzusetzen mit einem Zeremoniell des Familienlebens. Zum andern scheinen die gesellschaftlichen Beziehungen, die ursprünglich vom Geist des Wettstreits und der Sucht nach Prestige bestimmt waren, schließlich von der exklusiven Vorliebe für Äußerlichkeiten gelenkt zu sein: die moralischen Kategorien der Gesellschaft richten sich nach einem zeremoniösen Höflichkeitsideal aus und steuern lediglich darauf hin, zwischen den Menschen ein protokollarisches Beziehungssystem zu errichten, das die Bewegungen festlegt, die jedem Alter, jedem Geschlecht, jeder sozialen Bedingung und jeder gegebenen Lage entsprechen. Im politischen Leben schließlich, wo man am Ende dazu schritt, das Prinzip der Regierung durch das historische Vorbild zu propagieren, schien man allem durch den Anspruch, einem traditionalistischen Konformismus zu folgen, Genüge zu tun. Und so scheint zu einer Zeit wie etwa den Anfängen der kaiserlichen Ära, in der die chinesische Zivilisation eine bestimmte Reife erreicht hat, alles dazu beizutragen, die Herrschaft des Formalismus manifest zu machen.

Doch wie weit reicht dieses System an archaisierenden Konventionen tatsächlich, mit dem man behauptet, das gesamte Leben einer Nation lenken zu können? Ist es wirklich wahr, wie man versucht sein könnte zu glauben, daß unter seinem Einfluß die sittlichen Grundsätze der Chinesen verarmten und ausgehöhlt wurden? Oder ist es gar sicher, daß dies die Auswirkungen auf die offiziellen Klassen waren, die sich fest entschlossen dem Kult des Konformismus verschrieben haben, auf dessen Grundlage allein *der Edle* geschaffen werden kann? Muß man seine Ansicht bereits an diesem Punkt festlegen, nachdem man nur die Propagandawerke und die Biographien berühmter Männer gelesen hat? Auch wenn man weiß, daß diese sich von den Lobreden beim Begräbnis herleiten und es der Gipfel an Arglosigkeit wäre, den Ton einer Predigt für eine gerechte Beurteilung zu halten, so kann man sich nur schwer dem Gefühl entziehen, daß sich die Sitten in China auf dem Wege einer fortschreitenden Austrocknung herausgebildet haben und daß die Spontaneität im sittlichen Bereich unter der wachsenden Last einer konventionellen Etikette vollkommen zum Erliegen kam. Allein eine Geschichte des Denkens kann uns spüren lassen, daß dagegen die konformistische Haltung, die die *Edlen* angenommen haben, zum Teil die Begründung in ihrer Hoffnung findet, dem Leben des Geistes eine Art geschützter Unabhängigkeit und grundlegender Formbarkeit zu bewahren.

Doch können wir bereits hier einige Faktoren angeben, aus denen klar wird, wo die Grenzen des formalistischen Ideals liegen. – Auf die Rolle des Mystizismus in den höfischen Kreisen haben wir schon hingewiesen, doch ist sie in den breiten Volksmassen nicht minder bedeutend. Wenn von ihm kaum die Rede ist, so aus dem Grund, weil sich die Dynastieannalen nur für das Leben am Hof und die hohen Persönlichkeiten interessieren. Die große mystische Krise des Jahres 3 v. Chr. (die zufällig wegen einer Episode im Hofleben aufgezeichnet wurde) war sicherlich keine vereinzelte Krise: Auch die wenigen Angaben, die wir über sie besitzen, zeigen alle, daß sich unter den Bauern gewisse mystische Ideale, die bis in die ältesten Zeiten zurückreichen, in vollkommener Frische erhalten haben. – Andrerseits scheint während der unruhigen Periode der Drei Reiche die alte Gesinnung der Feudalzeit mit einem Schlag ihre volle Stärke wiederzufinden: Man kann vermuten, daß sich in den großen, ländlichen Domänen, die während der Han-Zeit gebildet wurden, Lebensgewohnheiten und Grundlagen des Brauchtums erhalten haben, die zweifellos den alten, feudalzeitlichen Moralvorstellungen näher standen als das archaisierende Ideal, das durch die orthodoxe Lehrmeinung gefördert wurde. Bloß ist in den historischen Quellen nichts davon aufgezeichnet, und wir wissen nichts über die Fortdauer von feudalen Elementen im sozialen Leben. – Schließlich gibt die Geschichte praktisch keine Auskunft über die Entwicklung der Bräuche in den neuen städtischen Bereichen (einmal abgesehen von den Kreisen der Offiziellen). Doch hat sich gerade in diesem Milieu eine den Handelsleuten eigene Moral herausgebildet, die, wie es scheint, von einer Art Gildengesinnung und der Vorliebe für gerechte Abmachungen geprägt war. Man kann annehmen, daß ihr Einfluß auf die Gesamtheit des chinesischen Lebens beträchtlich war, doch auch hier wissen wir, was die Frühzeit anlangt, nichts oder fast nichts über das tatsächliche Leben der gewerbetreibenden Schichten, über die Rolle der Städte in der allgemeinen Ökonomie und über die Entwicklung des Rechts und der Moral in den Städten. Es wäre erstaunlich, wenn sie nicht Ideale entwickelt hätten, deren Einfluß spürbar wurden, und wenn sich ihre Aktivität auf den Gebrauch der orthodoxen Etikette beschränkt hätte. Man darf das Handeln der Offiziellen nicht unterschätzen, doch sei am Ende dieses Buches darauf hingewiesen, daß auf Grund einer aristokratischen Tradition der Geschichte die Aufzeichnung der Massenbewegungen vernachlässigt wurde. Mit der Kaiserzeit, die die alte Geschichte Chinas beschließt, erreichte die chinesische Zivilisation sicherlich ihre Reife, und obgleich die Träger der Orthodoxie sie in Würde erstarren lassen wollten, indem sie mit wachsender Strenge die traditionellen Ideale definierten, bleiben in ihr zahlreiche junge Kräfte erhalten.

Anmerkungen

Einführung

1 Zu Granets Leben vgl. Yang K'un 1939, S. 226 und *pass.*, sowie vor allem Freedman 1975, S. 1–29 *pass.* Dieser »Introductory Essay« zu Granets *La religion des Chinois* markiert auch einen Wendepunkt im wiedererwachten Interesse an Granet.

2 So ist im vorliegenden Buch der Abschnitt über die bäuerlichen Sitten eine Zusammenfassung der 1919, im Werk *Fêtes et chansons anciennes de la Chine* gebotenen *Shih-ching*-Analyse; der Abschnitt über die Gründung der Fürstentümer entspricht den detaillierten Untersuchungen in *Danses et légendes de la Chine ancienne* (1926); der Abschnitt über die Stadt des Fürsten ist in seinen wesentlichen Teilen in die 1936 in Oslo gehaltene Feudalismus-Vorlesung eingegangen (postum 1952 als *La féodalité chinoise*); der letzte Abschnitt – über die Gesellschaft zu Beginn der Kaiserzeit – ist als Konzeption schon in *Danses et légendes*... vorhanden, er wird aber dort ausdrücklich ausgespart, allerdings unter Hinweis auf die dazu verwendete Hauptquelle: Chavannes' Übersetzung des Wirtschaftskapitels aus dem *Shih chi* (S. 58). Das Ineinander-Verflochten-Sein des gesamten Werkes von Granet zeigt sich besonders klar darin, daß Granet sich in den verschiedensten Arbeiten mehrfach auf die Ergebnisse zweier Studien beruft, deren eine nur in Stichworten und postum veröffentlicht wurde (*Le roi boit*, 1952), während die andere, die unter dem Titel *La famille chinoise des temps féodaux* 1926 bereits »tout préparé« gewesen sein soll (*Danses et légendes*..., S. 4), in der geplanten Form nie publiziert worden ist. (In *Die chinesische Zivilisation* entspricht wohl das vierte Kapitel des dritten Buches – »Das Leben in der Familie« – diesem Projekt.) Aufschlußreich ist schließlich, daß Freedman die entspricht wohl das vierte Kapitel des dritten Buches – »Das Leben in der Faohne eine einzige Fußnote vorgelegt worden war, mit einem zwanzigseitigen Anmerkungsapparat versehen konnte, der größtenteils auf Granets Werke Bezug nimmt.

3 Rolf Stein, »Présentation de l'œuvre posthume de Marcel Granet: ›Le roi boit‹«, in: *Année sociologique*, 3e série, 1952, S. 9.

4 Siehe Granets theoretische Einleitung zu: *Danses et légendes*...; vgl. Yang K'un 1939, S. 227 f., 230 sowie Freedman 1975, *pass.* Granets Publikationen enthalten auch einen (mir nicht erreichbaren) Aufsatz »La sociologie religieuse de Durkheim«, in: *Europe*, no. 86, 1930, S. 287–292, dazu vgl. Freedman 1975, S. 18 f.

5 Von Granets Hauptwerken ist *Fêtes et chansons*... der Erinnerung an Durkheim (und an Chavannes), *Danses et légendes*... dem kongenialen Durkheim-

Schüler und Fortführer der Durkheimschen Tradition, Marcel Mauss, gewidmet.

6 Lévi-Strauss 1947, S. 517.

7 Die Jahrgänge dieser 1896 gegründeten Zeitschrift, deren Titel synonym für die Durkheim-Schule stehen könnte, stellten für Granet eine Art Kompendium der Sozialwissenschaften dar. Vgl. Yang K'un 1939, S. 230; Freedman 1975, S. 12.

8 Daß Granet, dessen Werke keine oder nur sehr dürftige Hinweise auf die wissenschaftliche Literatur enthalten, in Wirklichkeit ein hervorragender Kenner der gesamten (nicht nur der China betreffenden!) soziologischen Forschung seiner Zeit war, ist belegt (Freedman 1975, S. 17 f., 24 und *pass.*). Auch mehrere in *Die chinesische Zivilisation* behandelte Fragen gehörten zu der von der Durkheim-Schule anhand anderer – vorwiegend ethnologischer – Materialien angeschnittenen Problematik: So etwa die Totemismusfrage und die Konzeption der Embleme (siehe Durkheim, *Les formes élémentaires de la vie religieuse*, 1912; vgl. auch *Danses et légendes* ..., S. 602–606 und *pass.*), die Potlatch-Feste (siehe Mauss 1925; vgl. *Danses et légendes* ..., S. 611–615), die bäuerlichen Feste und der Kult der Agrargottheiten (behandelt vor allem im griechischen Bereich durch den zur Durkheim-Schule gehörenden, mit Granet befreundeten Louis Gernet; vgl. Humphreys 1971, Freedman 1975, S. 5), zur Frage der Bruderschaften, »confréries«, (siehe ebenfalls die Hinweise von Humphreys 1971, *esp.* S. 179 auf L. Gernet; vgl. *Danses et légendes* ..., S. 606 bis 611 und *pass.*), die reziproken wirtschaftlichen Beziehungen, die sich aus dem Frauentausch ergeben (siehe Durkheim, »Sur le totémisme«, in: *Année sociologique*, Bd. 5, 1902), die Opferhandlungen und die Deutung von Reinigungsriten als Maßnahmen zur Ermöglichung des Übergangs zwischen profaner und sakraler Sphäre (siehe Hubert und Mauss, »Essai sur la nature et la fonction du sacrifice«, in: *Année sociologique*, Bd. 2, 1897–1898), die Rechts-Links-Dichotomie (siehe Robert Hertz, »La prééminence de la main droite«, in: *Revue philosophique*, Bd. 68, 1909; vgl. auch Granet, »La droite et la gauche en Chine«, 1933, abgedruckt in: *Études sociologiques sur la Chine*, Paris 1953), der Begriff der Zivilisataion (vgl. Mauss, »Le civilisations. Éléments et formes«, in: *Civilisation. Le mot et l'idée*, Paris 1930, S. 81–108 – ein Jahr nach Erscheinen von *La civilisation chinoise*) usw. Einen bibliographisch sehr reichhaltigen Überblick über die Arbeiten der Durkheim-Schule gibt Lévi-Strauss 1947; aus der nach Themen geordneten Literaturliste im Anhang von Humphreys 1971 werden die vielfältigen Querverbindungen in den Forschungen der Schüler Durkheims ersichtlich.

9 Selbstverständlich ist Granet – ebenso wie Durkheim (vgl. René König, »Über die Religionssoziologie bei Émile Durkheim«, in: *Probleme der Religionssoziologie*, Köln 1962, S. 39) und die Mehrheit der Forscher um die Jahrhundertwende – keineswegs frei von Elementen evolutionistischer Denkweise, die oft doch in die Annahme vorgefaßter Entwicklungsreihen mündet. Siehe z. B. *Danses et légendes* ..., S. 14 f., 58 f.; vgl. Freedman 1975, S. 22 f.; in seinen Schlußfolgerungen zu *Danses et légendes* ... erstellt Granet eine evolutionäre Sequenz: Totemismus/Bruderschaften/Potlatch/Stadt (S. 602–619), nach deren Abfolge auch *Die chinesische Zivilisation* strukturiert ist (vgl. Humphreys 1971, S. 195).

10 Typisch ist z. B. die programmatische Erklärung von Mauss 1925, S. 177 f.: »Wir haben es mit ›Ganzheiten‹ zu tun, mit gesellschaftlichen Systemen in ihrer

Gesamtheit ... Wir haben sie [die Gesellschaften] nicht beschrieben, als seien sie versteinert, ... (sie nicht) in Rechtsvorschriften, Mythen, Werte usw. zerlegt. Nur indem wir sie als Ganzheiten untersuchten, konnten wir ihr Wesen untersuchen ... Das Gegebene ist Rom oder Athen oder der durchschnittliche Franzose, der Melanesier dieser oder jener Insel, nicht aber das Gebet oder das Recht als solche.«

11 Bezeichnend ist z. B., wie Granet allein durch die Hervorhebung einzelner Textteile durch Kursivdruck, Sperren usw. lange Passagen aus chinesischen Quellen schon rein visuell strukturiert. Perfektioniert wird dieses Verfahren, das in gewissem Sinne Ansätze einer strukturalistischen Formalisierung zeigt, vor allem in *Danses et légendes* ...

12 Besonders scharf war z. B. das Urteil von Forke (»Besprechung von Granet: ›La civilisation chinoise‹«, in: *Orientalische Literaturzeitung*, Bd. 33, no. 11, 1930, S. 931), »daß der Dichter in Marcel Granet nur allzuoft den kritischen Philologen zum Schweigen bringt. Sein Werk liest sich wie ein interessanter Roman, aber es ist auch zum großen Teil nichts anderes.« – Zumindest verkennt Forke nicht, daß es auch einen kritischen Philologen Granet gab.

13 Jabłoński 1939, S. 245–247; R. Stein, »Jardins en miniature d'Extrême-Orient«, in: *Bulletin de l'École Française de l'Extrême Orient*, Bd. 42, 1943, S. 2.

14 Daß zwei der hervorragendsten Kenner und Erforscher der chinesischen Mythen und Legenden wie Granet und Karlgren jeweils die Fruchtbarkeit des unterschiedlichen Ansatzes des anderen anerkennen, ist mehr als erstaunlich. Vgl. die theoretische Einleitung zu *Danses et légendes* ..., die eine grundsätzliche Abwertung nur-philologischer Methoden in der Mythenforschung beinhaltet, und die geharnischte Verdammung von Granet durch Karlgren, gleichsam als Antwort auf diese Vorwürfe (Karlgren, »Legends and Cults in Ancient China«, in: *Bulletin of the Museum of Far Eastern Antiquities*, no. 18, 1946, S. 346 f.).

15 Charakteristischerweise bevorzugte er bei Zitaten aus chinesischen Klassikern die in philologischer Hinsicht naivere Übersetzung von Couvreur, obwohl er sich auf textkritisch fortgeschrittene Übersetzungen – etwa von Legge – hätte stützen können. »Sie (Couvreurs *Shih-ching*-Übersetzung) hat das sehr große Verdienst, die traditionelle Interpretation zu geben.« (Granet, »Coutumes matrimoniales de la Chine antique«, 1912, wiederabgedruckt in: *Études sociologiques sur la Chine*, S. 64).

16 Stein, »Présentation de ... ›Le roi boit‹«, 1952, S. 10 und S. 21 (= Zitat aus Granet 1939, S. 127).

17 Mills 1963; Meyer Fortes, »Pietas in Ancestor Worship«, in: *Journal of the Royal Anthropological Institute*, Bd. 91, 1961, und verschiedene Publikationen von Freedman.

18 Vor allem die Kapitel XIX–XXI und *pass.* Die grundlegende Unterscheidung in eingeschränkten und verallgemeinerten Frauentausch (Lévi-Strauss: échange restreint und échange généralisé) ist bereits in Granet 1939 – und im Kern auch in *Die chinesische Zivilisation* – *herausgearbeitet* (Granet spricht von chassé croisé und échange différé). Zu Lévi-Strauss' besonderer Anerkennung von Granet siehe sein *Mythologica I, Das Rohe und das Gekochte*, S. 30. Lévi-Strauss übernahm nur bestimmte Ergebnisse von Granet, während er andere verwarf oder umdeutete. Zu diesem nicht unproblematischen Verfahren – das auch von sinologischer Seite kritisch überprüft werden sollte – vgl.

de Josselin de Jong, *Lévi-Strauss's Theory on Kinship and Marriage*, Leiden 1952, S. 52 f.

19 Humphreys 1971, S. 195 f.; Joachim Schickel, »In Emblemen denken, sprechen, dichten«, 1963, abgedruckt in: Schickel, *Große Mauer, große Methode*, Stuttgart 1968, S. 133–149; die Zeitschrift *Tel Quel*, no. 48/49, 1972, S. 3–7; siehe auch den bemerkenswerten Aufsatz von Mills 1963.

Text

1 *Li chi*, C., Bd. II, S. 190–191.
2 Granet, *Fêtes et chansons anciennes de la Chine*, S. 257; ders., *La religion des Chinois*, S. 31.
3 Ders., »Coutumes matrimoniales de la Chine antique«, S. 543, Ders., *Danses et légendes de la Chine ancienne*, S. 330, Anm. 1.
4 Vgl. dagegen Maspero, *La Chine antique*, S. 117 f.
5 Granet, *Fêtes et chansons* ..., S. 126.
6 Ebenda, S. 44 und 97.
7 Ebenda, S. 127.
8 Ders., *Danses et légendes* ..., S. 17, Anm. 2.
9 *Lun heng*, Forke, »Lun Heng. Selected Essays of the Philosopher Wang Ch'ung«, Bd. I, S. 69.
10 Dies ist in unseren Tagen noch häufig der Fall, und die Hochzeiten der Bauern vereinen im allgemeinen Ehepartner aus verschiedenen Dörfern.
11 Granet, *Danses et légendes* ..., S. 155, Anm. 1 (Ende). Vgl. Forke, »Lun Heng ...«, Bd. II, S. 410
12 Granet, *La polygnie sororale et le sororat dans la Chine féodale*, S. 10, 43 und 65.
13 *Erh ya*, Kap. IV [= Gelehrte Auslegungen, ältestes chinesisches Wörterbuch, das chou-zeitliches Material enthält, doch wahrscheinlich erst im 2. Jhd. v. Chr. niedergeschrieben wurde. Übers.]. Granet, *La polygynie sororale* ..., S. 45.
14 Ders., *Danses et légendes* ..., S. 157.
15 *Yi li*, Steele, *I Li, or the Book of Etiquette and Ceremonial*, Bd. I, S. 19.
16 Das gilt sogar für die modernen Zeiten. Vgl. Hoang, »Notions techniques sur la propriété en Chine«, S. 9 und 10.
17 *Kuo yü*, Kap. II [= Reden der (Feudal-)Staaten, historische Materialien aus der Späteren Chou-Zeit, Abfassung chou- bis han-zeitlich. Übers.] Granet, *Fêtes et chansons* ..., S. 209 f. Vgl. dagegen *Maspero, La Chine antique*, S. 125, Anmerkung 2.
18 *Tso chuan*, C., Bd. III, S. 437, 28. Jahr des Chao kung; ebenda, S. 752, 24. Jahr des Ai kung; Granet, *Danses et légendes* ..., S. 13.
19 *Erh ya*, Kap. IV.
20 Ebenda, Kap. IV.
21 *Li chi*, C., Bd. I, S. 676; Granet, »Coutumes matrimoniales ...«, S. 36.
22 Ders., *Fêtes et chansons* ..., S. 207.
23 Ebenda, S. 37.
24 *Erh ya*, Kap. IV.
25 Granet, *Fêtes et chansons* ..., S. 138 f.
26 Ders., »Coutumes matrimoniales ...«, S. 543 f.
27 Ders., *Fêtes et chansons* ..., S. 43 und 122.

28 Ebenda, S. 203 f.
29 *Chia yü*, Kap. XIV [= Schulgespräche (des Konfuzius); Kompilation früherer Quellen aus dem 2. Jhd. n. Chr., Übers.]. *Shuo yüan*, Kap. XVIII [= Garten von Reden; um Chr. Geb., von Liu Hsiang. Übers.]. Granet, *Danses et légendes* ..., S. 552, Anm. 2.
30 Ders., *Fêtes et chansons* ..., S. 283 und Anhang III.
31 Ebenda, S. 292.
32 Ebenda, S. 117.
33 Ebenda, S. 49, 98, 104 und 105.
34 Ebenda, S. 286.
35 Ebenda, S. 122.
36 Ebenda, S. 102 und Anhang I.
37 Ebenda, S. 61 und ders., *Danses et légendes* ..., S. 94, Anm. 1.
38 *Shih ching*, C., S. 142; *Tso chuan*, C., Bd. III, S. 518, 4. Jahr des Ting kung; Granet, *Danses et légendes* ..., S. 131.
39 Ebenda, S. 290; *Li chi*, C., Bd. I, S. 671.
40 *Shih ching*, C., S. 165. Über den feudalen Aspekt des Opfers an das Eis und an die Kälte vgl. *Tso chuan*, C., Bd. III, S. 71, 4. Jahr des Chao kung, und Granet, *Danses et légendes* ..., S. 330, Anm. 1.
41 *Li chi*, C., Bd. I, S. 596, und Granet, *Fêtes et chansons* ..., S. 185.
42 *Li chi*, C., Bd. I, S. 386 f.
43 Ebenda, Bd. I, S. 401, und Granet, *Fêtes et chansons* ..., S. 187.
44 *Tso chuan*, C., Bd. III, S. 71, 4. Jahr des Chao kung.
45 Granet, *Danses et légendes* ..., S. 323 f.
46 Ders., *Fêtes et chansons* ..., S. 180 f.
47 Ders., *Danses et légendes* ..., S. 321.
48 Ders., *Fêtes et chansons* ..., S. 183 f.; *Li chi*, C., Bd. II, S. 655 f.
49 *Hsia hsiao cheng*, 2. Monat [= Kleiner Kalender der Hsia, das 47. Kap. des *Ta Tai li chi* (Abfassungszeit ca. 1. Jhd. n. Chr.); das Kapitel ist eine Art Bauernkalender, der auf das 5./4. Jhd. v. Chr. zurückgehen dürfte. Übers.].
50 Granet, *Fêtes et chansons* ..., S. 191 f.
51 Ders., »La vie et la mort. Croyances et doctrines de l'antiquité chinoise«, und ders., *La religion des Chinois*, S. 23.
52 *Ch'un ch'iu fan lu*, Kap. XVII [= Kette von Perlen zum *Ch'un ch'iu*. ca. 135 v. Chr., von Tung Chung-shu. Übers.].
53 Granet, *Fêtes et chansons* ..., S. 156.
54 Ders., »Le dépôt de l'enfant sur le sol«, S. 55, und ders., *La religion des Chinois*, S. 26. Vgl. dagegen Masson-Oursel & Kia Kien-tchou, »Yin Wen-tseu«, S. 161; Grube, *Religion und Cultus der Chinesen*, S. 35; Chavannes, *Le T'ai chan*, S. 524.
55 Granet, *Fêtes et chansons* ..., S. 173 und 192 f.
ist. Die Übersetzung versucht die im Chinesischen angelegte und von Granet aufgenommene Ambivalenz im Deutschen zu bewahren. Anm. d. Übers.]
56 *Li chi*, C., Bd. I, S. 53.
57 *Tso chuan*, C., Bd. I, S. 148, 10. Jahr des Chuang kung; Granet, *Danses et légendes* ..., S. 8.
58 *Po hu t'ung*, Kap. XII [= Umfassende Diskussionen in der Weißen-Tiger-Halle, von Pan Ku, ca. 80 n. Chr. Übers.]. Granet, *La polygynie sororale* ..., S. 41.
59 *Shih ching*, C., S. 184.

60 [Im Original: *chefferies*. – Granets Gebrauch von Titel oder Rangbezeichnungen (wie *chef, seigneur, souverain, prince, roi, fils du ciel etc.*) verweist – außer im genau festgelegten, historischen Kontext von Zitaten – nicht auf ein bestimmtes institutionalisiertes System, dessen Darstellung bei den wechselvollen Ereignissen des behandelten Zeitraums eine eigene Untersuchung erfordern würde. Entsprechend den chinesischen Quellen ist jedes Oberhaupt *chu* (ob Herr der Familie, Häuptling, Fürst, Lehnsherr oder Kaiser) Träger einer bestimmten Kraft und Herrschaftswürde, so wie umgekehrt jeder Edle (*chün-tzu*, der Mann, der moralische Integrität besitzt und Autorität verkörpert) auch von vornehmen Stand (*chün-tzu*, wörtlich: der Sohn des Fürsten)
61 Granet, *Danses et légendes* ..., S. 469, Anm. 2.
62 *Mo tzu*, Kap. VIII; Granet, a. a. O., S. 447.
63 *Shu chuan*, in: Chavannes, *Le T'ai chan*, S. 475; *Tso chuan*, C., Bd. III, S. 335, 21. Jahr des Chao kung; Granet, a. a. O., S. 444 und 452, Anm. 2.
64 *Huai-nan tzu*, Kap. VII; *Tso chuan*, L., S. 665, 16. Jahr des Chao kung; Granet, a. a. O., S. 442, Anm. 1, und ders., *Fêtes et chansons* ..., S. 193.
65 Ders., *Danses et légendes* ..., S. 450 f.
66 Ebenda, S. 457 f.; *Tso chuan*, L., S. 446, 10. Jahr des Hsiang kung.
67 *MH*, Bd. I, S. 278; Granet, *Fêtes et chansons* ..., S. 195.
68 *Shih ching*, C., S. 396; Granet, a. a. O., S. 198.
69 *MH*, Bd. I, S. 173; *Chu shu chi nien*, Kap. V [= Bambusannalen, ca. 3. Jhd. v. Chr. Übers.]; Granet, a. a. O., S. 166.
70 Ders., *Danses et légendes* ..., S. 449.
71 *MH*, Bd. I, S. 450; Granet, *Danses et légendes* ..., S. 360; *Lung heng*, Forke, »Lun Heng ...«, Bd. II, S. 22 und 340.
72 Granet, *Fêtes et chansons* ..., S. 35.
73 *Shih ching*, C., S. 115; Granet, *Danses et légendes* ..., S. 115, Anm. 1.
74 Über die Hsia und den Drachen vgl. Granet, a. a. O., S. 554 f.
75 *Lun heng*, Forke, a. a. O., Bd. II, S. 163.
76 *Tso chuan*, L., S. 675, 19. Jahr des Chao kung.
77 Granet, *Danses et légendes* ..., S. 480, Anm. 3.
78 Ders., *Fêtes et chansons* ..., S. 105.
79 *Lun yü*, L., Kap. XI, 15; *Lun heng*, Forke, a. a. O., Bd. II, S. 333.
80 *Tso chuan*, L., S. 294, 3. Jahr des Hsüan kung; *MH*, Bd. IV, S. 463; Granet, *Fêtes et chansons* ..., S. 200 f.
81 *Tso chuan*, C., Bd. II, S. 436, 25. Jahr des Hsiang kung; *Shih ching*, C., S. 347 und 462.
82 *Li chi*, C., Bd. II, S. 367 f.; ebenda, S. 651.
83 Ebenda, S. 650.
84 Ebenda, S. 320 f.
85 Granet, *La polygynie sororale* ..., S. 39.
86 *Tso chuan*, C., Bd. III, S. 390, 23. Jahr des Chao kung; Granet, *Fêtes et chansons* ..., S. 159.
87 Ebenda, S. 263.
88 *Shih ching*, C., S. 20.
89 *Li chi*, C., Bd. I, S. 341; Granet, »Le dépôt de l'enfant sur le sol«, S. 24 f.
90 Ders., *Danses et légendes* ..., S. 569 f.
91 Ebenda, S. 563 f.
92 Zur Hierogamie der Schmelzer vgl. Granet, *Danses et légendes* ... S. 498 f.
93 *Tung-ching fu* [= Poetische Beschreibung der Östlichen Hauptstadt, von

Chang Heng (78–139). Übers.]; *Shan hai ching*, Kap. XVII [= Klassisches Buch über die Berge und Flüsse, chou- und han-zeitliches Material. Übers.].

94 *MH*, Bd. IV, S. 361.

95 *Tso chuan*, C., Bd. I, S. 327; 21. Jahr des Hsi kung; *Li chi*, C., Bd. I, S. 261.

96 Granet, *Danses et légendes* . . ., S. 469 f.

97 Szu-ma Ch'ien, *Shih chi*, Kap. CXXVI; Granet, a. a. O., S. 474.

98 *MH*, Bd. III, S. 452, und Szu-ma Ch'ien, *Shih chi*, Kap. XV; Granet, a. a. O., S. 477.

99 *Mo tzu*, Kap. XI.

100 *Po wu chih*, Kap. II [= Bericht von der Untersuchung der Dinge, ca. 290 n. Chr., von Chang Hua. Übers.]; Chavannes, *Mission archéologique dans la Chine septentrionale*, Bd. I, S. 79; Granet, *Danses et légendes* . . ., S. 343 f.

101 Ebenda, S. 351, 354, 492, 504.

102 *Shan hai ching*, Kap. XVII; Granet, *Danses et légendes* . . ., S. 353.

103 Ebenda, S. 357.

104 Ebenda, S. 532, 536; S. 548, Anm. 2.

105 Ebenda, S. 387; S. 548, Anm. 2; S. 603.

106 Im gesamten folgenden Abschnitt stütze ich mich auf Material, das ich in einem Werk, das in Vorbereitung ist, im Detail zu untersuchen gedenke. In diesem Werk *Le roi boit* möchte ich die Präzedenzfälle der Vorstellung von Herrschaftswürde analysieren. [Postum von R. A. Stein in: *L'année sociologique*, 3e série, 1952, herausgegeben. Übers.].

107 *Huai-nan tzu*, Kap. XIII; Granet, *Danses et légendes* . . ., S. 377.

108 Ebenda, S. 536 f., 523 f., 543, 544, Anm. 2 und 3.

109 Ebenda, S. 617.

110 *MH*, Bd. I, S. 74.

111 *Chu shu chi nien*, Kap. II.

112 *Shu ching*, in *MH*, Bd. I, S. 150 f.

113 *Huai-nan tzu*, Kap. I; Granet, *Danses et légendes* . . ., S. 359.

114 *Ch'un ch'iu fan lu*, Kap. VII.

115 Granet, a. a. O., S. 272.

116 Ebenda, S. 273 f.

117 *MH*, Bd. II, S. 70, Anm. 1; Granet, *Danses et légendes* . . ., S. 293 f.

118 Ebenda, S. 413, 427.

119 Ebenda, S. 242 f.

120 Ebenda, S. 245 f., S. 265 f.

121 Ebenda, S. 243, 269.

122 Ebenda, S. 299 f.

123 Ebenda, S. 213 f.

124 Ebenda, S. 294.

125 Vgl. oben den Wettkampf zwischen Huang-ti und seinem Minister Ch'ih-yu.

126 *Mo tzu*, Kap. III; Granet, *Danses et légendes* . . ., S. 273.

127 Angenommen seien drei Generationen in einem Paar von exogamen Familien, die sich in jeder Generation durch Heirat verbinden (Kreuzvettern, -kusinen). – Die Großbuchstaben bezeichnen die Frauen, die Kleinbuchstaben die Männer. Die Indexzahl gibt die Generation an; der Pfeil verbindet einen Ehemann und eine Ehefrau.

$a^1A^1 \leftarrow \quad \rightarrow b^1B^1$

$A^2a^2 \leftarrow \quad \rightarrow B^2b^2$

$a^3A^3 \leftarrow \quad \rightarrow b^3B^3$

(Der Name wird durch die Frauen übertragen)

Ich bin b^3. Meine Mutter, die mir ihren Namen übertragen hat, ist B^2, die Ehefrau von a^2; a^2, mein Vater, trägt einen anderen Familiennamen als ich.

Mein Vater (a^2) hat A^1 zur Mutter, die Ehefrau von b^1, der der Vater meines Vaters ist; b^1, mein agnatischer Großvater, trägt den gleichen Familiennamen wie ich.

Mein agnatischer Großvater (b^1), der Bruder von B^1, hat b^2 (den Sohn von B^1) als uterinen Neffen; b^2, der Bruder von meiner Mutter B^2, ist mein (b^3) Onkel mütterlicherseits. Ich bin zugleich der Enkel von b^1 in agnatischer Linie und sein Großneffe in uteriner Linie; b^1 ist zugleich mein agnatischer Großvater und mein Großonkel mütterlicherseits.

128 Angenommen seien drei Generationen in einem Paar von Familien. Die Symbole sind die gleichen wie im vorhergehenden Schema.

$A^1a^1 \leftarrow \quad \rightarrow B^1b^1$
$A^2a^2 \leftarrow \quad \rightarrow B^2b^2$
$A^3a^3 \leftarrow \quad \rightarrow B^3b^3$

(Der Name wird durch die Frauen übertragen)

Ich bin a^2, Sohn von A^1; ich bin der Ehemann von B^2, der Tochter von B^1, und B^1 ist die Ehefrau von a^1; a^1 ist der Vater meiner Frau (B^2) und auch der Bruder meiner Mutter (A^1).

Ich bin a^2, der Ehemann von B^2, der Mutter von B^3; B^3 ist die Ehefrau von a^3; a^3 (Sohn meiner Schwester A^2), der mein uteriner Neffe ist, ist auch der Ehemann meiner Tochter (B^3).

129 Angenommen seien drei Generationen in einem Paar von Familien. Die Symbole sind die gleichen wie in den vorhergehenden Schemata. Die Mitglieder der Gruppe aA werden zweimal aufgeführt, um die doppelte Heirat anschaulich zu machen, die sie in jeder Generation mit der Gruppe bB vereint.

$a^1A^1 \leftarrow \quad \rightarrow b^1B^1 \leftarrow \quad \rightarrow a^1A^1$
$a^2A^2 \leftarrow \quad \rightarrow b^2B^2 \leftarrow \quad \rightarrow a^2A^2$
$a^3A^3 \leftarrow \quad \rightarrow b^3B^3 \leftarrow \quad \rightarrow a^3A^3$

(Der Name wird durch die Männer übertragen)

Ich bin b^3. Mein Vater ist b^2 (aus derselben Gruppe wie ich) und mein agnatischer Großvater ist b^1 (wie im uterinen System).

Mein agnatischer Großvater b^1 (der Bruder von B^1, die die Ehefrau von a^1 und die Mutter von a^2 ist) ist der Onkel mütterlicherseits von a^2; b^1 hat B^2 zur Tochter, die die Ehefrau von a^2 ist. Er hat also seinen uterinen Neffen zum Schwiegersohn.

a^2 (der uterine Neffe und Schwiegersohn von b^1, meinem agnatischen Großvater) ist der Bruder von A^2; A^2 ist die Ehefrau von b^2, der mein (b^3) Vater ist; a^2 ist auch der Vater meiner Frau A^3. Ich bin der uterine Neffe und Schwiegersohn desjenigen (a^2), der der uterine Neffe und Schwiegersohn meines Großvaters ist.

130 Granet, *Danses et légendes* ..., S. 417 f.

131 Ebenda, S. 404 f.

132 *Tso chuan*, C., Bd. III, S. 478, 32. Jahr des Chao kung; Granet, a. a. O., S. 614.

133 Ebenda, S. 291, 424 f., 413 f., 580 f.

134 *MH*, Bd. II, S. 45; *Tso chuan*, C., Bd. I, S. 470, 6. Jahr des Wen kung; Granet, a. a. O., S. 219.

135 *Tso chuan*, C., Bd. II, S. 205, 4. Jahr des Ch'eng kung; Granet, a. a. O., S. 164.

136 Ebenda, S. 162 f., S. 536 f.

137 *MH*, Bd. I, S. 202, Anm. 2; und Bd. II, S. 307.
138 Granet, a. a. O., S. 257 f.
139 *Lü shih ch'un ch'iu*, Kap. IX, § 6; *Shan hai ching*, Kap. V, XIV.
140 *Chuang tzu*, Wieger, *Les pères du système taoïste*, S. 363; *Kuan tzu*, Kap. XIV; *Shan hai ching*, Kap. II, III.
141 *Lü shih ch'un ch'iu*, Kap. XX, § 6; Granet, *Danses et légendes . . .*, S. 269 f.
142 *MH*, Bd. IV, S. 307.
143 *MH*, Bd. IV, S. 268.
144 *MH*, Bd. IV, S. 323.
145 *Tso chuan*, C., Bd. I, S. 66, 1. Jahr des Huan kung.
146 *MH*, Bd. II, S. 154.
147 *MH*, Bd. IV, S. 288.
148 *MH*, Bd. IV, S. 40 und 49.
149 *Tso chuan*, C., Bd. I, S. 413, 29. Jahr des Hsi kung.
150 Ebenda, Bd. II, S. 229 f., 8. Jahr des Hsiang kung.
151 Granet, *Danses et légendes . . .*, S. 136 f.
152 *Tso chuan*, C., Bd. I, S. 300, 15. Jahr des Hsi kung.
153 Ebenda, Bd. I, S. 319–321, 19. Jahr des Hsi kung; Granet, a. a. O., S. 146.
154 *MH*, Bd. V, S. 312; *Shu i chi* [= Aufzeichnung von Merkwürdigkeiten, von Jen Fang, 6. Jhd. n. Chr. Übers.]; Granet, a. a. O., S. 348.
155 *MH*, Bd. I, S. 53 und 73.
156 *Li chi*, C., Bd. II, S. 313; Granet, a. a. O., S. 88, Anm. 1.
157 *MH*, Bd. I, S. 269; Granet, *Fêtes et chansons . . .*, S. 189.
158 Granet, *Danses et légendes . . .*, S. 336, Anm. 3.
159 *Tso chuan*, C., Bd. III, S. 583, 14. Jahr des Ting kung.
160 Ebenda, Bd. I, S. 339, 23. Jahr des Hsi kung.
161 Ebenda, Bd. II, S. 507, 28. Jahr des Hsiang kung.
162 *MH*, Bd. IV, S. 51.
163 *Tso chuan*, C., Bd. II, S. 254, 10. Jahr des Hsiang kung; ebenda, Bd. I, S. 257, 5. Jahr des Hsi kung; Granet, *Danses et légendes . . .*, S. 457.
164 *Tso chuan*, C., Bd. II, S. 139, 16. Jahr des Ch'eng kung.
165 Ebenda, Bd. II, S. 431, 25. Jahr des Hsiang kung.
166 *Yi li*, C., S. 124 f.; Granet, a. a. O., S. 91, Anm. 1.
167 *Tso chuan*, C., Bd. I, S. 356, 24. Jahr des Hsi kung.
168 Ebenda, Bd. III, S. 113, 5. Jahr des Chao kung; und ebenda, Bd. III, S. 671, 11. Jahr des Ai kung.
169 Granet, *Danses et légendes . . .*, S. 583 f.
170 *Tso chuan*, C., Bd. III, S. 289, 18. Jahr des Chao kung.
171 *Shih ching*, C., S. 285.
172 *MH*, Bd. I, S. 154 und S. 85.
173 *Chou li*, Biot, *Le Tcheou li ou les Rites des Tcheou*, Bd. I, S. 85.
174 *Yi li*, S. 443, und Granet, *Danses et légendes . . .*, S. 159.
175 *Tso chuan*, C., Bd. III, S. 478, 32. Jahr des Chao kung.
176 *Shih ching*, C., 57, 346, 361.
177 Ebenda, S. 57 und 397; *Tso chuan*, C., Bd. I, S. 200, 29. Jahr des Chuang kung, und ebenda, Bd. II, S. 330, 17. Jahr des Hsiang kung.
178 *Mo tzu*, und Chavannes, *Le T'ai chan*, S. 472.
179 *Tso chuan*, C., Bd. II, S. 494, 27. Jahr des Hsiang kung, und ebenda, Bd. I, S. 198, 28. Jahr des Chuang kung.
180 Ebenda, Bd. II, S. 330, 17. Jahr des Hsiang kung.

181 *Shih ching*, C., S. 221.
182 *Tso chuan*, C., Bd. II, S. 472, 26. Jahr des Hsiang kung.
183 Ebenda, Bd. I, S. 502, 503, 11. Jahr des Wen kung, und ebenda, Bd. II, S. 471, 26. Jahr des Hsiang kung.
184 Ebenda, Bd. I, S. 51, 10. Jahr des Yin kung, ebenda, Bd. I, S. 533, 16. Jahr des Wen kung, und ebenda, Bd. III, S. 611, 12. Jahr des Ai kung.
185 Chavannes, *Le T'ai chan*, Anhang, und S. 437 f.
186 *Shih ching*, C., S. 438, 222.
187 *Tso chuan*, C., Bd. I, S. 185, 24. Jahr des Chuang kung, und ebenda, S. 70, 2. Jahr des Huan kung.
188 Ebenda, Bd. III, S. 615, 3. Jahr des Ai kung, und ebenda, Bd. I, S. 293, 15. Jahr des Hsi kung.
189 Ebenda, Bd. I, S. 533, 16. Jahr des Wen kung.
190 Ebenda, Bd. III, S. 287, 18. Jahr des Chao kung, und ebenda, S. 719, 16. Jahr des Ai kung.
191 Granet, *Danses et légendes* ..., S. 126 f.
192 *Shih ching*, C., S. 221.
193 *Tso chuan*, C., Bd. I, S. 568, 2. Jahr des Hsüan kung.
194 Ebenda, Bd. II, S. 565, 31. Jahr des Hsiang kung.
195 Ebenda, Bd. III, S. 547, 8. Jahr des Ting kung.
196 Ebenda, Bd. III, S. 291, 18. Jahr des Chao kung.
197 Ebenda, Bd. II, S. 293, 14. Jahr des Hsiang kung, ebenda, Bd. III, S. 59, 60, 3. Jahr des Chao kung, und ebenda, S. 736, 17. Jahr des Ai kung.
198 Ebenda, Bd. II, S. 496, 17. Jahr des Hsiang kung, und ebenda, Bd. III, S. 713, 15. Jahr des Ai kung.
199 Ebenda, Bd. III, S. 613, 3. Jahr des Ai kung, und ebenda, Bd. II, S. 233, 9. Jahr des Hsiang kung.
200 Ebenda, Bd. I, S. 486, 7. Jahr des Wen kung, und ebenda, Bd. III, S. 737, 17. Jahr des Ai kung.
201 Ebenda, Bd. I, S. 371, 25. Jahr des Hsi kung.
202 Ebenda, Bd. II, S. 265, 10. Jahr des Hsiang kung.
203 *Shih ching*, C., S. 327, 362, und *Tso chuan*, C., Bd. II, S. 233, 9. Jahr des Hsiang kung.
204 *Shih ching*, C., S. 327, und *Tso chuan*, C., Bd. II, S. 55, 6. Jahr des Ch'eng kung.
205 *Tso chuan*, C., Bd. II, S. 549, 30. Jahr des Hsiang kung.
206 *Shih ching*, C., S. 328.
207 *Tso chuan*, C., Bd. I, S. 197, 28. Jahr des Chuang kung.
208 Ebenda, Bd. III, S. 267, 16. Jahr des Chao kung.
209 Ebenda, Bd. II, S. 239, 9. Jahr des Hsiang kung.
210 Ebenda, Bd. III, S. 543, 8. Jahr des Ting kung.
211 *Shih ching*, C., S. 362.
212 *Li chi*, C., Bd. I, S. 328.
213 Ebenda, Bd. I, S. 264 f.
214 Ebenda, Bd. I, S. 276.
215 Ebenda, Bd. I, S. 274.
216 Zur Bedeutung des Wortes *ming* vgl. eine unterschiedliche Deutung in Maspero, »Le mot ming«.
217 Granet, *Danses et légendes* ..., S. 159, Anm. 2.
218 *MH*, Bd. IV, S. 250, und *Tso chuan*, C., Bd. I, S. 217, 2. Jahr des Min kung.

219 *MH*, Bd. IV, S. 179.
220 *Granet, La religion des Chinois*, S. 143 f.
221 Ders., *Fêtes et chansons* . . ., S. 197.
222 [*Vertu* im französischen Text. Die Bedeutung der chinesischen Ausdrücke *te* und *tao-te* wird in wesentlichen Aspekten durch Begriffe wie *virtus* oder *mana* (auf den Granet selbst mehrfach verweist) abgedeckt. Je nach Kontext wird dieser Komplex im folgenden als Wirkkraft, Tugendkraft, Wirksamkeit oder einfach als Kraft oder Tugend übersetzt. Anm. d. Übers.]
223 Ebenda, S. 79.
224 *Shih ching*, C., S. 44.
225 *MH*, Bd. IV, S. 424.
226 *MH*, Bd. IV, S. 304.
227 *Tso chuan*, C., Bd. II, S. 50, 5. Jahr des Ch'eng kung.
228 *Chou li*, Biot, *Le Tcheou li ou les rites des Tcheou*, Bd. I, S. 201, und *MH*, Bd. I, S. 243 und 247. Eine gute Hauptstadt ist jene, um die herum die Entfernungsmaße »konstant bleiben«, die sich also im Mittelpunkt des Reinen Raums befindet.
229 *Shih ching*, C., S. 196.
230 *Tso chuan*, C., Bd. III, S. 71, 4. Jahr des Chao kung.
231 *MH*, Bd. IV, S. 225.
232 *Li chi*, C., Bd. I, S. 332 f., S. 641; *Tso chuan*, C., Bd. III, S. 37, 1. Jahr des Chao kung.
233 *Tso chuan*, C., Bd. II, S. 85, 10. Jahr des Ch'eng kung.
234 Ebenda, Bd. III, S. 325, 20. Jahr des Chao kung.
235 Ebenda, Bd. III, S. 38, 1. Jahr des Chao kung, und ebenda, S. 325, 20. Jahr des Chao kung.
236 *Li chi*, C., Bd. I, S. 587.
237 Granet, *La religion des Chinois*, S. 68 f.
238 *Tso chuan*, C., Bd. III, S. 142, 7. Jahr des Chao kung; Granet, *Danses et légendes* . . ., S. 18.
239 *Tso chuan*, C., Bd. I, S. 143, 8. Jahr des Chuang kung, und ebenda, Bd. III, S. 138, 7. Jahr des Chao kung.
240 *Li chi*, C., Bd. II, S. 270.
241 *Tso chuan*, C., Bd. II, S. 206, 4. Jahr des Hsiang kung.
242 *Li chi*, C., Bd. I, S. 96.
243 Ebenda, Bd. I, S. 104.
244 Ebenda, Bd. I, S. 704 und 706.
245 Ebenda, Bd. I, S. 685.
246 Ebenda, Bd. I, S. 715.
247 *MH*, Bd. IV, S. 251.
248 *Li chi*, C., Bd. I, S. 719.
249 Ebenda, Bd. I, S. 720.
250 *Tso chuan*, C., Bd. I, S. 153, 11. Jahr des Chuang kung.
251 Ebenda, Bd. II, S. 439, 25. Jahr des Hsiang kung.
252 Ebenda, Bd. II, S. 29–30, 2. Jahr des Ch'eng kung, und ebenda, S. 241, 9. Jahr des Hsiang kung.
253 Ebenda, Bd. II, S. 412, 24. Jahr des Hsiang kung.
254 Ebenda, Bd. I, S. 133, 4. Jahr des Chuang kung.
255 *Shih ching*, C., S. 35, 167, 185.
256 *Tso chuan*, C., Bd. II, S. 189, 3. Jahr des Hsiang kung.

257 Zum Wagen vgl. *Shih ching*, C., S. 124.
258 *Tso chuan*, C., Bd. II, S. 189, 3. Jahr des Hsiang kung.
259 *Li chi*, C., Bd. I, S. 55.
260 *Tso chuan*, C., Bd. I, S. 614, 12. Jahr des Hsüan kung.
261 Ebenda, Bd. II, S. 132, 16. Jahr des Ch'eng kung, und S. 468, 26. Jahr des Hsiang kung.
262 Ebenda, Bd. III, S. 214, 13. Jahr des Chao kung.
263 Ebenda, Bd. II, S. 479, 27. Jahr des Hsiang kung.
264 Ebenda, Bd. I, S. 509, 12. Jahr des Wen kung.
265 Ebenda, Bd. II, S. 132, 16. Jahr des Ch'eng kung.
266 *MH*, Bd. I, S. 233, und Bd. IV, S. 25.
267 *Tso chuan*, C., Bd. I, S. 626, 12. Jahr des Hsüan kung.
268 Ebenda, Bd. I, S. 625, 12. Jahr des Hsüan kung.
269 Ebenda, Bd. II, S. 339, 18. Jahr des Hsiang kung.
270 Ebenda, Bd. III, S. 392, 25. Jahr des Chao kung.
271 Ebenda, Bd. II, S. 135, 136, 16. Jahr des Ch'eng kung.
272 Ebenda, Bd. I, S. 626, 12. Jahr des Hsüan kung.
273 Ebenda, Bd. II, S. 136, 16. Jahr des Ch'eng kung.
274 Ebenda, Bd. III, S. 340, 21. Jahr des Chao kung.
275 Ebenda, Bd. II, S. 13, 2. Jahr des Ch'eng kung.
276 Ebenda, Bd. III, S. 749, 23. Jahr des Ai kung.
277 Ebenda, Bd. I, S. 633, 12. Jahr des Hsüan kung.
278 *Kuo yü*, Kap. XV; Granet, *Danses et légendes* ..., S. 356, Anm. 2.
279 *Tso chuan*, C., Bd. II, S. 214, 6. Jahr des Hsiang kung.
280 Ebenda, Bd. II, S. 449, 26. Jahr des Hsiang kung.
281 Ebenda, Bd. II, S. 194, 3. Jahr des Hsiang kung.
282 Ebenda, Bd. II, S. 414, 24. Jahr des Hsiang kung.
283 Ebenda, Bd. II, S. 334, 18. Jahr des Hsiang kung.
284 Ebenda, Bd. I, S. 509, 12. Jahr des Wen kung.
285 Ebenda, Bd. I, S. 635, 12. Jahr des Hsüan kung.
286 Ebenda, Bd. II, S. 10, 2. Jahr des Ch'eng kung.
287 Ebenda, Bd. I, S. 219, 2. Jahr des Min kung, ebenda, Bd. III, S. 173, 10. Jahr des Chao kung, und ebenda, Bd. I, S. 57, 11. Jahr des Yin kung; zur Fahne vgl. Granet, *Danses et légendes* ..., S. 385 f.
288 *Huai-nan tzu*, Kap. XV; *Li chi*, C., Bd. I, S. 157.
289 *Tso chuan*, C., Bd. II, S. 334, 18. Jahr des Hsiang kung, und ebenda, Bd. II, S. 346, 19. Jahr des Hsiang kung.
290 Ebenda, Bd. II, S. 432, 25. Jahr des Hsiang kung.
291 Ebenda, Bd. I, S. 566, 2. Jahr des Hsüan kung.
292 *Shih ching*, C., S. 335.
293 *Tso chuan*, C., Bd. III, S. 7, 1. Jahr des Chao kung, und *MH*, Bd. IV, S. 357.
294 *Tso chuan*, C., Bd. I, S. 619, 12. Jahr des Hsüan kung.
295 Ebenda, Bd. I, S. 653, 15. Jahr des Hsüan kung.
296 Ebenda, Bd. I, S. 61, 11. Jahr des Yin kung.
297 Ebenda, Bd. II, S. 431, 25. Jahr des Hsiang kung.
298 Ebenda, Bd. II, S. 373, 21. Jahr des Hsiang kung.
299 *MH*, Bd. IV, S. 29; *Tso chuan*, C., Bd. I, S. 357, 24. Jahr des Hsi kung; Granet, *Danses et légendes* ..., S. 81, Anm. 4.
300 *MH*, Bd. IV, S. 296–297.
301 *Tso chuan*, C., Bd. I, S. 407, 28. Jahr des Hsi kung.

302 Ebenda, Bd. I, S. 388, 406, 28. Jahr des Hsi kung; ebenda, Bd. II, S. 38, 3. Jahr des Ch'eng kung; ebenda, Bd. II, S. 492, 27. Jahr des Hsiang kung; und ebenda, Bd. III, S. 441, 28. Jahr des Chao kung.
303 Ebenda, Bd. III, S. 29, 1. Jahr des Chao kung.
304 *MH*, Bd. IV, S. 69–84.
305 *MH*, Bd. II, S. 64 f., und Szu-ma Ch'ien, *Shih chi*, Kap. LXVIII.
306 *Tso chuan*, C., Bd. III, S. 355, 23. Jahr des Chao kung.
307 *Li chi*, C., Bd. I, S. 462 und 219.
308 Ebenda, Bd. II, S. 674.
309 *Tso chuan*, C., Bd. II, S. 30, 2. Jahr des Ch'eng kung; und ebenda, Bd. I, S. 336, 22. Jahr des Hsi kung.
310 Ebenda, Bd. I, S. 335, 22. Jahr des Hsi kung.
311 Ebenda, Bd. III, S. 21, 1. Jahr des Chao kung.
312 *Li chi*, C., Bd. I, S. 246.
313 *MH*, Bd. I, S. 282.
314 *Li chi*, C., Bd. I, 28, und Bd. II, S. 586.
315 Ebenda, Bd. I, S. 254.
316 Ebenda, Bd. I, S. 700–702.
317 Ebenda, Bd. I, S. 693 f.
318 Ebenda, Bd. I, S. 690 f.; Bd. I, S. 28.
319 *Tso chuan*, C., Bd. III, S. 715, 15. Jahr des Ai kung.
320 *Li chi*, C., Bd. I, S. 707 f.
321 Ebenda, Bd. II, S. 588 f.
322 *Shih ching*, C., S. 59.
323 Ebenda, S. 63.
324 *Li chi*, C., Bd. II, S. 636.
325 Ebenda, Bd. II, S. 699.
326 Ebenda, Bd. II, S. 672 f.
327 *Shih ching*, C., S. 112, 196.
328 *Li chi*, C., Bd. II, S. 680, und *Shih ching*, C., S. 297.
329 *Yi li*, C., S. 238 und 125.
330 *Lieh tzu*, Wieger, *Les pères du système taoiste*, S. 147.
331 *Li chi*, C., Bd. I, S. 215.
332 Ebenda, Bd. II, S. 359.
333 *Tso chuan*, C., Bd. III, S. 589, 15. Jahr des Ting kung.
334 *Li chi*, C., Bd. I, S. 225.
335 *Tso chuan*, C., Bd. II, S. 489, 27. Jahr des Hsiang kung.
336 *MH*, Bd. I, S. 150 f.
337 *Shih ching*, C., S. 381.
338 *Tso chuan*, C., Bd. II, S. 438, 25. Jahr des Hsiang kung.
339 Ebenda, Bd. I, S. 409, 28. Jahr des Hsi kung.
340 Zu diesem Treffen vgl. Granet, *Danses et légendes ...*, S. 171 f.
341 *Shih ching*, C., S. 244.
342 *Li chi*, C., Bd. I, S. 96, und Bd. II, S. 10.
343 Ebenda, Bd. I, S. 78.
344 *Tso chuan*, C., Bd. III, S. 519, 4. Jahr des Ting kung.
345 Ebenda, Bd. I, S. 432, 33. Jahr des Hsi kung.
346 Ebenda, Bd. II, S. 253, 10. Jahr des Hsiang kung.
347 *MH*, Bd. IV, S. 379.
348 *Tso chuan*, C., Bd. I, S. 222 f., 2. Jahr des Min kung.

349 Ebenda, Bd. III, S. 755, 25. Jahr des Ai kung.
350 *Tso chuan*, C., Bd. II, S. 407 f., 24. Jahr des Hsiang kung.
351 *Li chi*, C., Bd. I, S. 640 f.
352 *Shih ching*, C., S. 203 und 404; *Tso chuan*, C., Bd. I, S. 419, 30. Jahr des Hsi kung.
353 *Li chi*, C., Bd. I, S. 639; Bd. I, S. 36 f.; Bd. II, S. 21 f.
354 Ebenda, Bd. I, S. 40.
355 Ebenda, Bd. I, S. 35 f.; Bd. II, S. 20 f.
356 Ebenda, Bd. I, S. 686 f.
357 *Shih ching*, C., S. 297 und 197.
358 *Li chi*, C., Bd. I, S. 38; *MH*, Bd. IV, S. 314.
359 *Tso chuan*, C., Bd. II, S. 508, 28. Jahr des Hsiang kung.
360 Ebenda, Bd. I, S. 582, 4. Jahr des Hsüan kung.
361 *MH*, Bd. V, S. 329.
362 *Shih ching*, C., S. 276.
363 *Li chi*, C., Bd. II, S. 329.
364 Ebenda, Bd. I, S. 335.
365 Ich verwende diese beiden Begriffe im strengen Sinn von Durkheim.
366 Die gesamte folgende Analyse basiert auf dem Kapitel aus dem *Yi li* über die Trauervorschriften gemäß der Verwandtschaft.
367 Wenn man einer Barbarengruppe einen Namen gibt, so sollen dadurch die Heiraten zwischen ihr und den chinesischen Familiengruppen geregelt werden.
368 *Yi li*, C., S. 395 und 401.
369 Ebenda, S. 398.
370 *Li chi*, C., Bd. I, S. 148.
371 Granet, *Fêtes et chansons* ..., S. 9, 14, 68 f.
372 *Li chi*, C., Bd. I, S. 779.
373 Ebenda, Bd. I, S. 784.
374 *Yi li*, C., S. 399.
375 Granet, a. a. O., S. 10 und 46.
376 *Li chi*, C., Bd. I, S. 777; Bd. I, S. 287; Bd. II, S. 336, 446; Granet, a. a. O., S. 61; Granet, *Danses et légendes* ..., S. 14, Anm. 1.
377 *Li chi*, C., Bd. I, S. 47; Granet, *Danses et légendes* ..., S. 274.
378 *Yi li*, C., S. 396.
379 Ebenda.
380 Ebenda, S. 388.
381 *MH*, Bd. IV, S. 112, 349, 78.
382 *MH*, Bd. IV, S. 233 und 380.
383 Granet, *Danses et légendes* ..., S. 273 f.
384 *MH*, Bd. V, S. 235, und *Hsin lun*, 46 [= Neue Erörterungen, von Huan T'an, ca. 20 n. Chr. Übers.].
385 *Li chi*, C., Bd. I, S. 662, 671.
386 *Hsin shu*, Kap. X [= Neues Buch, von Chia Yi, 2. Jhd. v. Chr. Übers.].
387 Ebenda, Kap. X; Granet, a. a. O., S. 155, Anm. 2.
388 *Tso chuan*, C., Bd. I, S. 584, 4. Jahr des Hsüan kung.
389 Granet, a. a. O., S. 532; *Lü shih ch'un ch'iu*, Kap. XXV, § 4.
390 *Tso chuan*, C., Bd. I, S. 586, 4. Jahr des Hsüan kung.
391 *Shih ching*, C., S. 350; Granet, »Le dépôt de l'enfant sur le sol«, S. 27 f.
392 Granet, a. a. O., S. 8.
393 *Shih ching*, C., S. 223; Granet, a. a. O., S. 3.

394 *Li chi*, C., Bd. I, S. 663.
395 Granet, a. a. O., S. 9.
396 *Li chi*, C., Bd. II, S. 678.
397 Granet, a. a. O., S. 39, Anm. 1.
398 *Tso chuan*, C., Bd. I, S. 502, 11. Jahr des Wen kung.
399 *Shih ching*, C., S. 250.
400 *Li chi*, C., Bd. I, S. 665 f.
401 Granet, a. a. O., S. 10.
402 Ders., *Fêtes et chansons* ..., S. 207, und *Tso chuan*, C., Bd. III, S. 319, 20. Jahr des Chao kung.
403 *Li chi*, C., Bd. I, S. 672.
404 Ebenda, Bd. I, S. 673.
405 [Im französischen Text wird der englische Ausdruck *fosterage* verwendet. Anm. d. Übers.]
406 *Po hu t'ung*, Kap. X.
407 Granet, *Danses et légendes* ..., S. 13; *Tso chuan*, C., Bd. III, S. 409, 26. Jahr des Chao kung.
408 *Yi li*, Kap. I; *Li chi*, C., Bd. II, S. 636.
409 *Li chi*, C., Bd. I, S. 676.
410 Ebenda, Bd. I, S. 651 und 478; *MH*, Bd. V, S. 287; Granet, »La vie et la mort ...«, S. 10.
411 *Li chi*, C., Bd. I, S. 620 f. und 627.
412 Ebenda, Bd. I, S. 632, 633, 96.
413 Ebenda, Bd. I, S. 626–629.
414 Ebenda, Bd. I, S. 653.
415 Ebenda, Bd. I, S. 641 f., 649, 655.
416 Ebenda, Bd. I, S. 627.
417 Ebenda, Bd. II, S. 175; Granet, »Le dépôt de l'enfant sur le sol«, S. 9 f.; Granet, *Danses et légendes* ..., S. 287 f.
418 *Li chi*, C., Bd. I, S. 40, 495, 314.
419 Ebenda, Bd. I, S. 165.
420 Ebenda, Bd. I, S. 125.
421 Ebenda, Bd. II, S. 202, und Bd. I, S. 175; Granet, »Le dépôt de l'enfant sur le sol«, S. 13.
422 *Li chi*, C., Bd. II, S. 141.
423 Ebenda, Bd. II, S. 558, 573, 581, 238 und 241.
424 Ebenda, Bd. II, S. 553.
425 Ebenda, Bd. II, S. 206 und 570.
426 *MH*, Bd. IV, S. 60.
427 *Li chi*, C., Bd. I, S. 216, und Granet, »Le langage de la douleur ...«, S. 109.
428 *Li chi*, C., Bd. II, S. 556.
429 Ebenda, Bd. I, S. 120, und Bd. II, S. 705.
430 Ebenda, Bd. II, S. 126, 170, 552.
431 Ebenda, Bd. I, S. 135, und Bd. II, S. 763.
432 Ebenda, Bd. I, S. 196 f.
433 Ebenda, Bd. I, S. 246.
434 Ebenda, Bd. I, S. 206, 758 f., 767 f.
435 Ebenda, Bd. I, S. 57 und 745.
436 Ebenda, Bd. I, S. 100, 784, 287, 451 und 760.
437 Ebenda, Bd. I, S. 101, und Bd. II, S. 321.

438 Ebenda, Bd. I, S. 324.
439 Ebenda, Bd. I, S. 557.
440 Ebenda, Bd. II, S. 335.
441 *MH*, Bd. IV, S. 195 und 199; *Tso chuan*, C., Bd. I, S. 120, 16. Jahr des Huan kung, und ebenda, Bd. I, S. 220, 2. Jahr des Min kung.
442 *MH*, Bd. IV, S. 442.
443 *Li chi*, C., Bd. I, S. 14.
444 *Tso chuan*, C., Bd. II, S. 24, 2. Jahr des Ch'eng kung.
445 *Li chi*, C., Bd. I, S. 300, 302, 691.
446 Ebenda, Bd. I, S. 147.
447 *Shih ching*, C., S. 350.
448 *Tso chuan*, C., Bd. II, S. 457.
449 *Li chi*, C., Bd. I, S. 673.
450 Ebenda, Bd. I, S. 675 f.
451 *Yi li*, C., S. 45.
452 *Li chi*, C., Bd. I, S. 30.
453 *Lü shih ch'un ch'iu*, Kap. VI, § 3; *Hou Han shu*, Kap. CXV [= Geschichte der Späteren Han-Dynastie, von Fan Yeh. Übers.], und *Wei shu*, Kap. C [= Geschichte der (Nördlichen) Wei-Dynastie, von Wei Shou, 6. Jhd. n. Chr. Übers.].
454 *Shih ching*, C., S. 452.
455 Granet, *Fêtes et chansons* ..., S. 71 und 111.
456 *MH*, Bd. IV, S. 282.
457 *MH*, Bd. IV, S. 284 und 285.
458 *Li chi*, C., Bd. I, S. 30.
459 *Tso chuan*, C., Bd. III, S. 512, 4. Jahr des Ting kung, und ebenda, Bd. III, S. 525, 5. Jahr des Ting kung.
460 *Kuo yü*, Kap. II.
461 *Tso chuan*, C., Bd. III, S. 752, 23. Jahr des Ai kung, und *MH*, Bd. IV, S. 398 und 466.
462 *Tso chuan*, C., Bd. II, S. 21, 2. Jahr des Ch'eng kung.
463 *Yi li*, Kap. II.
464 Ebenda, Kap. XLIX.
465 *Tso chuan*, C., Bd. I, S. 179, 22. Jahr des Chuang kung.
466 Ebenda, Bd. III, S. 46, 2. Jahr des Chao kung, und ebenda, Bd. III, S. 52, 3. Jahr des Chao kung.
467 Ebenda, Bd. III, S. 54, 3. Jahr des Chao kung.
468 Ebenda, Bd. II, S. 281, 12. Jahr des Hsiang kung.
469 *Huai-nan tzu*, Kap. X; *Shuo yüan*, Kap. VIII.
470 *Tso chuan*, C., Bd. III, S. 587, 14. Jahr des Ting kung; *MH*, Bd. IV, S. 109. [Huan von Ch'i (7. Jhd. v. Chr.) war der erste der fünf *pa*, Hegemone, die nach traditioneller Auffassung die Macht im Chou-Reich usurpierten und eine Gewaltherrschaft errichteten. Anm. d. Übers.]
471 *Shih ching*, C., S. 405.
472 *MH*, Bd. I, S. 178, und Bd. II, S. 26.
473 Granet, *Fêtes et chansons* ..., S. 14, 87 und 22; *MH*, Bd. I, S. 265.
475 *MH*, Bd. IV, S. 114.
476 *Ta Tai li chi*, Kap. LXXX.
477 *Li chi*, C., Bd. II, S. 197 f.
478 *Tso chuan*, C., Bd. II, S. 251, 10. Jahr des Hsiang kung.

479 Ebenda, Bd. I, S. 117, 15. Jahr des Huan kung.
480 *MH*, Bd. IV, S. 52.
481 *Yi li*, C., S. 32.
482 Ebenda, S. 33.
483 *Tso chuan*, C., Bd. I, S. 348, 23. Jahr des Hsi kung.
484 Erst nach dem Tod können Mann und Frau beim Verzehren der Opfergaben ein gemeinsames Tischchen benutzen. Vgl. *Li chi*, C., Bd. II, S. 334.
485 Granet, »Coutumes matrimoniales de la Chine antique«, Anhang.
486 *Yi li*, C., S. 55.
487 *Shih ching*, C., S. 42 und 113.
488 *Li chi*, C., Bd. I, S. 510.
489 *Shih ching*, C., S. 69.
490 *Tso chuan*, C., Bd. I, S. 62, 11. Jahr des Yin kung.
491 Ebenda, Bd. III, S. 443, 28. Jahr des Chao kung.
492 *Li chi*, C., Bd. I, S. 72.
493 Ebenda, Bd. I, S. 29, und Bd. II, S. 339.
494 Ebenda, Bd. I, S. 660
495 Granet, *La polygynie sororale* . . ., S. 39 f.
496 *Li chi*, C., Bd. I, S. 661.
497 Granet, a. a. O., S. 35, 111 f.
498 Ders., »La vie et la mort . . .«, S. 7 und 10; *Li chi*, C., Bd. I, S. 610.
499 Granet, *La polygynie sororale* . . ., S. 13.
500 *Tso chuan*, C., Bd. I, S. 485, 7. Jahr des Wen kung.
501 Ebenda, Bd. III, S. 674, 11. Jahr des Ai kung, und ebenda, Bd. III, S. 185, 11. Jahr des Chao kung.
502 Granet, a. a. O., S. 10.
503 *Shih ching*, C., S. 39, 218, 219, 230.
504 *Tso chuan*, C., Bd. III, S. 761, 26. Jahr des Ai kung.
505 Ebenda, Bd. III, S. 752, 24. Jahr des Ai kung.
506 Ebenda, Bd. I, S. 196, 28. Jahr des Chuang kung, und ebenda, Bd. III, S. 554, 9. Jahr des Ting kung; Granet, *Danses et légendes* . . ., S. 15, Anm. 2.
507 Granet, *La polygynie sororale* . . ., S. 34 f., 80 f.
508 *Yi li*, Steele, *I Li, or the Book of Etiquette and Ceremonial*, Bd. I, S. 29, und *Li chi*, C., Bd. I, S. 780.
509 *Erh ya*, Kap. IV.
510 Granet, a. a. O., S. 65.
511 *Li chi*, C., Bd. I, S. 610.
512 *Tso chuan*, C., Bd. I, S. 45, 8. Jahr des Yin kung.
513 *Li chi*, C., Bd. I, S. 112.
514 *Yi li*, C., S. 392.
515 Ebenda, S. 391.
516 Granet, a. a. O., S. 15.
517 *Shih ching*, Vorwort, und Chavannes, *La sculpture sur pierre au temps des deux dynasties Han*, S. 183.
518 *Tso chuan*, C., Bd. II, S. 348, 19. Jahr des Hsiang kung, und *MH*, Bd. IV, S. 68.
519 *Erh ya*, Kap. IV; *Tso chuan*, C., Bd. III, S. 437, 28. Jahr des Chao kung.
520 *Tso chuan*, C., Bd. I, S. 106, 11. Jahr des Huan kung.
521 *Li chi*, C., Bd. I, S. 209 und 226.
522 Die Dynastie der Wei bediente sich systematisch dieser Methode. Kaiser Wu scheint daran gedacht zu haben.

523 *Chan kuo ts'e*, Kap. IV [= Aufzeichnungen der Streitenden Reiche, 3. Jhd. v. Chr. Übers.].
524 *Tso chuan*, C., Bd. I, S. 79, 3. Jahr des Huan kung; ebenda, S. 120, 16. Jahr des Huan kung; ebenda, S. 220, 2. Jahr des Min kung; ebenda, S. 295, 15. Jahr des Hsi kung; ebenda, S. 536, 16. Jahr des Wen kung; *Lü shih ch'un ch'iu*, Kap. IX, § 2; *Mo tzu*, Kap. IV; *Hsün tzu*, Kap. XIX.
525 *Tso chuan*, C., Bd. III, S. 175, 10. Jahr des Chao kung.
526 Ebenda, Bd. II, S. 457, 26. Jahr des Hsiang kung.
527 Ebenda, Bd. I, S. 536 f., 16. Jahr des Wen kung.
528 *Li chi*, C., Bd. I, S. 609.
529 Ebenda, Bd. I, S. 259.
530 *Tso chuan*, C., Bd. II, S. 80, 9. Jahr des Ch'eng kung.
531 Ebenda, Bd. I, S. 599, 9. Jahr des Hsüan kung.
532 *Li chi*, C., Bd. I, S. 630 f.
533 *Tso chuan*, C., Bd. II, S. 547, 28. Jahr des Hsiang kung.
534 Ebenda, Bd. III, S. 586, 14. Jahr des Ting kung.
535 *MH*, Bd. V, S. 334 f.
536 *Shih ching*, C., S. 65.
537 Ebenda, S. 53.
538 Vgl. Hu Shihs Bemerkung: »Die Han-Dynastie ist eine Epoche, in der man apokryphe Bücher fabrizierte und unter Berufung auf das Altertum die Institutionen zu reformieren versuchte«, in: *BEFEO*, Nr. 24, 1924, S. 496.
539 *Shih ching*, C., S. 281, 284, 555. *Mu t'ien tzu chuan* [= Bericht (von den Reisen) des Kaisers Mu, ca. 3. Jhd. v. Chr. Übers.]; *MH*, Bd. I, S. 251, 277.
540 Granet, *Danses et légendes* ..., S. 109 f; *Chou li*, Biot, *Le Tcheou li ou les Rites des Tcheou*, Bd. II, S. 182.
541 *MH*, Bd. IV, S. 56 f.
542 *Tso chuan*, C., Bd. I, S. 427, 33. Jahr des Hsi kung.
543 Ebenda, Bd. I, S. 409, 28. Jahr des Hsi kung.
544 *MH*, Bd. IV, S. 303, 305.
545 Granet, *Danses et légendes* ..., S. 111 f.
546 Vgl. S. 82 ff., oben.
547 Granet, a. a. O., S. 149, 345 f.
548 Ebenda, S. 338.
549 *Shih ching*, C., S. 424.
550 *MH*, Bd. IV, S. 56; Granet, a. a. O., S. 101 f.
551 *MH*, Bd. II, S. 33; Granet, a. a. O., S. 147.
552 Granet, a. a. O., S. 116 f.
553 Ebenda, S. 116, Anm. 2, und ders., *La religion des Chinois*, S. 52 f.
554 *MH*, Bd. V, S. 472 f.
555 Vgl. oben S. 57 und 116.
556 Vgl. Granet, *La civilisation chinoise*, Paris, 1968, S. 26 [Hier nicht übersetzt. Übers.].
557 *Li chi*, C., Bd. I, S. 341; Granet, *Fêtes et chansons* ..., S. 164 f.
558 *MH*, Bd. II, S. 325.
559 *MH*, Bd. III, S. 474, 475, 614.
560 Chavannes, *Le T'ai chan*, S. 524.
561 Ebenda, S. 521.
562 Vgl. Granet, *La civilisation chinoise*, S. 146 [hier nicht übersetzt. Übers.].
563 Chavannes, a. a. O., S. 184, 185.

564 *MH*, Bd. III, S. 431, und ebenda, Bd. II, S. 219.
565 *MH*, Bd. I, Introduction, S. LXVIII; *Ch'ien Han shu*, Kap. LV [= Geschichte der Früheren Han-Dynastie. Übers.].
566 *MH*, Bd. III, S. 504; *Ch'ien Han shu*, Kap. LV.
567 Vgl. S. 72 f. oben.
568 *MH*, Bd. III, S. 475, 476, Anm. 3.
569 *Ch'ien Han shu*, Kap. LV.
570 Chavannes, *Le T'ai chan*, S. 184, 200, 207.
571 *MH*, Bd. III, S. 477.
572 *MH*, Bd. III, S. 486–491.
573 *MH*, Bd. III, S. 502, 510.
574 *MH*, Bd. III, S. 515.
575 *MH*, Bd. III, S. 331.
576 *MH*, Bd. III, S. 596.
577 *MH*, Bd. II, S. 325.
578 *MH*, Bd. II, S. 383, 378; zu den taoistischen Sekten siehe Imbault-Huart, »La légende des premiers papes taoistes«, und Wieger, *Textes historiques*, S. 917 und 1658.
579 Szu-ma Ch'ien, *Shih chi*, Kap. LV, und *Ch'ien Han shu*, Kap. XL.
580 *MH*, Bd. II, S. 55.
581 *MH*, Bd. II, S. 383.
582 *MH*, Bd. II, S. 127, 206.
583 *MH*, Bd. II, S. 164.
584 *MH*, Bd. II, S. 178–180.
585 *MH*, Bd. II, S. 207.
586 *MH*, Bd. II, S. 163.
587 *MH*, Bd. II, S. 192.
588 *MH*, Bd. II, S. 175, 243.
589 *Liang tu fu* [= Poetische Beschreibung der beiden Hauptstädte, von Pan Ku (32–92 n. Chr.). Übers.], erster Teil (über die Westliche Hauptstadt).
590 *MH*, Bd. III, S. 620.
591 *MH*, Bd. III, S. 628.
592 *MH*, Bd. II, S. 621.
593 *MH*, Bd. III, S. 483, 482.
594 *MH*, Bd. III, S. 489.
595 *MH*, Bd. III, S. 470.
596 *MH*, Bd. III, S. 472 f.
597 *MH*, Bd. III, S. 478 f.
598 *MH*, Bd. III, S. 504.
599 *San fu huang t'u*, Kap. V [= Beschreibung der drei Distrikte der Hauptstadt, ca. 3. Jhd. n. Chr. Übers.], und *MH*, Bd. III, S. 458.
600 *MH*, Bd. III, S. 505.
601 *MH*, Bd. III, S. 505–506.
602 *MH*, Bd. II, S. 180.
603 *MH*, Bd. III, S. 506.
604 *MH*, Bd. III, S. 508; Bretschneider, »Botanicon Sinicum«, S. 418.
605 *MH*, Bd. III, S. 471, und *MH*, Bd. I, Introduction, S. XCV.
606 *Ta jen* [= Der Große Mensch, Übers.], Gedicht von Szu-ma Hsiang-ju, in: Szu-ma Ch'ien, *Shih chi*, Kap. CXVII.
607 *MH*, Bd. II, S. 177.

608 Ebenda.
609 Granet, *La religion des Chinois,* S. 143 f. Ich beschränke mich hier darauf, die Ergebnisse einer Untersuchung über die Vorstellung von Herrschaftswürde anzugeben, die ich in einem Buch, an dem ich arbeite, belegen werde [zu diesem Werk *Le roi boit* vgl. Anm. 106 oben].
610 Der wichtigste dieser Theoretiker ist Han Fei tzu (gest. 233 v. Chr.).
611 *MH,* Bd. II, S. 185–188.
612 *MH,* Bd. II, S. 445.
613 *MH,* Bd. II, S. 461.
614 Diese Theorie hat den Autoren der Han-Zeit, die sich mit der Rekonstruktion der alten Geschichte beschäftigt haben, als Leitfaden gedient. Vgl. Granet, *La civilisation chinoise,* S. 19–59 [Hier nicht übersetzt. Übers.]. Der Einfluß dieser Theorie ist vor allem im berühmten Kapitel »Hung fan« des *Shu ching* (*MH,* Bd. IV, S. 218 f.) zu erkennen. Manche Sinologen führen diese Vorstellungen auf die Zeit der Chou-Dynastie zurück (Maspero, *La Chine antique,* S. 437).
615 Chavannes, *Le T'ai chan,* S. 19, 224.
616 *MH,* Bd. II, S. 473, 478.
617 *MH,* Bd. II, S. 462.
618 *MH,* Bd. II, S. 471.
619 *MH,* Bd. II, S. 458. Die Amnestien werden von Steuernachlässen (ebenda, S. 477) und Getreidespenden aus den kaiserlichen Speichern (ebenda, S. 485) begleitet.
620 *MH,* Bd. II, S. 462.
621 *MH,* Bd. II, S. 465.
622 *MH,* Bd. III, S. 558.
623 *MH,* Bd. II, S. 482.
624 Das Kollegium der »Gelehrten mit dem umfassenden Wissen über die Fünf Kanonischen Bücher« wurde 136 v. Chr. eingesetzt (*MH,* Bd. I, Introduction, S. XCIII).
625 *Tso chuan,* C., Bd. I, S. 5, 1. Jahr des Yin kung; *Mencius,* L., S. 85.
626 *MH,* Bd. II, S. 55.
627 *MH,* Bd. II, S. 137.
628 *MH,* Bd. II, S. 461.
629 *MH,* Bd. I, Introduction, S. XCI.
630 *MH,* Bd. III, S. 550.
631 *MH,* Bd. I, Introduction, S. XCI.
632 *MH,* Bd. III, S. 570.
633 *MH,* Bd. III, S. 546.
634 *MH,* Bd. III, S. 555.
635 *MH,* Bd. III, S. 557.
636 *MH,* Bd. I, Introduction, S. X.
637 *MH,* Bd. III, S. 541.
638 *MH,* Bd. III, S. 550.
639 *MH,* Bd. III, S. 567.
640 *MH,* Bd. III, S. 571.
641 *MH,* Bd. III, S. 602.
642 Pan Ku, *Liang tu fu,* erster Teil (über die Westliche Hauptstadt).
643 Chang Heng, *Tung ching fu.*
644 Chavannes, *Mission archéologique* ..., S. 32.

645 *MH*, Bd. III, S. 548.
646 In seinem Artikel »Deux grandes découvertes archéologiques en Corée« bringt Umehara gute Gründe für die technische Perfektion der ausgegrabenen Objekte vor.
647 *Huai-nan tzu*, Kap. X.
648 *Tso chuan*, C., Bd. III, S. 755, 25. Jahr des Ai kung.
649 *MH*, Bd. I, Introduction, S. CI.
650 *MH*, Bd. III, S. 543.
651 *MH*, Bd. II, S. 529.
652 *MH*, Bd. III, S. 562.
653 *MH*, Bd. III, S. 569.
654 *MH*, Bd. III, S. 561; und *MH*, Bd. III, S. 594.
655 *MH*, Bd. III, S. 539; ebenda, S. 541: »Ein Pferd war hundert Goldpfund wert.«
656 *MH*, Bd. III, S. 545.
657 *MH*, Bd. III, S. 575 und 594 f.
658 *MH*, Bd. III, S. 561, 562.
659 *BEFEO*, Nr. 24, 1924, S. 497.
660 *MH*, Bd. III, S. 580.
661 *MH*, Bd. III, S. 588.
662 *MH*, Bd. III, S. 582.
663 *MH*, Bd. III, S. 503, 562, 581, 563, 547.
664 *MH*, Bd. III, S. 575.
665 *MH*, Bd. III, S. 559.
666 *MH*, Bd. III, S. 571.
667 *MH*, Bd. III, S. 541.
668 *MH*, Bd. II, S. 142, 146, 167, 180, 188.
669 Granet, *Fêtes et chansons . . .*, S. 84, 98.
670 *MH*, Bd. II, S. 188, Anm. 1. Vgl. Granet, *La civilisation chinoise*, S. 44 [Hier nicht übersetzt. Übers.].
671 *MH*, Bd. II, S. 188–189.
672 *MH*, Bd. II, S. 168; Granet, *Danses et légendes . . .*, S. 17, Anm. 2.
673 *MH*, Bd. II, S. 454; vgl. auch ebenda, S. 474.
674 *Yi li*, C., S. 396.
675 Pan Ku, *Liang tu fu*, zweiter Teil (über die Östliche Hauptstadt).
676 *MH*, Bd. III, S. 557–559.
677 Chavannes, »Confucius«, S. 135.
678 Ebenda, S. 136.
679 Ebenda, S. 139.
680 Ebenda, S. 141, 182.
681 Ebenda, S. 142, 183.
682 Ebenda, S. 65.
683 Vgl. insbesondere *Li chi*, C., Bd. I, S. 468 f.
684 *Li chi*, C., Bd. II, S. 31, 32.
685 Ebenda, Bd. I, S. 468, und *Chou li*, Biot, *Le Tcheou li ou les Rites des Tcheou*, Bd. I, S. 297 und 292.
686 *Li chi*, C., Bd. II, S. 34.
687 Beginn eines alten, anonymen Gedichts aus dem 3. Jhd. n. Chr., Escarra & Germain, *La conception de la loi . . .*, und Tchang Fong, *Le Paon*, Paris, 1924.

688 Chavannes, »Confucius«, S. 106–109.
689 *MH*, Bd. I, Introduction, S. CVI.
690 *MH*, Bd. II, S. 229, ein Zitat von Chia Yi.
691 *MH*, Bd. III, S. 557.
692 *Ch'un ch'iu fan lu* und *Ch'ien Han shu*, Kap. XXVII.

Abkürzungen: C = Couvreur, *MH* (= Chavannes: *Les Mémoires Historiques de Se-ma Ts'ien*); L = Legge.

Bibliographie

Die Liste der hier angeführten Werke soll keine kritische Bibliographie darstellen; in ihr finden neben Artikeln, die für wichtig erachtet werden, auch umfassendere Werke Erwähnung, die weniger brauchbar sind.

Zeitschriften

As. Maj.	*Asia Major*
BEFEO	*Bulletin de l'École française d'Extrême-Orient*
ChR	*China Review*
JA	*Journal Asiatique*
JPOS	*Journal of the Peking Oriental Society*
JRAS	*Journal of the Royal Asiatic Society*
MAO	*Mémoires concernant l'Asie orientale*
MSOS	*Mitteilungen des Seminars für orientalische Sprachen*
NChR	*New China Review*
OZ	*Ostasiatische Zeitschrift*
OS	*Ostasiatische Studien*
Sh.	*Shinagaku*
TP	*T'oung pao*
VS	*Variétés sinologiques*

Literaturverzeichnis

Einführung

Freedman, Maurice, »Marcel Granet, 1884–1940, Sociologist«, in: Granet, *The Religion of the Chinese People*, übersetzt und herausgegeben von M. Freedman, Oxford, 1975, S. 1–29.

Granet, Marcel, *Catégories matrimoniales et relations de proximité dans la Chine ancienne*, Paris, 1939.

Humphreys, S. C., »The Work of Louis Gernet«, in: *History and Theory, Studies in the Philosophy of History*, Bd. 10, 1971.

Jabloński, Witold, »Marcel Granet and his Work«, in: *The Yenching Journal of Social Studies*, Bd. 1, Peking 1939.

Lévi-Strauss, Claude: »La sociologie française«, in: Georges Gurvitch und William E. Moore (Hrsg.), *La sociologie au XXe siècle*, Paris 1947.

Mauss, Marcel, »Essai sur le don, Forme et raison de l'échange dans les sociétés

archaïques«, in: *Année sociologique*, 2. Serie, Bd. 1, 1923–24. Deutsch als *Die Gabe*, übers. von E. Moldenhauer, Frankfurt 1968.
Mills, C. Wright, »The Language and Ideas of Ancient China: Marcel Granet's Contribution to the Sociology of Knowledge«, in: *Power, Politics and People*, Hrsg. I. L. Horowitz, London, N. Y. 1963 (geschrieben 1940).
Yang K'un, »Marcel Granet: An Appreciation«, in: *The Yenching Journal of Social Studies*, Bd. 1, Peking 1939.

Text

Andersson, J. G.: *An Early Chinese Culture*, Peking, 1923.
– *Preliminary Report on Archaeological Research in Kansu*, Peking, 1925.
Ardenne de Tizac, Henri d': *L'art chinois classique*, Paris, 1926.
Arne, Ture A. J.: *Painted Stone Age Pottery from the Province of Honan, China*, Peking, 1925.
Ashton, Leigh: *An Introduction to the Study of Chinese Sculpture*, London, 1924.
Aurousseau, Léonard: »La première conquête chinoise des pays annamites«. In: *BEFEO*, Nr. 23, 1923.
Biot, Édouard: *Tcheou li ou les Rites des Tcheou*, Paris, 1851.
– »Recherches sur les mœurs des anciens Chinois d'après le Che king«. In: *JA*, Nr. 14, 1843.
Black, Davidson: *The Human Skeleton Remains from Sha kuo t'un*, Peking, 1925.
– *A Note on the Physical Characters of the Prehistoric Kansu Race*, Peking, 1925.
Boerschmann, Ernst: *Chinesische Architektur*, Berlin, 1926.
Bretschneider, E.: »Botanicon Sinicum«. In: *Journal of the Northern China Branch of the Royal Asiatic Society*, Nr. 16, 1881.
Bushell, S. W.: *Chinese Art*, London, 1914.
Chalfant, Frank H.: *Early Chinese Writing*, Chicago, 1906.
Chavannes, Édouard: *Les Mémoires Historiques de Se-ma Ts'ien*, 5 vols., Paris, 1895–1905.
– *La sculpture sur pierre au temps des deux dynasties Han*, Paris, 1893.
– *Le T'ai chan*, Paris, 1910.
– *Mission archéologique dans la Chine septentrionale*, Paris, 1913.
– »Le jet des dragons«. In: *MAO*, Nr. 3, Paris, 1919.
– »Confucius«. In: *Revue de Paris*, 1903.
– »La divination par l'écaille de tortue dans la haute antiquité chinoise d'après un livre de M. Lo Tchen-yu«. In: *JA*, Nr. 17 (IIe sér.), 1911.
– »Trois généraux chinois de la dynastie Han«. In: *TP*, Nr. 7, 1906.
– *Les documents chinois découverts par Aurel Stein dans les sables du Turkestan*, Oxford, 1913.
– *De l'expression des vœux dans l'art populaire chinois*, Paris, 1922.
Conrady, August: *China*, Berlin, 1902.
Cordier, Henri: *Histoire générale de la Chine et de ses relations avec les pays étrangers*, Paris, 1920.
Couvreur, Séraphin: *Tch'oun Ts'iou et Tso Tchouan*, 3 vols., Hochienfu, 1914.
– *Li Ki, ou mémoires sur les bienséances et cérémonies*, 2 vols., Hochienfu, 1913.
– *Cheu King*, Hsien-hsien, 1916.
Demiéville, Paul: »Besprechung von Chang Hung-chao: Shih ya, Lapidarium sinicum«. In: *BEFEO*, Nr. 24, 1924.
– »La méthode d'architecture de Li Ming-tchong des Song«. In: *BEFEO*, Nr. 25, 1925.

– »Hu Shih: Ch'ang shih chi«. In: *BEFEO*, Nr. 24, 1924.
Dvorak, R.: *Chinas Religionen*, Münster, 1903.
Edkins, Joseph: »The Evolution of Chinese Language«. In: *JPOS*, 1887.
Erkes, Eduard: »Das Weltbild des Huai-nan-tze«. In: *OZ*, Nr. 5, 1917.
– *Das älteste Dokument zur chinesischen Kunstgeschichte: T'ien-wen; die ›Himmelsfragen‹ des K'üh Yüan*, Leipzig, 1928.
Escarra, Jean & Germain, Robert: *La conception de la loi et les théories des légistes à la veille des Ts'in*, Peking, 1925.
Études asiatiques, publiées à l'occasion du XXVe anniversaire de l'École française d'Extrême-Orient, Paris, 1925.
Forke, Alfred: »Lun-Heng. Selected Essays of the Philosopher Wang Ch'ung«. In: *MSOS*, Nr. 9–11, 1906–08 und Nr. 14, 1911.
– *Me Ti, des Sozialethikers und seiner Schüler philosophische Werke*, Berlin, 1922.
– *The World Conception of the Chinese*, London, 1925.
– »Yang Chu, the Epicurean in his Relation to Lieh-tse the Pantheist«. In: *JPOS*, Nr. 3, 1893.
– *Geschichte der alten chinesischen Philosophie*, Hamburg, 1927.
– Der Ursprung der Chinesen.
Franke, Otto: *Studien zur Geschichte des Konfuzianischen Dogmas und der chinesischen Staatsreligion, das Problem des Tsch'un-ts'iu und Tung Tschung-schus Tsch'un-ts'iu-fan-lu*, Hamburg, 1920.
Fujita: «The River Huang in the Reign of Yü«. In: *Sh.*, 1921.
Gabelentz, Georg von der: »Beiträge zur chinesischen Grammatik«. In: *Abhandlungen der Sächsischen Gesellschaft für Wissenschaften*, Nr. 8, 1888.
– *Confucius und seine Lehre*. Leipzig, 1888.
Gieseler, G.: »La tablette Tsong du Tcheou li«. In: *Revue Archéologique*, 1915.
Giles, Herbert A.: *History of Chinese Literature*, London, 1901.
– *Chuang Tzu, Taoist Philosopher and Chinese Mystic*, London, 1889.
– »Lao Tzu and the Tao te king«. In: *Adversaria Sinica*, Nr. 3, 1906.
– »The Remains of Lao Tzu«. In: *ChR*, 1886–89.
– *Religion of Ancient China*, London, 1905.
– *Confucianism and its Rivals*, London, 1915.
Granet, Marcel: *Fêtes et chansons anciennes de la Chine*, Paris, 1919.
– *La polygynie sororale et le sororat dans la Chine féodale*, Paris, 1920.
– *La religion des Chinois*, Paris, 1922.
– *Danses et légendes de la Chine ancienne*, 2 vols., Paris, 1926.
– »Coutumes matrimoniales de la Chine antique«. In: *TP*, Nr. 13, 1912.
– »Quelques particularités de la langue et de la pensée chinoises«. In: *Revue Philosophiques*, Paris, 1920.
– »La vie et la mort. Croyances et doctrines de l'antiquité chinoise«. In: *Annuaire de l'École Pratique des Hautes Études*, Paris, 1920.
– »Le dépôt de l'enfant sur le sol«. In: *Revue Archéologique*, Nr. 14, 1922.
– »Le langage de la douleur d'après le rituel funéraire de la Chine classique«. In: *Revue de Psychologie*, 19. Jg., 1922.
Grousset, René: *Histoire de l'Asie*, Paris, 1922.
Groot, J. J. M. de: *The Religious System of China*, 6 vols., Leiden, 1892–1910.
– *The Religion of the Chinese*, New York, 1910.
– *Universismus*, Berlin, 1918.
– *Sectarianism and Religious Persecution in China*, Amsterdam, 1903.
– *Chinesische Urkunden zur Geschichte Asiens*, 2 vols., Berlin, 1921.

Grube, Wilhelm: *Geschichte der chinesischen Literatur*, Leipzig, 1902.
– »Die Religion der alten Chinesen«. In: *Religionsgeschichtliches Lesebuch*, Tübingen, 1911.
– *Religion und Cultus der Chinesen*, Leipzig, 1908.
Haloun, Gustav: »Contribution to the Theory of Clan Settlement«. In: *As. Maj.* Nr. 1, 1924.
– »Seit wann kannten die Chinesen die Tocharer oder Indogermanen überhaupt?« In: *As. Maj.*, Nr. 1, 1924.
Hauer, Erich: *Die chinesische Dichtung*, Berlin, 1909.
Havret, Henri, & Chambeau: »Notes concernant la chronologie chinoise«. In: *VS*, 1920.
Hirth, Friedrich: *The Ancient History of China to the End of the Chou Dynasty*, New York, 1909.
– *Chinese Metallic Mirrors*, New York, 1906.
Honda: »On the Date of Compilation of the Yi king«: In: *Sh.*, 1921.
Hopkins, L. C.: »Chinese Writings in the Chou Dynasty in the Light of Recent Discoveries«. In: *JRAS*, 1911.
– »Metamorphic Stylization and the Sabotage of Signification, a Study in Ancient and Modern Chinese Writing«. In: *JRAS*, 1925.
Hu Shih: *The Development of the Logical Method in Ancient China*, Shanghai, 1922.
Imbault-Huard, Camille: »La légende des premiers papes taoïstes«. In: *JA*, 1884.
Karlgren, Bernhard: *Études sur la phonologie chinoise*, 3 vols., Stockholm, 1915–19.
– *Sound and Symbol in Chinese*, Oxford, 1923.
– *Analytical Dictionary of Chinese and Sino-Japanese*, Paris, 1923.
– »On the Authenticity and Nature of the Tso Chuan«. In: *Göteborgs Högskolas Arskrift*, Nr. 32, 1926.
– *Philology and Ancient China*, Oslo, 1926.
– »Le protochinois, langue flexionelle«. In: *JA* (IIe sér.), Nr. 15, 1920.
Laloy, Louis: *La musique chinoise*, Paris, o. J.
Laufer, Berthold: *Jade; a Study in Chinese Archaeology and Religion*, Chicago, 1912.
– *Chinese Pottery of the Han Dynasty*, Leiden, 1909.
– »Ethnographische Sagen der Chinesen«. In: *Aufsätze zur Kultur und Sprachgeschichte vornehmlich des Orients, Ernst Kuhn gewidmet*, Breslau, 1916.
Legge, James: *The Chinese Classics*, 5 vols., Hongkong und London, 1871 und Nachdrucke.
Mailla, J. A. M. de Moyriac de: *Histoire générale de la Chine, ou annales de cet empire, traduites du Tong Kien Kang Mou*, 13 vols., Paris 1777–1785.
Martin, William A. P.: »Diplomacy in Ancient China«. In: *JPOS*, 1889.
Maspero, Henri: *La Chine antique*, Paris 1927.
– »Les origines de la civilisation chinoise«: In: *Annales de géographie*, 1926.
– »Légendes mythologiques dans le Chou king«. In: *JA*, Nr. 204, 1924.
– »Notes sur la logique de Mo-tseu et de son école«. In: *TP*, Nr. 25, 1928.
– »Le mot ming«. In: *JA*, Nr. 207, 1927.
– »Le saint et la vie mystique chez Lao-tseu et Tchouang-tseu«. In: *Bulletin de l'Association Française des Amis de l'Orient*, Nr. 3, 1922.
– »Le songe et l'ambassade de l'emereur Ming«. In: *BEFEO*, Nr. 10, 1910.
Masson-Oursel, Paul, *La philosophie comparée*, Paris, 1923.
– »Études de logique comparée«. In: *Revue Philosophique*, Nr. 83, 1917.

– »La démonstration confucienne«. In: *Revue d'histoire des religions*, 1916.
Masson-Oursel, Paul & Kia Kien-tchou: »Yin Wen Tzu«. In: *TP*, Nr. 15, 1914.
Mayers, W. F.: *Chinese Reader's Manual*, Shanghai, 1874.
Mémoires concernant les Chinois, par les missionnaires de Pékin, Paris, 1776–1814.
Mestre, Édouard: *Quelques résultats d'une comparaison entre les caractères chinois modernes et les siao-tchouan*, Paris, 1925.
Naito: »On the Compilation of the Shoo king«. In: *Sh.*, 1923.
Parker, E. H.: »Kwan-tze«. In: *NChR*, 1921.
– »Hwai-nan-tze«. In: *NChR*, 1919.
Pelliot, Paul: »Le Chou king en caractères anciens et le Chang chou che wen«. In: *MAO*, Paris, 1919.
– *Jades archaïques de la collection C. T. Loo*, Paris, 1921.
– »Notes sur les anciens itinéraires chinois dans l'Orient roman«. In: *JA* (IIe sér.), Nr. 17, 1971.
– »Meou tseu, ou les doutes levés«. In: *TP*, Nr. 19, 1920.
Plath, J. H.: *Fremde barbarische Stämme im alten China*, München, 1874.
Przyluski, Jean: »Le sino-tibétain«. In: *Langues du monde*, Paris, 1924.
Richthofen, Ferdinand von: *China: Ergebnisse eigener Reisen und darauf gegründeter Studien*, 5 vols., Berlin, 1877–1912.
Rosthorn, Arthur von: *Geschichte Chinas*, Stuttgart, 1923.
Saussure, Léopold de: *Le système astronomique des Chinois*, Genf, 1919.
Schindler, Bruno: »On the Travel, Wayside and Wind Offerings in Ancient China«. In: *As. Maj.* Nr. 1 (Festschrift für A. Conrady), 1924.
– The Development of the Chinese Conceptions of Supreme Beings«. In: *As. Maj., Introductory volume* (Hirth Anniversary Volume), 1921.
– *Das Priestertum im alten China*, Leipzig, 1919.
Schmitt, Erich: *Die Grundlagen der chinesischen Ehe*, o. O., 1927.
Steele, J., *I Li, or the Book of Etiquette and Ceremonial*, London, 1917.
Suzuki, Daisetz Teitaro: *A Brief History of Early Chinese Philosophy*, London, 1914.
Tchang Fong: *Recherches sur les os du Ho-nan et quelques caractères de l'écriture ancienne*, Paris, 1925.
Terrien de Lacouperie, Albert E.: *Western Origin of Chinese Civilisation*, London, 1894.
– *Languages of China before the Chinese*, London, 1887.
Tschepe, Albert: »Histoire du royaume de Wou«. In: *VS*, 1896.
– »Histoire du Royaume de Tch'ou«. In: *VS*, 1903.
– »Histoire du royaume de Ts'in«. In: *VS*, 1909.
– »Histoire du royaume de Tsin«. In: *VS*, 1910.
– »Histoire des trois royaumes de Han, Wei et Tchao«. In: *VS*, 1910.
Tucci, Giuseppe: *Storia della filosofia cinese antica*, Bologna, 1922.
Umehara: »Deux grandes découvertes archéologiques en Corée«. In: *Revue des arts asiatiques*, 1926.
Visser, M. W. de: *The Dragon in China and Japan*, Amsterdam, 1913.
Voretzsch, Ernst A.: *Altchinesische Bronzen*, Berlin, 1924.
Waley, Arthur: *The Temple and Other Poems*, London, 1923.
Wedemayer, A.: »Schauplätze und Vorgänge der alten chinesischen Geschichte«. In: *As. Maj.* (Hirth Anniversary Volume), 1921.
Werner, E. T. C.: *Myths and Legends of China*, London, 1922.
Wieger, Léon: *Histoire des croyances religieuses et des opinions philosophiques*

en Chine, depuis l'origine jusqu'à nos jours, Hsien-hsien, 1917.
– *Les pères du système taoïste,* Hsien-hsien, 1913.
– *La Chine à travers les âges,* Hsien-hsien, 1920.
– *Textes historiques,* Hochienfu, 1902.
– *Caractères (Rudiments, V, 12),* Hochienfu, 1903.
Wilhelm, Richard: *Dschuang Dsi. Das wahre Buch vom Südlichen Blütenland,* Jena, 1920.
– *Liä Dsi. Das wahre Buch vom quellenden Urgrund,* Jena, 1921.
– *Frühling und Herbst des Lü Bu We,* Jena, 1928.
Wylie, A.: *Notes on Chinese Literature,* Shanghai, 1867.
Yuan, Chaucer: *La philosophie politique de Mencius,* Paris, 1927.
Zach, Erwin von: *Lexicographische Beiträge,* Peking, 1903.
Zottoli, Angelo: *Cursus litteraturae sinicae,* Shanghai, 1879–82.

Deutsche Übersetzungen von häufig zitierten chinesischen Werken:

Strauß, Victor von: *Schi-king. Das kanonische Liederbuch der Chinesen,* 1880 (Darmstadt, 1969).
Wilhelm, Richard: *Kungfutse, Gespräche,* Jena, 1910.
– *Li Gi. Das Buch der Sitte,* Jena, 1930.

Sach- und Namenregister

Adel 43 f., 90, 95, 101, 103, 109, 125 ff., 127, 147 ff., 153, 167 f., 177, 195, 216, 259, 269 f.
kaiserliche Aristokratie 259 ff., 269
Adoption 22, 175, 180
Agnatisches (patrilineares) Prinzip 23 f., 32, 38, 70 ff., 73 ff., 76, 80, 82, 86, 173 f., 178, 182, 187, 194, 197, 199 f., 201, 203, 212, 219, 225 f.
Ahnen 22, 37 f., 44 ff., 47, 49, 79, 102, 112 f., 115, 119 ff., 161, 167 f., 175, 179, 181, 189 f., 192 f., 214, 220, 235, 239
Große Ahnin 51 f., 53, 204, 239
Ahnendarsteller 167, 168, 196 f.
Ahnentempel 44 ff., 55, 58, 102, 105 f., 106, 109 f., 112, 126, 138, 141, 177, 181, 188, 197, 201, 204, 221, 226 f., 235 f.
Alternierende Mächte 70 f.
Älteste 22, 43, 76, 176, 181
ältester Bruder 133, 180 f., 199, 217, 219
älteste Schwester 215, 217 f.
ältester Sohn 75, 77, 180 ff., 190, 197 f.
Amnestie 126, 256, 267, Anm. 615
Autorität des Ehemannes 52, 54, 209, 214, 217, 220, 223, 225
Autorität der Mutter 183, 198 f., 220 ff., 225 ff.
Autorität des Vaters 172, 173 ff., 179, 181 ff., 199, 209, 219, 223

Babel 68
Bäuerliche Familie 19 ff. *pass.*
bäuerliche Gemeinschaften 19 ff., 25, 43 f., 46
bäuerliche Sitten 19 ff., Anm. 2 (Einführung)
Barbaren 43, 82 ff., 108, 130, 142, 145, 153, 175, 235 ff., 241, 244 f., 253, 263, 265, Anm. 367
Berg-Jung 145
Hsiung-nu 266
Hsien-pi 263
Ti-Barbaren 236
Tibeter 263
Belehnung (s. a. Investitur) 82, 86 ff., 93, 112, 197, 219
Bewaffnung 61, 69, 125, 126 ff., 145 f., 151 f., 236, 249
Blut 21, 67, 86, 126, 130, 138, 152, 185, 249, 274
Bogenschießen 19, 63 ff., 69, 80, 93, 127, 132, 142, 145 f., 151 ff., 154, 184, 186, 201, 274
Bruderschaften 60, 61 ff., 65, 69, 247, Anm. 8, 9 (Einführung)

Chang Liang (Ratgeber) 247
Ch'ang-an (Hauptstadt der Han) 260, 273
Chao (König der Chou) 253 f.
Chao (Staat) 83 f., 90, 145
Chao (von Sung) 227
Chao Chien-tzu 90
Chao Meng 154 ff.
Chavannes 272, 276, Anm. 2, 5 (Einführung)
Ch'en (Staat) 142, 227
Ch'en-ts'ang (in Ch'in) 54
Cheng (Staat) 49 f., 135 f., 141 f., 147, 154 ff., 182
ch'eng (Aufrichtigkeit) 170
Ch'eng (Kaiser der Han) 240
Ch'i s. Hou-chi

Ch'i (Sohn des Yü) 55, 78
Ch'i (Staat) 45, 91, 94, 107, 158 f., 206, 224, 226, 262
Chia Yi Anm. 386, 690
chiao (Himmelsopfer in der Vorstadt) 71 f., 239
Chieh-tzu Ch'ui (treuer Vasall) 93, 143 f.
chien-mu (Zentralbaum) 68
Ch'ih-sung-tzu (Unsterblicher) 247
Ch'ih-yu (myth. Held.) 60 ff.
Chin (Staat) 83 f., 86, 91 f., 107, 129, 131 f., 133 f., 136 f., 139, 145, 154 ff., 157, 161, 206, 210 f.
Chin Mi-ti (Reichsregent) 261
Ch'in (Staat) 58, 79, 86, 136, 145 f., 161 f., 210 f., 237
Ch'in-Dynastie (s. a. Shih Huang-ti) 145, 234, 237, 249, 254, 256, 260, 265, 276
Ching (von Chin) 118
Chou-Dynastie 62, 76, 78, 80, 92, 168, 183, 234, 235 ff., 243, 260, 269
Chou kung (Herzog von Chou) 76, 78
Ch'u (Staat) 28, 45, 93, 106, 129, 131, 133, 134, 136, 140 ff., 161, 205, 273
Ch'un-ch'iu-Zeit 77, 112, 235 f., 238
chün-tzu (Edler) 136, 156, 258, 278, Anm. 56
Ch'ung-erh, s. Wen (von Chin)
cognomen (shih) 176 f.
connubium (Heiratsallianz) 24, 186

Dorf 21, 31 f., 33, 43, 66, 70, 109, 268
Donner 54 f., 63 f., 66, 82, 87, 192, 251, 263
Drache 48 f., 62, 87, 143, 249, 263 f.
Drei-Herzöge, San-kung (Titel) 73, 76, 79
Dreifüße (magische Dynastiegefäße) 60, 62 f., 84, 161, 249
Durkheim Anm. 2, 4, 5, 8, 9 (Einführung), Anm. 365
Dürredämon 62, 83

Eisen 61, 266
Embleme 20 f., 24, 26, 47 f., 49, 54 f., 62 ff., 80, 82 ff., 92, 94 f., 113, 121, 149, 184, 239, 243, 248, Anm. 8 (Einführung)
Endogamie 23 f., 26, 207
Entsühnung 93, 100, 105, 115 f., 126, 143, 239, 244, 256, 257
Erde 20, 33 f., 38, 71, 73, 75, 104, 115, 169, 183, 191 f., 194, 249
  Erde, Verehrung der 240, 242
  Erdaltar 44 f., 52, 104 ff., 109 f., 112, 118 ff., 126, 142, 235 f.
  Herrscherin Erde 240, 242 f.
  Mutter Erde 38, 50, 183, 239, 240
Erh-shih Huang-ti (Kaiser der Ch'in) 248
Erntealter 45, 118 ff., 142
Erntefeste 31 ff.
Erstgeborener (s. a. Primogenitur) 22, 179, 219, 222
Erziehung (s. a. Schule) 257 f.
  Erziehung der Knaben 181 ff., 274 f.
  Erziehung des Kronprinzen 76
  Erziehung der Mädchen 202 f., 275
Etikette 121 ff., 124, 131, 137, 147, 150 f., 154, 159, 170 f., 183, 188 f., 195 f., 213, 228, 245, 274 f.
Eule 63 ff., 66, 72, 80, 183
Eunuchen 250
Exkommunikation (s. Gemeinschaft)
Exogamie 20 f., 24, 26, 29, 47 f., 73 f., 90 f., 207
Exorzisten 34, 72, 73, 92, 138 f.

Fahne 62 f., 82 f., 92, 95, 100, 103, 127 f., 130, 132 f., 137, 138, 248, Anmerkung 287
Familie
  ungeteilte Familie 21 f., 25, 76, 174 f., 177 f., 180 f., 186, 197, 200, 216 f., 221, 270, 271
  Familienname (*hsing*) 22, 24, 47, 176, 261
Fasan ,Tanz der Fasane 53 ff., 66, 104
Fen-yin (Kultort) 240, 242
Feng-Opfer 240 ff., 255
feng-shui (Geomantik) 102
Festung 107, 108
Feudalismus, s. Lehnssystem, Belehnung
Filiation 73 f., 80, 177 ff., 197, 199
fosterage (Pflegeeltern) 186 f., 207, Anmerkung 405
Frauengemächer 94, 107, 185 f., 187,

203, 206, 213, 214 ff., 217, 220, 224 f., 227, 242
Frondienst 103, 267
Fu-hsi (myth. Herrscher) 269

Gefolgschaftspflicht, militärische 25, 134 f., 185
Gehorsam (*ts'ung*) 208 f., 270
Geiseln 25, 83, 143, 186, 204, 207, 244
Gelbe Quellen (Totenreich) 37, 68
Gelber Fluß (Huang-ho) 44 f., 58, 139, 251, 267
Geld 267, 268
Gelehrte 242, 254, 257
Gemahlin
  Hauptfrau 214, 217 f., 219, 220, 223
  erste Gemahlin 214 f., 217, 222 f., 224
Gemeinschaft 28 f., 33, 89, 93
  Gemeinschaftshaus 32, 33, 35, 60, 66 f.
  rituelles Gemeinschaftsmahl 87, 94, 110, 135, 167 f., 176, 178, 197, 210 f., 218, 221
  Gemeinschaft von Brüdern 176, 180, 271
  Gemeinschaft von Vettern 176, 180
  Kultgemeinschaft 174 ff., 178 ff., 185
  Namensgemeinschaft 83, 91, 174 ff.
  Ausschluß aus der Gemeinschaft (Exkommunikation) 160 f., 166 f., 201
  s. a. sexuelle Gemeinschaftsfeste
Generäle 137 ff., 170, 244, 261
Generationen 22, 200
  alternierende Generationen 106, 177 f., 194 f.
Geschenke, Gaben 31 ff., 85, 89 ff., 131 f., 147, 183, 210 f.
  s. a. Wettstreit im Schenken
Geschlechtertrennung 19 f.
Gesetze 84, 206 f., 253 f., 257 f.
Gestüte 266
Getränke 92 f., 119 f., 132, 142, 168, 187
Getreide 32, 38, 84 ff., 92, 94 f., 118, 121, 128, 184, 265, 267 f., Anm. 619
  Getreidespeicher 34, 89, 92, 94, 245, 265, Anm. 619
Gnomon 68, 102, 116
Goldschmiedekunst 264
Gottheiten 21, 45, 54, 57, 61, 73, 86, 92, 120, 238, 250 f.
  Gottheit des Gelben Flusses (Flußgraf) 44 f., 58, 251
  Gott des Bodens, der Erde, s. Erdaltar
  Gott der Ernte, s. Erntealtar
Großjährigkeit 36 f., 146, 149, 151, 186 ff., 203 f.
Großvater 22, 74, 147 f., 194
Güter 84, 89, 92, 94 f., 180

Han-Dynastie 57, 80, 101, 172, 234 ff., 239 f., 243, 244 f., 260, 266, 268, 271 f., 275 ff., 279, Anm. 538, 613
Han Fei tzu 253, Anm. 610
Handberührungsritus 25, 139, 185
Handel 84, 108 f., 245, 261 f., 264 f., 268, 279
Handwerker 109, 264 f.
Hanf 20, 203
Harem, s. Frauengemächer
Hegemone 86, 91, 207, 236, 237, 244, Anm. 470
Heilige Orte 36 ff., 43 ff., 51 ff., 56 ff., 113, 116, 131, 187, 242 f.
Heiratsverbindung, Hochzeit 19, 20, 23 ff., 28, 36 f., 52, 56 f., 83, 91, 147 f., 175 f., 185, 188, 198, 205 ff., 212, 218, 221, 225, 270
  Heiratsallianz, s. *connubium*
  Heilige Hochzeit (Hierogamie) 39, 52, 55 ff.
  Heiratsvermittler, Großer (Kao-hsin) 53, 204 f., 239
Herold 20, 77, 80, 158, 170, 242
Herrschaftswürde 234, 245 ff., 254 f., 257, 263, Anm. 106, 609
Hierogamie, s. Heilige Hochzeit
Himmel, *pass.* 78, 235 ff.
  Himmelsopfer, s. *chiao*
Hirse 114, 165
Ho Ch'ü-p'ing 241, 261
Ho Kuang 241
Hou-chi 82, 99, 183, 235
Hsi Szu (Architekt) 104
Hsi-wang-mu (Königin-Mutter des Westens) 251
Hsia-Dynastie 48, 62 f., 87

Hsiang (von Sung) 86 f., 135
Hsiao (von Ch'in) 234
Hsien (von Chin) 162 f.
Hsien-yang (Hauptstadt von Ch'in) 260
Hsüan (König der Chou) 235 f.
Hsüan (von Wei) 199
Hsüan Chiang 199, 228 f.
Hu Shih 235, Anm. 538
Hu-yen (Opferberg) 241
Huan (von Ch'i, Hegemon) 91, 206 f., 236 f., 262, Anm. 470
Huang-ti (myth. Herrscher) 46, 60, 61 f., 80, 249
Hui (von Chin) 86
hun (höhere Seele, Atemseele) 49, 99, 184, 191, 194
Hungersnöte 92, 267

Illegale Zusammenschlüsse 268
imperium 138 ff., 236, 244, 252
Investitur (s. a. Belehnung) 104, 111 ff.
Inzest 199, 207, 228

Jahreszeiten 26 ff., 30, 32 f., 35 f., 39, 51, 71, 73, 99, 117 ff., 120, 149, 189, 196, 237 f., 252, 274
jang 70, 71, 72 f., 89 f., 92, 94, 242

Kalender 30, 33 f., 51, 72 f., 237 f., 240, 243
  s. a. Ming t'ang
Kanäle 265
Kannibalismus 66, 79 f., 86–88, 139, 141, 183, 267
Kao-tsu (erster Kaiser der Han-Dynastie) 80, 234, 239 f., 247
Kao-yao (mythischer Minister) 157
Keng-fu (männl. Dürredämon) 57
klassischen Bücher, Die 276 f., Anm. 624
Kleidung 31, 37, 83, 85, 112, 127, 139 f., 147 ff., 150 f., 161, 182, 185, 187 f., 191, 203, 213, 218, 227, 248 f., 268, 272 f.
Klettermast 68 f., 263
Kolonisierung 267
Konfuzius 19, 34, 72, 158 f., 166 f., 172, 228, 275 f.
  Schüler des Konfuzius 148
  Enkel des Konfuzius 223
Korea 263
Kreuzvettern und -kusinen 23 f., 73 f.
Krieg 61, 69, 82, 89, 126, 140, 145 f., 201, 235 f.
Kuang-wu (Kaiser) 271 f.
Kun (Vater des Yü) 54 f., 72 f.
K'un-lun (Zentralberg) 249
Kung-kung (myth. Held) 71
Kung-sun Hung (Ratgeber) 260 f., 272, 276
K'ung-sang (der Hohle Maulbeerbaum) 62, 71

Lackarbeiten 264
Lang-chü-hsü (Opferberg) 241
Lao Lai-tzu 273
Latifundien 265 f., 267
Legalisten (Rechtsschule) 100, 170, 253 f., 271
Lehnssystem 90 f., 92, 100 f., 111 ff., 145, 168 f., 197, 257, 265, 269, Anm. 2
  Lehnsherr 90, 112, 200, 223, 235, Anm. 56
  oberster Lehnsherr 111 f., 151, 157 f., 235 ff., 238 f., 252 f.
Levirat 198 f., 217 f., 219
Lévi-Strauss Anm. 6, 18 (Einführung)
Li (*fu-jen*, Haremsdame) 262
Liu Hsiang 272
Ling-Turm 86, 237
Liu Pang, s. Kao-tsu
Loyalität 135, 151, 153, 156, 158, 170 f.
Lu (Magier) 248
Lu (Staat) 52, 104 f., 158 f., 167, 224, 273
Luan-ta (Magier) 250 f.
Lü (Kaiserin der Han) 247, 261 f.

Magier, s. Zaubermeister
Maspero 112, Anm. 4, Anm. 216
Maßsystem 71, 112, 243, 265
Marktplatz, Jahrmarkt 31, 44, 107, 112, 201, 264
matrilinear, s. uterin
Maulbeerwäldchen (Sang-lin) 45, 47, 58, 106
Mauss, Marcel Anm. 5, 8, 10 (Einführung)

Milchstraße 19 f., 248, 251
Militärisches Lager 69, 108, 128 f.
Miao-tze (Volk) 30
ming (Investitur, Name, Schicksal, Auftrag) 112 ff., 129, 137, 141, 229, Anm. 216
Ming t'ang (Kalenderhaus) 237 f., 248
Minorat 77, 199
Mo Ti (Philosoph) 45, 104, 145
Monopole 268
Monster 72, 74, 82, 193
Mu (von Ch'in) 79, 86, 237
Mu (König der Chou) 235 f.
Mutter 21 f., 214
Mutterkönigin 51, 53, 239

Nachfolge 100, 111, 162 f., 180 f., 183, 199, 215 f., 222, 242
  agnatische Nachfolge 71–81 *pass.*, 186
Nahrung 43, 47, 67, 85, 92 ff., 117 f., 119 ff., 123, 132, 164 ff., 166 f., 176, 182, 189 f., 193, 202, 211 f., 256, 265, 274
  Speisen 117 f., 211 f., 256, 274
Namen 21, 47, 82 f., 90, 113 f., 175, 184, 202 f., 213
Nan-yüeh (Barbarengebiet) 243
Nebukadnezar 68
Neffe, uteriner 74, 80
Neunte Quellen 68 f.
Neunter Himmel 68 f.
Ni-k'uan (Berater) 261
Nimrod 68
Nü-kua (myth. Herrscherin) 169
Nü-pa (weibl. Dürredämon) 57

Onkel
  Onkel, mütterlicherseits 23 f., 74, 77, 177 f., 186
  Onkel, väterlicherseits 22, 76 f.
Opfer 22, 85, 94, 107, 130, 152, 167, 237, 241
  Ahnenopfer 83 f., 142, 195 f.
  Menschenopfer 48, 55 f., 57 f., 66 f., 68, 72 f., 78, 79 f., 86 f., 90, 94, 104 f., 128, 130, 225, 236 f., 241 f., 271

Paläste 68, 106 f., 120, 248 f., 262 f.
Palaver (Redewettstreit) 70 f., 73, 154 ff., 157
Pan Ku (Historiograph) 271
patriarchalische Familie 76 f., 175, 221, 270 f.
patrilinear, s. agnatisch
persönlicher Name *(ming)* 49 f., 112 f., 183 f., 187, 261
Pferde 266, 133, 135
Pflügen, rituelles 20, 115, 169, 235
Pietät (*hsiao*, kindliche Ehrerbietung) 172 f., 188, 193, 197, 201, 214, 221 f., 223, 273, 275
Pi-kan (myth. Weiser) 65
p'o (niedere Seele, Blutseele) 100, 184
Polygynie 26, 199, 207 f., 215 ff., 223 ff.
Potlatch (s. a. Geschenke)
Prestige 61, 63, 70, 72, 78, 82, 85 ff., 90, 95, 100, 115, 121 f., 124, 130, 135, 146, 163, 169 f., 179, 202, 207, 224, 227, 236, 240, 244, 246 f., 249, 252, 254
Primogenitur 76 f., 176, 179, 185 f., 216, 220
Prüfungen, rituelle 71 ff., *pass.*
Pu-shih (Schafzüchter) 267

Quadratische Felder 108
  quadratisches Lager 108, 128
  quadratische Stadt 72, 104, 108 f., 128

Ratgeber 122 f., 154 ff., 257 f.
Recht 209, 253
  Eigentumsrecht 33
  Handelsrecht 84
  Rechtsentscheidungen 51 ff., 157 f.
  Rechtsgewalt der Frau 217, 219 f., 223, 225
  Rechtsgewalt des Vaters 144, 201, 209
  Rechtsschule, s. Legalisten
  Strafrecht 84, 201
Rechts-Links-Dichotomie 71, 108, 128, Anm. 8 (Einführung)
Regentschaft 76 f., 241, 244, 261
Reinkarnation 38, 48 f., 50, 64 f., 67, 196 f.
Reis 165, 189, 191, 193

Registrierung der Böden und Menschen 125 f.
Richtung 62, 99, 102, 108 f., 118, 127 f., 142, 237
  Achsenkreuz 72
  Mittelpunkt 68 f., 109, 116 f., 119, 151, Anm. 228

Salz 262, 266
Samson 68
San-miao, Drei-Miao (myth. Wesen) 72, 82
Sang Hung-yang (Wirtschaftsreformer der Han-Zeit) 243 f., 262
Sang-lin, s. Maulbeerwäldchen
Sardanapal 68

Schmelzmeister 56 f., 61, 262, 266
Schmied 56 f., 58, 60 f., 63, 65, 68 f.
Schrift 265
Schulen 186, 274 f.
  Pagenschulen 186, 274 f.
  s. a. Erziehung
Schwiegersöhne, -töchter, eingegliederte 21, 24 f., 31, 210, 270
Schwüre 25, 38, 108, 139, 158 f., 191

Seide 127, 149, 268
Seele 37, 49, 56, 82, 85, 90, 99, 113, 116, 118 ff., 130 f., 138, 148, 150, 153 f., 163 f., 169, 184, 191, 194, 196
  s. a. *hun*-Seele, *p'o*-Seele
Sexuelle Gemeinschaftsfeste 27 ff., 31, 45, 53, 56 f., 67, 94
Sexuelle Vereinigung 29, 30 ff., 36 ff., 48 f., 52, 54, 161, 198 f., 204, 212, 213 f., 218, 226 f.
Shan-Opfer 240 f.
Shan-hsi (Provinz) 58, 240
Shan-tung (Provinz) 99, 237
Shang-yang (einbeiniger Vogel) 55
Shao-weng 249, 250
Shen-hsi (Provinz) 58
Shen-nung (myth. Herrscher) 46, 60 f., 99
Shih Huang-ti (Erster Kaiser von Ch'in) 234 ff., 241, 245, 247 ff., 250 f., 254, 265, 268, 269 f., 276
Shou-hsin (Untergangsherrscher) 65 ff., 69, 106
Shun (myth. Herrscher) 70, 71 f., 73, 75, 78, 89, 113, 157
Sklaven 267 f.
Sohn 74 f., 76 f., 180 ff., 273
Sororale Polygynie 219, 223
Stadt 43 f., 70, 82, 110, 236, 269
  fürstl. Stadt 69, 102 ff., 128, 260, 264, Anm. 2 u. 9 (Einführung)
  kaiserl. Stadt 260 ff.
  Hauptstadt 69, 103, 113, 116, 236, 245, 248, 265, Anm. 228
Straßen 265
Sung (Staat) 45, 87, 91 f., 106, 123, 141 f., 224, 227
Synözie 107, 108
Szu erh pu hsiu 164
Szu-ma Ch'ien (Historiograph) 247, 261, 262, 266, 267, 272, 275

Tafeln (der Gottheit) 104 f., 128, 142
  Ahnentafeln 99, 105, 120 f., 128 f., 178 f., 181, 188, 194, 195, 214
T'ai-chia (Sohn von T'ang) 78 ff.
T'ai shan (heiliger Berg) 237, 241, 243
Tan-chu (Sohn des Yao) 71 ff., 78
T'ang-Dynastie 240, 242, 255
T'ang der Siegreiche (myth. Herrscher) 57, 75 f., 92, 239
Tante, väterlicherseits 23 f., 206
Tänze 28 f., 34 f., 45, 48 f., 52 ff., 55, 58, 61 f., 66, 69, 72, 84, 87, 89, 92, 94, 113, 154, 186, 239, 274
tao 113 ff., 118, 148, 153, 255
  tao-te 114 f., Anm. 222
Taoismus 113, 248
Tauschbeziehung 83, 86 f., 92, 195, Anm. 8 (Einführung)
  Tausch von Frauen 21, 83, Anm. 8 u. 18 (Einführung)
te (*virtus*, Tugend, Wirkkraft) 89 f., 114 f., 121, 148, 151, 174, Anm. 222
Theater 251, 263
Tho (Volk) 30
T'ien (Familie in Ch'i) 94
  T'ien Ch'ang 94
  T'ien Ch'eng-tzu 94
Tierzucht 266, 267
Töpfer 60, 70
Tore 103, 105 f., 108, 110, 131, 184
Totemismus 47, Anm. 89 (Einführung)

Transportwesen 266, 267
Trauer 24, 35 f., 78 ff., 86, 100, 115 f., 120, 138, 141, 149, 161, 169, 190 ff. *pass.*, 201, 212, 225 f., Anm. 366
Trinkgelage 28, 34 f., 60, 65 ff., 68, 93, 110, 187
  Trinkritus 32 f., 131, 142, 152, 211, 213
Triumph 85 f., 105, 136 f., 139 ff., 143 f., 236, 237, 239, 242, 244, 248, 263
Trommeln 34, 56, 63 f., 66, 68, 82 f., 93, 102 f., 136 ff., 151, 167, 274
Tseng-tzu 148, 189
Tung Chung-shu (Han-Gelehrter) 274
Tung-kuo Hsien-yang 262
Turniere, s. Wettkämpfe
Tyrannen 100, 234, 245 f.
Tzu-chan (Würdenträger von Cheng) 154 f., 156 f.
Tzu-ch'an (Minister von Cheng) 147, 156
Tzu-kung 148

Unreinheit 79 f., 116, 122 f., 143, 146, 148, 184 f., 192, 194, 212, 248, Anmerkung 8 (Einführung)
Unsterbliche, Unsterblichkeit 242, 247 ff., 250 f., 263
Urbarmachung 43 f., 60, 108, 121, 259, 265
  Entwässerung 43
  Rodung 32, 43, 82, 99, 108
uterines (matrilineares) Prinzip 23 f., 50, 74 f., 80, 178, 181, 198

Vasallen 43 f., 84, 87, 89, 92, 94, 103, 107, 109, 114, 119, 121 f., 125, 134, 137, 143 f., 148, 153, 167, 193, 198, 251
Vendetta (Familienrache) 83 ff., 86, 93, 107, 146, 152, 175, 205 f., 209 f., 211, 217, 236
Verantwortlichkeit 137, 140, 160, 209, 226, 255, 271
Verbannung 71 ff., 78, 85, 112, 141, 246
Vermittler 20, 183, 204 f., 221
Versorgung mit Lebensmitteln 265
Verträge 24 f., 26, 39, 90–92, 94, 107 ff., 147, 157 f., 185, 191, 205 f., 206, 236
Verwalter 79, 99 f.
Verwaltung 100, 112, 245, 252 ff., 256 f., 260
Verwandtschaft 85, 192
  Verwandtschaftsgruppen 21 ff., 174 ff.
  Verwandte, mütterlicherseits 23 f., 50, 75 f., 186 f., 198 f., 204, 225
  Verwandtschaftsgrad 25, 173, 177 ff., 221 f., 223
  klassifikatorische Verwandtschaftsnomenklatur 22 f., 43, 73
  kollaterale Verwandtschaft 178, 271
Volkszählung 125 f.
Vorhaltung *(chien)* 83, 86 f., 122 f., 137, 160 f., 163, 189, 200, 256 f., 276
Vormundschaft 76, 209, 241 f.
Vornehme, s. Adel

Wagen 67, 210, 265 f.
  Kriegswagen 126 ff., 133 f.
  kaiserlicher Wagen 248
  Wagenlenker 127, 133 f., 137, 186, 274
Wappen 48, 61 f.
Weben 19 f., 31, 85, 202 f.
Wei-Dynastie 226, Anm. 522
Wei (Kaiserin der Han) 241, 262
Wei (Staat) 58, 157, 215, 264
Wei Ch'ing (General) 261
Wei-yang 234
Wen (von Chin) 90, 210 f.
Wen (Kaiser der Han) 245, 254, 255 f., 257, 271
Wen (König der Chou) 80, 224, 269 f.
Werkstätten 265
Wettkämpfe, rituelle 26 f., 28, 35, 37 ff., 48 f., 52, 60 f., 63, 68, 78, 87, 94, 140, 211
  Liederwettstreit 29, 30 f., 34, 48, 52, 154 ff.
  Rede-, Prahlwettstreit 34, 60, 67, 151, 157
  jahreszeitliche Turniere 26 ff., 70, 187, Anm. 8 (Einführung)
  Wettstreit im Schenken (Potlatch) 31, 34, Anm. 8 u. 9. (Einführung)
Witwerschaft 188, 209, 215, 270
  Witwe 79, 126, 209, 221, 270, 272
  ehrwürdige Witwe 211
  Kaiserinwitwe 244

Wohnstätte 44 f., 104 f., 107, 227 f., 263
Wu (Kaiser der Han) 226, Anm. 522, 240, 241, 245, 247, 249 f., 255, 260 ff., 265 f., 268, 272, 274, 276
Wu (König der Chou) 76, 78
Wu (Staat) 93
Wu Jung (Persönlichkeit der östlichen Han-Dynastie) 275 f.
Wu Tso-t'ien (Kaiserin der T'ang) 240, 242
Wu-yi (Untergangsherrscher) 64

yang (männl. Prinzip) 35, 51, 55 f., 59, 66 f., 68, 71, 102, 117, 118, 182, 183, 212, 243
Yao (myth. Herrscher) 63, 70 f., 75, 78, 89
Yen (Staat) 45, 52 f., 91
Yen-tzu (Ratgeber) 158 f.
Yi Yin (Ratgeber von T'ang dem Siegreichen) 75 f., 78 f.
Yi, der Große Förster 99 f.
Yi, der Große Schütze 79 f.
Yin-Dynastie 45, 63 f., 92, 235, 237
yin (weibl. Prinzip) 35, 51, 55 f., 59, 66, 68, 71, 102, 117, 118, 182, 212, 243
Yü (Staat) 99
Yü, der Große 46, 48, 54 f., 57 f., 60, 72, 73, 78, 82, 87, 99, 157, 239
Yü-shan (Federnberg) 54 f., 72
Yüeh (Barbarengebiet) 270

Zahlen 26, 56, 62, 65, 69, 72, 77, 99, 175, 208, 214, 247
Zauberinnen 57 f., 62, 148, 250
Zaubermeister 58, 64, 246, 247 f., 250 f.
Zeit 72 f., 237, 243
Zeit der Drei Reiche (221 n. Chr. – 280) 268, 278
Zeit der Steitenden Reiche 100, 106, 145, 245
Zusammenkünfte, feudale 86, 87, 160